Research Frontiers in
Business Management

企业管理理论前沿研究

（第一辑）

——（Volume 1）——

中央财经大学商学院◎主编

经济管理出版社
ECONOMY & MANAGEMENT PUBLISHING HOUSE

图书在版编目（CIP）数据

企业管理理论前沿研究（第一辑）/中央财经大学商学院主编. —北京：经济管理出版社，2017.5
ISBN 978-7-5096-5035-6

Ⅰ. ①企… Ⅱ. ①中… Ⅲ. ①企业管理—研究 Ⅳ. ①F272

中国版本图书馆 CIP 数据核字（2017）第 060710 号

组稿编辑：申桂萍
责任编辑：申桂萍 赵亚荣
责任印制：黄章平
责任校对：超 凡 王纪慧

出版发行：经济管理出版社
（北京市海淀区北蜂窝 8 号中雅大厦 A 座 11 层 100038）
网 址：www. E-mp. com. cn
电 话：(010) 51915602
印 刷：玉田县昊达印刷有限公司
经 销：新华书店
开 本：787mm×1092mm/16
印 张：21.25
字 数：428 千字
版 次：2017 年 5 月第 1 版 2017 年 5 月第 1 次印刷
书 号：ISBN 978-7-5096-5035-6
定 价：88.00 元

序 言

中央财经大学商学院以“贡献管理新知，培养具有全球视野、创新精神、社会责任意识的领导者”为使命，全面创新管理类人才培养思路与培养方式，致力于把学院打造成培养领导者的摇篮和基地。依托中央财经大学深厚的文化底蕴和强大的专业优势，作为中财工商管理教育的主体，经过师生多年的不懈努力，商学院已经成为国内优秀的商学院之一，为社会各行业培养输送了大批优秀的经济管理专业人才。

作为领导者，这一群体不仅需要卓越的战略眼光、独特的领导魅力、娴熟的管理技巧，还需要扎实的科学素养。科学素养可以帮助领导者看到确凿的事实证据，根据最佳事证来采取行动，进而赢得竞争上的胜利；他们还能采取健康的质疑态度来检视一些号称有效的日常管理理论和措施。因此，科学素养的训练和提升是对学院培养领导者“创新精神”的回应，也是学院致力于“贡献管理新知”的具体举措。

在此背景下，学院采取灵活多样的形式，培养学生的科研素质和创新能力，并且逐步探索出具有自身特色的领袖精英培养的新机制。始于2014年的本科学术创新实验班，以及面向全院学生的管理论文大赛，则是其中的两个项目。这两个项目皆秉承研究型教学和探究式学习的教育理念，倡导个性化的教学组织和开放性的教学形式，鼓励学生参与到学术导师的科研项目中，通过“师徒式”科研实习，培养学生的科研兴趣和求知欲，激发科研热情，启迪创新思维和意识，修炼科学素养。

《企业管理理论前沿研究（第一辑）》收录的24篇论文，是学院学术创新实验班第一、第二届同学的优秀作品，以及2014~2016年间企业管理论文大赛的获奖作品；可喜的是，其中4篇已在学术期刊上发表。论文集主要分为五大模块：战略管理（4篇）、市场营销（7篇）、组织行为与人力资源管理（8篇）、供应链管理（3篇）和财务管理（2篇）。论文集虽内容不多，但凝聚了过往三年全院师生所倾注的心血，分外厚重，是学院在创新人才培养上的阶段性成果。在此，向一直为此而努力耕耘的师生表示诚挚的感谢。

本书由创新班项目主任林琳副教授负责策划统稿。在此过程中，学院团总支书记王婷婷老师做了大量协调工作。此外，商学院本科生许健、孙兴宇、汪圣杰、曹倩、赵泽宇、黄河、耿思佳、张昕钰、安宇婷、卢培仁等同学积极参与了书稿的修订工作。经济管理出版社编辑申桂萍女士也提供了很大帮助，在此一并感谢。

在 2017 年，我们继往开来，再攀高峰。

中央财经大学商学院

2017 年 2 月 5 日

目　录

第一部分　战略管理篇

第二部分　市场营销篇

第三部分　组织行为与人力资源管理篇

第四部分　供应链管理篇

第五部分　财务管理篇

第一部分

战略管理篇

企业的嵌入性研究述评*

作者：许健；指导老师：林嵩

内容摘要：本文回顾了嵌入性内涵及其维度认知的三个视角——经典、虚联系和网络视角。研究发现，一般企业、初创企业和跨国企业的嵌入性研究使用的维度视角存在差别。通常意义上的一般企业研究经常运用经典视角和虚联系视角，初创企业研究则多运用经典视角，而跨国企业更倾向于网络视角。在此基础上，本文探讨了企业嵌入性研究的未来空间。

关键词：嵌入性；社会网络；初创企业；跨国企业

经济行为与社会网络之间存在着密切的联系[1]，这种联系即嵌入性，于1944年被Polanyi首次明确提出，直到Granovetter重新发展并提出具有很强逻辑性和操作性的研究框架。Granovetter（1985）认为，组织的经济行为在一定程度上嵌入于社会关系，这种嵌入关系不同于低度社会化和过度社会化[1]。

不同学者对于嵌入性的界定视角不同，总体上看，可以分为两种类型。其一，嵌入性属于社会链接的程度。例如，Allen（2006）认为，连接个人与工作和组织的各种各样的力量组成一个网络，而个人卷入其中的程度就是嵌入性[2]。Echols和Tsai（2005）认为，网络嵌入性指相互联系的公司间的关系网络关联程度[3]。其二，嵌入性表明的是具体经济行为与社会体系之间的作用影响。例如，Barden和Mitchell（2007）认为，社会网络的嵌入性指的是参与者之间从前的关系对于后来的经济行为的影响，这种未来的经济行为主要是指组织间互相帮助了解适应商业环境的交换、沟通等行为[4]。Chung和Luo（2013）则认为，嵌入性是从前的社会关系对于信息分享、资源流动以及其他相互帮助的经济行为的影响[5]。刘雪锋（2009）认为，网络嵌入性是组织在经济活动中的持续不断的社会关系情景[6]。

本文将主要回顾嵌入性概念的维度划分以及针对不同研究对象的研究进展，在此基础上提出未来的可能发展方向。

---

* 原文出处：《工业技术经济》，2016年第11期，第109-114页。

一、嵌入性的概念维度

嵌入性对于个体和企业的影响是多方面和多维度的[7]。从现有研究来看，存在三种分析视角。

（一）嵌入性的经典视角：结构嵌入性和关系嵌入性

Granovetter 在 1992 年出版的"The Sociology of Economic life"中提出，嵌入性可划分为两个维度——结构嵌入性和关系嵌入性，分别代表企业嵌入的社会网结构和企业与其他组织的二元联系[8]，它们是对某一特定嵌入内容的整体描述，而且 Andersson 等（2002）和张敏等（2015）认为这涉及了企业的战略性资源[9-10]。

在组织和企业研究中，结构嵌入性是人们或组织间的连接的客观结构[11]，反映出企业在网络结构中的位置[4]。关系嵌入性是人们通过之前相互交流而和其他个人或组织发展出的亲密关系，将各种关系集合起来可以发现企业在其关系网络中与哪些组织存在关系以及这些关系的深度[4,11]。

结构嵌入性可以影响企业的信息流和话语权[12]，而不同企业通过与其他企业或组织比较信息流和话语权而界定自身的战略或行为。关系嵌入性则体现了企业关系网的质量[11]。从另一个角度说，结构嵌入性在解释常规的行政导向的问题，如管理销售绩效上更有效，而关系嵌入性在解释有关创新课题，如在产品和生产过程创新的管理绩效方面扮演更强的角色[11]。在实际研究中，学者们有时将两者都纳入分析框架中（Andersson、Forsgren 和 Holm，2002）[9]。有时研究侧重于其中一个维度（Chung 和 Luo，2013）[5]。也有学者对其中一个维度进行了更深入的研究，如 Andersson、Forsgren 和 Holm（2002）将关系嵌入性分为商业关系嵌入性和技术关系嵌入性，并说明技术关系嵌入性有利于企业绩效的提高和产品、生产流程的发展[9]。

（二）嵌入性的虚联系视角：结构、政治、文化和认知嵌入性

这一视角主要关注企业的资源流和虚联系的变化流动[13]，因为企业与外界的联系不可避免地受到政治环境、社会文化以及群体认知的影响。基于这一视角，Zukin 和 DiMaggio（1990）把嵌入性分为结构嵌入性、政治嵌入性、文化嵌入性和认知嵌入性四个维度。这四个维度刻画了企业受到外界不同要素的影响以及影响程度[14]。

这里的结构嵌入性更重视企业在所处社会网络中的位置，有差异的结构位点导致异质性，并且和资源动态流动一起影响公司对网络中其他公司或组织的竞争行为[11]。同时，资源在网络中的流动也受到结构嵌入性的控制[15]。

政治嵌入性大致是指企业所在的国家的政治因素对组织的经济行为的影响，所谓

的政治因素学者们没有形成一致的意见，但总体包括政治环境、政治体制、权力结构以及政策引导[14]。政治嵌入性关注的是上述的政治因素与组织经济行为之间的作用机制，以及哪些方面的政治因素是重要的[14]。有些学者更为关注政治中的制度因素，而使用制度嵌入性的概念来描述它的影响（Baum 和 Oliver，1992）[16]。

文化嵌入性是指社会文化对组织经济行为的影响。不同文化背景下的合作水平和执行标准都是不同的[17]，组织在进行管理操作时，要将共同认知、普世价值观与社会网络的价值观、传统惯例和相应地区人们的宗教信仰纳入战略考量，以营造认同感[18]。

认知嵌入性指的是组织间构成的社会网络长期形成的稳定的群体思维和群体认知，会自然或不自然地作用于组织的管理和运作[19]。认知是一种社会现象，在联盟成员之间的交互中形成[20]。企业的群体认知是指联盟成员间有共同的标准、信仰和经验[21-22]。据此，Lin 等（2009）定义认知嵌入性为网络成员对于共同愿景和介入互惠合作的意愿的程度。它强调的是成员在价值认知上的趋同以及在行为上的协同。

（三）嵌入性的网络视角：内部嵌入性和外部嵌入性

Ghoshal 和 Bartlet（1990）将跨国企业的网络层次概念化为内部网络和外部网络[23]。相应的内部嵌入性和外部嵌入性的概念被许多学者接受和运用（Andersson、Forsgren 和 Holm，2002；Ciabuschi 等，2011；Nell 和 Ambos，2013）[9,24-26]。内部嵌入性和外部嵌入性表明企业嵌入的社会网络的不同形式——内部网络和外部网络[23]。

内部嵌入性指企业内部子公司之间及与总部之间的关系对企业经济行为和结果的影响[24]。内部嵌入性可以为企业带来同属企业和总部的支持、资源和合作，从而促进企业内部知识和能力的发展[24]。

外部嵌入性指企业与其他商业主体之间发展关系的程度[9,25]。外部嵌入性可以帮助企业抓住市场机会并提高企业能力和市场绩效[24]。Andersson、Forsgren 和 Holm（2002）将外部嵌入性看作可以影响企业能力与绩效的战略性资源[9]。

内部嵌入性和外部嵌入性所处的环境是截然不同的[27]。内部嵌入性的环境没有具体到哪一个国家，而是就整体环境而言[24]，而外部嵌入性注重观察企业所处的当地环境[27-28]。同时，内外部嵌入性包含的层面是不同的，内部嵌入性没有区分如 Granovetter（1985）所认为的嵌入性的结构和关系层面，而外部嵌入性则强调其存在结构与关系两个层面[25]。

二、嵌入性在组织中的角色——面向不同企业的研究进展

嵌入性研究在 1944 年由 Polanyi 提出，后 Granovetter 重新提出并引起广泛重视，两人都重视将嵌入性引入企业绩效、行为和战略等研究中。除了通常意义上的企业组

织，现有研究还存在初创企业与跨国企业两类研究中心。

（一）一般企业的嵌入性研究

从实际研究中看，企业绩效是最主要的关注对象[20,29]。总体来看，嵌入性与企业绩效的关系研究分为两类。一部分学者认为，嵌入性与一般企业的绩效有直接相关关系。此类研究中多运用经典的维度视角来充分阐述嵌入性的直接利益。例如，Moran（2005）研究了嵌入性对管理绩效的影响，结果表明，结构嵌入性对于销售绩效有显著影响，同时，关系嵌入性对于产品和流程创新绩效有显著影响[11]。Lin 等（2009）以台湾的高科技企业为样本研究了社会网络的嵌入性和技术转移绩效之间的关系，认为关系嵌入性和结构嵌入性高时技术转移绩效表现更好[12]。刘雪锋（2009）以中国制造业企业为研究对象进行案例研究，发现网络嵌入性引向不同差异化战略从而影响企业绩效[6]。许冠南等（2011）通过案例研究关系嵌入性对于技术创新绩效的正向作用机制，发现信任与信息共享促进了新知识的学习与应用，进而提高了技术创新绩效[30]。另一部分学者则认为，嵌入性对企业绩效有调节作用。此类研究多运用经典视角和虚联系视角，因为结构和关系嵌入性与企业获取信息等能力有关[1]，虚联系视角反映了企业的意识认知的变化[14]，而能力与意愿会影响企业的决策[12]。例如，Echols 和 Tsal（2005）的研究表明，嵌入性对于绩效具有调节作用，从嵌入性的结构和关系角度分析认为，当企业嵌入性比较高时，产品与过程定位越清晰，企业绩效越高[3]。Okhmatovskiy（2010）探讨了政治嵌入性下政府与企业的纽带的好处与限制，以及对企业绩效产生的影响[31]。Geletkanycz 和 Boyd（2011）从代理和关系嵌入性角度观测 CEO 的外在管理身份和企业绩效间的关系[32]。Chung 和 Luo（2013）研究了领导者更替与企业绩效之间的联系，并将继承者出身、关系嵌入性和合法性作为中间调节变量[5]。

另外，企业嵌入性和企业行为之间的关系也得到了较多学者的研究，他们多运用嵌入性的虚联系视角和经典视角，因为这两者视角下企业的能力与意愿会发生变化[1,14]。此类研究的对象是企业行为，关注企业对环境的应对，包括竞争与合作。如 Kraatz（1998）从政治、认知和文化嵌入的角度探讨了企业社会网络对于应对环境变化的行为的影响[33]。Gnyawali 和 Madhavan（2001）以竞争行为为研究对象，探讨企业与其他企业等组织组成的合作性网络的结构嵌入性对企业的竞争性行为的影响[34]。研究的竞争性行为包括企业主动的竞争性行为和被动的反应行为。Gimeno（2004）研究了竞争对手的嵌入性对企业联盟行为的影响，包括联盟的对象和联盟的类型的选择[35]。

（二）初创企业的嵌入性研究

初创企业的嵌入性研究一般运用经典视角即结构嵌入性和关系嵌入性，因为经典视角在企业发展的任何阶段都可以运用，企业社会网的结构与二元关系不会随着企业发展而不存在。同时，结构与关系嵌入性的好处已经被众多学者研究探讨（Granovetter，1985；Burt，1992；Uzzi，1996；杨震宁等，2013）[1,15,36-37]。并且，关系嵌入性和结构嵌入性对于初创企业很重要，如它们在权衡初创企业分配时间和精力时处于中心地位[38]，而且它们可能减少初创企业的资源获取成本[39]。

初创企业的生存是其首要目标，也是受到众多学者重视的一个领域。Morse 和 Fowler 等（2007）研究了初创企业的结构嵌入性对于企业生存的影响，认为结构嵌入性对于不利于企业生存的新进入劣势产生积极影响从而有助于企业成功[18]。所谓的新进入劣势被认为是创业失败的一个主要促使因素，同时初创企业成功生存经常依赖于克服或者补偿新进入者劣势的能力大小[18]。张荣祥和刘景江（2009）通过案例分析发现，制度信任、信息共享、问题协商解决与和谐共赢是高技术初创企业社会网络嵌入的四个机制要素，这四个机制要素对初创企业的成长绩效和合作绩效都存在显著正向作用[40]。谢雅萍和黄美娇（2014）则发现，初创企业嵌入的社会网正向直接和通过学习中介作用于创业者的能力，补充了创业能力和企业生存成长的影响机制[41]。

近些年初创企业国际化逐渐成为热点，对其的研究也大量增加（Zahra 和 George，2002；Coviello 和 Jones，2004）[42-43]。初创企业国际化可以被认为是发现、制定、评估和探索跨越国家边界的机会，并以此创造产品或服务[44]。Al-Laham 和 Souitaris（2008）认为，初创企业和当地研究组织或国家级的伙伴建立联盟关系以及处于网络的中心位置，都能促进企业建立国际化研究联盟，即关系和结构嵌入性对初创企业国际化存在促进作用[45]。

（三）跨国企业（MNEs）的嵌入性研究

跨国企业的嵌入性研究常常采用内部和外部嵌入性的网络视角，因为跨国企业显著的特征之一就是每个子公司都嵌入于当地的社会网络之中[9]，同时跨国企业本身就是一个复杂的组织，可以被看作一个网络[23]。

跨国企业的绩效依然是学者们重点关注的一个方面（Andersson 等，2002，2007；Collis、Young 和 Goold，2007；Halaszovich 和 Lundan，2016）[9,46-48]。跨国企业的绩效包括整个企业的绩效水平和各个子企业的绩效水平。Nell 和 Ambos（2013）研究了跨国企业内的养育优势，从内部嵌入性和外部嵌入性的角度测度子公司由母公司加成的价值[25]。价值加成指的是子公司在母公司的帮助下的绩效水平比子公司作为独立实体的绩效水平高的价值部分（Nell 和 Ambos，2013）[25]。而 Andersson、Forsgren 和 Holm（2002）研究了企业的外部网络对跨国企业子企业的绩效以及对跨国企业内部能力发展的积极战略影响[9]。Andersson 等（2002）认为，跨国企业嵌入性是极具差异性的，应延伸到包括跨国企业、顾客和供应商等的外部网络，从而将嵌入性看作每个子企业的战略资源[9]。

跨国企业的创新是受到关注的另一个方面（Ciabuschi 等，2011；Figueiredo，2011）[24,28]。首先，创新绩效作为企业绩效的一方面受到广泛关注（Carnabuci 和 Diószegi，2015；Goerzen 和 Beamish，2005）[49-50]。Figueiredo（2011）认为，内外部嵌入性提高了跨国企业子企业的优势，进而实现子企业的创新绩效[28]。其次，Ciabuschi

等（2011）认为，企业内部嵌入性促进了创新对跨国企业子企业的影响，这里的创新是指行为层面[24]。黄中伟和王宇露（2008）实证证实了社会网络位置对海外子公司资源获取的影响，嵌入的社会网络会带来结构资本、位置资本、关系资本、认知资本，结果表明这些资本有助于提升学习效果[51]。

三、总结和展望

嵌入性研究总体上较为成熟，这集中反映在由 Granovetter 提出的关系嵌入性和结构嵌入性已经得到了广泛接受和实际应用。尽管如此，在嵌入性研究的不同应用领域，仍然可以看到较多的研究机会，例如在初创企业研究中风险投资人的影响和兼并收购行为的可能与嵌入性的关联，在跨国企业研究中嵌入性对于业务扩展的方向和多元化倾向的影响。

对嵌入性研究的回顾表明，嵌入性对于企业的影响涉及多个层面和多个角度。其中，在研究层面上，嵌入性的影响作用于个体、部门、企业、企业外部组织等层面；在研究角度上，嵌入性的影响作用于战略、研发、创新、销售等角度。而且，这种影响常常不是线性的——从现有研究看，嵌入性常常被作为调节变量，这体现了嵌入性影响的间接性和复杂性。同时，在嵌入性研究范式中，学者往往着重不同维度嵌入性对企业的影响，但是忽略了不同嵌入性维度之间的作用关系（Hagedoorn，2006）[7]，这是未来研究需要关注的内容。

从嵌入性研究的最新关注焦点看，在初创企业和跨国企业两个领域的发展尤其值得注意。嵌入性研究的持续深入有助于推进创业和跨国经营研究的理论建构。在过去的研究中，网络和关系对于创业，或者跨国经营行为的影响已经成为了学术研究的热点，嵌入性则是对网络和关系概念的进一步深化。基于嵌入性的理论研究将从基础层面继续开发创业和跨国经营研究的理论框架。嵌入性本身的动态性和复杂性也将丰富创业和跨国经营研究的理论边界和内涵。

参考文献

[1] Granovetter, Mark. Economic action and social structure: The problem of embeddedness [J]. American Journal of Sociology, 1985, 913 (11): 481-510.

[2] Allen D. G. Do organizational socialization tactics influence newcomer embeddedness and turnover? [J]. Journal of Management, 2006, 32 (2): 237-256.

[3] Echols A., Tsai W. Niche and performance: The moderating role of network embeddedness [J]. Strategic Management Journal, 2005, 26 (3): 219-238.

[4] Barden J. Q., Mitchell W. Disentangling the influence of leaders' relational embeddedness on the interorganizational exchange [J]. Academy of Management Journal, 2007, 50 (6): 1440-1461.

[5] Chung C., Luo X. R. Leadership succession and firm performance in an emerging economy: Successor origin, relational embeddedness, and legitimacy [J]. Strategic Management Journal, 2013, 34 (3): 338-357.

[6] 刘雪锋. 网络嵌入性影响企业绩效的机制案例研究 [J]. 管理世界, 2009 (1): 3-12, 129-130.

[7] Hagedoorn J. Understanding the cross-level embeddedness of interfirm partnership formation [J]. Academy of Management Review, 2006, 31 (3): 670-680.

[8] Granovetter M., and Swedberg R. The sociology of economic life [M]. Boulder: Westview, 1992.

[9] Andersson U., Forsgren M., Holm U. The strategic impact of external networks: Subsidiary performance and competence development in the multinational corporation [J]. Strategic Management Journal, 2002, 23 (11): 979-996.

[10] 张敏, 童丽静, 许浩然. 社会网络与企业风险承担——基于我国上市公司的经验证据 [J]. 管理世界, 2015 (11): 161-175.

[11] Moran P. Structural VS relational embeddedness: Social capital and managerial performance[J]. Strategic Management Journal, 2005, 26 (12): 1129-1151.

[12] Lin J. L., Shih-ChiehFang, Shyh-RongFang, et al. Network embeddedness and technology transfer performance in R&D consortia in Taiwan [J]. Technovation, 2009 (29): 763-774.

[13] Gnyawali D. R., Madhavan R. Competition within and between networks: The contingent effect of competitive embeddedness on alliance formation[J]. Academy of Management Review, 2001, 26 (3): 431-445.

[14] Zukin S., DiMaggio P. Structures of capital: The social organization of the economy [M]. Cambridge: Cambridge University Press, 1990.

[15] Burt R. S. Structural holes: The social structure of competition [M]. Harvard University Press: Cambridge, 1992.

[16] Baum J. A. C., Oliver C. Institutional embeddedness and the dynamics of organizational populations [J]. American Sociological Review, 1992, 57 (4): 540-559.

[17] Rooks G., Matzat U. Cross-national differences in effects of social embeddedness on trust: A comparative study of German and Dutch business transactions [J]. The Social Science Journal, 2010, 47 (1): 45-68.

[18] Morse E. A., Fowler S. W., Lawrence T. B. Impact of virtual embeddedness on new venture survival: Overcoming the liabilities of newness [J]. Entrepreneurship Theory and Practice, 2007.

[19] Uzzi B. Social structure and competition in interfirm networks: The paradox of embeddedness[J]. Administrative Science Quarterly, 1997, 42 (1): 35-67.

[20] 林嵩. 国内外嵌入性研究述评 [J]. 技术经济, 2013 (5): 48-53.

[21] Adler P. S., Kwon S. Social capital: Prospects for a new concept [J]. Academy of Management Review, 2002, 27 (1): 17-40.

[22] Reagans R., McEvily B. Network structure and knowledge transfer: The effects of cohesion and range [J]. Administrative Science Quarterly, 2003, 48 (2): 240-267.

[23] Ghoshal S., Bartlett C. A. The multinational corporation as an interorganizational network [J]. Academy of Management Review, 1990, 15 (4): 603-625.

[24] Ciabuschi F., Dellestrand H., Martín O. M. Internal embeddedness, headquarters involvement,

and innovation importance in multinational enterprises [J]. Journal of Management Studies, 2011, 48 (7): 1612-1639.

[25] Nell P. C., Ambos B. Parenting advantage in the MNC: An embeddedness perspective on the value added by headquarters [J]. Strategic Management Journal, 2013, 34 (9): 1086-1103.

[26] Inkpen A. C., Tsang E. W. K. Social capital, networks, and knowledge transfer [J]. Academy of Management Review, 2005, 30 (1): 146-165.

[27] Meyer K. E., Mudambi R., Narula R. Multinational enterprises and local contexts: The opportunities and challenges of multiple embeddedness [J]. Journal of Management Studies, 2011, 48 (2): 235-252.

[28] Figueiredo P. N. The role of dual embeddedness in the innovative performance of MNE subsidiaries: Evidence from Brazil [J]. Journal of Management Studies, 2011, 48 (2): 417-440.

[29] 程聪，谢洪明. 集群企业社会网络嵌入与关系绩效研究：基于关系张力的视角 [J]. 南开管理评论，2012 (4)：28-35.

[30] 许冠南，周源，刘雪锋. 关系嵌入性对技术创新绩效作用机制案例研究 [J]. 科学学研究，2011 (11)：1728-1735.

[31] Okhmatovskiy I. Performance implications of ties to the government and SOEs: A political embeddedness perspective [J]. Journal of Management Studies, 2010, 47 (6): 1020-1047.

[32] Geletkanycz M. A., Boyd B. K. CEO outside directorships and firm performance: A reconciliation of agency and embeddedness views [J]. Academy of Management Journal, 2011, 54 (2): 335-352.

[33] Kraatz M.S. Learning by association interorganizational networks and adaptation to environmental change [J]. Academy of Management Journal, 1998, 41 (6): 621-643.

[34] Gnyawali D. R., Madhavan R. Works retitive dynamics: A structural embeddedness perspective [J]. Academy of Management Review, 2001, 26 (3): 431-445.

[35] Gimeno J. Competition within and between networks: The contingent effect of competitive embeddedness on alliance formation [J]. Academy of Management Journal, 2004, 47 (6): 820-842.

[36] Uzzi B. The sources and consequences of embeddedness for the economic performance of organizations: The network effect [J]. American Sociological Review, 1996, 61 (4): 674-698.

[37] 杨震宁，李东红，范黎波. 身陷"盘丝洞"：社会网络关系嵌入过度影响了创业过程吗? [J]. 管理世界，2013 (12)：101-116.

[38] Ozdemir S. Z., Moran P., Zhong X., et al. Reaching and acquiring valuable resources: The entrepreneur's use of brokerage, cohesion, and embeddedness [J]. Entrepreneurship Theory and Practice, 2014, 40 (1): 49-79.

[39] Newbert S. L., Tornikoski E. T. Resource acquisition in the emergence phase: Considering the effects of embeddedness and resource dependence [J]. Entrepreneurship Theory and Practice, 2011, 37 (2): 249-280.

[40] 张荣祥，刘景江. 高技术企业创业社会网络嵌入：机制要素与案例分析 [J]. 科学学研究，2009 (6)：904-909.

[41] 谢雅萍，黄美娇. 社会网络、创业学习与创业能力——基于小微企业创业者的实证研究 [J]. 科学学研究，2014 (3)：400-409，453.

[42] Zahar S. A., George G. Absorptive capacity: A review, reconceptualization and extension [J].

Academy of Management Review, 2002, 27 (2): 185-203.

[43] Covielloa N. E., Jones M. V. Methodological issues in international entrepreneurship research [J]. Journal of Business Venturing, 2004, 19 (4): 485-508.

[44] Oviatt B. M., McDougall P. P. Defining international entrepreneurship and modeling the speed of internationalization [J]. Entrepreneurship Theory and Practice, 2005, 29 (5): 537-553.

[45] Al-Laham A., Souitaris V. Network embeddedness and new-venture internationalization: Analyzing international linkages in the German biotech industry [J]. Journal of Business Venturing, 2008, 23(5): 567-586.

[46] Andersson U., Forsgren, M. and Holm U. Balancing subsidiary influence in the federative MNC: A business network view [J]. Journal of International Business Studies, 2007, 38 (5): 802-818.

[47] Collis D., Young D., Goold M. The Size, structure, and performance of corporate headquarters [J]. Strategic Management Journal, 2007, 28 (4): 383-405.

[48] Halaszovich T. F., Lundan S. M. The moderating role of local embeddedness on the performance of foreign and domestic firms in emerging markets[J]. International Business Review, 2016, 25 (5): 1136-1148.

[49] Carnabuci G., Diószegi B. Social networks, cognitive style, and innovative performance: A contingency perspective [J]. Academy of Management Journal, 2015, 58 (3): 881-905.

[50] Goerzen A., Beamish P. W. The effect of alliance network diversity on multinational enterprise performance [J]. Strategic Management Journal, 2005, 26 (4): 333-354.

[51] 黄中伟，王宇露. 位置嵌入、社会资本与海外子公司的东道国网络学习——基于 123 家跨国公司在华子公司的实证 [J]. 中国工业经济，2008 (12): 144-155.

晋商票号非家族经理人顶身股制度研究*

作者：冯毅，唐航，徐云松；指导老师：郭建鸾

内容摘要： 晋商票号通过对非家族经理人实行顶身股制度，实现了有效的经理人治理，从而促进了票号的持续性发展。本文从现代委托代理关系角度出发，对晋商票号的委托代理制度及顶身股的运行机制进行了分析，研究表明，顶身股的激励与约束机制为非家族经理人最大程度地发挥自身经营管理的潜能提供了必要的条件，这个制度既有效地激励了非家族经理人，又以较小的成本约束了非家族经理人，这对于国有企业推进混合所有制改革以及推行员工持股计划具有重要的研究意义和现实价值。

关键词： 晋商票号；非家族经理人；顶身股；委托代理

一、引　言

现代经济学中的产权学派提出了两权分离情形下企业组织中的委托代理关系问题，任何一个两权分离的组织都会面临产权所有者如何赋予每个代理人以充分的激励，使代理人按照所有者的意图达到收益最大化的目标的问题，这样委托代理问题便相伴而生。解决委托代理问题的关键是达到“代理成本”的最小化。解决这一问题最好的办法是设计一种能加强对代理人行为监督的机制，既可以激励代理人创造最大化收益，同时又可以抑制代理人的机会主义行为。晋商票号作为近代中国重要的金融商帮，形成了“汇通天下”的金融服务网络，被后人称作“山西银行”（Shanxi Bank）。晋商票号为了解决财东与非家族经理人之间的委托代理问题，对非家族经理人普遍实行了顶身股制度，所谓顶身股，就是在票号的股份构成中，除财东的股份外，非家族职员阶层通过人力资本投入也享有一定数量的股份，顶身股持有者与财东一样参与分红却无须承担任何亏损。晋商票号的顶身股制其实就是股票期权制度的雏形，这种制度设计较好地解决了财东与非家族经理人之间的委托代理问题，正是依靠以顶身股为核心的一系列制度设计，晋商票号实现了有效的公司治理。本文从现代委托代理理论出发对晋商票号的顶身股激励制度进行了系统性探讨，并建立了一个包含代理人努力程度及

* 原文出处：《征信》，2016年第5期，第1–7页。

道德风险的二元委托代理博弈模型对顶身股制度进行分析，同时本文还对票号采取的相应的经理人约束机制进行了探讨。本文得出的一些结论可以为我国商业银行进一步提高公司治理水平，国有企业深化混合所有制改革，推行员工持股计划建立提供一些重要的历史启示与借鉴。

二、文献综述

从委托代理的理论角度出发，委托与代理双方所追求的利益并非一致，而且由于代理人较之委托人具有信息优势，这就造成委托人无法完全掌握代理人的真实行为信息，导致代理人可能采取机会主义行动而损害委托人的权益。Berle 和 Means（1932）最早分析了这种现象，他们发现：经理人的利益与公司股东的利益会产生冲突，所以所有者要通过措施来管控经理人的行为。Arrow（1963）则将委托代理中的机会主义行为划分为道德风险和逆向选择两个方面。Jensen 和 Meckling（1976）强调从系列契约的角度来认识企业，并以此为基础进一步提出了激励相容论，该理论认为，经理人如果拥有股份会使经理人与其他股东具有相同的利益导向，这样给予经理人股份可以提高公司业绩。Alchian 和 Demsetz（1972）认为，赋予经营者适当的剩余索取权也就赋予了他最充分的激励，这样经营者就成为公司的股东，经营者与其他股东在利益取向上可以实现相当的一致。目前，已有不少学者对晋商企业制度进行了较为深入的研究，研究工具主要是现代经济学理论，而研究的切入点则是晋商的历史资料，通过深入分析票号各项制度安排的特征与机理，揭示票号发展的深层制度因素。梁四宝（2001）从新制度经济学角度出发对晋商票号股份制的效率问题进行了分析，指出其股份制是一种高效的资本运行模式。李勇（2002）则对晋商票号的顶身股、辛金等激励制度安排进行了综合分析，认为这是一种与内外部社会环境相符合的制度。贾彩彦（2004）则重点分析了儒家文化时代背景下的晋商票号是如何对经理人实施激励和约束机制的。咸春龙和王浩（2004）认为，票号的股份制模式及股东与员工之间的委托代理关系在当时的时代背景下是非常具有竞争优势的，但由于因循守旧，面对不断变化的经营环境，其经营缺陷日益显现，造成了后期的衰败。林柏（2005）从企业理论出发将晋商票号与现代意义上的企业制度进行比较，归纳出票号的三大创新之处。乔增光（2006）运用数学工具对票号的经理人激励机制即身股制度进行分析，并运用经济学的激励相容理论，将身股制与其他几种激励机制进行了对比分析。陈凌（2009）将晋商票号与中世纪意大利家族企业的企业制度进行了对比研究，指出了两者在治理结构与委托代理制度上的相似之处，以及在激励约束机制上的具体制度性安排。潘一萍（2013）通过对山西票号治理结构及其激励约束机制的分析指出，对于解决我国家族企业的委托代理关系，票号的激励约束机制有重要的历史借鉴意义。可以看出，目前对于晋商票号顶身股的研究多从企业理论的角度进行定性分析，票号股东与经理人的委托代理关系从动态角度看是一个博弈均衡的过程，所以从这个角度去分析两者之间的关系，进而去分析顶身股的特性与机理是重要的研究内容，这也正是本文的研究重点。

三、晋商票号的顶身股制度

票号源于晋商，产生于19世纪早期，是一种以资金汇兑为主业，同时开展存放款业务的金融机构。晋商票号一般由财东（即股东）出资，聘请大掌柜作为票号管理者。“大掌柜在被委以经理事前须与财东面谈，侦查财东有否信赖之决心，始陈述进行业务及驾驭人员之主张，若双方主见相同，即算成功。财东以资力独占一面，经理以指导下全体同仁独占一面，即财力人力合作而成一具体之商号也。”双方完成聘用手续后，由大掌柜对票号日常业务运行负总责，财东与大掌柜之间的关系从产权角度上讲是一种委托代理的关系。票号规定财东的子弟就业不得进入本号，所以晋商票号的经理阶层均为非家族人员，这样就保持了经理阶层的相对独立性。财东具有选聘掌柜的权利，以及少数几个重大事务的决策权，而大掌柜（代理人）则拥有日常经营决策大权，负有全部经营责任。所以“大掌柜其权限近乎独裁而非独裁，实即集权制也，盖同人均享有建议权，非任何拘束，小事亦可便宜行事，大事则须决之经理”。平时不允许在票号内住宿、用餐，不允许向票号借贷或借用票号员工为财东办事，也不允许在外以商号名义活动。随着晋商经营规模的扩展，晋商发明了联号制，联号制相当于今天商业银行的总分行制，就是由票号总号对所经营的分布在各地的分号以垂直形式实行管理。联号模式施行后，票号出现了管理层级多级化，形成了总号集中管理各分号的经营模式，总号大掌柜总体掌控整个票号体系的经营管理，并负责各分号掌柜的人事任免，而分号掌柜则负责其分号内部的日常运营。

为保证掌柜及其他代理人在行为选择上有利于票号，降低经营风险和道德风险，晋商票号通过“顶身股”的方式向票号的非家族经理人以及资深员工让渡部分股权，来实现有效的公司治理。票号的股份分为银股和身股，出资者为银股，出力者为身股，顶身股的基本特征如下：“且择齿近弱冠之年少略知写算者，使习为伙，历数载，察其可造，酌予身股，不给工资。唯岁给置备衣服之资，三年结账，按股份余利，营业愈盛，余利愈厚，身股亦因之以增，以此人人各谋其利，不督责而勤，不检制而俭。其发起之人及效力年久者，加其身后，必给身股以瞻其家，子孙而贤仍可入号。”顶身股的分配方式如下：“各伙友入号三个账期以上，工作勤奋，未有过失，即可由大掌柜向股东推荐，经各股东认可，即将其姓名登录于万金账中，俗称‘顶生意’，最初所顶之身股，最多不能过二厘（即一股之十分之二），以后每逢账期一次，可增加一二厘，增至一股为止，谓之‘全份’，即不能再增。”综合其他史料，可将身股制度的特点归纳如下：其一，涵盖较广，参与顶身股的不仅有票号发起人、掌柜，还有一些较具潜力或资历较老的员工。其二，顶身股并不实交股金，而是以其人力资本入股。其三，银股与顶身股具有同等分红权，但在每个会计账期分红后，不能当年获得，一般要求延后一到三个账期才可取走。顶身股仅存续于在职员工，一旦员工离职，其权益立即停止，员工去世时在"财神账"项下比照每期每股所开股额，酌给恤金三个账期。对于顶身股者死亡后的分红情况，有的票号（如大德通票号）实行"故身股"制，即顶身股者去世后，在一定期间内依然可以参与分红。

顶身股制分配利润的一个关键之处就是，财东与掌柜等高级员工分配利润的比例是动态的。这种动态是在银股股份恒定的情况下，随着顶身力股员工人数的增加或每人顶身股份额的增加而变化，这意味着随着票号的发展，其利润的更多份额将被持有顶身股的职工分去。以祁县大德通票号为例，大德通银股 20 个，乔氏 17.5 个，秦氏 2.5 个。资本额由光绪十年（1884 年）的 10 万两，增为光绪三十四年（1908 年）的 22 万两，但银股数不变。随着顶人力股伙计的变化，光绪十四年（1888 年）分红，银股 20 个，从业人员 23 人顶身股，共 9.7 股，为银股的 48.5%，分配比例为 67：33；到光绪三十四年（1908 年）分红，银股 20 个，顶身股人数增为 57 人，人力股增为 23.95 个，为银股的 119.75%，该年共盈利银 74.3545 万两，扣除酒席银 665 两，用于分红 74.28 万两，银股和身股共计 43.95 股，每股分红 1.7 万两。银股 20 股，分去 34 万两，身股比银股多分红 6.28 万两，分配比例为 45：55。尽管顶身股的分配比例超过银股，但由于票号综合利润增长率很高，银股的收益率仍然是很高的。正是由于这种有效的利润分享机制，晋商票号在清朝时期得以快速崛起。财东与员工同时实现了收益的增长，双方通过利益共享实现了企业的发展，这里同时还体现了一个重要的制度设计原则，就是将对员工的绩效考核和薪酬激励结合起来，将票号的预期目标合理地变通为员工追求收益最大化的目标。基层普通员工和学徒为了提升、多顶股份，就会努力为企业工作，创造更多的财富。

四、顶身股的委托代理分析

由上述的分析可以看出，票号的财东与掌柜之间有一种多层级的委托代理关系，在这种关系之中，大掌柜相对于财东来说是代理人，相对于分号掌柜来说又是委托人。作为票号出资者的财东将票号的日常经营权委托给大掌柜，形成初级委托代理关系，大掌柜在票号内有无上之权力，凡用人之标准，事业之进行，各伙友皆须听命。而且大掌柜还拥有各号的组织设置权，各票号之间的资金支配权、人事任免权等多项重大权利；另外，分号掌柜及伙友，亦由总号大掌柜选派，即大掌柜与分号掌柜之间形成了二级委托代理关系。最后，分号经理将分号的经营管理权逐级分解下放给分号中的伙友，形成了三级委托代理关系。这种多级的委托代理关系如图 1 所示。

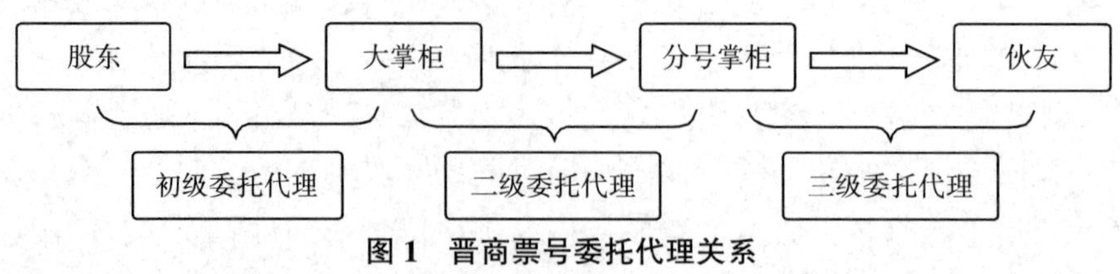

图 1　晋商票号委托代理关系

由于财东与大掌柜之间的利益导向天然存在着差异，因此大掌柜为了追求自身收益最大化的目标，可能会做出损害财东利益的事情，而票号营业失败后经济上损失之责任，全由财东负担，而管事没有赔偿之义务。所以时人评论说："管事而得其人，则营业无不发达；不得其人，则财东有莫大之危险。"大掌柜在筛选次级代理人时，出于利己的动机，可能会将合格的二级代理人筛选掉，选择能力较差而与之关系交好或与己有利的次级代理人。同样在票号分号的委托代理关系中，分号掌柜作为财东的二级代理人，其利益导向与财东存在着更大的差异，分号掌柜对票号经营业绩的关心程度要弱于总号大掌柜。在选择伙友时掌柜也存在道德风险，即不以能力选派，而只注重关系亲疏，结果就是其中亦有在总庄练习尚未足期，派在分庄补习者，则大都此伙友与派往分庄之老板有特殊之关系。由于其经营活动远离总号，在交通不便、通信落后的情况下，分号掌柜的机会主义行为被发现的概率较小，欺骗发生后传播的速度也因此降低，这就增加了掌柜实施机会主义行为的概率。

委托代理关系的存在使代理成本与代理风险相随而来，票号中的代理成本会随委托代理层次的增多而不断提高，如果想降低代理成本，则财东要直接参与二级代理人的遴选，对财东而言，由于其对票号经营业务的知识的局限，由他直接挑选，获取真实的信息，则必须付出较高的信息成本。所以财东需要运用制度安排促使掌柜采取有利于自己的行动，使代理人与委托人的利益形成一致利益取向，在满足代理人合理利益诉求的前提下，使晋商票号的员工人力资本得到最大化的发挥。

以下建立一个包含掌柜努力程度和道德风险行为的二元委托代理模型来探讨顶身股制度的内在机理。首先，假设掌柜的努力程度为 a，努力行动集合为 A，道德风险行为 m，道德风险行为集合为 M，则掌柜所有可能的行动集合为 $P=(a, m)\in A\times M$。仍然假设票号的收益为 π，$\pi=a+n$，且假设 n 服从正态分布 $n\cong N\ (0, \sigma_1^2)$。同时假设掌柜的道德风险行为创造的收入为 k，$k=m+l$，且假设 l 服从正态分布 $l\cong N\ (0, \sigma_2^2)$，代表道德风险行为给票号带来额外收入的外生不确定因素。n 和 l 彼此独立。

其次，我们再来考虑票号掌柜的薪酬线性合约。票号掌柜的收入由财东确定的固定薪资和顶身股的分红构成，令掌柜的固定薪资为 α，掌柜顶身股分享总收益比例为 β，则表达式为 $s(\pi)=\alpha+\beta\pi$。由于利润分享具有较强的激励特征，所以可以将 β 确定为激励系数。掌柜的道德风险行为显然减少票号的收益，票号的实际收益将变为 $\pi'=\pi-k$。重新考虑掌柜的薪酬线性合约。票号的收入表达式不变，仍为 $s\ (\pi')=\alpha+\beta\pi'$，财东根据实际经营情况给予固定薪资和顶身股分红。

财东作为委托人是风险中性的特征不变，财东的期望收益为：

$E=[\pi-s(\pi)]=-\alpha+(1-\beta)(a-m)$

代理人掌柜是风险规避的，已知掌柜的绝对风险规避度为 ρ，ω 为掌柜的实际货币收入。设掌柜努力的边际负效用 $c(a)$ 等价于努力程度的平方，具体为 $c(a)=\frac{b_1a^2}{2}$，这里 b_1 代表掌柜努力工作的成本系数，设掌柜道德风险行为的边际负效用等价于道德风险行为的平方，则有 $c(m)=\frac{b_2m^2}{2}$，b_2 代表掌柜道德风险行为的成本系数，即违规成本系数。掌柜的收入函数就变为：

$$\omega=s(\pi')+k-c(a)-c(m)=\alpha+\beta(a+n)+(1-\beta)(m+l)-\frac{b_1}{2}a^2-\frac{b_2}{2}m^2$$

则确定性等价收入为：

$$x=\alpha+\beta a-(1-\beta)m-\frac{1}{2}\rho\beta^2\sigma_1^2-\frac{b_1}{2}a^2-\frac{1}{2}\rho(1-\beta)\sigma_2^2-\frac{b_2}{2}m^2$$

类似地，给定（α，β），掌柜的激励相容约束为最大化，其确定性等价收入为 x。

一阶条件：$\frac{\partial x}{\partial a}=\beta-b_1a=0$，$\frac{\partial x}{\partial m}=(1-\beta)-b_2m=0$

有：$a=\frac{\beta}{b_1}$，$m=\frac{1-\beta}{b_2}$，

委托人的激励相容模型为：$\max(\alpha,\beta)(-\alpha+(1+\beta)(a-m))$

s.t.（IR） $\alpha=\omega-\beta a-(1-\beta)m+\frac{1}{2}\rho\beta^2\sigma_1^2+\frac{b_1}{2}a^2+\frac{1}{2}\rho(1-\beta)\sigma_2^2-\frac{b_2}{2}m^2\geqslant\omega$

（IC）$a=\frac{\beta}{b_1}$，$m=\frac{(1-\beta)}{b_2}$

$\forall$（a，m）$\in A\times M$

IR 条件：$\alpha=\omega-\beta a-(1-\beta)m+\frac{1}{2}\rho\beta^2\sigma_1^2+\frac{b_1}{2}a^2+\frac{1}{2}\rho(1-\beta)\sigma_2^2+\frac{b_2}{2}m^2$

将 IR 和 IC 条件代入目标函数得：

$$\max_\beta\left[\frac{\beta}{b_1}-\frac{1}{2}\rho\beta\sigma_1^2-\frac{b_1}{2}\left(\frac{\beta}{b_1}\right)^2-\frac{1}{2}\rho(1-\beta)\sigma_2^2-\frac{b_2}{2}\left(\frac{1-\beta}{b_2}\right)^2-\omega\right]$$

一阶条件为：$\frac{1}{b_1}-\rho\beta\sigma_1^2+\rho(1-\beta)\sigma_2^2-\frac{\beta}{b_1}+\frac{(1-\beta)}{b_2}=0$

$$\beta^*=\frac{\frac{1}{b_1}+\frac{1}{b_2}+\rho\sigma_2^2}{\frac{1}{b_1}+\frac{1}{b_2}+\rho\sigma_1^2+\rho\sigma_2^2}$$

β^* 为考虑了掌柜努力程度和道德风险行为的最优激励系数。

整理后得到：$\beta^*=\dfrac{1}{1+\dfrac{\rho\sigma_1^2}{\dfrac{1}{b_1}+\dfrac{1}{b_2}+\rho\sigma_2^2}}$

同理可得：

$$a^*=\frac{1}{b_1\left[1+\dfrac{\rho\sigma_1^2}{\dfrac{1}{b_1}+\dfrac{1}{b_2}+\rho\sigma_2^2}\right]}\qquad m^*=\frac{1}{b_2\left[1+\dfrac{\dfrac{1}{b_1}+\dfrac{1}{b_2}+\rho\sigma_2^2}{\rho\sigma_1^2}\right]}$$

通过上述分析论证，我们可以得出如下推论：

（一）激励系数 β* 对努力程度 a 与道德风险行为 m 的影响

由 $a=\beta/b_1$、$m=(1-\beta)/b_2$ 可知，努力程度与激励系数呈正向关系，道德风险行为与激励系数呈反向关系。也就是说，财东增大对掌柜的收益分享比例，也就是提高顶身股的数额，可以提高掌柜的努力程度，而且能抑制掌柜的道德风险行为。如果激励系数偏小，则道德风险行为可能增加，努力程度降低。

（二）影响激励系数 β* 的相关因素

由激励系数 β^* 的公式可以看出，β^* 与努力成本 b_1、违规成本 b_2、风险规避度 ρ 和 σ_1^2 呈反向关系，而与 σ_2^2 呈正向关系。这说明财东对掌柜采取激励政策的同时，还要增强日常业务监督，这样就提高了掌柜的违规成本。

（三）既定激励安排下，努力程度与道德风险行为具有相对独立性

对于某一确定的 β^* 来说，在提高监管力度进而增加违规成本后，掌柜的道德风险行为自然会减少。但只要努力工作的成本系数在既有状态下，掌柜的努力程度不会有影响。也就是说在既定的激励安排条件下，掌柜的努力程度并不受到对道德风险行为控制的影响。

从以上的分析可以看出，通过顶身股这一治理机制的安排，财东与掌柜的利益导向在很大程度上实现了统一性，进而达到了对票号的有效公司治理，财东出钱，伙友出力，均有股份，一经获利，平等分配，是以经理伙友，莫不殚精竭虑，视营业盛衰为切己之厉害。从现存的历史文献资料看，大部分的非家族经理人选是非常敬业的，其中还诞生了许多有名望的金融界领袖，如著名的日升昌票号总经理雷履泰、蔚泰厚票号的李宏龄等。

五、票号的约束机制

除了建立较为完善的顶身股制度之外，晋商票号还创设了相应的约束机制来引导代理人的行为，使代理人行为与委托人的利益一致，从而实现有效的治理。票号通过号规对代理人的违规行为进行处罚："遵祁信办理，不得擅自举办，违者无论有利无利，按犯号规重罚不贷，铺里铺外，老少人等，一概不准，犯者出号。无论南北，不得依此为例，均以实价结账，违者议处。"以下仅举票号对员工不遵号规进行惩罚的若干事例："惟文荣彩不停平铺收庄之信，任意拖延，以致惹出薛兰第骗银之事。秉驳黔因在成违败平铺之信，拖延三千余金，至今不能收结，兴本移现在身有疾病，以致不能经营，兼之在苏往班所作所为一切究竟办理不善，以上三人均辞出号，附报告之"；"细问津号情形，王绍文办事尚无不妥之处，但精神稍短，不免大意，失于稽查，致有前项等弊，随命李子充前往替换某某下班"。到票号经营后期，随其业务的扩大，分号设置于全国各地，为方便直接管理，票号采用委派稽查员的方式实行监管。"每年正月初八，选派稽核一二人，分巡各庄稽核，稽核之事如下：（一）专查内外事件；（二）账簿摺据；（三）本号人位优劣；（四）审查社会之情形，定进退之标准。"

在晋商票号中从掌柜到普通伙友都是山西籍人，外乡人很难应聘进入票号工作，所以有报纸记载："向闻西帮规矩最严，定制草严，倘有经手伙友等亏挪侵蚀等情，一经查出，西帮人不复再用，故西人之经营于外者，无不竞竞自守，不敢稍有亏短，致于罪罚，未得身股以前不得归，毫厘有差立摈之，他号亦不录用，以是作奸者少。"地域观念衍生出的声誉机制在这样一个较为封闭的职业经理人市场中起到了有效的约束作用。由于当时的行业规模相对较小，因此声誉影响极其广泛，代理人（或雇员）在与委托人之间的长期博弈过程中一旦违约，将会面临解雇甚至不被行业录用的双重风险。

票号通过号规以及雇员本地化等制度约束了员工的行为，减少了委托代理双方信息不对称的程度，加大了员工的舞弊成本，这样就保证代理人可以更加努力地为财东工作，实现财东利益的最大化。解决委托代理关系问题既要激励代理人完成委托人的既定目标，也要通过约束代理人的机会主义行为来降低代理成本。晋商票号一方面运用顶身股来激励各级票号掌柜为达成票号经营目标而努力工作，而另一方面运用号规等制度规则降低了代理成本，避免了代理人侵害委托人权益的机会主义活动。

六、顶身股与期权激励的比较

新经济增长理论以技术内生化为特征，将人力资本纳入模型之中，人力资本作为内生变量成为经济增长的一个重要因素。新经济增长模型将对一般的技术进步和人力资本的需要变成了对具有专业化知识的人力资本的需要。员工依托人力资本投入也拥有了部分产权，也开始参与企业剩余索取权的分配。“人力资本和货币资本相协调”成为了新的企业法人治理结构所面临的问题，此后欧美企业开始逐渐探索职工持股、股票期权计划等体现人力资本价值的激励机制。

“顶身股”实际上就是人力资本的表现形式，一方面体现了人力资本的价值，另一方面也保证了人力资本投入者的收益。从这个角度来说，虽然机制和环境存在较大差异，但顶身股与现代企业中的股票期权所产生的激励与约束效能殊途同归。在顶身股制下，代理人虽然持有顶身股，但也只有在一个账期结束后才能以参加票号利润分红的方式获得可观的收入，这样就可避免掌柜及伙计的短期化行为。在股票期权计划下，行权价与股票价格之间的差价主要决定了经理人的收益，而股票价格是资本市场对于企业运营绩效的外部反映，在这种与企业的利益捆绑条件下，经理人的行为会更加符合企业的利益导向，从而极大地避免了固有薪酬体系下经理人行为短视化特征。

顶身股与股票期权计划虽然在激励效能上具有类似的功效，但在适用性和特征上有着各自的特征。经理人从企业得到的是股票预期价格的认购权利，它是非强制性的，经理人在到期后可以依据股票价格来判断是否使用认股权，经理人具有自由交易的权利，即使经理人离开企业依然拥有期权，企业无法干预。对于顶身股持有者来说，顶身股只是其拥有的企业内部股权，不能通过股权的交易使人力资本增值变现，并且顶身股随着经理人的努力程度、工作年限而提高，如果经理人离开了票号，所持有的顶身股就会丧失，经理人的离职机会成本很高，这就使得经理人长期尽心服务于一个票号，这些制度有利于提高员工的忠诚度，从而保证了票号员工队伍的稳定性。

顶身股持有者不仅有高级管理人员，还有许多够资历的普通员工，在这种情况下，虽然票号员工的级别和收入存在差别，但奋斗目标的一致性使得他们的凝聚力得到明显的加强，这就有助于提高团队合作效率，达到共同致富的目标。而在现代企业中，股票期权的激励对象往往仅限于中高层管理人员，这就导致普通员工的积极性、创造性受到一定程度的压抑。

在剩余索取权的分配上，股票期权的收益全部来自股票市场价与行权价的价格差额，也就是说持有人的收益直接来自资本市场，不会对企业利润产生任何影响，也不会对公司的现金流量带来负面效应，而顶身股则是将票号的利润直接分配给持股的票号员工。同顶身股相比，期权激励的成本相对来说是较低的。

由于股票期权计划中经理人获得的收益来自行权价与股票价格之间的差额，因此股票价格就成为经理人的主要评价指标，而股票期权计划运作的前提条件是具有一个成熟的资本市场体系以及完善的相关法治环境，并且该制度仅适用于已经上市的公司，股票期权计划对于那些发展性较好、业绩水平较高的公司中的经理人更具有激励作用。而顶身股制则是以企业的经营业绩为衡量标准，与资本市场无任何关联。因此，无论对于上市公司还是普通公司，甚至公司改制，只要是股份制企业，顶身股制度都具有较高的适用性。

七、顶身股的借鉴意义

晋商票号通过顶身股这一激励报酬机制，将股东与经理人之间因利益不一致而引发经营问题的外部风险转化为需经理人自我衡量的内部风险成本问题，从而把委托人的外部监督转化为代理人的自我理性约束。这一治理机制适应了当时的外部制度环境和特定的历史文化情境。

随着国企混合所有制改革的不断推进，目前有关员工持股的问题也进入关键阶段，业内也将员工持股作为推进上市国企改革的关键措施，但无论从政策、法律角度还是从市场环境角度来看，推进员工持股还有很多障碍。目前，我国资本市场的成熟度和健康性还有待提高，且与之配套的相关的法律（如公司法、证券法、税法等）也还在逐步完善中，这些现实的困境说明了股票期权对于我国企业治理结构中的激励机制来说并非一个合适的选择，至少暂时如此。相比之下，顶身股制度不受“资本市场环境”这一主要前提条件的影响，具有制约条件少、机制灵活、可操作性强、适用范围广等诸多优势。因此，具有两百多年历史的晋商票号顶身股制度对我国目前上市公司以及国企改革中正在进行探索的员工持股计划无疑具有更多的借鉴意义，毕竟这种制度实践是在中国本土上曾经发生的，这种蕴含本土商业精神的员工持股计划也许要比基于西方背景的期权激励机制更适合当下中国的情境。

参考文献

[1] 陈凌. 信息特征、交易成本和家族式组织［J］. 经济研究，1998（7）.

[2] 陈凌. 家族企业委托代理关系研究——山西票号与中世纪意大利家族企业的分析与比较［J］. 山东大学学报，2009（6）.

[3] 黄鉴晖. 山西票号史料（增订本）［M］. 太原：山西经济出版社，2002.

[4] 贾彩彦. 企业委代关系中的非正式约束分析——以山西票号为个案的研究［J］. 山西财经大学学报，2004（2）.

[5] 李隧，李宏龄. 晋游日记·同舟忠告·山西票商成败记［M］. 太原：山西人民出版社，1989.

[6] 李渭清. 山西太谷银钱业之今昔［J］. 中央银行月报，1937，6（2）.

[7] 李勇. 山西票号激励制度解读 [J]. 会计研究，2002 (3).

[8] 梁四宝. 晋商股份制的经济学分析 [J]. 生产力研究，2001 (1).

[9] 林柏. 基于现代企业理论对晋商的分析 [J]. 经济问题，2005 (9).

[10] 陆国香. 山西票号之今昔 [J]. 民族杂志，1936，4 (3).

[11] 潘一萍. 家族企业委托代理关系中激励约束机制分析——以山西票号为例 [J]. 中国社会经济史研究，2013 (3).

[12] 乔增光. 票号身股的数量分析 [J]. 山西大学学报，2006 (1).

[13] 咸春龙，王浩. 山西票号治理结构剖析 [J]. 经济体制改革，2004 (6).

[14] 徐珂. 清稗类钞（第 5 册，农商类）[M]. 北京：中华书局，1984.

[15] 中国人民银行山西省分行，山西财经学院编写组. 山西票号史料 [M]. 太原：山西人民出版社，1990.

[16] Arman Alchian，Harold Demsetz. Production，information costs and economic organization [J]. The American Economic Review，1972 (62).

[17] Berle，Means G. The modern corporation and private property [M]. New York：Commerce Clearing House，1932.

[18] Bonini，Charles P. Management controls：New direction in basic research [M]. New York：Mc-Craw-Hill，1964.

[19] Jensen M. C.，Meckling W. H. Theory of the firm：Managerial behavior，agency costs and ownership structure [J]. Journal of Financial Economics，1976 (3).

战略共识与绩效的关系研究综述

作者：梁潇；指导老师：肖海林

内容摘要：战略共识一直以来都是战略管理理论研究的一个热点问题，但是，以往的研究一直未能就战略共识这一概念的内涵界定、影响因素等达成一致，尤其是有关战略共识与绩效的关系的研究，更是产生了许多不同甚至截然相反的结论。本文在回顾战略共识现有文献的基础上，从内涵界定、结构维度以及与绩效的关系几方面阐述了现有研究的现状及特点，并对未来研究的发展趋势做出简要展望。

关键词：战略共识；内涵界定；结构维度；绩效

一、引　言

在超竞争时代背景下，随着竞争环境复杂性与动态性的加强，企业要想在竞争激烈的国内、国际市场中谋求持续的生存和发展，必须从战略的高度应对竞争，把握未来。长久以来，战略共识被认为是战略制定和执行过程中的重要概念（Markoczy，2001），并且学术界对战略共识这一概念也存在着大量的理论和实证研究。一方面，有学者认为战略的形成是共识建立的过程，共识是组织决策的重要产物，同时也在战略决策中起着不容忽视的重要作用；另一方面，战略的有效执行需要组织内成员的广泛参与和密切协作，如果组织成员对企业战略的认识不一致，形成"执行缺口"，使得企业战略无法实现，势必会影响企业的绩效。波特认为，如果管理者没有就组织的目标达成一致，那么业务战略执行的能力将会大打折扣。

因此，企业的战略共识，作为影响战略制定和战略执行的重要因素，近年来已成为战略管理理论研究的一个热点问题。然而，以往的研究对战略共识这一概念的内涵、影响因素等并没有达成共识，尤其是对于战略共识与企业绩效的关系，更是产生了许多不同甚至截然相反的研究结论。因此，本文通过对战略共识相关文献的回顾，从内涵界定、结构维度以及与绩效的关系几方面阐述了现有研究的现状，并在此基础上，对未来的研究方向做出了展望。

二、战略共识的内涵界定与结构维度

（一）内涵界定

共识，通常被认为是全部范围或大部分范围内成员达成的普遍一致性，被视为群体决策的成果，也有学者认为，共识是个体心智模式的趋同（Knight，1999）。关于共识的本质存在两种观点，一种观点认为共识的本质是决策形成的结果，另一种观点认为共识的本质是构建及形成共识的过程（Dess 和 Origer，1987）。基于此，以往研究对战略共识这一概念的内涵界定也没有达成一致，研究者们往往结合自己研究的问题，从不同的角度对战略共识进行定义。例如，在研究战略共识与企业绩效的关系时，通常将战略共识定义为组织内的管理者在战略重点及与战略相关的其他内容上达成的一致性（Dess，1987；Homburg 和 Workman，1999；Kellermanns 和 Floyd，2011），而在研究高管团队成员特征与战略共识关系时，通常将共识定义为个体在心智模式上的趋同或成员理解的相似性（Ramos-Garza，2009；Simons，1995）。表 1 归纳了近年来对战略共识的不同定义，从中可以看出，早期的研究者往往将战略共识的范围界定在高层管理者以及处于支配地位的战略决策者中，或主要探讨战略事业单位层面的战略共识（Bowman 和 Ambrosini，1997），而近期的研究则把战略共识的主体扩大到组织中的各级管理者甚至是全体员工的范围（Markoczy，2001；Kellermanns 等，2005）。此外，在

表 1　战略共识的不同定义

作者	定义
Bourgeois（1980）	处于支配地位的战略决策联盟内部关于企业战略目标和手段的看法的一致程度
Dess（1987）	高管团队成员对环境的性质感知的一致程度
Dess 和 Origer（1987）	各方对群体决策的协议，它发生于对利弊问题的商议和讨论后，并且所有的管理者都达成一致
Wooldridge 和 Floyd（1992）	中层管理人员对战略承诺和理解的产物
Dess 和 Priem（1995）	高管团队或优势联盟关于战略目标、竞争手段和环境感知的一致程度
Bowman 和 Ambrosini（1997）	战略事业单元成员关于战略重点的共享式理解
Homburg、Krohmer 和 Workman（1999）	企业高管关于具体战略类型重点的看法的一致程度
Knight 等（1999）	团队成员之间的共同认识，主要是指管理团队成员关于战略议题的心智模式的趋同程度
Menon、Bharadwaj、Adidam 和 Edison（1999）	战略团队成员同意并支持所选战略的程度
Markoczy（2001）	管理人员关于战略议题认知结构的趋同程度
Kellermanns 等（2005）	各级管理人员关于战略重点的共享式理解
Kellermanns 等（2011）	各级管理人员团队就某个特定战略相关内容上的共享式理解

共识的内容方面，也存在着战略目标、战略重点、竞争手段以及环境感知等多种要素。尽管战略共识的定义随着具体研究问题的不同而有所差异，但这些定义在总体上都反映了战略共识的一个本质特征，即共识主体对战略相关内容的一致看法，或共享式理解。

根据以上的归纳可以看出，众多研究者将战略共识的侧重点放在战略理解上，即对战略内容、逻辑和实施路径的领会，原因在于如果组织内的员工对企业战略缺乏清晰、共同的理解和认识，就会对战略的执行造成严重的障碍（Noble，1999）；相反，组织员工对战略具体内容的领会越一致，即共识程度越高，就越会减少组织内部的摩擦，战略执行的效果也就会越好。然而 Wooldridge 和 Floyd 则认为，战略共识不仅包括战略理解，还包括战略承诺，他们认为战略理解属于认知维度，战略承诺属于情感维度，如果管理者没有对某一战略做出一定程度的承诺，那么也无法准确执行该战略。根据战略理解和战略承诺两个维度，有人将战略共识分为四个类型：强共识、盲目投入、知情怀疑和弱共识（Wooldridge 和 Floyd，1992），具体如图 1 所示。还存在类似的研究将战略共识分为认知共识和情感共识。从战略的角度来讲，认知共识是指组织成员对战略共同认可的程度；情感共识则代表个体的承诺，依赖于个体的吸引力和完成目标的能力（Aranda 和 Arellano，2010）。

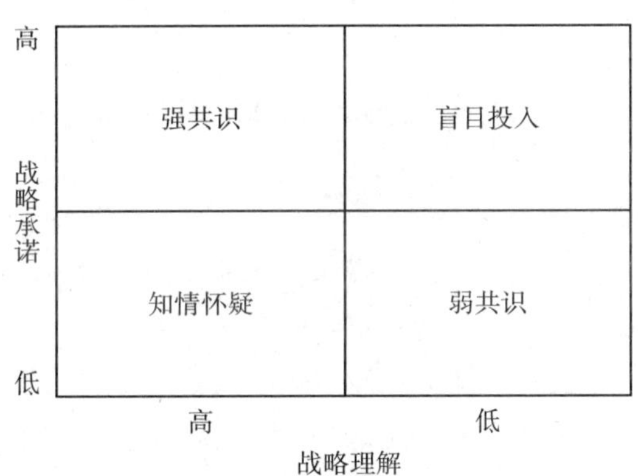

图 1 战略共识分类

基于以上分析，本文认为，早期对战略共识主体的界定过于狭窄，由于员工的理解和参与是确保战略准确执行的关键，因此，战略共识的主体范围应扩大到组织全体员工的范围。对于战略共识的内涵而言，战略理解是前提和基础，企业员工之间缺乏共识必然会阻碍企业目标的实现，进而削弱企业的竞争力（Kathuria、Porth 和 Kathuria，2010）；战略承诺则是行动保证，只有员工深刻理解并积极投入企业的既定战略，才能提升企业的战略执行力。

（二）结构维度

从战略共识的内涵界定可以看出，战略共识是一个多维度概念，以往研究对战略共识结构维度的划分基本一致，即战略共识包含四个维度：①共识内容，即需要在哪些方面达成共识；②共识程度：也称共识强度，是指就共识内容达成一致的程度；③共识范围：即达成共识所涉及的人员在组织内的分布；④共识核心，即达成共识的活动主要集中在组织中的哪个层级（Wooldridge 和 Floyd，1992；Markoczy，2001）。早期的研究将共识的范围主要集中于高管团队中（Dess 和 Keats，1987；Dess 和 Priem，1995；Homburg 等，1999），且研究的内容主要为共识的程度，忽略了共识的范围与核心。近年来，随着战略共识的内涵不断丰富，共识的范围扩大到中低层管理人员甚至组织内全体员工（Wooldridge 和 Floyd，1992；Kellermanns 等，2005），共识的内容也在逐步扩展，包括战略变革中的共识（Markoczy，2001）、运营战略中的共识（Boyer 和 McDermott，1999）、制造业竞争重点的战略共识等。与此同时，还有学者进一步丰富战略共识的结构维度，提出从多层次分析和评估战略共识，不仅关注团队内部的共识，还要关注团队之间的共识，从纵向的角度研究团队内和团队间共识随时间的变化，并提出了战略共识地图（SCM）的概念，即探究战略共识的多个维度，测试组间和组内的横向纵向差异的一系列互补性程序。这一概念填补了组间和组内层面的个体认知与集体行为间的空白，并可以测试随时间发展，跨部门群体间共识差异的变化及重要性（Tarakci 等，2014）。

三、战略共识与绩效的关系

以往的研究通常认为更高的共识能带来更好的绩效，因为战略共识的达成有利于战略的协调和决策的执行（Dess，1987；Hrebiniak 和 Snow，1982），进而提升企业的战略执行力，改善企业的绩效。因此，关于战略共识的结果变量通常被分为两个层面：在决策团队层面，战略共识提升决策团队内部的协作能力、团队凝聚力以及达成共识的能力（Mathieu、Heffner、Goodwin、Salas 和 Cannon-Bowers，2000）；在组织层面，战略共识可以通过提升员工的协作与合作能力来提高战略执行的效率与效果，进而改善企业的绩效。但实际上，战略共识与企业绩效之间的关系要更为复杂（Bourgeois，1985），实证研究所得出的结论也并不一致。

（一）二元关系

尽管有一些研究发现，战略共识与企业绩效之间存在正向的关系（Dess，1987；Kellermanns 和 Floyd，2011；Ramos-Garza C.，2009），但也有一些研究发现了二者之间的负向关系（Bourgeois，1985），还有一些研究并没有发现战略共识和绩效之间存在明显的联系。

早期对共识绩效关系的研究主要集中于目标和手段上的共识（Bourgeois，1985；Dess，1987）。Bourgeois 第一个对目标共识、手段共识与绩效的关系做出实证研究。他选取了12家公司，其中3家为服务业公司，4家为高科技行业公司，5家为制造业公司。研究发现，就竞争手段来说，共识能比分歧带来更高的绩效，然而在设定组织目标上，分歧似乎能带来更好的绩效，同时，最糟糕的绩效往往来源于目标上的高度共识和手段上的高度分歧，也就是说成员对目标达成了一致意见，但对如何实现目标却众口不一（Bourgeois，1980）。研究的具体内容如表2所示。

表2　战略共识与企业绩效的部分研究归纳

研究	共识	绩效	调节变量	中介变量	结果
Bourgeois（1980）	目标：10个重要目标，如长期收益率、增长率等 手段：23个竞争方法，如产品宽度、成本削减等	基于财务数据	无	无	竞争手段比企业目标更能显示企业绩效的情况
Bourgeois（1985）	目标：12个可能的目标，如边际收益、市场份额等	基于财务数据	无	无	目标上的分歧与更高的企业绩效相关
Dess（1987）	目标：12个可能的目标，如净利润、市场份额等 竞争手段：21项竞争手段，如新产品开发、声誉等	基于调查的数据	两类共识之间的相互作用	无	两类共识都与更高的企业绩效相关，补充分析显示两类共识间的相互作用并不重要
Schwenk（1996）	目标：13个目标 方式：23项竞争手段	基于调查的数据	环境动态性	无	战略共识与企业绩效正相关，且该正向关系在稳定的环境中更为显著
Homburg等（1999）	战略：低成本战略有三种措施，差异化战略有四个项目	基于调查的数据	动态性	无	差异化战略中，共识与绩效相关，低成本战略中共识与绩效无关 差异化战略中，动态作用会影响共识绩效的关系
González-Benito（2012）	目标：18个在购买和制造方面的目标 竞争手段：低成本战略的三个措施，差异化战略的三个措施	基于调查的数据	环境动态性	基于目标的共识	共识与绩效之间正相关，环境的动态性反向调整该关系，基于目标的共识在基于竞争手段的共识与企业绩效之间起中介作用

总的来说，前人的研究并没有对共识与绩效之间的关系给出一个明确一致的结论，这些结论之所以不同甚至截然相反，归纳起来有以下几个原因：

（1）在研究战略共识与绩效关系时，通常采用战略的一般概念，没有区分具体的战略类型。

（2）多数研究集中在公司层面的战略，而实际上多数的战略决策发生在业务层面上，对于多样化业务的公司，还要关注其战略业务单位（SBU）层次上的共识（Homburg和Workman，1999）。

（3）大多数研究中没有讨论共识与绩效的关系中可能存在的调节变量，因而不同情形下产生了不一致的结论。

（二）多元关系

由于早期对于战略共识与企业绩效的关系的研究缺乏对二者关系的权变因素的探讨，因此后来便有众多学者试图在战略共识与企业绩效的研究中引入中介变量及调节变量，力图通过多变量的分析探究战略共识与企业绩效在不同情境下的关系。

总结以往的研究，可以发现在共识与绩效的关系中起调节作用的变量共有五个，其中三个是理论方面的，即共识主体的等级层次、共识内容的类型、环境的动态性，其余两个是研究方法上的差异，包括共识的测量方法和绩效的测量方法。

1. 共识主体的等级层次

早期的研究将高管团队作为决策活动的中心，因此对战略共识核心的研究也集中于高管团队（Hrebiniak 和 Snow，1982），然而这种集中也正是早期研究的局限性之一，因此有学者在前人研究的基础上做出了新的突破，将战略决策过程拓展到整个组织的层次（Homburg，1999），这样就出现了后来对中层管理者战略共识、战略业务单位共识的研究（Bowman 和 Ambrosini，1997；Homburg 等，1999；Markóczy，2001；Rapert 等，2002）。

等级层次的调节作用正是建立在不同管理层次的人员的决策过程不同这一前提下。在组织中，中低层管理者更多的是参与到战略决策的具体实施中，而高层管理者更多的是花费时间设想组织未来，阐述组织目标，以及制定一些宏观措施。因此，高管团队成员观点上的多元性和认知冲突，更可能为组织带来多元化的信息，从而提高企业的绩效（Amoson，1996）；相反，中低层管理人员的共识则更有利于战略执行，进而提升绩效（Wooldridge 和 Floyd，1990）。因此，Kellermanns 和 Floyd 通过实证研究发现，相比高层管理者，战略共识与绩效之间的正向关系在中低层的管理者中更为明显。

2. 共识内容的类型

另一个对共识绩效之间关系产生重要作用但却被多数研究忽视的变量就是共识内容的类型（Bowman 和 Ambrosini，1997）。由于早期研究将焦点集中于高管团队达成的共识，因此共识的内容就默认为目标上的共识和竞争手段上的共识（Bourgeois，1980；Dess，1987）。但随着研究重点转移到中低层管理者之间的共识，其内容也进一步扩展到一系列其他的战略主题，包括削减成本、创新、差异化等（Bowman 和 Ambrosini，1997；Homburg 等，1999；Rapert 等，2002；Wooldridge 和 Floyd，1989）。这一转变反映了学者们将共识的内容更多集中在战略重点上。由于战略重点在组织资源分配过程中扮演着重要的角色，同时贯穿了高层、中层和低层管理者的整个决策过程，因此学者们将战略重点作为战略共识的内容，并通过研究发现了战略共识与绩效之间存在正向关系（Bowman 和 Ambrosini，1997；Homburg 等，1999；Rapert 等，2002），且当共识基于战略重点而不是战略方式、目标或其他战略内容时，这种正向关系会更为明显（Kellermanns 和 Floyd，2011）。

3. 环境的动态性

与之前的两个变量不同，环境动态性，即组织所处的市场和行业的变化情况，作为共识与绩效之间关系的调节变量，受到了广泛的研究。根据 Stogdill 的团队自由结构理论，在正式的组织结构下成员之间更可能形成共识，高度的共识在稳定的环境下能够与相应的环境匹配，因此产生良好的绩效。这一结论与 Hambrick 和 Mason 提出的在稳定的环境中，同质性的高管团队（代表高度的共识）与绩效正相关这一结论不谋而合。相反，动态环境下的低度共识与环境更为匹配，即动荡的环境中，异质性的高管团队（代表低度共识）与绩效正相关。基于此，Priem 在 1990 年首次提出，在动态的环境中，高度的战略共识很可能降低企业的绩效，这是由于在快速变化的环境中，决策者一致的意见很可能排除了其他的替代措施，阻碍了对动态环境的快速反应，而在稳定的环境中，共识与绩效的正向关系更为明显（Priem，1990；Schwenk，1996；González-Benito J.，2012）。类似的结论还包括差异化战略的共识与企业绩效之间的关系也会受到市场动态性的负调节作用（Homburg、Krohmer 和 Workman，1999）。具体关系如图 2 所示。

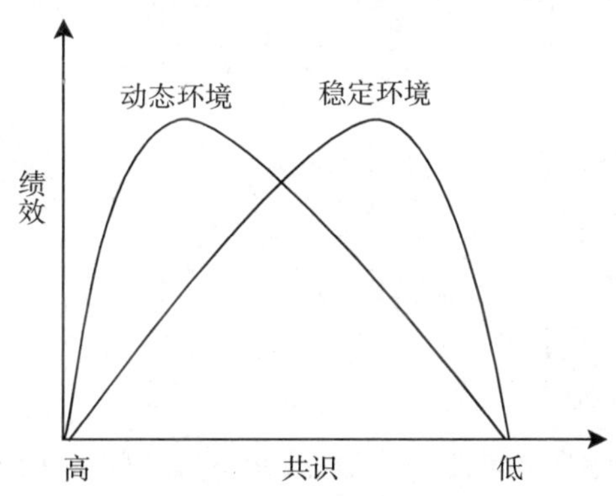

图 2 不同环境因素下共识与绩效的关系

4. 共识的测量方法

前人的研究通常采用三种方法来测量战略共识。第一种方法是测量团队内部战略内容各个维度的标准差，然后将标准差加总求和，用选定的常数减去标准差的总值，即代表战略共识的程度（Isabella 和 Waddock，1994；Schwenk，1996），差值越大，代表共识的程度越高。第二种方法是测量组织中关键人物（如 CEO、高管团队成员等）意见差异的绝对值，再加以平均（Dess，1987）。第三种方法是围绕战略内容的几个维度，测量团队成员之间的一致性指数（Homburg 等，1999）。

尽管这一变量的影响程度和影响趋势无法在理论上加以论证，但不可否认，共识的测量在一定程度上影响了共识与绩效之间复杂的关系。

5. 绩效的测量方法

大部分的研究都认同战略共识与组织绩效之间存在一定的关系，但在具体的研究中，绩效的测量方法却并不一致。有研究使用资产回报率、销售增长率等指标来测量

(Bourgeois，1980)，还有研究通过询问受访者，比较某组织与其竞争者在绩效方面的表现来测定组织绩效（Bowman 和 Ambrosini，1997；Dess，1987），此外，还有研究将这两种方法结合起来。测定方法的多元性也在一定程度上解释了不一致的研究结论。

此外，还有一些研究探索了不同的中介变量和调节变量，例如战略承诺在战略共识与绩效之间起到了中介作用（Wooldridge 和 Floyd，1992）；不同的战略决策阶段达成的共识对企业绩效的影响也是不同的。综合相关的研究，关于高管团队共识与组织绩效之间关系的模型有以下几种，如图 3 所示。

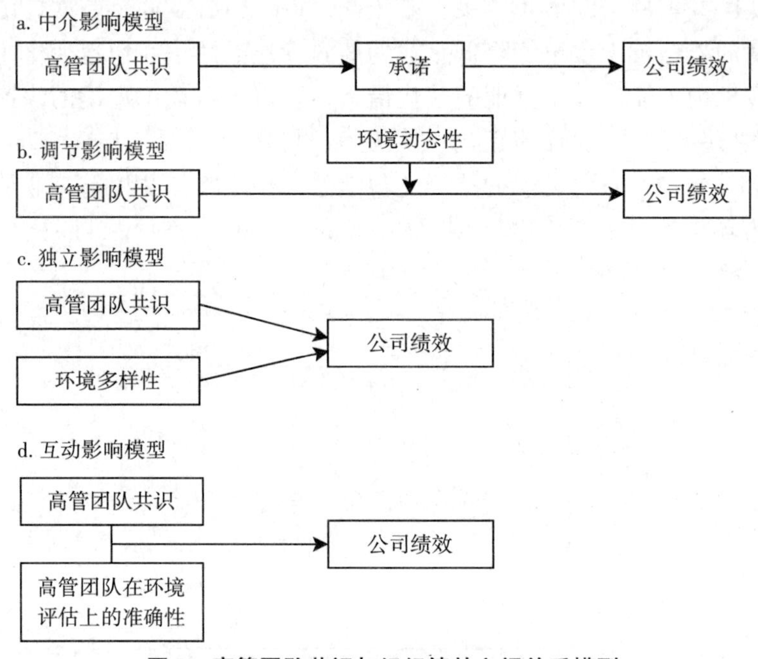

图 3　高管团队共识与组织绩效之间关系模型

总之，关于战略共识是否提升企业绩效这一命题，相关的研究并未给出一致的答案，而且这方面的研究主要针对中高层管理者，很少涉及基层管理者和普通员工，研究的层次也多局限于公司层面的战略制定，而对业务层面和职能层面的战略执行探讨得较少，同时研究范围多以团队内部的共识为主，缺少团队之间共识的研究。针对这种研究现状，Markoczy 指出，只有深入考察战略共识的不同维度及其交互作用对企业绩效的影响，才能对战略共识与企业绩效之间的关系进行清晰而有意义的诠释(Markoczy，2001)。

四、战略共识研究的局限与展望

自 20 世纪 80 年代以来，战略共识概念的研究取得了重要进展，但无论是理论研究还是实证研究都还远未进入成熟阶段，对战略共识概念的界定、与绩效关系的研究都存在很多分歧。因此，针对战略共识研究的现状，笔者认为，相关研究存在一定的局限性，并在以下几方面对相关研究做出展望：

1. 明确界定战略共识概念的内涵

对概念的清晰界定是科学研究的基础，然而正如前文所述，以往研究对于战略共识这一概念的内涵界定并没有达成一致，研究者们往往结合自己研究的问题，从不同的角度对战略共识进行定义。由前文可以看出，大多数的研究都强调战略共识中的认知层面，即战略理解的重要性，但对于情感层面，也即战略承诺的内容并没有过多涉及；对于战略共识的范围，从早期的高管团队逐渐转变到中低层管理者，甚至组织内全体员工，也是依据具体研究的内容而变，并没有统一的界定；对于战略共识中战略的层次性，即是指公司层战略还是战略业务单位的战略或职能层战略也未给予明确的交代；对共识的概念化过程通常基于片面的战略决策观点（Markoczy，2001），从而导致了后续研究的结论模糊多样。因此，对战略共识的概念做出清晰明确的界定，是促进其研究科学发展的前提。

2. 深化对战略共识影响因素的研究

对战略共识的前因变量和结果变量的深入研究，可以揭示战略共识的形成路径及其对组织产生的影响，对于管理实践具有重要的意义。对于前因变量的研究主要集中在高管团队人口统计特征、决策过程、组织结构以及战略特征和战略过程几方面，对于组织内中低层管理者的共识形成，以及团队间的共识形成还缺乏深入的研究（Tarakci 等，2014）；而对于结果变量的研究，基本都体现在战略共识对组织绩效的影响上，但实际上，战略共识不仅影响企业的绩效，对于企业的凝聚力、创新能力、学习能力以及战略执行力都有着更为直接的影响。因此，未来对战略共识多元关系的研究可以构建出更为全面的共识形成、变化机制。

3. 丰富战略共识的情景研究

现有的研究表明，环境的动态性、战略类型、决策制定阶段等都会对共识绩效的关系产生调节作用，并且加入调节变量后，往往会产生与以往研究不同的，甚至完全相反的结果，基于此，未来的研究也应结合各种情景因素，进一步探讨战略共识在不同情况下的不同影响。

4. 扩大战略共识的研究范围

这里所说的研究范围不仅指共识的范围要突破组织内的高管团队，还包括突破组织的界限，例如，探究团队之间的战略共识、探讨合作伙伴之间的战略共识等。从以上几个方面开展对战略共识的研究，也会极大地拓展该领域的研究范围。

5. 实证与理论研究的结合

从前文可以看出，现有关于战略共识的理论研究比较薄弱，仅限于对共识内涵的界定、共识重要性的强调等，并未形成完整的、有说服力和影响力的共识理论。因此，战略共识的实证研究的理论基础也很单薄，对于结果的分析也相当有限，未能上升到理论高度。未来的研究需要将理论探索与实证研究加以融合，从理论到实证，再从实证到理论，以推动相关研究的发展，构建有实践指导意义的战略共识理论体系。

参考文献

[1] Aranda C., Arellano J. Consensus and link structure in strategic performance measurement systems: A field study [J]. Journal of Management Accounting Research, 2010, 22 (1): 271-299.

[2] Bourgeois L. J. Performance and consensus [J]. Strategic Management Journal, 1980, 1 (3): 227-248.

[3] Bourgeois L. J. Strategic goals, perceived uncertainty, and economic performance in volatile environments [J]. Academy of Management Journal, 1985, 28 (3): 548-573.

[4] Bowman C., Ambrosini V. Perceptions of strategic priorities, consensus and firm performance [J]. Journal of Management Studies, 1997, 34 (2): 241-258.

[5] Boyer K. K., McDermott C. Strategic consensus in operations strategy [J]. Journal of Operations Management, 1999, 17 (3): 289-305.

[6] Dess G. G. Consensus on strategy formulation and organizational performance: Competitors in a fragmented industry [J]. Strategic Management Journal, 1987, 8 (3): 259-277.

[7] Dess G. G., Origer N K. Environment, structure, and consensus in strategy formulation: A conceptual integration [J]. Academy of Management Review, 1987, 12 (2): 313-330.

[8] Dess G. G., Priem R. L. Consensus performance research: Theoretical and empirical extensions [J]. Journal of Management Studies, 1995, 32 (4): 401-417.

[9] Floyd S. W., Wooldridge B. Managing strategic consensus: The foundation of effective implementation [J]. The Executive, 1992, 6 (4): 27-39.

[10] González-Benito J., Aguinis H., Boyd B. K., et al. Coming to consensus on strategic consensus A mediated moderation model of consensus and performance [J]. Journal of Management, 2012, 38 (6): 1685-1714.

[11] Homburg C., Krohmer H., Workman Jr J. P. Strategic consensus and performance: The role of strategy type and market-related dynamism [J]. Strategic Management Journal, 1999, 20 (4): 339-357.

[12] Hrebiniak L. G., Snow C. C. Top-management agreement and organizational performance [J]. Human Relations, 1982, 35 (12): 1139-1157.

[13] Isabella L. A., Waddock S. A. Top management team certainty: environmental assessments, teamwork, and performance implications [J]. Journal of Management, 1994, 20 (4): 835-858.

[14] Kellermanns F. W., Walter J., Lechner C., et al. The lack of consensus about strategic consensus: Advancing theory and research [J]. Journal of Management, 2005, 31 (5): 719-737.

[15] Kellermanns F. W., Walter J., Floyd S. W., et al. To agree or not to agree? A meta-analytical re view of strategic consensus and organizational performance [J]. Journal of Business Research, 2011, 64 (2): 126-133.

[16] Markoczy L. Consensus formation during strategic change [J]. Strategic Management Journal, 2001, 22 (11): 1013-1031.

[17] Mathieu J. E, Heffner T. S., Goodwin G. F., et al. The influence of shared mental models on

team process and performance [J]. Journal of Applied Psychology, 2000, 85 (2): 273.

[18] Menon A., Bharadwaj S. G., Adidam P. T., et al. Antecedents and consequences of marketing strategy making: A model and a test [J]. The Journal of Marketing, 1999: 18-40.

[19] Noble C. H., Mokwa M. P. Implementing marketing strategies: Developing and testing a managerial theory [J]. The Journal of Marketing, 1999: 57-73.

[20] Priem R. L. Top management team group factors, consensus, and firm performance [J]. Strategic Management Journal, 1990, 11 (6): 469-478.

[21] Ramos-Garza C. TMT strategic consensus in Mexican companies [J]. Journal of Business Research, 2009, 62 (9): 854-860.

[22] Rapert M. I., Velliquette A., Garretson J. A. The strategic implementation process: Evoking strategic consensus through communication [J]. Journal of Business Research, 2002, 55 (4): 301-310.

[23] Schwenk C. R. Top management team strategic consensus, demographic homogeneity and firm performance: A report of resounding nonfindings [J]. Strategic Management Journal, 1996, 17 (7): 571-576.

[24] Simons T. Top management team consensus, heterogeneity, and debate as contingent predictors of company performance: The complimentarity of group structure and process [C]. Academy of Management Proceedings, 1995 (1): 62-66.

[25] Tarakci M., Ates N. Y., Porck J. P., et al. Strategic consensus mapping: A new method for testing and visualizing strategic consensus within and between teams [J]. Strategic Management Journal, 2014 (35): 1053-1069.

执行董事、魅力型领导与实际控制权

作者：黄颖；指导老师：郭建鸾

内容摘要：随着中国创业潮迭起及执行董事制度在我国公司的普遍应用，执行董事的个人特质（包括背景、价值理念、知识技能、风格等）形成的领导魅力不仅对公司的成长发展产生了深远的影响，也使得自己与公司“绑定”成为公司的一种标志，大大提升了对公司实际控制权的掌控。因此本文将基于魅力型领导理论，根据领导力五力模型和职业经理人评价指标体系，从执行董事所拥有的实际控制权的来源及影响机制的角度来探讨公司控制权的转移，并基于此对执行董事实际控制权增强的影响进行分析，提出制度安排的建议。

关键词：执行董事；魅力型领导；实际控制权

众所周知，控股权虽然是公司控制权的法定基础，但是实践中的例子却显示控股权不是控制权的绝对来源，股东属性往往深刻影响着控制权的分配与转移。郭建鸾(2005)[1] 按照股东产权的性质将股东分为个人投资者、机构投资者、企业法人股东和国家股东等几类。然而不管是哪种产权模式，股东经过委托代理机制，将公司诸如雇佣、日常经营决策等控制权实际传导给了经理层。随着现代企业的发展，在解决由公司所有权与经营权分离所产生的代理问题方面，经理人持股成为所有者或者股东进入经理层开展经营管理工作的“执行董事”制度日益成为企业降低“委托代理”的风险与成本、激励约束经理层与保护所有者权益的常用制度设计。这些“执行董事”不仅是所有权拥有者，更是经营权的把控者，因此成为了公司实际控制权的拥有者。

对于中国的现实来说，在蓬勃发展的众多公司中，一方面，拥有专业素养的个人作为创始人投资并成为经理层领头羊，实际掌舵公司的运营越来越普遍；另一方面，一些职业经理人凭借自己独特与强大的能力跻身经理层第一把交椅，并往往获得公司股权成为股东的一员。实际上，不管是前者还是后者，都以“执行董事”的身份深刻影响着公司的发展，掌握着公司的实际控制权。举例来说，近20年我国涌现出了一大批在海内外都具有相当影响力且极富特色的企业，以互联网三巨头BAT、电子通信巨擘华为、电器制造大家海尔和格力为典型代表。随着这些企业在各自的领域攻城略地，其掌门人也因各自鲜明的领导人魅力受到广泛关注，成为企业的一块“活招牌”。现任的实际领导者对这些企业的成长形成了巨大的影响，在发展战略、执行力、管理团队建设和企业文化方面都可以窥见这些掌门人的身影，乃至公司理念及形象都展现着掌门人的个人特质。

除了执行董事拥有的股权及其职位对其所拥有的控制权有一定影响之外，还有哪些因素会影响其拥有的实际控制权？这种实际控制权又会对公司的绩效和发展产生怎样的影响？本文将带着这些问题一步步进行剖析，并探索对这种实际控制权过于集中可能产生的负面作用的解决办法。

一、理论基础与分析

（一）公司控制权

国内外的研究主要从控制权的具体内容进行界定（选举、决策），考虑特定情景进行定义——“拥有决定如何处理不可预测状态或事件的决策权”，从控制权的来源“企业所有权”的角度进行定义（产权理论）。梁天对公司控制权的概念的起源进行梳理后，对公司控制权做出了如下定义：“公司控制权，是指有关利益相关者在事实状态下，拥有对公司经营决策、日常管理以及财务政策制定等权力，是制度化了的影响公司财务决策和经营决策的能力与暗含于私权观念下的‘意思自治’的‘权利观念’的结合”（梁天，2011）。[2] 从梁天所给出的定义中，我们可以较为全面地归纳控制权所拥有的内在含义：首先，公司控制权的实际拥有者包含股东、管理层及利益相关者，这就意味着兼具股东身份和管理层身份的执行董事拥有天然的控制权；其次，梁天指出了控制权具体内容的几个维度，为控制权强度的测量提供了可能的方向；最后，梁天从法理学的角度对控制权的本质进行了解析，从“能力”、“意思自治”和“权利观念”方面反映出了个人主观意志与制度结合的内在含义，为本文从个人角度解读控制权提供了理论支持。

（二）魅力型领导与领导力

有学者从前瞻力、影响力、控制力、决断力和感召力五个方面构建具体指标来具体描述领导力（苗建明和霍国庆，2006）[3]，并证明了领导力中“影响”与“控制”的实质。魅力型领导理论的概念起源于 Weber 关于领导魅力潜在影响的研究（李明和毛军权，2015）[4]。而 Horse 将其划分为支配欲、强烈的影响欲、自信心和强烈的道德价值观等几个方面（苗建明和霍国庆，2006）。Conger 则在其中加入了下属的互动，认为下属对领导的行为特征观察、识别、认同、模仿等认知行为使得“魅力”得以最终塑造（李明，2015）。本文基于 Horse、Conger 的理论，认为魅力型领导的形成包括领导行为特征及利益相关者回应两个阶段，结合领导力五力模型对执行董事的领导“魅力”进行剖析，并研究对其控制权的影响。

（三）高阶理论

林国琼将高阶理论的核心思想归纳为“组织中具有最大权力管控力和影响力的实体能在一定程度上预测和解释组织的业绩水平”（林国琼，2014）[5]，这为本文认为执行董事凭借自己的领导力提升实际控制力提供了一个理论思路：领导力使公司在执行董事的带领下取得较高的绩效，利益相关者将绩效归为执行董事（魅力型领导理论），从而进一步提高其控制力。

（四）委托代理理论

委托代理理论立足于所有权与经营权分离、信息不对称，阐述了股东、董事会与管理层之间的利益冲突，Rose、Mirrlees、Jensen 和 Mecking 以及 Grossman 和 Hart 均有过相关研究。随着执行董事制度对所有权和经营权的结合，传统代理问题得到了一定程度的解决，但随之产生的是内部人控制及管理层战壕现象的强化、其他股东的控制权被削弱、过度依赖“一把手”个人绩效形成潜在危险等。因此，本文将深度挖掘委托代理理论在执行董事对公司控制影响日益加强的现代企业中的内涵，并基于此提出自己的解决建议。

二、研究方法

目前学术界关于公司控制权的研究多集中在控制权的形成及影响机制、控制权的配置转移、控制权与公司绩效的实证研究等方面。对领导力的研究重在探讨领导力的来源、划分及领导力对公司绩效的影响，关注维度和指标的构建，也有部分学者将模型理论结合具体事例做出分析，如刘扬扬的《魅力领导理论应用研究——华为的成功》。此外，目前关于经理层的研究则主要是高层管理团队、个体管理者背景与公司绩效的相关性，其中林国琼（2014）还将产权性质作为管理者背景与绩效关系的调节变量，以实证的方法检验了三者的关系。整体来说，目前学术界还没有针对中国涌现出的这一批富有特色的执行董事进行关于领导力对执行董事实际控制权的相关影响，及执行董事实际控制权对公司发展影响的系列研究。

由于这是一个全新的研究角度，相关数据也难以获得，因此，本文将采取探索分析的方式，结合魅力型领导理论，通过构建理论模型来解构领导力对执行董事实际控制权的影响，探讨测量这种控制权加强对公司绩效影响的方法，并对可能存在的负面影响提出建议，完成本文进行探索分析的最终目标——寻找适应中国的公司治理制度设计。此外，由于缺乏想要的大量数据，为了使本文的相关理论与架构更为清晰和易于理解，本文将主要基于理论模型的逻辑架构对模型的检测方法和过程进行理论设想，并提出模型应用于实际分析的几个可能方向。

三、模型设计

（一）控制权的来源

如前所述，本文在前人的研究基础上认为，执行董事的领导力主要包括所有权、经营权及领导魅力三个来源，其中所有权是以持股为基础的“法定”的权，经营权是职位设置赋予的“制度”的权，领导魅力则是基于领导者的个人背景、价值理念、知识技能、风格等特质形成的对利益相关者的独特影响力与控制力。前两者与经济制度的安排紧密相关，最后一点则很难用经济原理进行解释，因此本文将主要探讨最后一个来源，结合领导力五力模型对其具体要素设计相关指标，为魅力型领导力的测量提供可行方向。此外，结合高阶理论与魅力型领导理论，本文认为公司绩效会影响执行董事的能力评分，进而影响其实际控制权，因此本文最终选择更易测量的公司绩效作为领导魅力影响实际控制力的中介变量，如图 1 所示。

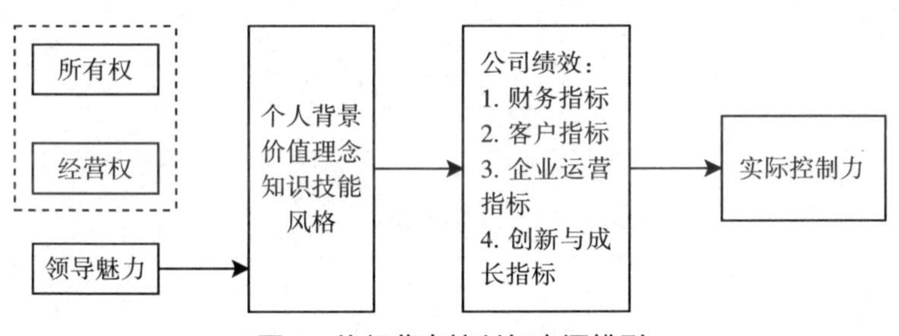

图 1 执行董事控制权来源模型

（二）控制权的大小

为使测量实际控制力成为可能，本文将结合领导力五力模型和职业经理人评价体系的相关指标[6]，一方面对领导魅力中包含的个人背景、价值理念、知识技能、风格四个维度进行相应指标要素设计（见表 1），另一方面借鉴职业经理人评价指标体系中对公司绩效指标的细分做出绩效评分表格（见表 2）。其中，表 1 中领导魅力测量指标体系共 20 项指标，评分等级分为 10 级，最低得分 1 分，最高得分 200 分，得分越高则表示积极性程度越高；表 2 公司绩效评价指标体系由 12 项指标组成，评分等级分为 5 级，最低得分 1 分，最高得分 60 分，得分越高则表示公司绩效水平越高。为提高评价指标体系的有效性和测量效率，依照 360 度评分法，表 1 主要填写对象包括执行董事自身、人力资源经理、职工代表与企业股权集中度排名前 10 的股东，表 2 的填写对象主要为企业负责相关业务部分的部门主管，拥有披露信息的第三方评价机构。

表 1 领导魅力测量指标体系

维度	具体指标	评分（1~10）
个人背景	年龄与企业发展匹配	
	性别与企业发展匹配	
	学历与企业发展匹配	
	任职期限与企业发展匹配	
价值理念	成就欲与自信心	
	政策与行业趋势匹配	
	创新思维	
	危机意识	
	职业忠诚度	
	人才培养理念	
知识技能	专业知识技能	
	决策能力	
	人际关系处理能力	
	具有实现目标所需要的资源	
风格	乐于挑战的冒险精神	
	对所从事的事业充满激情	
	组织体系与经营的适应性	
	坚定的信念	
	员工关怀与责任心	
	团队合作	

表 2 公司绩效评价指标体系

维度	具体指标	评分（1~5）
财务指标	财务运营效率提高	
客户指标	业绩得到提升	
	市场占有率提高	
	社会形象提升	
	顾客满意度提高	
企业运营指标	生产经营费用减少	
	内部作业流程效率提高	
	员工满意度提高	
	各种管理制度改善	
创新与成长指标	骨干人才流失率降低	
	新产品新技术的研发提高	
	人员引进与员工培训效果提高	

在模型设计中，依照逻辑思路，笔者认为领导魅力通过公司绩效这个中介变量形成最终的控制力，因此将公司绩效得分作为领导魅力得分的权重，最终计算出实际控

制力得分。其中，为使得分更为直观，先将公司绩效得分按照满分 50 分进行调整，然后乘以 100%调整为权重，这样最后实际控制力将会体现为领导魅力的加权结果，得分区间为 0 分到 100 分。具体计算方法如下：

（1）执行董事自身、人力资源经理、职工代表与企业股权集中度排名前 10 的股东填写表 1 后，根据实际需要按照取均值或者加权平均（权数依照对结果影响强弱的比例进行调整）的方法算出领导魅力得分。

（2）企业负责相关业务部分的部门主管，拥有披露信息的第三方评价机构填写表 2 后，以第一步的思路算出公司绩效得分。

（3）调整公司绩效得分为权重：控制力权重 =（公司绩效得分 × 50/60）× 100%。

（4）计算实际控制力得分：实际控制力 = 控制力权重 × 领导魅力。

（三）模型的结果检验与分析设想

由于缺乏具体数据，本文仅对模型的检测方法和过程进行理论设想，提出模型应用于实际分析的可能方向。首先，可以将领导魅力得分与公司绩效得分进行相关分析与回归分析研究：如若相关性强，则可以验证控制力来源的模型设计的有效性，也可以此探讨执行董事领导魅力对公司绩效的影响，研究执行董事在公司运营管理地位不断提升的今日，执行董事的个人魅力对公司发展的重要作用。其次，通过对领导魅力 4 个维度的得分分别进行标准化并进行相互比较，然后再与公司绩效分别做出相关分析，不仅可以研究领导魅力不同组成部分对实际控制力的得分贡献，从而分析出领导魅力中对增强实际控制力最重要的要素，帮助执行董事对该方面进行加强和训练，以实现领导力的提升，还可以为企业选择在某方面富有特长的执行董事以促进企业发展提供方向和考核重点。最后，在执行董事实际控制力研究的延伸应用方面，结合实际控制力得分、公司成长指标与公司品牌价值，通过描绘成长趋势，并与实际控制力进行匹配，从而探讨执行董事实际控制力强弱对公司成长的影响，通过将品牌价值、形象和实际控制力中的“风格”维度得分与总体得分进行对应分析，从而探索执行董事个人品牌对公司品牌的影响。

四、执行董事实际控制力的影响

（一）积极影响

（1）杰出的执行董事可以将自己的专业知识与能力应用到公司的计划、组织与决策中，从而提升公司的绩效。

（2）有利于帮助公司形成独特的价值文化。执行董事所具有的个人价值理念与风格特质往往和公司本身的形象相联系，杰出的执行董事往往拥有鲜明的个人特征，这对塑造公司的价值文化和独特的形象有极大的助益。

（3）具有强大控制力的执行董事可以以自己强大的影响力对员工形成表率作用，从而起到上行下效的作用，提高公司的总体运行效率。

（4）执行董事拥有的感召力可以使员工在认同领导的同时形成以执行董事为中心的向心力，效仿执行董事的思维行为、组织中随着执行董事控制力的加强日渐达成一致的思想观念与内化的公司文化提升了组织的团结度，促进了团队的合作。

（5）执行董事独特的个人魅力和得到塑造强化的公司形象有利于吸引价值观念与公司价值文化具有相同性的人才，降低人力资源搜索和招募成本，提高人力资源和公司的匹配度。

（二）消极影响

（1）执行董事的实际控制力太强，会导致公司的成长发展过度依赖执行董事个人，虽然制度可以保障业务的正常运行，但一旦执行董事离开公司或者犯错，就会使得公司形象大受影响，风险更为集中。

（2）不利于公司的长期发展。执行董事作为人而非机器在对市场发展趋势的判断、决策的正确性、工作误差等方面随机性强，从公司的稳定性考虑，优秀的执行董事往往在短期可以帮助公司迅速成长起来，但是一旦继任者的见识与能力难以超越前者，公司的影响力就会下降。

（3）根据非理性人理论，执行董事并非完全是理性的，因此作为公司的领导做出的决策多是从自己主观的认知出发，可能与市场规律不相符合，在执行董事缺乏相关知识技能，并且不善于吸纳相关意见和建议时，掌握的实际控制力越强对公司的潜在威胁就越大。

（4）此外，根据委托代理理论，虽然执行董事既拥有所有权又拥有经营权，所有权与经营权之间的冲突有所减少，但是拥有双重身份的执行董事会依据自己所拥有的经营权与所有权比例来审视自己所处的位置，并据此采取相应能够最大化自己效益的行为。虽然还没有关于执行董事拥有的双重权将会如何影响其具体的选择和行动的相关研究，并且在现代企业中除了经营权和所有权，包括成就感、名誉等在内的更多因素对执行董事的行为影响越来越重要，但是可以猜测的是随着实际控制力的加强，执行董事可能倾向于在业务中展现自己的意志，当利益点存在冲突时就会损害以股东为代表的其他利益相关者的权利。

（5）管理层战壕现象加剧。为拥有或者保持高的实际控制力，执行董事被鼓励建立更为坚固的管理层战壕，使得组织管理成本增加，管理效率降低。

五、以制度引导执行董事实际控制力

“未意料到的成功比意料到的失败更为危险”，这句话深刻揭示了稳定性对于公司经营的重要性，因此虽然执行董事掌握实际控制力对公司的成长发展具有重要的影响，但是从长期稳定考虑，对公司治理进行制度设计以对执行董事的控制力进行引导，实现公司的长期成长和良好运行就显得尤为重要。华为作为拥有知名且特色鲜明的执行董事，同时拥有良好制度设计的典型代表，其经历十分具有参考意义。正如刘扬扬在《魅力领导理论的应用研究——华为的成功》[7] 中对华为掌门人任正非“具有远见、变革的代言人；对目标的坚定信念和冒险精神；朴实无华的宣教；时刻具备危机意识”等领导力方面的评价，任正非以其卓越的个人魅力成为华为成功路上的引领者。另外，独特的股权激励制度更使得华为一次次突破困境完成了跨越式发展，经过 1990 年、2001 年、2003 年、2008 年、2013 年及 2014 年几次股权激励制度的改革，任正非的持股比例到 2013 年末已经从最初的 45%稀释到 1.4%（安海，2014）[8]，股权覆盖面广且分散，更大程度上激励了员工的参与，使得任正非的实际控制力在与优秀、积极的其他管理者及员工的互动中得到了良性约束。轮值 CEO、岗位轮换制度则使得员工拥有了一个全面的成长路径，降低了决策风险集中的可能性，也提供了任正非卸任后的人才储备，有利于公司的持续发展。基于此，本文认为可以从以下几个方面对执行董事实际控制力增强可能带来的负面影响进行预防。

（1）辅以适应的组织架构设计，分散控制力。扁平化组织结构更有利于分散内部的控制权，通过对职位职责的明确规范和管理层细致的团队分工与合作的方式对单个执行董事的职位影响施加限制。

（2）制定合适的股权激励制度，将“个人的”公司变为公司的“个人”。削弱单个执行董事的股权占比，以具有一定梯度、覆盖面广和公平的股权激励制度促进管理层团队对权力的共享和风险共担，鼓励技术骨干和基层员工积极参与到公司的经营决策中，降低将决策系于单个人的风险。

（3）注重人才培养。进行人力资源规划，注重内部人才成长路径建设，形成内部人才资源储备池。一方面以更多更优秀的人才分散单个杰出执行董事的“光芒”，另一方面则可以为继任的领导者提供优秀的候选人，减少因现任执行董事“退位”造成的领导者断层，解决在短期内难以选拔与公司现有文化价值、经营理念相契合的匹配领导的难题。

在当今中国，公司的发展与形象越来越与单个杰出的执行董事相关联，这些执行董事对公司的实际控制力也得到强化。对这种实际控制力进行测量，研究执行董事的领导魅力对公司绩效的影响和如何避免这种控制力增强对公司的负面影响成为寻找公司长期稳定成长的方法的重要内容，也需要我们进行进一步的探索。希望本文能够为相关研究提供思路，最终找到更为完善的解决办法。

参考文献

[1] 郭建鸾. 公司控制权的双翼：控股权与股东属性 [J]. 国有资产管理，2009（5）：71-72.

[2] 梁天. 公司控制权研究 [D]. 吉林大学博士学位论文，2011.

[3] 中国科学院“科技领导力研究”课题组，苗建明，霍国庆. 领导力五力模型研究 [J]. 领导科学，2006（9）：20-23.

[4] 李明，毛军权. 领导力研究的理论评述 [J]. 上海行政学院学报，2015（6）：91-102.

[5] 林国琼. 产权性质、管理者背景特征与企业绩效 [D]. 西南财经大学硕士学位论文，2014.

[6] 孙卫敏. 职业经理人综合评价体系研究 [D]. 山东大学博士学位论文，2007.

[7] 刘扬扬. 魅力领导理论应用研究——华为的成功 [J]. 知识经济，2011（24）：136.

[8] 安海. 华为公司股权激励制度研究 [D]. 对外经济贸易大学硕士学位论文，2014.

第二部分

市场营销篇

消费者对在线评论可信度感知的影响因素研究综述*

作者：吴慧；指导老师：李季，孙鲁平

内容摘要：前人的研究已经证明，在线评论对消费者购买决策有很大的影响力，然而随着网络虚假评论的泛滥，越来越多的消费者认识到在线评论并非全都真实。那么哪些因素会影响消费者对在线评论的可信度感知呢？基于此，本文对现有研究的相关结论进行了系统的梳理和归纳，并对未来研究方向进行了展望。

关键词：在线评论；可信度感知；消费者行为

随着电子商务的普及，消费者越来越多地依赖在线评论来获取相关商品的信息（Pan 和 Chiou，2011）。国际著名市场研究公司 Jupiter Research 的调查分析显示：超过75%的消费者在线购买商品前会参考互联网用户所写的产品评论信息；超过 90%的大企业相信，用户推荐和评论意见在影响消费者购买决策的因素中占据重要位置（殷国鹏，2012）。

然而在现实中，由于金钱利益等因素的驱动，人们会通过撰写虚假评论的方式来夸大或诋毁某种产品（Mukherjee 等，2013）。Hu 等（2010）的研究也表明，商家可以对在线评论系统进行一定程度的操控，并且这种现象确实存在。调查数据表明，无论是国内还是国外，虚假评论的问题都比较突出：国外的一则调查显示，90%的消费者表示他们的购买决策会受到在线评论的影响，但 70%的美国和英国消费者都质疑这些在线评论的可信度①；而国内由中国互联网协会发布的《中国网民权益保护调查报告2015》显示，网民在网购过程中遇到的侵权现象，以“网络水军/虚假评价”最为严重，高达 72.7%②。

那么，到底什么样的评论会让消费者认为是虚假的或者不可信的呢？换言之，什么因素影响了消费者对在线评论的可信度感知？

在线评论等网络信息的可信度感知，一般是指人们主观上认为这些信息在多大程度上是可以相信的、真实的或者就是事实（Cheung 等，2009）。Mcknight 和 Kacmar

---

* 原文出处：《品牌研究》，2016 年第 3 期，第 85-94 页。

① http：//marketingland.com/dont-deceived-fake-reviews-real-marketing-problem-150232.

② http：//news.xinhuanet.com/politics/2015-07/22/c_128047574.htm.

（2006）的研究表明，可信度感知是影响在线评论采纳的一个重要因素，甚至是预测在线消费者行为的一个重要维度。根据 Zhao 等（2013）的研究，消费者对于评论真实性的不确定或者怀疑，会降低评论系统中真实评论的积极影响。郑春东等（2014）也指出，消费者质疑商品评论会降低其对整体评论的信任，同时增加其搜索和决策的时间成本，降低其购物体验，影响其再惠顾意愿。因此，了解什么因素会影响人们对在线评论的可信度感知，进而采取相应措施避免消费者对在线评论信任程度的降低，对于企业的营销实践具有较为显著的意义。

借鉴大部分相关研究采用的理论基础，本文将按照精细加工可能性模型的思路，将目前已有研究中涉及的相关维度归纳为影响消费者对在线评论的可信度感知的中心线索、边缘线索以及阅读评论者个人因素等调节变量三方面，并在此基础上对未来研究方向进行了展望。

一、精细加工可能性模型

近年来，很多理论被用于解释影响人们对在线评论的可信度感知的因素，包括精细加工可能性模型（Elaboration Likelihood Model，ELM）、语言预期理论（Language Expectancy Theory，LET）、归因理论（Attribution Theory）等。其中，较多学者以精细加工可能性模型作为理论基础展开相应研究（Cheung 等，2012；Fan 和 Miao，2012；包敦安和董大海，2011）。

ELM 是用来说明人们是如何处理说服性信息的一个模型（Petty 和 Cacioppo，1984）。该模型指出：当个体有能力并有意愿对接收到的信息进行“加工”（即通过自身对信息的思考来对信息说服性做出判断）时，就更可能采用中心线索（Central Route）；如果没有能力或意愿处理信息，就更可能采用边缘线索（Peripheral Route）。在 ELM 模型中，中心线索主要是指信息自身方面的因素，例如信息质量；边缘线索则是与信息本身无关的因素，例如信息来源的可信度、其他人对该信息的评价等。该模型涉及专业性水平（Expertise）和涉入度（Involvement）两个调节变量。其中，专业性水平反映的是信息接收者处理信息的能力，而涉入度反映的是接收者处理信息的意愿（Fan 和 Miao，2012）。依据精细加工可能性模型，Sussman 和 Siegal（2003）提出，在虚拟社区环境下，信息质量（Argument Quality）和信源可信性（Source Credibility）是决定人们受网络信息影响程度的两个关键因素，专业性水平、涉入度等个人因素在其中起调节作用。

总体而言，目前对于在线评论可信度感知的研究，国内外学者主要从信息源（评论者）、信息（评论本身）和信息接收者（阅读评论者）三个方面出发，提出了很多相关维度。本文依据 ELM 模型，将这些维度分为中心线索、边缘线索以及调节变量三大类，具体研究框架如图 1 所示。

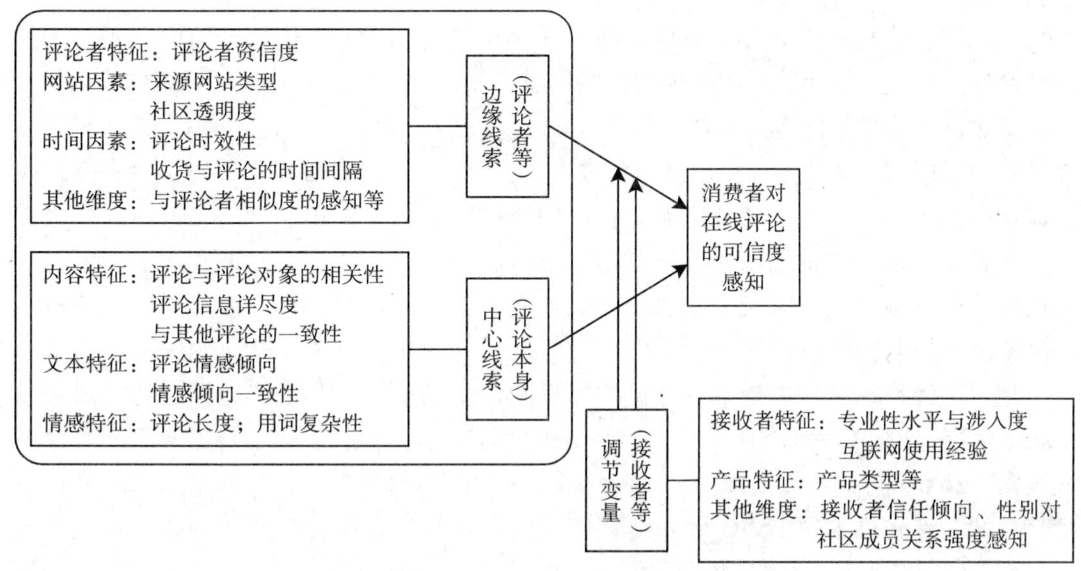

图 1 在线评论可信度感知的影响因素

二、中心线索对评论可信度感知的影响

根据 ELM 提出者 Petty 和 Cacioppo（1984）的观点，信息质量是指接收者对于信息说服性或论据充足性的主观感知，在说服过程中作为中心线索起着主要作用。一些学者在研究影响在线评论的消费者可信度感知的因素时，直接将评论信息质量作为一个考察维度（Cheung 等，2012；郭国庆等，2010）。然而，作为一个综合性的抽象概念，“信息质量”实际上可以分解为信息的相关性、及时性、准确性和详尽性（Cheung 等，2008）、易读性或可理解性（Redman，1995）、可诊断性（Mudambi 和 Schuff，2010）、表述上的逻辑性和语法正确性（O'Reilly 和 Marx，2011）等多种评价指标。所以，在目前关于在线评论可信度的研究中，更多的学者是围绕评论信息质量这一核心概念考察各种具体特征的。在此，本文将这些与评论信息本身相关的中心线索又归纳为评论的内容特征、文本特征和情感特征。

（一）内容特征

对于评论内容特征的研究，目前主要包括评论内容与被评论对象的相关性、内容的详尽性以及与其他评论的一致性等方面。

首先，考虑到评论存在的意义，评论信息内容的相关性即指是否与产品或服务密切相关（郭国庆等，2010）。龚思兰等（2013）指出，评论信息涉及与产品本身及其有关服务相关的内容越多，其可信度越高。刘逶迤等（2012）则更明确地关注那些描述商品、客服、货物发送等方面的特征词，认为这些特征词因为包含了用户想要关注的产品信息和与该产品相关联的实体的一些信息，从而会让消费者感知到更高的可信度。

其次，评论信息内容的详尽度体现在两个方面：一是信息所包含产品属性的多少；二是单一属性被描述的详细化程度（包敦安等，2011）。Cheung 等（2008）对香港在线餐饮虚拟社区 Openrice 的研究表明，社区中所提供餐馆的位置、价格、食物图片等方面的信息越详细，成员采用该社区的信息程度就越高。郭国庆等（2010）也指出，评论质量的概念包括是否有较多的关于产品或服务细节的介绍，是否描述了评论者对该产品或服务的直接体验。

最后，评论一致性即指某条评论中所反映出来的信息与其他评论信息的一致程度（Cheung 等，2012）。传统观点中，信息一致性是在信息接收过程中很重要的一个启发式线索（Zhang 和 Watts，2003），学者们基本上也都认为信息一致性对消费者的评论可信度感知具有正面的影响（Cheung 等，2012），如果一条评论与其周围的评论差别较大，则常常是虚假评论的信号（王琢等，2014）。

（二）文本特征

1. 评论长度

评论长度即指一条评论中所包含的字符数。一般来说，越长的评论会包含越丰富的信息，从一定程度上反映出评论者对于该产品了解的详细程度（刘逶迤等，2010），而且也越能够体现出评论者对于产品的情感态度。因此大部分研究认为，评论长度与消费者可信度感知存在正向关系（Boshoff 等，2013；Mudambi 和 Schuff，2010）。

值得注意的是，也有部分学者指出，评论并非越长越好，只有当评论长度处于“一定范围内”时，较长的评论才能获得较高的可信度（刘逶迤等，2010；龚思兰等，2013）。但在这些研究中，并没有明确地指出相应的理论依据，所搜集到的数据也没有充分说明这一点。

2. 用词复杂性

Jensen 等（2013）认为，复杂专业的用词会增加消费者对于评论的可信度感知，然而他们的实验结果显示：复杂的用词反而会降低可信度感知。对此他们认为有多种可能的原因，包括产品评论本身一般相对较短，可能不足以反映出评论者的专业性；实验中作为复杂评论的样本是研究者在实际评论基础上简单地替换或者添加一些词汇得到的，可能并不具有充分的代表性。

针对以上研究假设与实验结果的不一致，我们认为，基于人们更倾向于接受认知负担比较小的信息、消费者选择在线上购物的动机之一是节约时间成本等理论，消费者可能会更偏向于阅读那些简单、容易理解的评论信息，因此对复杂评论的可信度感知会低于简单评论。此外，正如前文所述，过去的研究一直强调，信息质量越高的评论，可信度感知越高，但是信息质量高的标准之一是可读性强、比较容易理解（Redman，1995），这种易读性较强的信息一般用词不会很复杂。

（三）情感特征

1. 评论情感倾向

评论信息中所含的正面词汇和负面词汇的数量和比重在很大程度上决定了其情感倾向。通常，研究者根据评论信息的情感倾向将评论分为正面评论和负面评论，并且已有研究从各种理论依据出发阐明：相比于正面评论，消费者更相信负面评论，即存在一种“负向偏差”现象（Boshoff 等，2013；Chen 和 Lurie，2013；Pan 和 Chiou，2011；Sen 和 Lerman，2007；郭国庆等，2010）。

实际上，越来越多的学者正开始关注第三种评论情感倾向——中立评论或者双面评论，即消费者可能对产品的某些属性给予正面评价而对其他属性做出负面评价。传统研究认为，广告中包括正反双方主张能增加消费者感知的信源可信度，进而增加其对品牌态度的好感（Eisend，2006）。Crowley 和 Hoyer（1994）进一步指出，双面信息的较高可信度会受到信息结构（负面信息的比例、位置等）、信息接收者初始态度等因素的影响。在这些结论的基础上，Jensen 等（2013）基于 LET 指出，双面评论由于不同于消费者一般的单方面评论预期，它能形成一种正向的预期违背从而会增加消费者的可信度感知。Cheung 等（2012）也指出，双面评论通常比具有正向或者负向偏向的单面评论看起来更客观，进而可信度感知更高。

此外，还有一些研究更进一步细分了评论情感的强度，例如即使是同样地表达正面评价，“非常喜欢”和“满足需要”就属于不同的情感强度表现，而高情感强度会降低可信度感知（Jensen 等，2013）；情感倾向过于明显的评论信息通常都难以获得较高的可信度；情感倾向越中立获得的可信度越高，越单一可信度越低。但也有一些学者发现，情感倾向明显的评论对于消费者的影响力更大（Forman 等，2006；Pavlou 和 Dimoka，2006），因为这些评论一般包含更显著的信息和更鲜明的态度，即评论信息更具有可诊断性。

2. 情感倾向一致性

对于单条在线评论来说，其情感倾向一致性主要可分为同一条评论内容与评论分数的一致性以及个人不同时期对某产品情感倾向的一致性。

一方面，宋海霞等（2013）在研究虚假评论的检测方法时，将“一条评论的评分与其本身评论内容的一致性”作为关注的特征之一，并指出如果一条评论对产品的口味、环境、服务三项属性的评分比较高，却给出了负面的评论内容，那么这条评论很可能是虚假的。龚思兰等（2013）的研究发现，在线评论的文本内容与其他形式的评价方式越一致，消费者感知的可信度越高。Schlosser（2011）在对双面评论的研究中也发现，双面评论不一定就比单面评论更具有说服力，其作用实际上会受到与评分一致性的调节，即同时包含正负面信息的评论内容对应评分为中间值时，这样的评论才会比单面评论更有效。

另一方面，马艳丽（2014）指出了在线评论中初始评论和追加评论不一致的情形。信息传播学的有关理论认为，当人们试图说服他人时，始终坚持相同观点要比前后观点不一致更有可能成功（Hansen 和 Wänke，2010），但具体到在线评论这一情境下，我们认为相应的结论可能会有所变化，但目前还没有相关研究。

三、边缘线索对评论可信度感知的影响

当消费者无法通过信息本身直接评估评论的真实性时，就很可能依靠评论者可信度、来源网站可信性、评论发布时间、与评论者相似度的感知、其他消费者对该评论的评价等边缘线索辅助判断。

（一）评论者资信度

根据传统的信息传播理论，信息源的可信度对于信息接收者感知信息的可信度具有显著影响。相应地，很多研究都认为，评论者资信度是影响消费者对在线评论可信度感知的一个重要因素。需要指出的是，由于在线评论发布者的匿名性，阅读者往往无法直接判别发布者的身份和动机，一般是借助由网站的积分机制等形成的用户等级信息对评论者的资信度进行评估（郭国庆等，2010），但也有学者将评论者是否披露个人真实姓名和地址作为一个考察因素。

同时，Goldsmith 和 Horowitz（2006）认为，在网络环境下，由于发帖人个人信息的模糊化，消费者在判断信息可信性时对发帖人特征的关注程度会下降。Jensen 等（2013）也指出，由于网络技术允许评论来源与评论的分离，评论者往往是匿名的，展现出来的信息也只限于用户名，直接确定评论者的可信度变得比较困难，所以消费者会更主要地通过评论文本内容来形成对评论者可信度的感知。

（二）网站类型

Boush 和 Kahle（2002）根据在线评论网站所有者的不同，将在线评论网站分成两大类：一类是由零售商或生产商赞助支持的网站，如亚马逊；另一类是由独立的社团或兴趣团体所建立的，不以促进产品和服务的销售为目的的第三方评论网站，如大众点评等。

许多学者的研究表明，不同传播渠道具有不同的影响力，且消费者对于第三方评论网站上发布的信息感知可信度更高（郭国庆等，2010）。如李巍和王志章（2011）就从归因视角提出，来自不同发布平台的网络口碑对消费者产品判断的影响不同，其中第三方网站和博客的可信度比品牌官网的可信度大。实际上，目前很多关于在线评论

可信度的研究都是基于第三方评论网站或论坛，而基于一般性购物网站的研究并不是很多。

此外，与评论来源网站相关的维度还包括该网站的信息透明度（包敦安等，2011；刘逶迤等，2012）。Boshoff 等（2013）对亚马逊（Amazon）和巴诺（Barnes & Noble）两家非常知名的网上图书网站进行了比较，发现消费者对亚马逊上的评论可信度评价（以“有用性投票数”来代替衡量）总体上比巴诺网站上高 21.8%。

（三）评论发布时间

评论时效性是指评论发布时间的早晚。一方面，一般来说信息的时效性越强，越可能包含最新的发展情况，也就更可能符合真实情况。所以作为影响信息质量的一个重要维度，较多学者认为，时效性越强的评论信息感知可信度越高（孟美任和丁晟春，2013；龚思兰等，2013）。另一方面，与龚思兰等的假设恰恰相反，部分学者认为，越早出现的评论，越可能得到用户更多的关注（Jindal 等，2008）。与此相关的是，Chen 和 Tseng（2011）指出，评论时效性并非一个评估评论质量的有效指标。

此外，关于评论时间因素的一些研究还包括评论发布时间所处期间的商家自身活动特征（龚思兰等，2013）、收货与评论的时间间隔、初始评论与追加评论的时间间隔等。其中，Chen 和 Lurie（2013）就指出，消费者做出评论与产品体验之间的时间间隔会促进阅读者将评论更多地归因于与产品体验相关的因素而非评论者个人因素，进而在一定程度上降低负向偏差，即增加消费者对于正面评论的可信度感知。

（四）其他维度

一个维度是信息接收者对其与评论者相似度的感知。过去的研究表明，信息接收者感知的与信息贡献者的相似程度会增强信息的说服力。Fan 和 Miao（2012）指出，在线上评论所处的虚拟社区环境中，用户之间的关系强度相比于一般情况要弱很多，此时人们彼此之间的信任可以来自阅读评论者对于评论者与自己相似程度（Rapport）的感知，相似程度感知越高，对评论信息的可信度感知越高。

另一个维度是其他消费者对该评论的观点。有学者指出，人们可能会依靠评论页面上某条评论的“有用性投票数”（通过众多消费者对某条评论是否对他们的购物决策有帮助进行反馈而形成），对该条评论形成一定的可信度评估（O'Reilly 和 Marx，1998；郭国庆等，2010）。

四、调节变量

关于消费者对在线评论形成可信度感知过程中的调节变量，现有研究主要考察的是：阅读评论者的专业性水平和涉入度、互联网使用经验等接收者特征；被评论对象所属的产品类型；阅读评论者的性别、对社区成员相互之间关系强度的感知等因素。

需要指出的是，有部分研究也将接收者的专业性水平和涉入度、互联网使用经验作为自变量考察。为保证对各因素相关研究的归纳完整性，我们将这些研究也归到"调节变量"这一部分展开相应阐述。

（一）接收者特征

1. 专业性水平和涉入度

在 ELM 模型中，接收者特征主要包括专业性水平和涉入度两方面。Cheung 等（2012）通过研究指出：对于专业性水平较低的阅读评论者，信息来源的可信度对于评论可信度感知的影响更大；对于涉入度较低的阅读评论者，评论的情感倾向性（在该研究中主要是区分评论是单面还是双面）对于评论可信度感知的影响更大。而 Fan 和 Miao（2012）在对 ELM 模型进行扩展时，认为消费者涉入度和专业性水平分别从正反两个方向影响其对在线评论的可信度感知，需要指出的是，在这里研究者是将这两个维度直接当作自变量而非调节变量来考虑的。

2. 互联网使用经验

传统的媒介可信度理论认为，一般来说无论何种大众媒介，如果受众对其使用次数增加，则对其可信度评价也随之上升。O'Reilly 和 Marx（1998）就在所做的探索性研究中发现，参与调查的 9 个经常使用互联网的年轻人对线上信息表现出较高的相信意愿和较低的怀疑度。而孙曙迎（2008）也通过实证研究发现，消费者对网络的使用和依赖程度与其对网络信息的可信度评价正相关。

我们认为，在线评论虽然也是网络信息中的一种形式，但还是具有其特殊性的，尤其是在当前在线评论系统存在被商家操控现象的情况下（Hu 等，2010），那些有着丰富经验的网购者可能反而会对网络水军的存在更敏感，从而对在线评论可信度的怀疑会更多。但在目前，具体到在线评论的相关研究并不多。在 Zhu 等（2013）的研究中，他们发现在线评论对于有着更丰富的互联网经验的消费者来说影响更大，而对网络新手来说，在使用在线评论作为决策依据时可能会更多地感知到不确定性和复杂性，但也没有明确地指出互联网使用经验越丰富的消费者，相比于不经常使用互联网的消费者来说，对于在线评论可信度的感知程度是越高还是越低或者无明显差异。

（二）产品类型

Nelson（1970）将产品和服务分为搜索品、体验品以及信任品三种类型。因为信任品在线上销售的产品中较为少见，所以目前的研究主要围绕前两种产品类型。其中，搜索品是指在消费者购买之前就能够形成较为充分的了解的产品，比如手机；对于体验品，需要消费者在使用之后才能够做出个人的评价，比如电影。Mudambi 和 Schuff（2010）曾指出，搜索品和体验品最大的差别在于，搜索品的质量更多地由客观属性决定，而体验品的质量则更多地由主观属性决定，且主观属性反映了一个人的品位。

正如前文所述，对于评论情感倾向强度对消费者感知的影响机制，目前并没有一致性的结论。对此，Mudambi 和 Schuff（2010）认为，这是因为其中存在产品类型的调节作用：对于体验型产品，往往极端评分更多，这与不同的人有不同的喜好品位有很大关系，基于此，体验型产品的中间评分对消费者来说会更有说服力，因为它们代表了评论者对产品更客观的评价；相反，对于搜索型产品，由于消费者本身可以从其他渠道搜索到很多客观信息，所以更多是想从评论中寻求具体有形，甚至是实际购买者的主观信息，此时极端评分反而会被感知到更大的可信度。

（三）其他维度

目前，还有一些研究涉及阅读评论者的性别、信任倾向、对社区成员关系强度感知等维度。其中，Fan 和 Miao（2012）的实证研究发现，相比于男性消费者，女性消费者对在线评论的可信度感知更容易受到专业性水平的影响。孙曙迎（2008）、郭国庆等（2010）的研究表明，对于同样的信息，信任倾向高的人会有更大的可信度感知。而 Pan 和 Chiou（2011）的实证研究显示：只有当虚拟社群内发帖人与其他社群成员之间（由阅读信息者感知到的）的关系强度较弱时，潜在消费者对于正负面评论的可信度感知才存在显著差异；当发帖人与其他社群成员之间关系强度较高时，评论是积极还是消极对于可信度感知影响并不大。需要注意的是，这一结论是建立在比较特殊的情境之下的，即在一个虚拟社群中消费者可以明显感知到社区成员之间不同的关系强度。

五、研究展望

通过对已有研究的回顾和梳理，我们发现：一方面，目前针对消费者对在线评论可信度感知的影响因素研究中，有一些基于同一维度的研究出现了不一致甚至截然相反的结论，具体涉及评论文本长度、用词复杂性、评论情感倾向一致性、评论时效性等维度。另一方面，现有的大部分研究不是非常深入，直接研究在线评论可信度的并不多，甚至有些研究是直接套用传统线下信息或一般性的网络信息的相关结论，没有结合具体情境充分考虑在线评论的特殊性，研究缺乏严谨性和说服力。

因此，我们认为在未来值得展开进一步的研究，具体角度可以是：

（一）考虑不同维度之间的交互作用

目前绝大多数研究相对孤立地考虑各个影响因素，我们认为，这与消费者阅读在线评论的真实体验并不一致。例如，在评论的文本特征方面，在消费者眼中到底是长评论更可信还是短评论更可信？目前仅仅是有学者指出，“评论并非越长越好”。我们认为，未来可以考虑如评论情感倾向等因素在评论长度与消费者可信度感知之间的调节作用，即对两条同等长度的在线评论，消费者对其中正面评论的可信度感知可能就会比负面评论低。

此外，现有研究通过较为粗略的实证研究或理论分析得出，消费者对与其他评论一致的评论信息的可信度感知更高。但考虑到不一致的信息往往意味着不同评论之间情感倾向的不一致，如果众多好评中夹杂着一条较负面的评论，这条负面评论就属于与其他评论不一致的信息，结合已经被证实的消费者对于负面信息的感知可信度更大的研究结论，我们认为，也许这种不一致性并不会降低消费者对于该负面评论的可信度感知，甚至可能反过来降低消费者对于周围一致性较高的好评的可信度感知。所以，也许可以适当考虑可能存在的评论一致性与其他维度（例如，评论情感倾向性）的交互作用。

（二）结合现实情境考虑部分结论的适用性

根据传统信息理论，同一信息主体以不同形式发布的或在不同时间发布的各种信息一致时会更可信。结合在线评论的特殊情境，我们认为这一理论可能并不绝对适用。

例如，针对评论情感倾向一致性这一维度，有些国内学者通过访谈调查发现，很多消费者都有过给出正面评分（如全五分好评）但在评论的文本内容中却给出负面信息的经历（陶晓波，2013），就像评论内容表示对产品不满意，但给的评分却很高（马艳丽，2014）。对于消费者这种矛盾性的评论与评分行为，结合国内购物网站的实际情况，我们认为这种现象可能是由于消费者受到类似于全五分好评返现的激励，而对于国内典型的网上购物者来说，很可能对这种现象也有一定的心理预期。基于此，直接依据传统的信息理论，得出"如果评分与评论内容差异性很大，则很可能是虚假评论"（宋海霞等，2013）似乎并不合适，或许可以考虑引入类似于"商家激励"的调节变量。

再如，对前后不一致的评论，消费者也许会有更高的可信度感知，因为很可能会存在使用一段时间以后才发现产品缺陷的情况，从而出现初始评论为正面的而追加评论是负面的情形（王长征等，2015）。对此，我们认为可以在未来展开关于前后不一致的评论的进一步研究，其中可以考虑前后评论情感倾向的类型以及两次评论之间的时间间隔等因素。

此外，目前相关的实证研究大部分都是国外的研究，考虑到在线评论的语言属性以及中英文语境的巨大差异性，我们认为很多国外研究的结论也许并不能被直接套用，比如 Yoo 和 Gretzel（2009）实际上是用平均单词长度来衡量评论的用词复杂性，很显然这并不适用于中文语境。因此，在未来的相关研究中，学者们应注意中英文语境的差异性所造成的部分结论的适用性。

（三）在线评论可信度感知的衡量方法

根据定义，相关研究中应该考察的是消费者对在线评论真实性的主观感知（Cheung 等，2009)，但部分学者是用目前大部分在线评论系统中“有用性投票数”这一可直接搜集到结果的指标代替（Boshoff 等，2013；龚思兰等，2013)。虽然消费者对于在线评论的有用性评价在一定程度上也能反映出相应的可信度感知度，但信息的“有用性”和“可信度”严格意义上还是存在差别的。因此，我们认为，尽管严格地对消费者可信度感知进行衡量比较困难，但直接的因变量替换也不够严谨，所以未来的研究中应该努力寻求更合适的方法确定消费者对于在线评论可信度的感知。

参考文献

[1] 包敦安，董大海，孟祥华. 浏览者感知发帖者类社会互动关系研究 [J]. 管理学报，2011 (7)：1010-1020.

[2] 龚思兰，丁晟春，周夏伟等. 在线商品评论信息可信度影响因素实证研究 [J]. 情报杂志，2013 (11)：202-206.

[3] 郭国庆，陈凯，何飞. 消费者在线评论可信度的影响因素研究 [J]. 当代经济管理，2010，32 (10)：17-23.

[4] 李巍，王志章. 网络口碑发布平台对消费者产品判断的影响研究——归因理论的视角 [J]. 管理学报，2011，8 (9)：1345-1352.

[5] 刘逶迤，逯万辉，丁晟春. 商品评论信息可信度研究 [J]. 情报科学，2012 (10).

[6] 马艳丽. 矛盾性在线评论对消费者购买态度和行为意向的影响研究 [D]. 山东大学硕士学位论文，2014.

[7] 孟美任，丁晟春. 在线中文商品评论可信度研究 [J]. 现代图书情报技术，2013，29 (9)：60-66.

[8] 宋海霞，严馨，余正涛，石林宾，苏斐. 基于自适应聚类的虚假评论检测 [J]. 南京大学学报（自然科学版)，2013 (4).

[9] 孙曙迎. 消费者网络信息可信度感知影响因素的实证研究 [J]. 北京理工大学学报（社会科学版)，2008 (12)：51-56.

[10] 陶晓波. C2C 网络零售环境下负面评价信息的反馈策略研究 [J]. 北京工商大学学报（社会科学版)，2013 (1)：70-74.

[11] 王长征，何钐，王魁. 网络口碑中追加评论的有用性感知研究 [J]. 管理科学，2015 (3)：102-114.

[12] 王琢，李准，徐野，宋凯. 基于评论图的虚假产品评论人的检测[J]. 计算机科学，2014，41 (10).

[13] 殷国鹏. 消费者认为怎样的在线评论更有用？——社会性因素的影响效应 [J]. 管理世界，2012 (12)：115-124.

[14] 郑春东，孙为政，王寒. 虚假网络评论对消费者在线搜索与购买决策的影响 [J]. 大连海事大学学报（社会科学版)，2014 (6)：41-47.

[15] Boshoff D. J.，Christo B.，van Rooyen G. The review credibility of electronic word-of-mouth communication one-commerce platforms [Z]. 2013：22.

[16] Boush D. M.，Kahle L. Evaluating negative information in online consumer discussions：From qualitative analysis to signal detection [J]. Journal of Euromarketing，2002，11 (2)：89-105.

[17] Chen Z., Lurie N. H. Temporal contiguity and negativity bias in the impact of online word of mouth [J]. Journal of Marketing Research, 2013, 50 (4): 463-476.

[18] Chen C. C., Tseng Y. D. Quality evaluation of product reviews using an information quality framework [J]. Decision Support Systems, 2011, 50 (4): 755-768.

[19] Cheung C. M. K., Lee M. K. O., Rabjohn N. The impact of electronic word-of-mouth: The adoption of online opinions in online customer communities [J]. Internet Research, 2008, 18 (3): 229-247.

[20] Cheung M. Y. C., Sia C. L., Kuan K. Y. K. Is this review believable? A study of factors affecting the credibility of online consumer reviews from an ELM perspective [J]. Journal of the Association for Information Systems, 2012, 13 (8): 618-635.

[21] Cheung M., Luo C., Sia C., et al. Credibility of electronic word-of-mouth: Informational and normative determinants of on-line consumer recommendations [J]. International Journal of Electronic Commerce, 2009, 13 (4): 9-38.

[22] Crowley A. E., Hoyer W. D. An integrative framework for understanding two-sided persuasion [J]. Journal of Consumer Research, 1994, 20 (4): 561-574.

[23] Eisend M. Two-sided advertising: A Meta-analysis [J]. International Journal of Research in Marketing, 2006, 23 (2): 187-198.

[24] Fan Y. W., Miao Y. F. Effect of electronic word-of-mouth on consumer purchase intention: The perspective of gender differences [J]. International Journal of Electronic Business Management, 2012, 10 (3).

[25] Forman C., Ghose A., Wiesenfeld B. Examining the relationship between reviews and sales: The role of reviewer identity [J]. Disclosure in electronic markets, NYU CeDER Working Paper, 2006.

[26] Goldsmith R. E., Horowitz D. Measuring motivations for online opinion seeking [J]. Journal of Interactive Advertising, 2006, 6 (2): 1-16.

[27] Hu N., Liu L., Sambamurthy V. Fraud detection in online consumer reviews [J]. Decision Support Systems, 2010, 50 (3): 614-626.

[28] Hansen J., Wänke M. Truth from language and truth from fit: The impact of linguistic concreteness and level of construal on subjective truth [J]. Personality & Social Psychology Bulletin, 2010, 36 (11): 1576-1588.

[29] Jensen M. L., Averbeck J. M., Zhang Z., et al. Credibility of anonymous online product reviews: A language expectancy perspective [J]. Journal of Management Information Systems, 2013, 30 (1): 293-324.

[30] Jindal N., Liu B. Opinion spam and analysis [C]. In Proceedings of the International Conference on Web Search and Data Mining. ACM, 2008: 219-230.

[31] Mcknight H., Kacmar C. Factors of information credibility for an internet advice site [C]. Hawaii International Conference on System Sciences, 2006.

[32] Mudambi S. M., Schuff D. What makes a helpful online review? A study of customer reviews on amazon.com [J]. Mis Quarterly, 2010, 34 (1): 185-200.

[33] Mukherjee A., Kumar A., Liu B., et al. Spotting opinion spammers using behavioral footprints [C]. Proceedings of the 19th ACM SIGKDD International Conference on Knowledge Discovery and Data Mining, 2013.

[34] Nelson P. Information and consumer behavior [J]. Journal of Political Economy, 1970, 78 (2): 311-329.

[35] O'Reilly K., Marx S. How young, technical consumers assess online WOM credi bility [J]. Qualitative Market Research an International Journal, 1998, 14 (4): 330-359.

[36] Pan L. Y., Chiou J. S. How much can you trust online information? Cues for perceived trustworthiness of consumer-generated online information [J]. Journal of Interactive Marketing, 2011, 25 (2): 67-74.

[37] Pavlou P. A., Dimoka A. The nature and role of feedback text comments in online marketplaces: Implications for trust building, price premiums, and seller differentiation [J]. Information Systems Research, 2006, 17 (4): 392-414.

[38] Petty R. E., Cacioppo J. T. Source factors and the elaboration likelihood model of persuasion[J]. Advances in Consumer Research, 1984, 11 (1): 668-672.

[39] Redman T. C. Data guaiity for the information age [M]. Boston, MA: Artech House, 1996.

[40] Sen S., Lerman D. Why are you telling me this? An examination into negative consumer reviews on the web [J]. Journal of Interactive Marketing, 2007, 21 (4): 76-94.

[41] Schlosser A. E. Can including pros and cons increase the helpfulness and persuasiveness of online reviews? The interactive effects of ratings and arguments [J]. Journal of Consumer Psychology, 2011, 21 (3): 226-239.

[42] Sussman S. W., Siegal W. S. Informational influence in organizations: An integrated approach to knowledge adoption [J]. Information Systems Research, 2003, 14 (1): 47-65.

[43] Yoo K. H., Gretzel U. Comparison of deceptive and truthful travel reviews [J]. Information & Communication Technologies in Tourism, 2009: 37-47.

[44] Zhao Y., Yang S., Narayan V., et al. Modeling consumer learning from online product reviews [J]. Marketing Science, 2013, 32 (1): 153-169.

[45] Zhang W., Watts S. Knowledge adoption in online communities of practice [J]. International Conference on Information Systems Atlanta Ais, 2003.

[46] Zhu F., Zhang X. Impact of online consumer reviews on sales: The moderating role of product and consumer characteristics [J]. Journal of Marketing a Quarterly Publi cation of the American Marketing Association, 2010, 74 (2): 133-148.

不完全脱销对消费者多样化寻求行为的影响研究

作者：郝苑婷；指导老师：李季，孙鲁平

内容摘要：本研究关注在产品不完全脱销的情况下，呈现脱销信息与否对消费者多样化寻求行为的影响。实验采用两组的组间设计，让两组被试分别阅读不同版本的购买场景描述和图示，并自主选择不同口味的5包薯片，版本一只呈现可购买产品选项信息，版本二则增加了脱销选项信息。研究证明，脱销信息的存在会促使消费者减少其多样化寻求行为，且消费者的最佳刺激水平在该影响中发挥调节作用。众多学者已经分别围绕脱销和多样化寻求行为进行了大量研究，但是，很少有学者探讨两者之间的关系，本研究填补了这一空白，进一步充实了现有研究，同时为企业促销或库存管理提供建议。

关键词：不完全脱销；多样化寻求；最佳刺激水平

为了迎合更多消费者的期望和需求，许多商家在生产同一种产品时会提供多种选择，比如同一款食品有几种不同的口味，同一款运动鞋有几种不同的颜色等。然而消费者在实际购买时，经常会遇到一些拥有多个选项的产品存在部分选项脱销的情况，比如同一款衣服原本有多种花色，但其中有几个花色选项无货，而剩下的花色选项仍然可以购买，这种现象就是“不完全脱销”。现有研究表明，脱销对于企业来说是一件有益的事情，因为产品脱销或者产品稀缺代表该产品受到了消费者的喜爱，无形之中提升了该产品在消费者心目中的价值，从而吸引了更多消费者。经营网上店铺的商家在面对这样的情况时，有些会将这些脱销的选项移除，不呈现给消费者，而有些则继续保留这些脱销选项，并在选项名称上方显示“售罄”等字眼或将名称背景调节为暗灰色。

消费者周边存在各种各样的刺激因素，在做出购买决策时，自然会受到这些因素的影响。这些因素可分为三类：商业环境中的显性刺激（即由商家通过产品实体直接传递）、商业环境中的象征刺激（即通过媒体、销售员等进行传递）和社会环境刺激（如口碑传播等）（Howard 和 Sheth，1969）。比如，当消费者在购买不完全脱销产品时，脱销信息的存在就对消费者构成了一种显性刺激。消费者总会尽量使自己保持在最佳刺激水平，因此当外部刺激过高时，消费者会通过调整自己的购买行为，降低感知刺激水平，提升对刺激水平的满意度。比如，简单地重复购买某一种产品或对某一产品保持忠诚就是一种通过使购买决策简单化来降低刺激水平的方法。但是，这种做法会让消费者的选择变得单调和无聊（Satya 和 Barbara，1995）。在这种情况下，消费者就可能通过多样化寻求行为（即尝试购买不同的产品）来获得刺激的增加（于洪彦等，2008）。那么，不完全脱销会对消费者的多样化寻求行为产生怎样的影响呢？这是本文的核心研究问题。

多样化寻求行为是消费者在购买决策中体现出的重要特征。消费者在线下购物或是在线上购物时，经常会遇到“买五件包邮”、“买三件打八折”等情况，这时，消费者受到优惠信息的影响，会选择同时购买多件同款商品。选择产品时，消费者面对同类产品的不同选项类型会做出不同的购买决策。通常情况下，消费者不会选择多件款式完全相同的产品，而是会尽量使其选择多样化，选择更多的品类，即进行多样化寻求行为（Variety-seeking Behavior）。关于消费者多样化寻求的影响因素，许多学者对其进行了研究，可将这些影响因素分为四类：第一类为环境刺激因素，第二类为决策策略因素，第三类为选择集或产品属性因素，第四类为消费习惯因素。

但是，产品脱销对消费者多样化寻求行为的潜在影响却鲜有学者研究。在现实生活中，生产企业通过不断地进行市场细分，增加产品种类，丰富产品多样性，以此吸引消费者消费更多的产品，促进消费者进行多样化购买，满足其多样化的需求。而随着互联网的迅速发展，各大电商平台如雨后春笋般出现在消费者的视野中，对于在电商平台上经营店铺的商家来说，一款产品的某个选项类型由于热销或货品未得到及时补充而出现零库存的情况是常见的事情。同时，线上平台的商家面向消费者的网页界面与实体商店相比要有限得多，如何通过安排网页上的信息来吸引消费者是非常重要的。那么，到底脱销信息是否应该呈现给消费者？它的呈现与否将对消费者的多样化寻求倾向产生怎样的影响？本研究将探究不完全脱销对于消费者多样化寻求行为的影响，为企业促销或营销提供建议。

一、理论综述与研究假设

（一）不完全脱销的相关研究

本文研究的“不完全脱销”现象可以描述为：目标商品包含有多个选项（如不同花色、颜色或口味等），其中某一个或几个选项显示无货，但消费者仍可选择购买余下选项。

产品暂时不可得的现象被称为脱销或者缺货（Schary 和 Christopher，1979）。一些现有研究探讨了消费者对缺货的行为变化和心理反应。Brehm（1981）提出，当一个人的自由受到限制时，会处于一种心理抗拒（Psychological Reactance）的状态，Brehm 发现这种抗拒的结果就是增加反抗性。于是有些学者研究了消费者会以怎样的方式进行反抗。Gavan（2000）证明，相比于没有遇到脱销情况的消费者，遇到偏好选项脱销的消费者对消费过程的满意度更低，同时店铺转换率更高。但是，如果消费者在脱销情况下可以更轻易地做出购买决策，他将具有更高的满意度。

还有一些研究关注了脱销产品在整个产品种类中所发挥的作用。虚位理论（Phantom Theory）认为，脱销产品可以发挥其在消费者决策中的“诱导”作用（Pratkanis 和 Farquhar，1993）。Kalyanam（2007）提出，如果同一种类中的某一个产品选项类型脱销，它会带来三个影响：失去自身的销量、其他选项的替代和整个种类的销量变化。

在产品不完全脱销的情况下，当商家将脱销的选项呈现给消费者时，也会给消费者传递该产品稀缺的信息。关于产品稀缺性，Snyder 和 Fromkin's（1980）提出了独特模型（Uniqueness Model）来描述产品稀缺性与消费者购买行为之间的作用机制；Lynn（1992）提出了 S-E-D 模型，建立了另外一种作用机制；Wu 等（2012）综合了前两者的模型，构建出了一个更为完整的模型。之后，一些学者通过研究脱销或稀缺信息呈现类型的不同来探究其对消费者购买行为的影响。Gierl 和 Huettl（2010）证明，在稀缺性对消费者认知炫耀性消费品态度的影响中，稀缺类型为调节变量，与限量供应有关的稀缺信息会提升产品价值；相反，与过剩需求有关的稀缺信息则会降低产品价值。Laran 等（2013）发现，在感受到产品稀缺的状态下，消费者会摄入更多高卡路里含量的食物。

（二）影响多样化寻求行为的因素

多样化寻求行为是消费者在进行购买决策时体现出的非常重要的特征（McAlister，1982）。从 20 世纪以来，众多学者曾对多样化寻求行为进行了探讨。

对已有的研究成果进行总结，可将消费者多样化寻求行为的影响因素概括为四个方面：第一是决策策略因素。Simonson（1990）首次证明了人们会选择多样化的东西，且同时选择时体现出的多样化程度大于次序选择。当消费者进行同时选择（Simultaneous Condition）时，由于对未来偏好不确定、不知道未来口味会如何改变，为了减小风险会选择增加多样化寻求行为。Ratner 和 Kahn（2002）研究发现，当消费者受到公众监督时，他们会表现出更多的多样化寻求行为。第二是选择集因素。刘蕾（2015）发现，消费者多样化寻求行为会随着选择集的变化而变化，且这种变化呈倒 U 型，当消费者面对过大的选择集时，消费者会采用启发式信息处理策略使自己降低多样化寻求行为。第三是环境刺激因素。于洪彦等（2008）研究发现，在网络中，当某一产品类别（目标产品类别）和另一产品类别（环境产品类别）同时被购买时，环境产品所提供的变化越多，消费者购买目标产品的多样化寻求行为减少得就越多。除了网络空间，物理空间也会对消费者产生影响。当消费者通过不同宽窄的通道去取通道尽头的糖果时，通道越窄，消费者会表现出越多的多样化寻求行为（Levav 和 Zhu，2009）。视觉上的多样化则会促使消费者在进行购买决策时增加其多样化寻求行为（Maimaran 和

Wheeler，2008）。第四是消费习惯因素。对于不同的产品类型，消费者的多样化选择程度是不一样的。研究表明，消费者更倾向于对快销品做出多样化选择（Galak，2011）。

（三）不完全脱销与多样化寻求行为

最佳刺激水平理论（Optimal Level of Stimulation，OSL）是理解消费者为何进行多样化寻求行为的重要理论。该理论认为，消费者对刺激所做出的反应呈现一个倒U型，过高和过低的刺激水平都会导致消费者的不满，只有处于中间状态的刺激水平为最佳刺激水平，是令消费者感到最满意的刺激水平。

当消费者受到外界给予的刺激，进行购买决策时，会通过改变自己的购买行为，尽量使自己感知到的刺激保持在最佳水平，提高自身对刺激水平的满意度。对消费者来说，重复购买同一产品会导致购买决策中有效刺激水平的下降（于洪彦等，2008）。但是，重复购买行为会让消费者感到单调乏味，具有好奇心的消费者总是喜欢尝试自己不熟悉的新品牌来获得满足感（Kim，2013），通过增加多样化寻求行为来获得刺激的增加。因此，消费者可以通过改变多样化寻求行为的程度调节购买决策中的刺激水平，使感知到的总刺激保持在最佳刺激水平，提升满意度。本文认为，在不完全脱销的情况下，相比于不呈现脱销信息，脱销信息的存在增加了购买环境中的刺激水平，使消费者感知到的刺激水平提升，消费者为了保持最佳刺激水平状态，会尽量购买相同产品，减少其多样化寻求行为。

同时，Brehm（1981）提出，当产品稀缺限制了消费者的购买自由时，消费者就会产生心理抗拒，采取一定的行为或选择去重新获得自由并规避风险，而当产品稀缺并未限制消费者的自由时（即虽然商品处于稀缺状态，但是消费者仍可进行自由选择），稀缺会导致消费者处于唤醒状态。Meng和Rebecca（2015）通过实验证明，当呈现给消费者“稀缺”的字眼，甚至只是在被试进行购买决策时营造一种商品稀缺的环境时，消费者就会被唤醒（Arousal），处于一种唤醒状态。在这种状态下，消费者的情感反应会被放大，导致偏好极端化（Schachter和Singer，1962），即更喜好自己原本就偏爱的，更厌恶自己原本就不喜欢的，从而在进行购买决策时购买更多自己偏好的产品。本文认为，这一理论在产品不完全脱销的情况下同样适用。

当商家将脱销信息呈现给消费者时，也会传递给消费者这件商品很抢手、很可能快要售罄的信息，使得消费者感到这件商品是稀缺的。消费者会因此处于唤醒状态并极端化自己的偏好，加深对于偏好产品的喜爱程度与对于不偏好产品的厌恶程度，从而在购买时囊括更多偏好产品，舍弃更多非偏好产品，即减少多样化寻求的行为。

基于以上两个理论，本文提出如下假设：

H1：当产品不完全脱销时，呈现脱销信息会减少消费者的多样化寻求行为。

（四）最佳刺激水平的调节作用

消费者会尽量使自己保持在最佳刺激水平，但是对于每一个特定的消费者来说，最佳刺激的水平具有显著的个体差异（Steenkamp 和 Baumgartner，1992）。具有高最佳刺激水平的消费者与具有低最佳刺激水平的消费者相比，需要更多的刺激来达到满足，因而在面对相同的外界刺激时，多样化寻求倾向会更多（Raju，1980）。本文认为，具有低最佳刺激水平的消费者期望较少的刺激，当其面对脱销信息这一外界刺激时，会通过大幅度减少自己的多样化寻求行为来达到其最佳刺激水平；而具有高最佳刺激水平的消费者则期望更多的刺激，当其面对同一刺激时，其多样化寻求行为减少的程度会弱于具有低最佳刺激水平的消费者。因此，本文做出如下假设：

H2：消费者的最佳刺激水平可以调节呈现脱销与否对消费者多样化寻求行为的作用。当呈现脱销信息时，具有低最佳刺激水平的消费者与具有高最佳刺激水平的消费者相比，会更倾向于减少其多样化寻求行为。

本文的研究框架如图 1 所示：

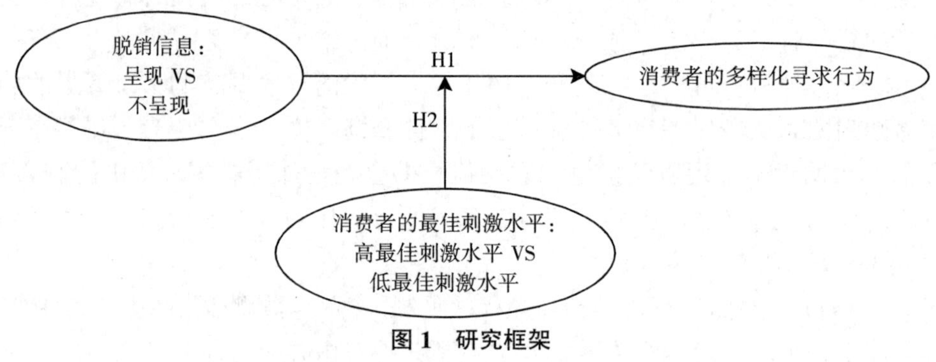

图 1　研究框架

二、实验设计

（一）产品选定与预实验

本研究选用薯片作为研究的刺激物。薯片为日常消费品，某品牌薯片共有 11 种口味，分别为原味、翡翠黄瓜味、鲜浓番茄味、滋滋烤肉味、吮指红烧肉味、黑椒牛排味、海盐芝士味、海盐巧克力味、田园番茄味、清新绿茶味和青柠味。预实验要求被调查者对 11 种口味进行偏好打分。

综合统计之后，将 11 种口味按照总分数进行降序排序，即从消费者最为偏好的口味到最不偏好的口味。

（二）实验方法

本实验研究脱销选项信息是否呈现对消费者多样化寻求行为的影响，采用两组的组间设计，实验分为两个步骤。

第一步，测定被试的最佳刺激水平。本实验借鉴 Raju（1980）在研究最佳刺激水平时使用的测定量表，采用其中 16 个题项的均值来测定，打分从 1 至 9，其中“1”表示“极其不符合”，“9”表示“极其符合”，从 1 至 9，符合的程度逐渐加深。该量表题项的 Cronbach’s α 为 0.72，高于 0.7，表明该量表信度是较高的。

第二步，被试阅读购买场景描述和图示并回答问题。问卷分为两个版本，在两个版本中，不脱销选项均为相同的 5 种口味，即在预实验中排序为 4、5、6、7、8 位的薯片口味。在版本一中，不呈现脱销选项，只呈现这 5 种口味。在版本二中，增加两种口味，即预实验中排序为 3、9 位的薯片口味，并在其名称上打上“售罄”的标签，意思是不可选择，同样的信息在对购买场景的文字描述中也加以呈现和强调。

每一版本中，消费者可任意选择 5 包薯片，且每一个选项都可以重复选择，例如，五包薯片可以是同一种口味，消费者也可以每一个口味选择一包，即口味任意选择，但总数为 5。

在本实验中，共有 89 位被试参与。其中，47 人被随机分配到第一组，填写版本一的问卷；42 人被随机分配到第二组，填写版本二的调查问卷。实验共收回 88 份有效问卷。

（三）实验结果与分析

本文采用了三项指标来衡量消费者的多样化寻求行为：

第一，消费者所选薯片口味的种类（如消费者一共购买了 3 种口味的薯片，则为“3”）。

第二，消费者在每种口味中购买最多的数量所占的比例（如消费者选择购买 3 包原味薯片，1 包黄瓜味薯片，1 包青柠味薯片，则该比例为 3/5=0.6）。

第三，熵（计算公式为 $H(U)=\sum_{i=1}^{n} P_i \times \ln P_i$）。

第一项与第三项指标越小，说明消费者具有越少的多样化寻求行为倾向；第二项指标越小，说明消费者具有越多的多样化寻求行为倾向。

第一步，通过独立样本 T 检验对收集的两组数据进行分析，得到不呈现和呈现“脱销选项”两种情况下多样化寻求行为三项指标的均值及显著性差异比较，结果如表 1 所示。种类、购买最多的数量所占比例以及熵的均值对比图如图 2、图 3、图 4 所示。

表 1　是否呈现脱销信息的消费者多样化寻求行为均值比较

	种类	购买最多的数量所占比例	熵
不呈现脱销选项	3.53	0.404	1.178
呈现脱销选项	2.56	0.590	0.796
显著性（p-value）	0.000	0.000	0.000

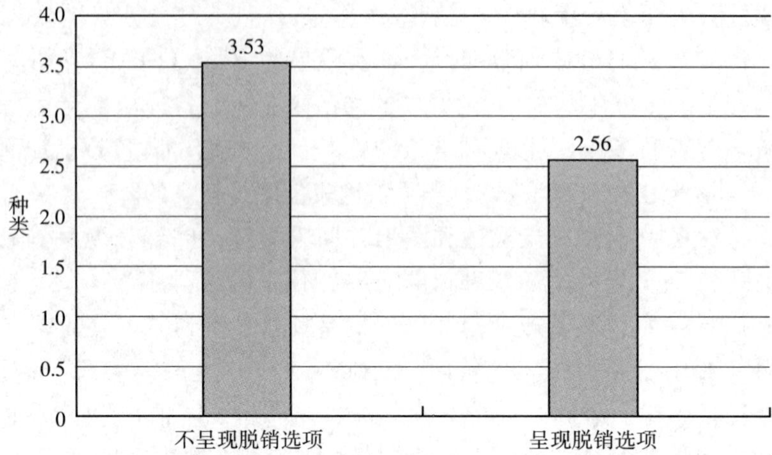

图 2　呈现脱销信息与否对消费者所选薯片口味的种类的影响

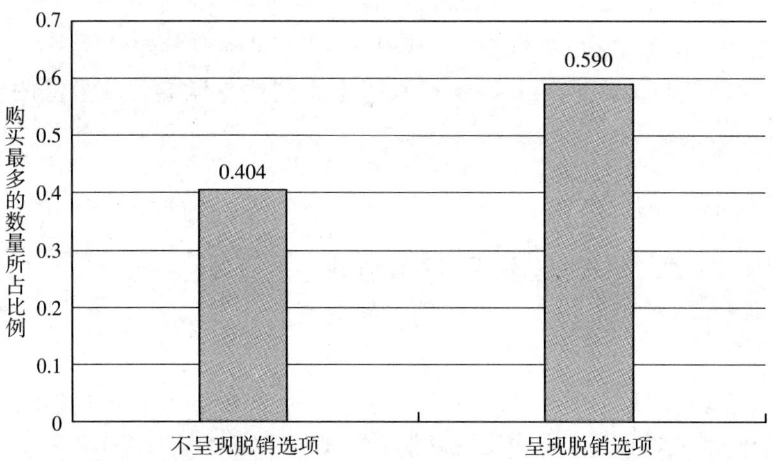

图 3　呈现脱销信息与否对消费者在每种口味中购买最多的数量所占比例的影响

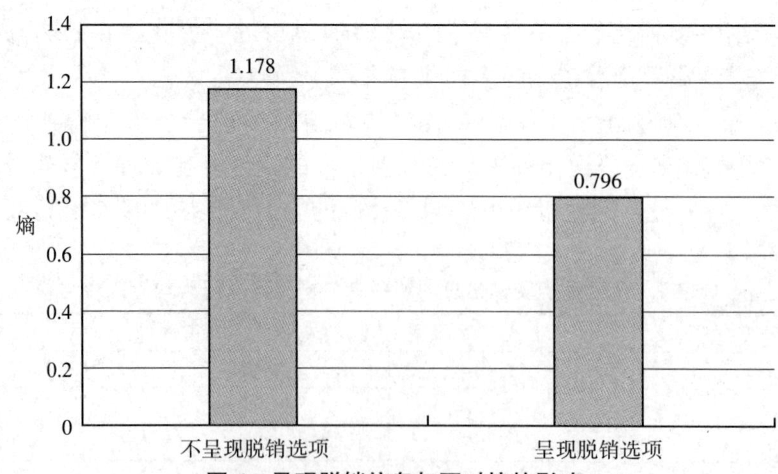

图 4　呈现脱销信息与否对熵的影响

对于衡量多样化寻求行为的第一项指标——选择种类而言，呈现信息与不呈现信息的均值分别为 3.53 和 2.56，第二项指标的均值分别为 0.404 和 0.590，第三项指标的均值分别为 1.178 与 0.796，且这三项指标都体现出了实验操作对因变量有很强的主效应。综上可得，脱销信息的呈现与否会影响消费者的多样化寻求行为，实验结论与 H1 相同，脱销信息的呈现会减弱消费者的多样化寻求行为。

第二步，检验最佳刺激水平的调节作用。首先，将被试在每种口味中购买最多的数量所占的比例作为因变量，呈现脱销信息与否和被试的最佳刺激水平为自变量，对数据进行双因素方差分析。结果表明，被试的最佳刺激水平的主效应是显著的（$F(1, 84)=9.421$，$p=0.003$），具有低最佳刺激水平的被试更倾向于增加某一特定口味的购买比例，即减少其多样化寻求行为；被试的最佳刺激水平会调节呈现脱销信息与否对被试多样化寻求行为的作用，两者的交互作用是显著的（$F(1, 84)=4.760$，$p=0.032$）。

通过简单效应检验发现，在呈现脱销信息组，具有高最佳刺激水平的被试在每种口味中购买最多的数量所占的比例均值 $M=0.500$，而具有低最佳刺激水平的被试在每种口味中购买最多的数量所占的比例均值 $M=0.695$，且其差别是显著的（$p=0.003$）。但该效应没有在不呈现脱销信息组呈现（$M_{高最佳刺激水平}=0.394$，$M_{低最佳刺激水平}=0.427$，$p=0.463$）。实验结论与 H2 相同，图 5 所示为交互作用图。

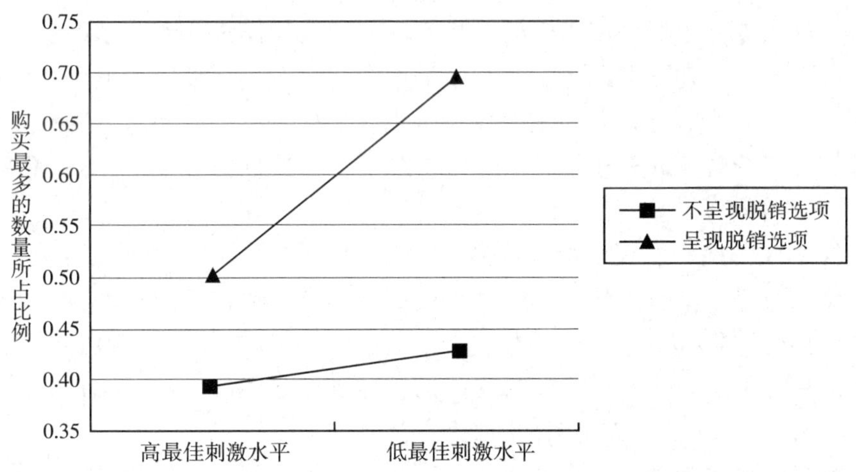

图 5 最佳刺激水平与呈现脱销选项与否对每种口味中购买最多的数量所占比例的交互影响

其次，将最为直观的指标——种类作为因变量，呈现脱销信息与否和最佳刺激水平为自变量，对数据进行双因素方差分析。结果表明，被试的最佳刺激水平的主效应是显著的（$F(1, 84)=8.175$，$p=0.005$），具有低最佳刺激水平的被试倾向于选择更少的种类，即减少其多样化寻求行为；被试的最佳刺激水平会调节呈现脱销信息与否对被试多样化寻求行为的作用，两者交互作用较为显著（$F(1, 84)=3.565$，$p=0.062$）。

通过简单效应检验发现，最佳刺激水平对于该指标的调节模式与上一指标相反。

在呈现脱销信息组，具有高最佳刺激水平被试的购买种类均值 M = 3.00，而具有低最佳刺激水平被试的购买种类均值 M = 2.05，且其差别具有显著性（p = 0.002）。而该效应同样没有在不呈现脱销信息组呈现（$M_{高最佳刺激水平} = 3.59$，$M_{低最佳刺激水平} = 3.40$，p = 0.500）。该实验结果与 H2 一致，图 6 所示为交互作用图。

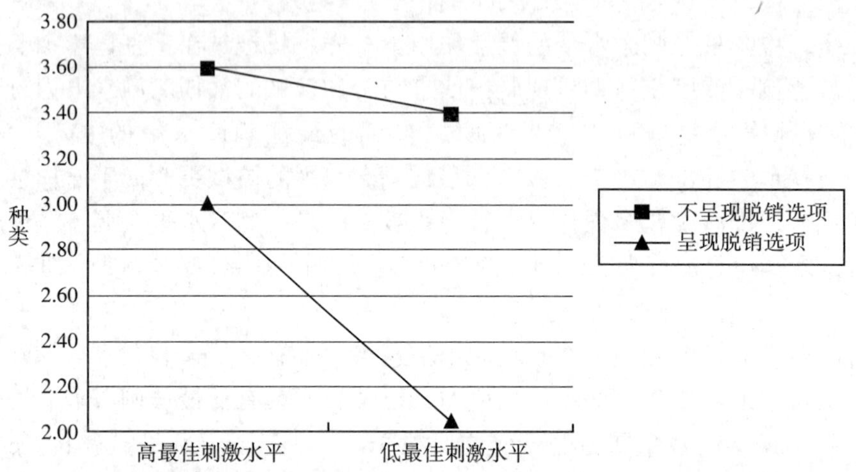

图 6　最佳刺激水平与呈现脱销选项与否对消费者所选薯片口味的种类的交互影响

最后，以熵作为因变量，呈现脱销信息与否和被试的最佳刺激水平为自变量，对数据进行双因素方差分析。该指标的模式与购买种类的模式一致。结果表明，被试的最佳刺激水平的主效应是显著的（F（1，84）= 9.909，p = 0.002），具有低最佳刺激水平被试的熵更小，表明其更倾向于减少其多样化寻求行为；被试的最佳刺激水平会调节呈现脱销信息与否对被试多样化寻求行为的作用，二者的交互效应显著（F（1，84）= 4.497，p = 0.037）。

通过简单效应检验发现，最佳刺激水平对于该指标的调节模式与上一指标相同。在呈现脱销信息组，具有高最佳刺激水平被试与具有低最佳刺激水平被试的熵均值具有显著的差异性（$M_{高最佳刺激水平} = 0.981$，$M_{低最佳刺激水平} = 0.582$，p = 0.002）。同样，该效应并没有在不呈现脱销信息组呈现（$M_{高最佳刺激水平} = 1.203$，$M_{低最佳刺激水平} = 1.125$，p = 0.417）。实验结论与 H2 一致，交互作用图如图 7 所示。

综上所述，最佳刺激水平在脱销信息呈现与否对购买最多的数量所占比例、购买种类、熵的影响中均起到调节作用，当脱销信息呈现时，具有低最佳刺激水平的消费者会增加某一特定口味的购买比例、购买更少的种类，以及其熵值会减低，而这些都是消费者减少其多样化寻求行为的体现。因此，H2 得到了支持。

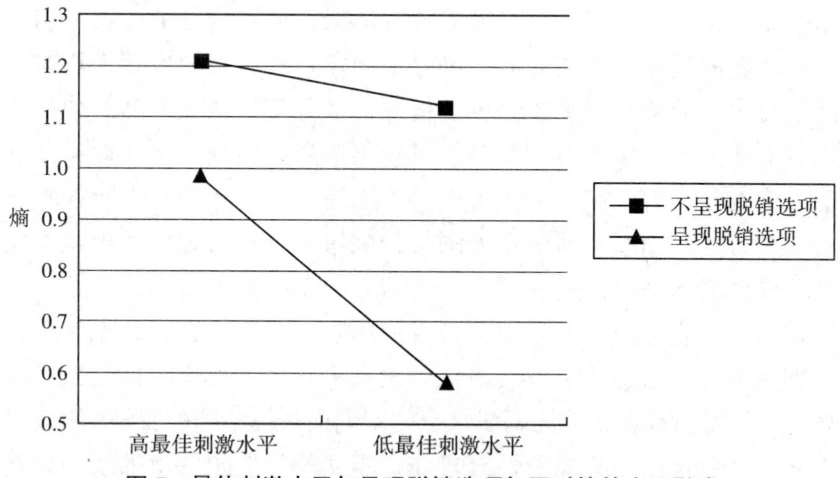

图 7 最佳刺激水平与呈现脱销选项与否对熵的交互影响

三、研究结论与启示

现有关于脱销的文献很多是研究脱销信息呈现与否对可得产品购买意愿的影响，很少研究在消费者确定购买某产品的情形下，脱销信息如何影响消费者的购买行为。本文则研究了脱销信息对于消费者多样化寻求行为的影响，对以往研究的空缺进行了一定的补充。而关于消费者多样化寻求行为的影响因素，众多研究者已经围绕它开展了大量研究，但脱销信息（特别是不完全脱销信息）对于多样化寻求的影响却并不明晰，本文通过研究证明了该影响，并提出相关调节变量，更加充实了现有的研究结论。具体如下：

第一，本文研究了在产品不完全脱销的情况下，脱销信息的呈现与否对消费者多样化寻求行为具有显著影响。实验以日常消费品——薯片作为刺激物，通过三项指标衡量多样化寻求行为，证明相比于不呈现脱销的信息，将某些选项脱销的信息呈现给消费者，消费者会增加某一特定口味的购买比例、减少购买的口味种类，以及其熵值会降低，即消费者会减少自己的多样化寻求行为。

第二，消费者的最佳刺激水平在脱销信息呈现与否对消费者多样化寻求行为的影响中发挥调节作用。当商家呈现脱销信息时，具有低最佳刺激水平的消费者比具有高最佳刺激水平的消费者更倾向于减少其多样化寻求行为。

研究不完全脱销对于消费者多样化寻求行为的影响具有很重要的现实意义。首先，生产厂商不断丰富自己的产品种类，就是为了迎合不同细分市场的需求，为消费者提供多样化的产品。本文结论显示，当商家遇到不完全脱销的情况时，为了刺激消费者多样化选择，商家可通过移除脱销选项，隐藏脱销信息，使消费者增加其多样化寻求行为。其次，随着科技的不断进步，网上购物逐渐成为消费者的主流购物方式，商家可以利用不完全脱销信息呈现与否引导消费者消费，调整自己的库存。当商家移除脱销选项时，消费者的选择会更加分散，可以使商家各种选项的库存平均减少；当商家保留脱销的信息时，消费者的选择会更加集中，适合某一选项产品的快速去库存。这就要求商家具有快速的反应能力，及时获取仓储信息，实现信息一体化。这一点对于经营产品受众为中年人的商家来说尤为重要，因为一般中年人与青年人相比更偏好稳定，不愿意寻求过大的刺激，即中年人的最佳刺激水平相对较低。根据本文的研究结论，具有低最佳刺激水平的消费者所受脱销信息的影响更大，因此，这类商家应更谨慎地衡量脱销信息呈现与否对产品库存带来的影响。最后，在大数据时代，如果企业能够掌握消费者的相关信息并了解其最佳刺激水平，可在提供个性化服务或推送个性化购买信息时，根据消费者的最佳刺激水平的不同而选择不同的脱销信息呈现方式。

本研究的设计也存在一些局限性。首先，本实验设置了两组的组间设计，数量较少，未能了解脱销程度的不同会对消费者产生怎样的影响，将来研究可以设置多组对照组，考察不同脱销程度下消费者多样化寻求行为的变化。其次，本研究只说明了不完全脱销对于消费者多样化寻求行为的影响，并将最佳刺激水平作为调节变量，未来应加入更多中介变量与调节变量。

参考文献

[1] 刘蕾，郑毓煌，陈瑞. 选择多多益善？——选择集大小对消费者多样化寻求的影响 [J]. 心理学报，2015，47（1）：66-78.

[2] 于洪彦，袁平，刘艳彬. 网络中选择环境对多样化寻求行为的影响研究 [J]. 南开管理评论，2008，11（3）：52-62.

[3] Brehm S. S.，Brehm J. W. Psychological reactance：A theory of freedom and control [J]. Nurs Stand，1981（27）.

[4] Farquhar P. H.，Pratkanis A. R. Decision structuring with phantom alternatives [J]. Management Science，1993，39（10）：1214-1226.

[5] Fitzsimons G. J. Consumer response to stockouts [J]. Journal of Consumer Research，2000，27（2）：249-266.

[6] Galak J.，Kruger J.，Loewenstein G. Is variety the spice of life? It all depends on the rate of consumption [J]. Judgment & Decision Making，2011，6（3）：230-238.

[7] Gierl H.，Huettl V. Are scarce products always more attractive? The interaction of different types of scarcity signals with products' suitability for conspicuous consumption [J]. International Journal of Research in Marketing，2010，27（3）：225-235.

[8] Howard J. A.，Sheth J. N. The theory of buyer behavior [J]. Journal of the American Statistical Association，1969.

[9] Kalyanam K.，Borle S.，Boatwright P. Deconstructing each item's category contribution [J]. Marketing Science，2007，26（3）：327-341.

[10] Kim H. How variety-seeking versus inertial tendency influences the effectiveness of immediate versus delayed promotions [J]. Journal of Marketing Research，2013，50（3）：416-426.

[11] Laran J., Salerno A. Life-history strategy, food choice, and caloric consumption [J]. Psychological Science, 2013, 24 (2): 167-173.

[12] Levav J., Zhu R. Seeking freedom through variety [J]. Journal of Consumer Research, 2009, 36 (4): 600-610.

[13] Maimaran M., Wheeler S. C. Circles, squares, and choice: The effect of shape arrays on uniqueness and variety seeking [J]. Journal of Marketing Research, 2008, 45 (6): 731-740.

[14] Mcalister L. A dynamic attribute satiation model of variety seeking behavior [J]. Journal of Consumer Research, 1982, 9 (2): 141-150.

[15] Menon S., Kahn B. E. The impact of context on variety seeking in product choices [J]. Journal of Consumer Research, 1995, 22 (3): 285-295.

[16] Michael Lynn. Scarcity's enhancement of desirability: The role of naive economic theories [J]. Basic & Applied Social Psychology, 1992, 13 (1): 67-78.

[17] Raju P. S. Optimum stimulation level: Its relationship to personality, demographics, and exploratory behavior [J]. Journal of Consumer Research, 1980, 7 (7): 272-282.

[18] Ratner R. K., Kahn B. E. The impact of private versus public consumption on variety-seeking behavior [J]. Journal of Consumer Research, 2002, 29 (2): 246-257.

[19] Schachter S., Singer J. E. Cognitive, social, and physiological determinants of emotional state [J]. Psychological Review, 1962, 69 (5): 379-399.

[20] Schary P. B., Christopher M. The anatomy of a stock-out [J]. Journal of Retailing, 1979.

[21] Snyder C. R. Uniqueness: The human pursuit of difference [M]. Plenum, 1980.

[22] Steenkamp J. B. E., Baumgartner H. The role of optimum stimulation level in exploratory consumer behavior [J]. Journal of Consumer Research, 1992, 19 (3): 434-448.

[23] Simonson I. The effect of purchase quantity and timing on variety-seeking behavior [J]. Journal of Marketing Research, 1990, 27 (2): 150-162.

[24] Wu W. Y., Lu H. Y., Wu Y. Y., Fu C. S. The effects of product scarcity and consumers' need for uniqueness on purchase intention [J]. International Journal of Consumer Studies, 2012, 36 (3): 263-274.

[25] Zhu M., Ratner R. K. Scarcity polarizes preferences: The impact on choice among multiple items in a product class [J]. Journal of Marketing Research, 2015, 52 (1).

世界公民主义视角下的原产国效应模型
——基于文献的研究

作者：杨智寒，石钰竹；指导老师：李季，崔新健

内容摘要： 通过对现有原产国效应研究和消费者世界公民主义研究的梳理，本文基于信息线索理论和感知风险理论认为，感知风险是原产国效应研究中的重要中介变量：当消费者购买来自国外的产品时，内部线索（质量、味道、品质）的缺失会使消费者的感知风险较高，这时消费者会使用原产国信息等外部线索（价格、品牌名称等）来降低感知风险，进而影响其购买国外产品的意愿与行为。原产国信息对感知风险的影响会因为消费者而存在差异，在国家和传统文化标准下对消费者进行的类别划分不能体现同一国家（文化）下消费者的差异性和不同国家（文化）下消费者的相似性。这使得在以往研究中，消费者差异对原产国效应的影响研究以概括性事实为主，且研究结论较为零散。因此，本文将国际市场细分研究中的世界公民主义变量借鉴为原产国效应研究中衡量消费者差异的新变量，并与感知风险一起构建研究原产国效应的整合模型。

关键词： 原产国效应；感知风险；世界公民主义

一、引　言

在经济和市场全球化不断加速的背景下，当前国际市场的竞争已经进入品牌竞争的时代（盛亚军、包薇和孙丽辉，2014）[1]，并且随着跨国公司产品在全球市场流动的发展，原产国效应成为了跨国公司国际营销研究中的热点问题之一。原产国效应领域的研究起源于 1962 年学者 Ditchter 在《哈佛商业评论》上指出“由……制造”（Made in...）这一词组会对消费者行为产生影响。Schooler（1965）[2] 则第一次通过实证研究证实了原产国效应的存在，他通过分析危地马拉消费者（学生样本）对 4 个中南美国家产品的评价后认为，产品的原产国形象会影响消费者对产品的认知，即证明了原产国效应存在于危地马拉的消费者中，开启了原产国效应的研究。随着全球化进程的不断推进，本土市场消费者表现出多样化需求的同时，不同国家间的消费者也表现出了许多共同的诉求（Hofstede 等，2002；Craig 和 Douglas，2006）[3-4]。全球化促进了全球

消费文化的形成，国际市场细分的研究已经开始关注到不同市场消费者所具有的共同特征，这为跨国企业管理者和研究跨国公司市场营销问题的学者提供了一个将全球消费市场看作整体的新视角。

之前的研究常将原产国信息当作一个单独线索进行研究，但随着研究的不断深入，学者们发现，原产国信息在某些特定情况下并不如其他因素对消费者行为的影响显著：虽然原产国信息对于降低消费者的感知风险及促进购买意愿有显著作用，但诸如消费者亲和力等变量对降低消费者的感知风险和促进购买意愿有更显著的作用（Oberecker 和 Diamantopoulos，2011）[5]；在对不同类别的产品进行评价时，原产国信息可能并不如价格、品牌名称等产品外部信息的作用大，并且原产国信息对不同类别产品的影响也是不一致的（Wu，2011；Pappu 等，2007；Phau 等，2008；Tseng 和 Balabanis，2011）[6-9]；来自不同国家消费者对不同国家产品的评价具有显著差异，将消费者民族优越感、物质主义和价值观等变量加入模型中，都会使得原产国信息对产品评价的影响发生改变（Sharma，2011）[10]；具有开放性全球化价值观的消费者更愿意购买会引起消费者厌恶的国家的产品，全球化价值观可能是一个独立于消费者厌恶，并直接对购买意愿产生影响的因素（Funk 等，2010）[11]。通过总结这些原产国效应研究后发现，消费者的人口统计特征、消费者的行为特征和消费者的品牌知识等均是影响原产国效应是否显著的主要因素（盛亚军、包薇和孙丽辉，2014）[1]；之前的原产国效应研究在区分消费者时，通常是以国界和国家文化为标准，在这种区分标准下的消费者差异的确是显著存在的，并且也会对原产国效应产生不同程度的影响。

在按照国界和国家文化这一标准进行原产国效应研究的梳理时发现，以国界和国家文化进行消费者区分的原产国研究结论较为零散。一方面，研究以针对消费者购买行为中某些环节的局部分析和事实性概括居多，更多地关注不同文化和国家背景中的消费者对原产国形象评价的差异，缺少系统的理论框架构建和基础理论挖掘（Samiee，2011）[12]。另一方面，在该视角下的消费者行为研究是从宏观文化层次理解消费者的差异，但从该层次去了解消费者差异存在着如下的问题：每个国家都是由许多不同的亚文化所构成，不同亚文化消费者之间的差异如何体现？在全球化不断深入的今天，不同国家和文化下的消费者之间的相似性在原产国效应的研究中如何体现？如果将这些亚文化的差异以及不同文化的相似性纳入研究框架，原产国效应的研究是否会出现不同的结果？

为了研究同一国家内消费者的差异以及不同国家消费者的相似性，关注国际市场细分问题的营销学者们将全球消费者放在同一个框架内进行分析，提出了世界公民主义这一市场细分指标。消费者的世界公民主义特征是一个跨越国界和传统宏观文化、建立在全球化视野下的新变量，其与物质主义相类似，同属于消费文化的范畴。先前的研究表明，从消费文化的视角去研究消费者，更能从个体层面发现消费者具体目标上的差异。因此在这种新视角下，之前较为分散的原产国研究将可以被统一起来。因此，本文希望通过对文献的梳理与总结解决以下三个问题：①在当前的世界环境中许多研究都有跨越国界和传统文化维度的需要，即不同国界或文化背景下的消费者是否具有某些相似的特征？②是否具有不单纯因国界或文化的影响而形成的有显著差异的风险偏好？③全球化视角下消费者世界公民主义程度的不同是否能对原产国效应产生显著的影响？

二、原产国效应的相关概念

原产国效应是指消费者对来自不同国家品牌具有不同的认知，这种认知会进一步影响消费者对国外产品的购买行为。并且在学者开始关注“Made in”的概念以来，不同研究中的原产国定义和层次有着巨大差异，这在全球化迅猛发展的背景下更是如此。在进入 21 世纪以后，跨国公司将价值链分布在全球范围内的不同国家，消费者已经很难区分一个产品真正的制造地，原产国的相关概念已经非常多元化。在这种背景下，有学者认为大部分原产国效应的经典研究没有区分品牌原产国和产品制造国，因此消费者减少了在产品评价过程中对原产国信息的使用，并且原产国信息对产品评价的影响并没有定论（Prendergast 等，2010）[13]，原产国概念已经超越了“制造、加工、设计策划或零件供应”的地点。Zolfagharian 等（2014）[14] 通过研究后认为，原产国理论应该包含不同的概念定义，包括：产品制造所在的国家、公司总部所在的国家、产品加工和组装所在的国家以及产品设计所在的国家。之前的研究对原产国进行细致的区分并产生了一些有意义的结论：Fetscherin 和 Toncar（2010）[15] 发现对于汽车类产品，组装原产国的信息在消费者感知品牌个性时，比品牌原产国信息的作用更大；近 20 年来，跨国并购对许多产业的重塑使得品牌原产国似乎成为了产品中更为固定的信息，其重要性超过了一般情况下的原产国信息（Samiee 等，2005）[16]。产品制造信息向品牌信息的这种转变，很可能是由消费者信息关注点的转变造成的；在全球化的背景下，不同产品制造国生产的产品在质量上的差异已被标准化生产所消除，更多的差异则由品牌原产国所产生。

原产国信息所具有的属性是原产国效应存在的一个重要基础，将不同学者的研究进行概括后原产国信息主要有以下几个功能：具有作为产品外部线索的作用（Johnson 等，2002；Phau 和 Suntornnond，2006）[17-18]、具有归类标签的作用（Balabanis 和 Diamantopoulos，2011；Tseng 和 Balabanis，2011）[9,19]，以及具有一定的象征意义。当消费者缺少产品相关的内部线索时，外部线索（价格、品牌和保修承诺）对产品评价的影响非常重要，而原产国信息就是一个非常重要的外部线索（Sharma，2011）[10]。归类理论的研究则认为，原产国是给产品进行分类的一个标签，原产国标签与其每一个类别成员存在包含关系，并且原产国标签会引起消费者对产品价格和服务等不同方面的联想和回忆。原产国信息也具有不同的象征意义，在发展中国家，消费者显示出了对外国品牌更强的偏好（Steenkamp 等，2003；Wang 等，2004）[20-21]，特别是对奢侈品品牌（Steenkamp 等，2003）[20]。在中国这个世界上最大的发展中国家，来自发达程度更高的国家的产品代表了身份、世界公民主义和现代性。通过总结这些研究可以发现，不同国家消费者的确会对原产国信息有不同的感知，而这种感知上的差异来源于对原产国属性感知上的差异。

三、不同国家（文化）下的消费者差异对原产国效应的影响

20 世纪前后的许多研究认为传统视角下消费者所具有的特征能够对原产国效应产生影响，这些特征除了年龄、性别、文化程度和种族等人口统计变量以外（Martín 和 Cerviño，2011；李东进等，2007；Bruning，1997）[22-24]，消费者所在的国家和国家文化上的差异也会显著影响原产国效应（Balabanis 等，2002；Cleveland 等，2009；Phau 等，2008）[25-27]。

以往研究也表明，消费者所处国家经济发展水平的差异会让消费者在选择来自国外的产品时有所差异：来自发达经济体的消费者会更喜欢本土品牌并抵制国外品牌（Netemeyer 等，1991）[28]，并且这些消费者会优先选择自己国家的产品，其次选择其他发达国家的产品，最后才是新兴和发展中国家的产品（Ahmed 等，2004）[29]；甚至来自发展中国家的消费者对他们国家的产品也持有较为负面的看法（Gao 和 Knight，2007）[30]；来自发展程度更高国家的产品代表了更高的社会地位，如世界公民主义、现代性、高质量和潮流趋势。Gurhan-Canli 和 Masheswaran（2000）[31] 认为，集体主义文化下的消费者会更倾向于本国产品，同时，种族中心主义文化下的消费者会更关注产品的原产国信息，因为购买进口产品在他们看来是不被国内社会接受和不爱国的行为（Balabanis 等，2001）[32]。因此，通过梳理经典原产国效应的文献，本文将这些研究概括为图 1 所示原产国效应研究的一般模型。

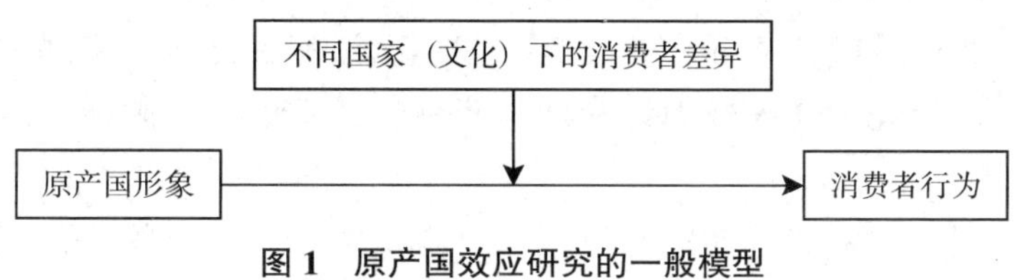

图 1 原产国效应研究的一般模型

四、不同层次原产国形象的原产国效应

自学者们开始关注原产国效应的问题以来，就有一些学者对原产国效应的存在性或重要性表示了质疑（Johansson 等，1985；Erickson 等，1984）[33,34]，这些质疑直到 21 世纪依然存在，并且多国的共同生产、全球品牌的出现以及在 WTO 规则下原产国标签的减少更是让原产国问题变得似乎不那么重要（Samiee，2010）[35]。Samiee 等（2005）[16] 以及 Balabanis 和 Diamantopoulos（2008）[36] 认为，之前的研究中假设原产国信息总是可得的（通过广告或其他信息传递的渠道获得，并储存在消费者的记忆里），然后消费者会使用这些储存在记忆中的信息去进行产品评价和购买决策。依据这个假设，传统的原产国研究通过实验刺激来使得原产国信息是可得的并让消费者根据这些信息线索来进行评价。但他们认为，在更一般的条件下，消费者并不能准确识别产品的原产国，大多数消费者还会通过品牌名称所使用的语言（Balabanis 和 Diamantopoulos，2008）[36] 或者价格（Brouthers 和 Xu，2002）[37] 来进行原产国的推断，因此只有消费者拥有了较高的原产国认知准确度，原产国信息在国际市场营销战略中的作用才是明显的，所以已有的原产国相关研究中，将原产国信息作为实验刺激告诉给被试是不符合实际情况的（Johnson 等，2002）[17]。这些质疑的观点也得到了更多学者研究的支持，Zhuang 等（2008）[38] 将消费者不能准确识别原产国并混淆品牌真正的原产国的现象称为品牌原产国混同，并发现当中国消费者错误地将本土品牌认为是国外品牌时，其品牌评价会有所改善；但是当消费者错误地将国外品牌认为是本土品牌时，消费者对该品牌的评价会降低，因此现在有许多中国本土品牌采用国外的名字来让消费者将本土品牌与国外原产国产生联系（Melnyk 等，2012）[39]。在原产国效应研究受到质疑之后，有学者则提出了不同观点，Magnusson 等（2011）[40] 认为，与其考察消费者对原产国识别的准确性来否定原产国效应的存在性或重要性，不如认为即使消费者所感知的原产国是错误的，消费者依然会根据感知到的错误原产国信息去进行产品评价，品牌原产国混同现象的存在以及消费者将本土品牌错认为国外品牌后所表现出的偏好恰恰是原产国效应依然存在的证据。如今，消费者处于信息爆炸的时代，使用原产国信息进行产品评价能够极大地降低消费者的认知能力，因此原产国信息依然是重要的。

在承认原产国信息依然重要的同时，不可否认的是，随着跨国公司在全球范围内分布价值链活动以及“杂交产品”的出现，“制造原产国”等概念的重要性已经显著下降了，因为对于消费者来说，产品在不同国家中进行生产的质量已经趋于一致，相对来说，品牌原产国已经逐渐成为产品中更为固定的信息，其重要性程度超过了一般情况下的原产国信息（Lim 和 O’Cass，2001；Samiee 等，2005）[16,41]，因此考察品牌原产

国的问题对于现实更有意义。学者们针对品牌原产国形象进行了不同角度的概念诠释：李东进等（2007）[23] 认为，品牌的原产国形象是指消费者通过一些代表性的因素形成对某品牌原产国的整体性的态度。Wang 和 Yang（2008）[42] 认为，品牌的原产国形象是消费者对来自特定国家的产品或品牌所持有的固有形象感知。对于品牌原产国形象，Sharma（2011）[10] 从信息加工的视角认为，消费者在评估产品时会参考其内部线索（如品味、设计或其他产品属性）和外部线索（如价格、品牌和保修单），因此在评价产品这样的情境之下，大部分学者采用了 Han（1988）[43] 的定义方式，即“原产国被看作是一个外在线索或无形的产品属性，尤其是在消费者缺乏有形属性信息的情况下进行推测时而使用”（Han，1989）[44]。

在品牌原产国形象维度的研究中，学者们也有不同的成果：Roth 和 Diamantopoulos（2009）[45] 基于态度理论，将原产国形象划分为三重维度概念，包括认知层面、情感层面和意动层面。还有学者提出，原产国形象的维度直接参考国家形象（Phau 等，2008）[46]，Wu（2011）[6] 将“国家形象”定义为：国家形象是消费者对某特定国家产品的整体感知，这基于消费者对国家产品和营销优势与劣势的先前感知，并认为这一定义更接近于消费者在评价产品时使用的工具。国家形象共分四个维度：创新（对于新技术和工程的使用）、设计（包装、风格、颜色和多样性）、声望（排他性、地位和品牌名称的声誉）和工艺（可靠性、耐用性、工艺和制造质量）。还有学者认为国家形象包括微观国家形象和宏观国家形象（Martin 和 Eroglu，1993；Agarwal 和 Sikri，1996）[47-48]。

结合 Pappu、Quester 和 Cooksey（2007）[7] 与李东进等（2007）[23] 对原产国形象层次的观点，本文将品牌原产国形象划分为宏观品牌原产国形象及微观品牌原产国形象。Pappu、Quester 和 Cooksey（2007）[7] 认为，国家/宏观层面的形象是个体对一个特定国家所持有的可描述的、可推断的信息总和，其中包含三个维度：经济维度、政治维度和技术维度。品牌原产国微观形象即产品层面的形象，它是个体对一个特定国家的产品所持有的印象，其中包含三个维度：创新、设计和声誉。Han（1988）[43] 曾经研究了原产国形象的 14 项指标，他认为最主要的五项指标为：技术水平、威望（知名度）、工艺水平、价格和适用性[44]。

命题一：品牌原产国形象是一个多层次概念，由宏观品牌原产国形象及微观品牌原产国形象构成。

五、感知风险在原产国效应中的中介作用

Han（1989）[44] 在经过大量的实证研究后指出，原产国信息对消费者行为的影响可以使用晕轮效应（Halo Effect）和汇总效应（Summary Effect）解释。晕轮效应是指，

当消费者对一个国家的产品不熟悉或掌握的信息很少时，原产国作为一个总括性的外部线索能减少消费者进行决策时所需的信息处理量并降低认知维度。Cote 等（2008）[49] 指出，消费者厌恶是晕轮效应的一种体现，只不过这种形象是一种负面形象，消费者对特定国家的厌恶情感会降低消费者对来自该国家产品的购买意愿。汇总效应是指，当消费者拥有来自某个国家产品的相关知识时，他们会从产品属性中抽象出该国的形象，进而影响消费者评价该国的其他产品，即消费者会运用已形成的与国家相关的产品联系去评价来自相同国家的类似产品（Swaminathan 等，2007）[50]；与其他产品类别相比，消费者抽象出来的原产国形象会对该国典型的产品产生更为显著的影响（Tseng 和 Balabanis，2011）[9]。

进一步研究发现，晕轮效应和汇总效应的形成本质源于消费者希望降低购买国外产品时所面对的感知风险：消费者会规避具有风险的情境，并且在一个特定情境中采取策略减少感知风险，当消费者只有很小的可能去预测自己的行为后果时，具有风险的情境就出现了。而消费者为了降低风险可能给自己带来的损失，则需要去搜索更多不同的信息。信息搜索就是伴随感知风险的一个重要过程，信息线索理论认为，信息搜寻的过程会因个人差异而不同。Bruning（1997）[24] 认为，消费者会使用原产国信息去推测产品和产品所拥有的属性，原产国信息具有作为外部信息线索的作用，“线索”是个人用来对刺激进行编码和分类的特征和维度（Schellinck，1983）[51]。相关的研究认为，线索包含两种类型，一是有形产品的内部线索（味道和重量等），二是产品外部线索（价格和品牌等）(Jacoby 等，1977）[52]，当产品的内部线索缺失或较难评价时，消费者会使用外部线索对产品进行评价。一些常见的外部线索包括保证、品牌声誉、零售商声誉和促销信息（Zhang，1996）[53]，也包括对国家形象的感知。外部线索对降低消费者的感知风险是非常重要的，特别是当消费者对产品的内部线索不确定时（Lim 和 Darley，1997；Thorelli 等，1989）[54-55]。

之前的研究常将价格、品牌或产品的原产国等外部线索当作一种风险获取信息（Aqueveque，2006）[56]，因此，消费者在购买过程中可能会依靠这些外部线索去降低他们对于不利结果发生的感知（Oberecker 和 Diamantopoulos，2011）[5]。从信息获取角度来看，信息获取可以被视为对产品信息的获取和对生产过程信息的获取，产品的内外部线索是消费者用以评估是否消费的准则。在搜寻内外部线索时，消费者对这些产品的知识不仅会影响到其搜索的行为，也会影响到其处理信息与制定决策的过程。信息获取确实会通过产品知识来影响消费者使用内外部线索，以评估购买产品的感知风险能力，因为知识能够降低风险与不确定性。

感知风险（Perceived Risk）的概念最初是由 Raymond Bauer 于 1960 年从心理学延伸出来的[67]。他认为，消费者的任何购买行为，都可能无法确知其预期结果是否正确，其中的某些结果可能令消费者不愉快。随后，大量的学者开始对其进行研究。在随后的研究中，我们将感知风险理解为同时对可能性和负面结果的评估，这构成了消费者行为中的一个重要的方面，即消费者在消费过程中经常趋向于规避风险而不是最大化效用。Cox（1967）将感知风险的概念予以具体化的说明，他认为，感知风险理论的基本假设在于消费者的行为是具有目标导向的，当消费者主观上不能确定何种消费最能满足其目标时，就产生了感知风险[68]。Cunningham（1967）进行了实证研究，他把感知风险分成不确定性和不利后果，前者主要指消费者对于某项事情是否发生，所具有的主观可能性；而后者主要指当事情发生后，所导致结果的危险性[69]。感知风险由两个因素组成，一是对购买结果优劣（是否能够满足购买目的）的不确定，二是对购买失败后果的不确定。Alden（1993）总结认为，一个国家如果具有显著的风险形象会使得消费者花费更多的时间去评价产品的表现。因此，一个具有高风险形象的国家对消费者的态度和评价会产生负面影响[57]。

命题二：品牌原产国的宏观/微观形象会影响消费者对来自该国家产品的感知风险，继而影响消费者购买来自该国家产品的意愿和行为。

六、世界公民主义对原产国效应的影响

在国际市场细分研究中，学者们认为，将一个国家内的消费者看作同一个文化整体并不符合现实，因为现实中同一国家内的消费者可能具有多种亚文化，国内消费者之间的差异可能会比国家间消费者的差异更大（Roth，1995；Hofstede 等，1999）[58-59]。另外，随着全球化的不断深入，消费者在接触到更多来自不同国家的优秀产品时也表现出了多样化需求，因此不同国家间的消费者也出现了许多共同的诉求（Hofstede 等，2002；Craig 和 Douglas，2006）[3-4]。在当前的世界环境中，许多研究都有跨越国界和传统文化维度的需要，全球化很好地促进了全球消费者文化的形成。与传统文化不同的是，消费文化具有抽象性更低、跨越国家文化和地理文化的特点（Cleveland 等，2009）[26]。受全球消费文化影响的消费者会通过购买国外产品或全球化产品来寻找其意义（Steenkamp 和 de Jong，2010）[60]。

在消费者细分的研究中，学者们逐渐发现，消费者特征可以成为国际企业划分细分市场的有效标准，国家特征并不是唯一的依据。消费者国际化导向的程度被认为是一个很有力的细分基础，因为这个特征带动了消费者的口味和偏好（Riefler、Diamantopoulos 和 Siguaw，2012）[61]。世界公民主义（Cosmopolitanism）是对自己文化背景的疏离和对其他文化习俗的开放程度，它早已被企业用作细分国际消费者市场的一个非常有力的基础和依据（Cannon 和 Yaprak，2002）[62]。先前的研究中对世界主义提供了三个不同视角：①道德和道义（Roudometof，2005）[63]；②一种态度；③一种倾向（Levy 等，2007）[64]。Riefler 等（2012）[61] 首先选取了更受赞同的第三个视角，即世界公民主义是一种持久的个人倾向，且并非一种情境性的特征，紧接着，当把世界公民主义放入消费者研究这个特殊的情境领域中时就产生了“消费者世界公民主义”的

概念。它将一个世界性的消费者描述为“一个具有开放态度的个体，他/她的消费取向超越任何特定的文化、地方或社区，并且能了解和尝试来自不同国家产品和服务的多样性”。

在消费者世界公民主义的划分标准下，消费者按其自身的本土化倾向和国际化消费倾向可被分为四种消费者群，分别是：①纯粹世界公民主义消费者，即拥有较高程度的消费者世界公民主义的同时，适度地依赖其本土文化；②本土化世界公民主义消费者，即既拥有较高程度的消费者世界公民主义，也拥有对本土文化较强的依赖；③适度依附倾向型消费者，即在两方面打分都较为适中的消费者；④异化倾向型消费者，这类消费者的取向并不是世界性的也不是本土化的，这些消费者在他们的消费倾向中避免文化因素的干扰，与 Alden 等（2006）[65] 研究中的公正型消费者类似。Riefler 和 Diamantopoulos（2012）[61] 认为，消费者对本国态度、对外国态度和对特定国家的态度都表现出明显的差异，这些差异让学者关注消费者偏好国内产品或是拒绝国外产品的原因。

Rawwas 等（1996）[66] 发现，具有全球思维的消费者会对来自国外的产品持有较低程度的偏见，这些消费者对购买国际产品本身就具有一定偏好，原产国信息对于这类消费者来说可能并不重要。Steenkamp 和 de Jong（2010）[60] 也认为，消费者对本土产品和全球化产品的态度可以作为划分世界性消费者的依据，其中，全球同质化消费者对本土化产品的态度较不积极，而对全球化产品表现积极。因为这类消费者本身对国外产品有一定偏好，他们对消费国外产品所带来的风险并不敏感。

Riefler 等（2012）[61] 将世界公民主义看作是一个多重维度的变量，并在对其进行界定后将世界消费者进行了划分，对全球消费文化的相关研究进行了梳理和统一。数据分析结果显示，影响消费者世界公民主义形成的有六大因素：消费者创新、风险规避、消费者 SNI（在其他关键个体中需要识别或加强个体形象的需求）、年龄、教育程度和国际经历。他们进一步认为，正是由于思维开放程度和对待多样性的积极倾向，世界性的消费者更倾向于在探索世界和产品时接受风险。因此，它们在消费者世界公民主义和风险规避之间产生负向影响的关系。而在这些研究的基础之上，传统的国家概念和文化概念并没有被完全舍弃。

命题三：消费者世界公民主义程度的差异使得品牌原产国形象对感知风险的降低作用具有差异。

七、原产国效应整合模型

通过梳理已有的研究，本文发现，原产国效应是指原产国的形象对消费者行为产生影响的整个过程，而这个过程会受到与消费者相关的诸多因素的影响。之前的许多研究将消费者以国家概念和传统宏观文化概念进行区分来研究消费者差异对原产国效应的影响（见图 1），但这种差异只体现在宏观文化层次上，即忽略了同一国家内消费者的差异性以及不同国家间消费者的相似性，这些问题的存在使得以往与消费者相关的研究多以概括性的事实为主，鲜有研究从统一的研究框架出发对不同国家（文化）下的消费者进行研究。与此同时，本文还发现，在以往研究对于消费者差异认识不足的情况下，对于不同国家和文化下的消费者来说，原产国形象对于感知风险的降低作用是普遍存在的，而降低感知风险的存在则可能成为构建统一分析框架的重要桥梁。

本文在进一步挖掘原产国形象对消费者行为的作用机制时发现，当购买来自国外的产品时，消费者会因产品使用上的缺失而面临相对较大的感知风险。根据感知风险理论，这会很大程度地降低消费者购买国外产品的可能性。这时，原产国形象作为一个非常重要的外部线索，对消费者感知风险的降低起着十分重要的作用。消费者对风险的偏好及降低感知风险方法选择上的差异势必会对原产国信息的使用有显著影响，而消费者在风险偏好上的差异则超越了传统国界和宏观文化的概念，这意味着将同一国家和文化内的消费者进行区分，并正视不同国家和文化间消费者的相似性。

在国际市场细分的研究中，消费者对国外产品偏好上的差异与感知风险偏好上的差异被抽象为了更一般的心理概念——消费者世界公民主义来进行测量，因此消费者世界公民主义成为原产国效应研究统一框架中进行消费者分类的重要变量。并且，消费者世界公民主义这一变量并没有完全独立于以往传统国家和文化概念下的消费者研究，传统的国家和文化变量将成为消费者世界公民主义的一个重要前置变量。综合感知风险在原产国效应中的中介作用以及消费者世界公民主义对原产国效应的影响，本文提出了一个用以研究原产国效应的整合模型（见图 2），该模型包含了上文提出的三个主要命题，有待在今后的研究中进行进一步验证。

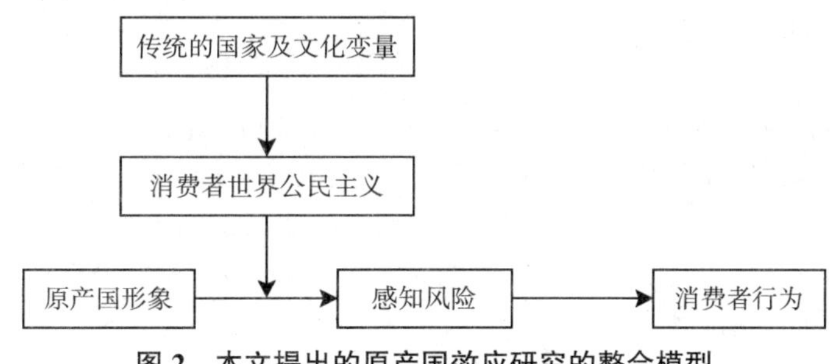

图 2 本文提出的原产国效应研究的整合模型

参考文献

[1] 盛亚军，包薇，孙丽辉. 国外原产国效应理论研究的新进展［J］. 当代经济研究，2014（6）：85-91.

[2] Schooler R. D. Product bias in the Central American common market［J］. Journal of Marketing Research，1965，2（4）：394-397.

[3] Hofstede F. T.，Wedel M.，Steenkamp J. E. Identifying spatial segments in international markets

[J]. Marketing Science, 2002, 21 (2): 160–177.

[4] Samuel Craig C., Douglas S. P. Beyond national culture: Implications of cultural dynamics for consumer research [J]. International Marketing Review, 2006, 23 (3): 322–342.

[5] Oberecker E. M., Diamantopoulos A. Consumers' emotional bonds with foreign countries: Does consumer affinity affect behavioral intentions? [J]. Journal of International Marketing, 2011, 19 (2): 45–72.

[6] Wu G. Country image, informational influence, collectivism/individualism, and brand loyalty: Exploring the automobile purchase patterns of Chinese Americans [J]. Journal of Consumer Marketing, 2011, 28 (3): 169–177.

[7] Pappu R., Quester P. G., Cooksey R. W. Country image and consumer–based brand equity: Relationships and implications for international marketing [J]. Journal of In ternational Business Studies, 2007, 38(5): 726–745.

[8] Phau I., Chao P., Michaelis M., et al. The effects of country of origin and corporate reputation on initial trust: An experimental evaluation of the perception of Polish consumers [J]. International Marketing Review, 2008, 25 (4): 404–422.

[9] Tseng T., Balabanis G. Explaining the product–specificity of country–of–origin effects [J]. International Marketing Review, 2011, 28 (6): 581–600.

[10] Sharma P. Country of origin effects in developed and emerging markets: Exploring the contrasting roles of materialism and value consciousness [J]. Journal of International Business Studies, 2011, 42 (2): 285–306.

[11] Funk C. A., Arthurs J. D., Treviño L. J., et al. Consumer animosity in the global value chain: The effect of international production shifts on willingness to purchase hybrid products [J]. Journal of International Business Studies, 2010, 41 (4): 639–651.

[12] Samiee S. Resolving the impasse regarding research on the origins of products and brands [J]. International Marketing Review, 2011, 28 (5): 473–485.

[13] Prendergast G. P., Tsang A. S. L., Chan C. N. W. The interactive influence of country of origin of brand and product involvement on purchase intention [J]. Journal of Consumer Marketing, 2010, 27 (2): 180–188.

[14] Zolfagharian M., Saldivar R., Sun Q. Ethnocentrism and country of origin effects among immigrant consumers [J]. Journal of Consumer Marketing, 2014, 31 (1): 68–84.

[15] Fetscherin M., Toncar M. The effects of the country of brand and the country of manufacturing of automobiles: An experimental study of consumers' brand personality perceptions [J]. International Marketing Review, 2010, 27 (2): 164–178.

[16] Samiee S., Shimp T. A., Sharma S. Brand origin recognition accuracy: Its antecedents and consumers' cognitive limitations [J]. Journal of international Business studies, 2005, 36 (4): 379–397.

[17] Johnson J. P., Chew P. L., Tan W. F., et al. Country–of–origin and brand effects on consumers' evaluations of cruise lines [J]. International Marketing Review, 2002, 19 (2): 279–302.

[18] Phau I., Suntornnond V. Dimensions of consumer knowledge and its impacts on country of origin effects among Australian consumers: A case of fast–consuming product[J]. Journal of Consumer Marketing, 2006, 23 (1): 34–42.

[19] Balabanis G., Diamantopoulos A. Gains and losses from the misperception of brand origin: The

role of brand strength and country-of-origin image [J]. Journal of International Marketing, 2011, 19 (2): 95-116.

[20] Steenkamp J. E., Batra R., Alden D. L. How perceived brand globalness creates brand value [J]. Journal of International Business Studies, 2003, 34 (1): 53-65.

[21] Wang C., Siu N. Y., Hui A. S. Consumer decision-making styles on domestic and imported brand clothing [J]. European Journal of Marketing, 2004, 38 (1/2): 239-252.

[22] Martín Martín O., Cerviño J. Towards an integrative framework of brand country of origin recognition determinants: A cross-classified hierarchical model [J]. International Marketing Review, 2011, 28 (6): 530-558.

[23] 李东进，董俊青，周荣海. 地区形象与消费者产品评价关系研究——以上海和郑州为例 [J]. 南开管理评论，2007，10 (2)：60-68.

[24] Bruning E. R. Country of origin, national loyalty and product choice: The case of international air travel [J]. International Marketing Review, 1997, 14 (1): 59-74.

[25] Balabanis G., Mueller R., Melewar T. C. The human values' lenses of country of origin images [J]. International Marketing Review, 2002, 19 (6): 582-610.

[26] Cleveland M., Laroche M., Papadopoulos N. Cosmopolitanism, consumer ethnocentrism, and materialism: An eight-country study of antecedents and outcomes [J]. Journal of International Marketing, 2009, 17 (1): 116-146.

[27] Phau I., Chao P., D'Astous A., et al. Product-country images in the arts: A multi-country study[J]. International Marketing Review, 2008, 25 (4): 379-403.

[28] Netemeyer R. G., Durvasula S., Lichtenstein D. R. A cross-national assessment of the reliability and validity of the CETSCALE [J]. Journal of Marketing Research, 1991, 28 (3): 320-327.

[29] Ahmed Z. U., Johnson J. P., Yang X., et al. Does country of origin matter for low-involvement products? [J]. International Marketing Review, 2004, 21 (1): 102-120.

[30] Gao H., Knight J. Pioneering advantage and product-country image: Evidence from an exploratory study in China [J]. Journal of Marketing Management, 2007, 23 (3-4): 367-385.

[31] Gurhan-Canli Z., Maheswaran D. Determinants of country-of-origin evaluations [J]. Journal of Consumer Research, 2000, 27 (1): 96-108.

[32] Balabanis G., Diamantopoulos A., Mueller R. D., et al. The impact of nationalism, patriotism and internationalism on consumer ethnocentric tendencies [J]. Journal of International Business Studies, 2001, 32 (1): 157-175.

[33] Johansson J. K., Douglas S. P., Nonaka I. Assessing the impact of country of origin on product evaluations: A new methodological perspective [J]. Journal of Marketing Research, 1985, 22(4): 388-396.

[34] Erickson G. M., Johansson J. K., Chao P. Image variables in multi-attribute product evaluations: Country-of-origin effects [J]. Journal of Consumer Research, 1984, 11 (2): 694-699.

[35] Samiee S. Advancing the country image construct—a commentary essay [J]. Journal of Business Research, 2010, 63 (4): 442-445.

[36] Balabanis G., Diamantopoulos A. Brand origin identification by consumers: A classification perspective [J]. Journal of International Marketing, 2008, 16 (1): 39-71.

[37] Brouthers L. E., Xu K. Product stereotypes, strategy and performance satisfaction: The case of

Chinese exporters [J]. Journal of International Business Studies, 2002, 33 (4): 657-677.

[38] Zhuang G., Wang X., Zhou L., et al. Asymmetric effects of brand origin confusion[J]. International Marketing Review, 2008, 25 (4): 441-457.

[39] Melnyk V., Klein K., Völckner F. The double-edged sword of foreign brand names for companies from emerging countries [J]. Journal of Marketing, 2012, 76 (6): 21-37.

[40] Magnusson P., Westjohn S. A., Zdravkovic S. "What? I thought Samsung was Japanese": Accurate or not, perceived country of origin matters [J]. International Marketing Review, 2011, 28 (5): 454-472.

[41] Lim K., O'Cass A. Consumer brand classifications: An assessment of culture-of-origin versus country-of-origin [J]. Journal of Product & Brand Management, 2001, 10 (2): 120-136.

[42] Wang X., Yang Z. Does country-of-origin matter in the relationship between brand personality and purchase intention in emerging economies? [J]. International Marketing Review, 2008, 25 (4): 458-474.

[43] Han C. M., Terpstra V. Country-of-origin effects for uni-national and bi-national products [J]. Journal of International Business Studies, 1988, 19 (2): 235-255.

[44] Han C. M. Country image: Halo or summary construct? [J]. Journal of Marketing Research, 1989, 26 (2): 222-229.

[45] Roth K. P., Diamantopoulos A. Advancing the country image construct[J]. Journal of Business Research, 2009, 62 (7): 726-740.

[46] Phau I., Chao P., Wang X., et al. Does country-of-origin matter in the relationship between brand personality and purchase intention in emerging economies? Evidence from China's auto industry[J]. International Marketing Review, 2008, 25 (4): 458-474.

[47] Martin I. M., Eroglu S. Measuring a multi-dimensional construct: Country image [J]. Journal of Business Research, 1993, 28 (3): 191-210.

[48] Agarwal S., Sikri S. Country image: Consumer evaluation of product category extensions [J]. International Marketing Review, 1996, 13 (4): 23-39.

[49] Leong S. M., Cote J. A., Ang S. H., et al. Understanding consumer animosity in an international crisis: Nature, antecedents, and consequences [J]. Journal of International Business Studies, 2008, 39 (6): 996-1009.

[50] Swaminathan V., Page K. L., Gürhan-Canli Z. "My" brand or "our" brand: The effects of brand relationship dimensions and self-construal on brand evaluations [J]. Journal of Consumer Research, 2007, 34 (2): 248-259.

[51] Schellinck D. A. T. Cue choice as a function of time pressure and perceived risk [J]. Advances in Consumer Research, 1983, 4 (10): 470-475.

[52] Jacoby J., Szybillo G. J., Busato-Schach J. Information acquisition behavior in brand choice situations [J]. Journal of Consumer Research, 1977, 3 (4): 209-216.

[53] Zhang Y. Country-of-origin effect: The moderating function of individual difference in information processing [J]. International Marketing Review, 1997, 14 (4): 266-287.

[54] Lim J., Darley W. K. An assessment of demand artefacts in country-of-origin studies using three alternative approaches [J]. International Marketing Review, 1997, 14 (4): 201-217.

[55] Thorelli H. B., Lim J., Ye J. Relative importance of country of origin, warranty, and retail store image on product evaluations [J]. International Marketing Review, 1989, 6 (1): 35-46.

[56] Aqueveque C. Extrinsic cues and perceived risk: The influence of consumption situation [J]. Journal of Consumer Marketing, 2006, 23 (5): 237-247.

[57] Alden D. L. Product trial and country-of-origin: An analysis of perceived risk effects [J]. Journal of International Consumer Marketing, 1993, 6 (1): 7-26.

[58] Roth M. S. The effects of culture and socioeconomics on the performance of global brand image strategies [J]. Journal of Marketing Research, 1995, 32 (2): 163-175.

[59] Hofstede F. T., Steenkamp J. E., Wedel M. International market segmentation based on consumer-product relations [J]. Journal of Marketing Research, 1999, 36 (1): 1-17.

[60] Steenkamp J. E., de Jong M. G. A global investigation into the constellation of consumer attitudes toward global and local products [J]. Journal of Marketing, 2010, 74 (6): 18-40.

[61] Riefler P., Diamantopoulos A., Siguaw J. A. Cosmopolitan consumers as a target group for segmentation [J]. Journal of International Business Studies, 2012, 43 (3): 285-305.

[62] Cannon H. M., Yaprak A. Will the real-world citizen please stand up! The many faces of cosmopolitan consumer behavior [J]. Journal of International Marketing, 2002, 10 (4): 30-52.

[63] Roudometof V. Transnationalism, cosmopolitanism and glocalization [J]. Current sociology, 2005, 53 (1): 113-135.

[64] Levy O., Beechler S., Taylor S., et al. What we talk about when we talk about "global mindset": Managerial cognition in multinational corporations [J]. Journal of International Business Studies, 2007, 38(2): 231-258.

[65] Alden D. L., Steenkamp J. E., Batra R. Consumer attitudes toward marketplace globalization: Structure, antecedents and consequences [J]. International Journal of Research in Marketing, 2006, 23 (3): 227-239.

[66] Rawwas M. Y., Rajendran K. N., Wuehrer G. A. The influence of worldmindedness and nationalism on consumer evaluation of domestic and foreign products [J]. International Marketing Review, 1996, 13 (2): 20-38.

[67] Bauer R. A. Consumer behavior as risk taking [J]. Dynamic marketing for a changing world, 1960: 398.

[68] Cox D. F. Risk handling in consumer behavior—an intensive study of two cases [J]. Risk Taking and Information Handling in Consumer Behavior, 1967: 34-81.

[69] Cunningham S. M. The major dimensions of perccived risk [J]. Risk Taking and Information Handling in Cosumer Behavior, 1967 (1): 82-111.

好听就想买？电话销售员的声音吸引力对消费者认识、行为的影响

作者：王晶晶；指导老师：王毅

内容摘要：近年来电话营销蓬勃发展，如何提高电话营销的效果是亟待研究的问题。以往研究重点关注电话销售员的个人素质、胜任力等方面，而本文将结合声学相关理论知识，从电话销售员的声音吸引力角度切入，研究在电话销售环境下，声音吸引力的影响因素、消费者认知、消费者行为之间的关系，同时结合声音吸引力相关理论，提出了研究构想，具体包括：具有更高基频的声音被评价为更具有吸引力；较低的共振峰值的声音被认为更具有吸引力；语音音强适中的声音更具有吸引力；语速较慢的声音被认为更加具有吸引力；有吸引力的销售员的声音能使消费者对销售员产生积极的人际印象，进而认为产品较好；消费者对电话销售员以及产品印象的积极认知能诱导一定的购买行为。上述研究进一步丰富了对电话销售员、声音吸引力、消费者行为三个领域的研究，同时研究结论为企业更好地进行电话营销提供了一定的理论指导。

关键词：电话销售；声音吸引力；消费者认知；消费者行为

一、问题的提出

当下电话直销、电视直销和节目销售行业逐渐升温，出现了一大批增长强劲的商家，而电话销售有着庞大的用户基础，正等待挖掘。很多大小公司也都争相进入到电话销售这个行业。

电话营销是指利用电话、传真等通信技术，来实现有计划、有组织，并且高效率地扩大顾客群、提高顾客满意度、维护顾客等市场行为的手法。从战略和发展角度上说，电话营销是基于客户关系管理（CRM）的，电话营销是客户关系管理中营销自动化的重要组成部分。从实施手段角度看，电话营销是基于呼叫中心（Call Center）的。

电话销售人员是以电话为媒介的销售群体，其有销售人员的普遍特性，Alexander（1960）曾经谈到，销售人员的工作是协助或说服销售者购买商品，然后随着社会发展，时代变迁，销售行为也日益复杂和专业化。Alessandra 和 Wezler（1975）对比了传

统的销售行为和现代销售行为，结果表明，销售人员要持续不断地满足买卖双方的需求，在营销过程中，需要确定自己的细分市场，并根据客户的需求提供信息和服务，并做好售前售后服务，以确保能长期满足客户的需求，减少双方的障碍（Pederson 和 Weitz，1984）。

营销 4P 理论中关于人的研究显示，人才是电话最核心的因素。对于电话销售而言，基层的电话销售人员是电话营销体系中最核心的部分，其质量直接决定着电话营销的作用效果（肖宇，2011）。目前关于 TSR 的研究主要集中在 TSR 个人素质和工作胜任力方面。

每一种营销方式的效果都是有限的，不可能使所有消费者都接受，直销、电话营销、面对面销售均不例外，而电话销售的作用就是帮助企业快速地将能够接受这种营销模式的人找出来。但是，从消费端来看，有相当比例的人已经习惯接受这种营销方式，所以如何才能吸引消费者注意，提高电话销售的销量是当前需要解决的问题。

研究表明，人们的各个感官对外界的感知程度是不同的，视觉最敏感，听觉次之。而在电话销售环境中消费者接触到的只有销售员的声音，即听觉因素，因此如何调解、改善销售员的声音，使得接电话的消费者更加放松，更加愿意接受产品宣传信息是需要考虑的问题。而且，目前针对电话销售员的研究仅仅停留在个人素质、胜任力方面，针对电话销售员声音的研究寥寥无几。为弥补这一理论空缺，本文主要研究两个问题，即电话销售环境中销售员的何种声音更能吸引消费者，这种具有吸引力的声音会对消费者的认知、行为产生什么影响。

二、研究现状

（一）声音吸引力概念

1. 有吸引力的声音和声音吸引力

我们知道，不同的人对同一个声音的认知可能不同，那如何确定一个声音是否具有吸引力呢？Zuckerman 在研究中指出，吸引力是以判断者能够对声音的判断达成一致意见为基础的，即多数人认为该声音具有吸引力，该声音才具有吸引力。这里我们引入一个数学工具，通过测量评分者间信度可以对大家意见的一致性进行度量，评分者间信度越高，大家对该声音认知的一致性越高，大家对该声音的一致性判断（具有还是不具有吸引力）就反映了对该声音吸引力水平的真实判断。

Zuckerman、Hodgins 和 Miyake（1990）研究表明，被试能够就一个声音是否具有吸引力达成一致意见（评分者间信度为 0.85），进一步证明有吸引力的声音是存在的，即如果一个声音被多数人评价为具有吸引力，我们就认为该声音具有吸引力。

2. 音质与声音吸引力

一般来讲，我们评价一个声音的好坏主要指的是该声音的音质，所谓音质，即声音的质量，是对声音进行评价的一个重要维度。

音质可以通过两种方法测量，分别为主观方法和客观方法。主观测量是通过人对声音的主观认知、评价，就是我们通常说的该声音好听与否（Scherer，1974，1978）；客观测量是通过对声音的各种参数进行评价，以测量声音的质量。Miron Zuckerman 和 Kunitate Miyake（1993）研究表明，相比于音质的客观评价法，音质的主观评价法能够更好地解释声音吸引力。当声音吸引力被通过主观和客观两种方法做回归时，最终的回归方程包括 8 种主观方法中的变量，这些解释了吸引力得分中 74%的方差。同时发现，无论有无声音吸引力的贡献，音质的测量方法都解释有利的个性印象中的方差。因此，吸引力是声音的一个重要的维度，但是并不能涵盖音质的所有方面。

3. 两性吸引力与声音吸引力

最初的研究认为，声音的吸引力只存在于针对异性个体的声音的认知中，一种普遍的看法是，有吸引力的声音是能对潜在配偶传递令人满意属性的信号的声音（SM Hughes），其认为，能够令异性感知到发声者的声音有魅力的声音是有吸引力的声音。关于两性声音吸引力的研究也很多，这些研究主要认为两性声音吸引力能够知道人们的“配偶选择”。

后来的学者没有刻意强调异性声音的吸引力，而是将其一般化，将研究对象更一般化，涵盖不同性别、不同年龄，即研究人与人之间在人际交往中声音的吸引力。本文所指的是这种一般化的声音吸引力，不仅涵盖针对异性的吸引力，还包括同性间吸引力，更具体的说是人与人之间人际交往中的吸引力。

（二）声音吸引力测量——吸引力评价量表

根据声音吸引力的定义，我们测量不同被试对声音样本判断的评分者间信度，进而确定该声音的吸引力水平。通过表评分法（Zuckerman 等，1990），我们可以很好地测量评分者间信度，进而得出该声音吸引力的测量。

吸引力评价量表是一个李克特量表，分为七点、五点等，可以根据研究需要选择需要的维度。

七点的吸引力评价量表，将吸引力水平分为七个等级，分别用–3、–2、–1、0、1、2、3 表示，其中–3 代表非常不具有吸引力，3 代表非常具有吸引力（见图 1）。受试者就听到的声音进行评价。最终的评分是所有判断者评分的平均值，这样就为每个声音样本确定了一个吸引力得分，要求评分者间差异尽量大。

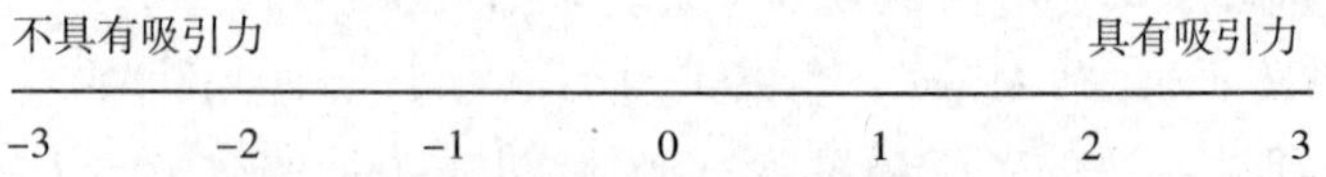

不具有吸引力　　　　　　　　　　　　　　　　　具有吸引力

–3　　–2　　–1　　0　　1　　2　　3

图 1　7 点吸引力评价量表

吸引力评价量表也可以使用五点量表（Bhat Jayashree S.，2001），即将吸引力的态度判断分为五个等级，分别用-2、-1、0、1、2 表示，其中-2 代表非常不具有吸引力，2 代表非常具有吸引力（见图 2），具体使用方法与七点量表相同。五点量表的主要优点是操作简单，同时测量的结果相对准确，现实中我们一般用五点的吸引力评价量表。

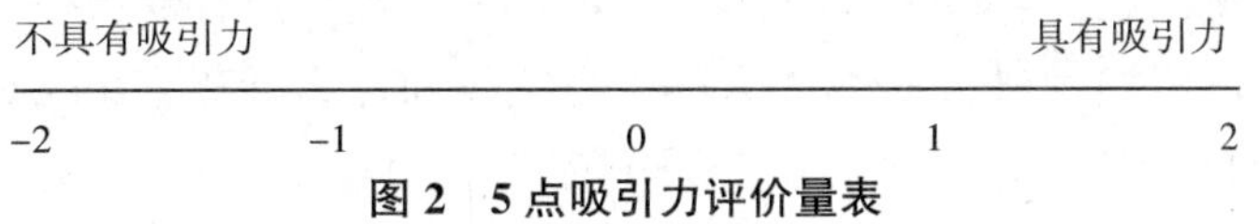

图 2　5 点吸引力评价量表

（三）声音吸引力的产生和作用机制

1. 声音吸引力的影响因素

目前的研究表明，影响声音吸引力的因素主要有语音的物理属性、语音的社会属性——语义、语音的时序属性等。

（1）语音的物理属性。研究表明，声音的基频（Fundamental Frequency，Fo）、共振峰分布（Formant Dis persion，Df）、音强（Intensity）以及时长（Duration）这四种语音的基本物理属性与吸引力评价是相关的。基频作为声音的关键参数之一，其声学感知就是我们平时所说的音调，一个周期性复合音的基频 F，等于组成它的所有分音频率的最大公约数，它是对这种复合音音高感觉的基础（吴宗济和林茂灿，1989）。更低的男性声音通常被评价为更加具有吸引力（Hollien 等，1994；Puts，2005），这样的声音也被称为“男性声音”，这可能是因为更低的 Fo 预示着睾丸素含量水平更高。

Feinberg 在 2008 年对共振峰分布（Df）进行了定义，共振峰分布是共振峰之间平均距离的度量（Feinberg 等，2008；Fitch 和 Giedd，1999）。对于男性而言，较低的 Df 值被认为更加具有控制力（Puts 等，2007；Wo1ff 和 Puts，2010）。此外，研究表明，Df 与对体型大小、男性气质（女性气质）以及年龄的评价之间具有关联性（Feinberg 等，2005），而这些特征将直接影响对吸引力水平的评价。

语音音强以及时长，通常被当作以自由文本为语音材料的研究指标（Puts，2005；Bliss-Moreau、Owren 和 Barren，2010），它们更能通过影响情绪表达，从而影响人们对吸引力的判断（Banse 和 Scherer，1996）。

（2）语音的社会属性——语义。众所周知，“说话中听”能增加个人魅力。的确，除了物理属性，言语本身所承载的社会意义同样会影响我们对其吸引力的评价，其中主要指语义。已经有研究证实了语义是影响言语吸引力的因素之一（Bliss、Owren 和 Barren，2010）。一般的声音实验中我们只关注了语音物理属性对吸引力的影响，主要是因为对语义的研究相对困难。但是尽管采用控制的方法能更加直接地说明声音对言语吸引力的贡献，但这种控制往往忽视了语义在其中的影响。

有关研究表明，基频和共振峰并不能预测以汉语作为刺激材料的吸引力评价。对言语社会属性的分析表明，相比于语义，声音本身的吸引力水平对言语吸引力评定影响更加显著（周爱保等，2014）。

（3）语音的时序属性。声音吸引力的研究中声音样本的持续时间往往是被忽视的一个因素。此外，声音刺激物的类型从一个单个的元音变化到复杂的句子。这个实验的目的是调查刺激的持续时间（非操纵与归一化）和刺激物的类型（元音与词）对声音吸引力认知的影响。C. Ferdenzi 等（2013）对样本出现在三种状况——非操纵、缩短、延长时间下声音的吸引力进行研究，实验中持续时间操纵通过在 Praat 中使用音调的同步重叠和添加（PSOLA）算法来实现。研究表明，相较于元音，单词长度的声音样本在对异性方面更具有吸引力。持续时间方面，非操纵声音样本的持续时间并不能预测感知到的吸引力。另外，持续时间操纵可改变对延长的条件感知到的吸引力。

尤其是作为一个修改部分的函数（尤其是对单词，与元音相比）吸引力呈线性下降（Ferdenzi 等，2013）。对刺激物类型、样本持续时间的研究目前只有一篇，该研究采用 PSOLA 算法对持续时间进行控制，实际上 PSOLA 算法相比于加长更偏向于缩短持续时间。如果可能的话，要限制持续时间的操作，例如，可以通过标准化的平均样本持续时间，即 PSOLA 算法实现语音样本标准化。

2. 声音吸引力对人际印象影响——声音吸引力的刻板印象

外貌吸引力刻板印象说明了视觉效果对人际印象的影响。大量研究表明，相比具有低外貌吸引力的人，拥有高外貌吸引力的人会诱导出更有利的人际印象（Berscheid 和 Walster，1974；Hatfield 和 Sprecher，1986）。由于印象的产生不仅依赖于视觉，而且依赖于听觉线索，所以，可能吸引力的刻板印象不仅存在于视觉现象，而且存在于听觉现象（Zuckerman 和 Driver，1989）。为了论证声音吸引力的刻板印象的存在，首先要说明的是被试能够对声音的吸引力以及声音吸引力对人格印象影响的认知达成一致意见，即确实是存在具有吸引力的声音的，其次要证明不同吸引力的声音能诱发出相对固定的人际印象。

（四）对以往研究的评述

以往针对声音吸引力的研究着眼于普适理论，主要涉及五个方面：①声音吸引力定义，目前没有普遍认同的定义，本文所指的是这种一般化的声音吸引力，是人与人之间人际交往中的吸引力。②影响声音吸引力的因素，涉及四个维度，分别为声音的物理属性、社会属性、时序属性以及性别差异。③声音吸引力对人际认知的影响，包括声音吸引力的刻板印象，即更加具有吸引力的声音会使得被试对发声对象产生更加有利的人际印象（Miron Zuckerman 和 Robert E. Driver，1989）。④声音吸引力不同影响因素对人际认知不同维度的影响。Alessandro Vinciarelli 等研究表明，影响声音吸引力四个维度对人际认知五个维度的影响是不同的，如对于外向型的人格认知由音节和元音的长度主导，而对于尽责型人格的认知，频率高低是影响它的主导因素。⑤何种声音具有吸引力。不同学者在研究时由于选取变量不同得出的结论有所不同，但同时考虑五个维度的研究还并没有，故究竟何种声音具有吸引力并没有一致的结论。

同时，目前还没有针对特定环境下声音吸引力的研究，更多研究的实验环境为播音环境，而针对销售特别是电话销售这一特定环境下声音的吸引力研究国内外都还未涉及，因此这是我们研究很好的切入点。

此外，声音吸引力对人际印象认知、诱导的行为方面，Addington（1968）研究表明，发声对象声音中的变量会对观察者的印象产生影响，同时指出了不同的影响。此外，认知行为理论指出，适当的刺激会导致一定认知进而激发出自动化的、无中介的行为模式（Bargh J.A.，Chen M.，Burrows L.，1996）。所以，我们可以大胆设想不同吸引力的声音引发的不同的人际印象认知也会影响听者的行为，而这种行为在交流的早期通常是无意识的。如果巧妙利用这种认知与行为，可以达到提高品牌忠诚度、促进销售等效果。可见，研究电话销售员的声音吸引力对消费者认识、行为的影响有着重大意义。

三、研究构想

本文的研究构想如图 3 所示。

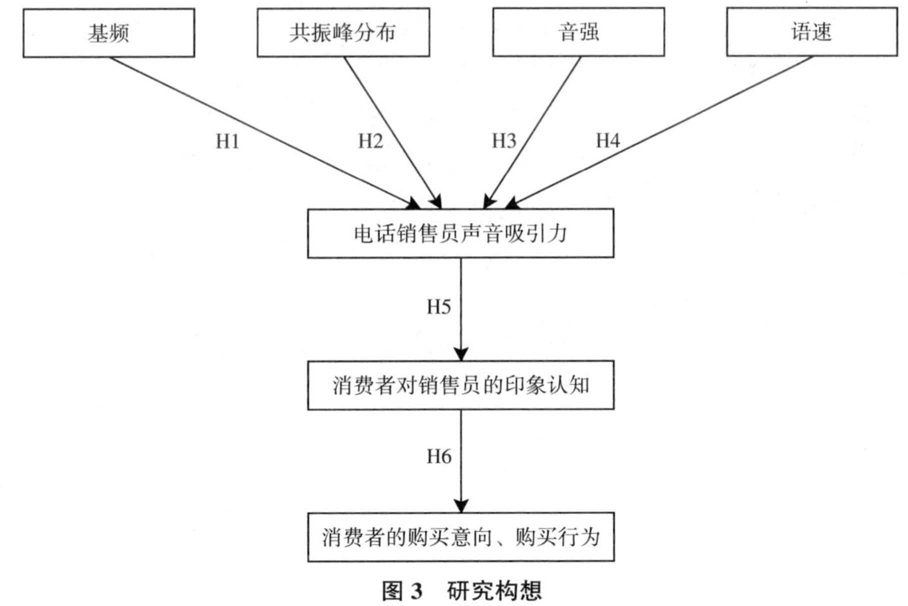

图 3　研究构想

（一）理论推导

基频指的是喉中声带的震动率，这一现象的认知表象即音调。心理学（Bond、Welkowitz、Goldschmidt 和 Wattenberg，1987）和语言学（Bonwn、Strong 和 Rencher，

1973）中的大量研究表明，总的来说，人们对低频声音的评价要好于高频声音。对电话市场研究访问员的研究表明，声音基频较高（即音调较高）的访问员成功率更高，在请求消费者参与调查的过程中更少遭到拒绝（Oksenberg、Coleman 和 Cannell，1986；Sharf 和 Lehman，1984）。我们注意到，在该研究中使用了女性声音，而心理学和语言学的研究中使用的是男性声音。考虑到电话销售员主要以女性为主，故我们假设在电话销售环境中有：

H1：具有更高基频的声音被评价为更加具有吸引力。

拥有较低的共振峰值的男性声音被认为更加具有控制力（Puts 等，2007；Wolff 和 Puts，2010）。Feinberg 等在 2005 年的研究中表明，共振峰与体型大小、男性气质以及年龄的评价具有相关性，而这些特征直接影响对吸引力的评价。比如，较低的共振峰的声音往往导致对发声对象的评价是较年轻或体型较均匀，而这种特征通常被认为是具有吸引力的，因此假设：

H2：较低的共振峰值的声音被认为更加具有吸引力。

语音音强以及时长，通常被当作以自由文本为语音材料的研究指标（Puts，2005；Bliss-Moreau、Owren 和 Barren，2010），语音音强以及时长能通过影响情绪表达，进而影响人们对说话者吸引力的判断（Banse 和 Scherer，1996）。但生活中我们不难发现，较低音强的声音被认为是缺乏自信的，而较高音强声音能增加自信。Miron Zuckerman 和 Kunitate Miyake 研究表明，更响亮（线性响度相关系数是 0.18）并且响度适中（曲线响度相关系数是-0.16）的声音被认为是更有吸引力的。

H3：语音音强适中的声音更具有吸引力。

一些研究发现，听众认为，语速快的人能力更高，更让人信服（Miller、Maruyama、Beaber 和 Valone，1976；Pearce 和 Conklin，1971；Smith、Brown、Strong 和 Rencher，1975）；语速快的演讲似乎也令听众认为发言人更聪明、更博学、更客观（Miller 等，1975），并且更真实、更流利、更仁慈、更严肃、更具有说服力。詹姆斯、麦克拉克伦发现，人们喜欢比正常语速略快的语速。他们指出，较快的语速不仅能增加人们的好感，还能让听众更加关注广告信息的处理。在电话销售环境下，我们假设：

H4：较低的语速的声音被认为更加具有吸引力。

关于声音刻板印象的研究中，被试倾向于对声音的判断达成一致意见，并且他们能够对从声音中推断出来的发声者的人格特质达成一致意见（Addington，1968；Kramer，1964；Scherer，1979a）。此外，被试也能够在从声音中推断出的情感方面达成一致意见（Scherer 和 Oshinsky，1977；Scherer，1986），他们也能就一些与多样声音有关的声学特征达成一致意见（Scherer，1974）。研究表明，发声对象的各种声音参数与观察者对发声对象产生的个人印象之间有强烈的相关性（Aronovitch，1976）。同时，Miron Zuckerman 和 Robert E. Driver 通过实验进一步证实了声音刻板印象确实是存在的，即更加具有吸引力的声音会使得被试对发声对象产生更加有利的人际印象。

H5：有吸引力的销售员的声音能使消费者对销售员产生积极的人际印象，进而认为产品较好。

社会认知理论表明人们对以前不了解的事物的认知过程是无意识的、自动化的，并且这种认知会对我们的行为及对他人的态度产生重要影响，特别是在零度熟悉的环境中或者是在交往的早期阶段（Uleman J.S.、Newman L.S.和 Moskowitz G.B.，1996；Uleman J.S.、Saribay S.A.和 Gonzalez C.M.，2008）。后来有学者对这个现象进行了解释，其作用机制是"认知行为理论"（Dijksterhuis A.和 Bargh J.A.，2001）。认知行为理论表明，适当的刺激会导致一定认知进而激发出自动化的、无中介的行为模式，这些刺激包括语言信息、非语言线索、环境特征等。又有学者对非语言的线索（如面部表情、说话方式等）引发的认知行为尽心研究，研究表明这种机制确实存在（Bargh J.A.、Chen M.和 Burrows L.，1996；Bargh J.A.和 Williams E.L.，2006）。所以，不同吸引力的声音引发的不同的人际印象认知也会影响听者的行为，而这种行为在交流的早期通常是无意识的。我们可以巧妙地利用这种无意识的行为，通过影响声音吸引力的变量刺激被试者，引发一系列认知，并诱导出无意识的、自动化的行为。

H6：消费者对电话销售员以及产品印象的积极的认知能诱导一定的购买行为。

（二）相关测量法

1. 影响因素测量

The DSP Sona-Graph Model 5500 是一个信号分析工作站，从事着对记录的声音的声谱中一些特征的测量。这些特征是与三个声学参数相关的：基频（Fo）振幅和每个记录片段中讲话与停顿的持续时间。对于每个参数，变量的计算可以分成两类：一类是平均值（对于停顿这个参数，平均停顿和所有停顿之和都被计算，因为它们反映讲话停顿的不同方面）；另一类由与幅度有关的变量组成，包括参数的最大值、最小值、方差。

The DSP Sona-Graph Model 5500 从 60 毫秒的时间间隔得到的讲话信号的声谱中估计 Fo，推导出的得分在 78HZ 到 350HZ 之间变化（78HZ 以下的得分不能被人类所识别）。对于每一个片段，Fo 每 230~270 毫秒被记录一次。这使得对于每个刺激的声音，平均产生了 n 个数据点。对于每个片段的平均 Fo 的计算是忽略了非声音的部分的，得分低于 78HZ。除了平均 Fo，我们还计算了每个片段的方差和 Fo 最大值（没有计算基频最小值是因为当低于 78HZ 时，人类将不能识别）。

振幅的测量和变量的计算方法同基频是一样的，计算了 4 个与振幅相关的分数，分别为平均值、方差、最大振幅、最小振幅。最后我们计算了 5 个与片段的停顿和讲话部分相关的分数，确定延长超过 250 毫秒的非语音停顿的数目和持续时间。从这些数据中提炼出了 4 个与停顿相关的变量：总停顿（所有停顿时间之和）、平均停顿（总停顿时间除以停顿数量）、最大停顿时间、停顿的方差。第五个变量是片段的总时长（由于单词数量是恒定的，时长越长，语速越慢）。

2. 主观测量

GVPS 量表可以用来对从富有情感的演讲中录音片段中感知到的八种声音特征进行评估，这八种特征已被证明语音特征提供可靠的评估，并有助于区分在讲话中表达的和感知的情感。具体做法是让没有培训过的被试对 12 个形容词组成的量表进行评分。为了最大化 12 个维度的独立性，每个组中的判断者仅就量表中的一个度进行评分（van Bezooijen，1984，1986）。

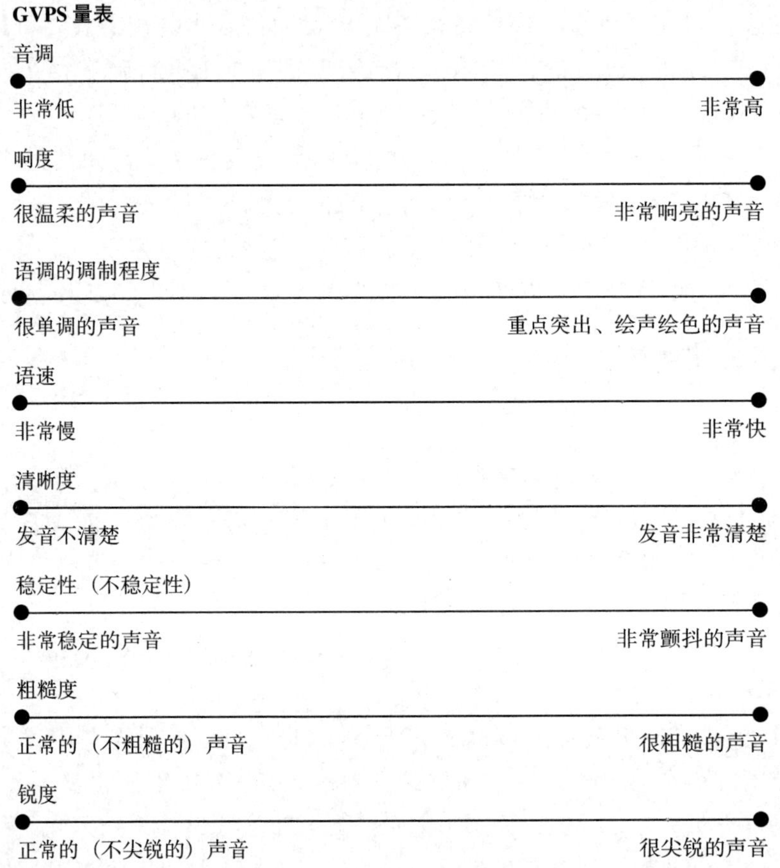

3. 声音吸引力测量

根据声音吸引力的定义，我们测量不同被试对声音样本判断的评分者间信度，进而确定该声音的吸引力水平。通过表评分法（Zuckerman 等，1990），我们可以很好地测量评分者间信度，进而得出该声音吸引力的测量。

吸引力评价量表是一个李克特量表，分为七点、五点等，可以根据研究需要选择维度。

七点的吸引力评价量表将吸引力水平分为七个等级，分别用-3、-2、-1、0、1、2、3 表示，其中-3 代表非常不具有吸引力，3 代表非常具有吸引力（见图 4）。受试者就听到的声音进行评价。最终的评分是所有判断者评分的平均值，这样就为每个声音样本确定了一个吸引力得分，要求评分者间差异尽量大。

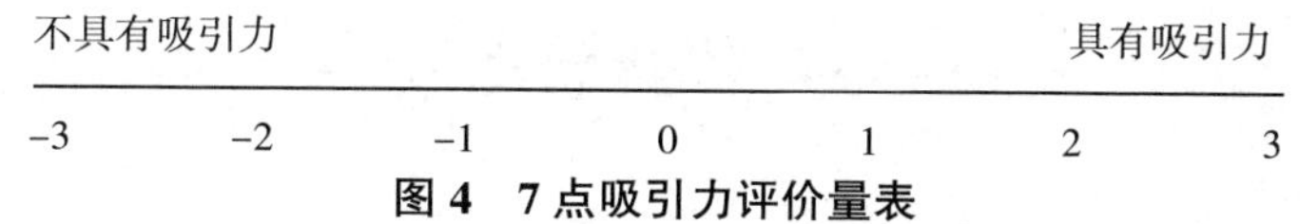

图 4 7 点吸引力评价量表

吸引力评价量表也可以使用五点量表，即将吸引力的态度判断分为五个等级，分别用–2、–1、0、1、2 表示，其中–2 代表非常不具有吸引力，2 代表非常具有吸引力（见图 5），具体使用方法与七点量表相同。五点量表的主要优点是操作简单，同时测量的结果相对准确，现实中我们一般用五点的吸引力评价量表。

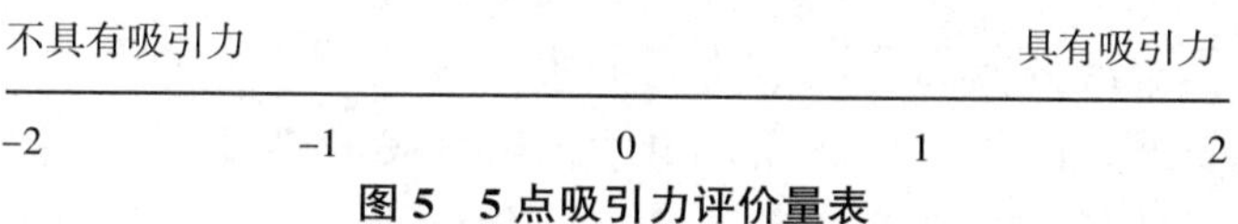

图 5 5 点吸引力评价量表

4. 个性印象测量

大量研究表明，声音吸引力会影响对人际印象的认知，下面就针对相关研究中对人格印象的测量采用的方法进行介绍，一种普遍采用的工具是大五人格量表（见表 1）。

表 1 简化大五人格量表

序号	陈述	序号	陈述
1	这个人是内向的、矜持的	6	这个人是外向的、社会性的
2	这个人是完全值得信任的	7	这个人倾向于找别人的错
3	这个人是倾向于懒惰的	8	这个人是努力的
4	这个人是轻松的，很少有压力	9	这个人很容易紧张
5	这个人几乎没有艺术方面的兴趣	10	这个人有活跃的想象力

Miron Zuckerman 和 Robert E. Driver 对声音吸引力刻板印象存在的研究表明，声音的吸引力会影响判断者对发声者的认知，特别是人际印象的认知，同时 Alessandro 等在对非语言线索对认知的影响研究中，进一步研究不同非语言线索会引发不同的人格印象认知。关于人格印象的测量方法目前主要是大五人格量表（Costa 和 McCrae，1985），其将人格分为五个维度，分别为外向型、宜人型、尽责型、情绪稳定型、开放型，每个维度呈五点、七点或九点量表，最后分别计算每个维度得分总和，即为对该维度认知的总体评价。考虑到大五人格量表过分冗长，以往学者在测量人际印象时往往将其简化。Miron Zuckerman 和 Robert E. Driver 在研究过程中将大五人格量表进行了简化，采用针对 10 个由形容词组成的五点量表进行评分，没有涉及具体的人格特征，只是确定是积极的人格印象还是消极的人格印象。Alessandro Vinciarelli 等则对五个维度分别进行细致测量，采用九点量表，研究了不同人际印象的非语言影响因素。

四、研究创新与意义

（一）研究创新

本文的研究涉及多个研究领域，分别在以下三个领域有所创新：

1. 电话销售员研究领域创新

目前针对电话销售员的研究主要关注的是销售员的个人素质以及胜任力，很少有人关注电话销售员的声音方面，同时研究表明，人们的各个感官对外界的感知程度是不同的，视觉最敏感，听觉次之。而在电话销售环境中消费者接触到的只有销售员的声音，因此对电话销售员声音的研究就显得十分重要。本文的创新之处为关注电话销售员的声音方面，研究何种电话销售员的声音具有吸引力以及电话销售员的声音吸引力如何影响消费者认知、行为。

2. 声音吸引力研究领域创新

以往针对声音吸引力的研究着眼于普适理论，研究重点放在声音吸引力影响因素、声音吸引力刻板印象方面，比如 Miron Zuckerman 和 Kunitate Miyake 关于什么样的声音具有吸引力的研究，Miron Zuckerman 和 Robert E. Driver 关于声音吸引力的刻板印象研究，这些研究都只停留在普遍意义上的声音，没有考虑到具体情境。而实际上不同场景、不同角色对声音吸引力的影响因素可能是不一样的。本文的创新之处为选择电话销售这一具体情境对声音吸引力的研究，意在找到影响电话销售员的声音吸引力的因素及其影响机制。

3. 消费者行为领域创新

以往研究表明，影响消费者行为的因素有内在因素和外部因素，学者将研究的重点放在内在因素上，而对内在因素的研究仅涉及文化、群体、营销因素三个方面，本文创新之处在于，根据声音吸引力刻板印象、认知行为理论基础进行理论推导，大胆假设，得出电话销售员的声音方面的变量也会影响消费者行为。

（二）理论意义

本研究跨越了两个学科、三个研究领域，一方面结合了声学、营销学的相关理论，并很好地结合了二者，是一篇跨学科研究；另一方面在电话销售员研究领域、声音吸引力研究领域、消费者行为领域进行了创新，在一定程度上弥补了研究空白。

（三）实践意义

本文通过研究何种电话销售员的声音具有吸引力以及电话销售员的声音吸引力如

何影响消费者认知、行为得出，特定的变量组合下的电话销售员声音更加吸引消费者，进而消费者会对电话销售员、产品产生积极的印象，甚至诱导购买行为。对于企业而言，一方面可以在电话销售员选拔时增加对声音的选拔，选择最吸引消费者的声音类型；另一方面可以利用声音吸引力构建系统（MMDAgent），通过改变相关参数，构建出最具有吸引力的声音，更好地取悦消费者，达到令消费者满意、提高顾客忠诚度，甚至增加销量的效果。

参考文献

[1] 姜海峰. 浅谈电话营销服务 [J]. 经济师，2007 (1).

[2] 雷巧华. 电话营销人员胜任力模型的研究 [J]. 厦门大学，2010.

[3] 彭丽丽. 电话销售人员素质模型的探索性研究 [J]. 中国人民大学，2010.

[4] 祁妍. 电话营销——多媒体时代的营销新宠 [J]. 辽宁经济，2008 (6).

[5] 肖宇. M 公司电话营销案例分析 [J]. 重庆大学，2011.

[6] 杨路明，巫宁. 客户关系管理理论与实务 [M]. 北京：电子工业出版社，2004.

[7] Aronovitch，Charles D. The voice of personality：Stereotyped judgments and their relation to voice quality and sex of speaker [J]. The Journal of Social Psychology，1976，99 (2)：207-220.

[8] Alessandro V.，Hugues S.，Anna P.，Gelareh M.，Antonio O. From nonverbal cues to perception：personality and social attractiveness [C]. COST'11 Proceedings of the 2011 International Conference on Cognitive Behavioural Systems，2011：60-72.

[9] Alessandra T.，Wezler P. Non-Manipulative Selling [M]. Nightingale-Conant Corporation，1975.

[10] Addington D. W. The relationship of selected vocal characteristics to personality perception [J]. Speech Monographs，1968 (35)：492-503.

[11] Aronovitch C. D. The voice of personality：Stereotyped judgments and their relation to voice quality and sex of speaker [J]. The Journal of Social Psychology，1976 (99)：202-207.

[12] Berscheid E.，Walster E. Physical attractiveness In L. Berkowitz (Ed.). Advances in experimental social psychology [M]. New York：Academic Press，1974.

[13] Banse R.，Scherer K. R. Acoustic profiles in vocal emotion expression [J]. Journal of Personality and Social Psychology，1996，70 (3)：614.

[14] Bliss-Moreau E.，Owren M. J，Barrett L. F. I like the sound of your voice：Affective learning about vocal signals [J]. Journal of Experimental Social Psychology，2010，46 (3)：557-563.

[15] Balasubramanium RK1，Bhat J. S.，Srivastava M.，Eldose A. Cepstral analysis of sexually appealing voice [J]. Journal of Voice，2011 (2).

[16] Costa P. T.，Jr.，McCrae R. R. The NEO Personality Inventory manual [J]. Odessa，FL，Psychological Assessment Resources，1985.

[17] Carlton A. Pederson，Milburn D. Wright. Selling：Principles and methods [M]. University of Minnesota. R. D. Irwin，1976.

[18] Feinberg D. R.，Jones B. C.，DeBruine L. M.，Moore F. R.，Law Smith M. J.，Cornwell R. E.，et al. The voice and face of woman：One ornament that signals quality? [J]. Evolutional and Human Behavior，2005，26 (5)：398-408.

[19] Hatfield E., Sprecher, S. Mirror, mirror the importance of looks in everyday life [M]. Albany: State University of New York Press, 1986.

[20] Hughes S.M., Farley S.D., Rhodes B.C. Vocal and physiological changes in response to the physical attractiveness of conversational partners [J]. Journal of Nonverbal Behavior, 2010, 34 (3): 155-167.

[21] Kramer, E. Personality stereotypes in voice: A reconsideration of the data [J]. The Journal of Social Psychology, 1964 (62): 247-251.

[22] Lee A., Oura K., Tokuda K. An Open-source toolkit for building attractive voice interaction systems MMDAgent [J]. Ieice Technical Report Natural Language Understanding & Models of Communication, 2011.

[23] Miron Zuckerman, Kunitate Miyake, Charlotte S. Elkin. Effects of attractiveness and maturity of face and voice on interpersonal impressions[J]. Journal of Research in Personality, 1995, 29(2): 253-272.

[24] Miyake K., Zuckerman M. (in press) Beyond personality impressions: Effects of physical and vocal attractiveness on false consensus, social comparison, affiliation, and assumed and perceived similarity [J]. Journal of Personality, 1991, 61 (3): 411-437.

[25] Puts D. A. Mating context and menstrual phase affect women's preferences for male voice pitch [J]. Evolution and Human Behavior, 2005, 26 (5): 388-397.

[26] Puts D. A., Hodges C. R., Chrdenas R. A., Gaulin S. J. C. Men's voices as dominance signals: Vocal fundamental and formant frequencies influence dominance attributions among men [J]. Evolution and Human Behavior, 2007, 28 (5): 340-344.

[27] Sarah A. Collins, Caroline Missing. Vocal and visual attractiveness are related in women [J]. Animal Behaviour, 2003, 65 (5): 997-1004.

[28] Scherer K. R.Voice quality analysis of American and German speakers [J]. Journal of Psycholinguistic Research, 1974 (3): 281-297.

[29] Scherer K. R. Personality inference from voice quality: The loud voice of extroversion [J]. European Journal of Social Psychology, 1978 (8): 467-487.

[30] Scherer K. R. Voice and speech correlates of perceived social influence, In H. Giles & R. N. St. Clair (Eds.), Language and social psychology [M]. London: Arnold, 1979a.

[31] Scherer K. R.Vocal affect expression: A review and a model for future research [J]. Psychological Bulletin, 1986 (99): 143-165.

[32] Scherer K. R., Oshinsky J.S.Cue utilization in emotion attribution from auditory stimuli [J]. Motivation and Emotion, 1977 (1): 331-346.

[33] Vukovit J., Feinberg D. R., Jones B. C., DeBruine L. M., Welling L., Little A. C. et al. Self-rated attractiveness predicts individual differences in women's preferences for masculine men's voices [J]. Personality and Individual Differences, 2008, 45 (6): 451-456.

[34] Wolff S.E., Puts D.A.Vocal masculinity is a robust dominance signal in men [J]. Behavioral Ecology and Sociobiology, 2010 (64): 1673-1683.

[35] Zuckerman M., Driver R. What sounds beautiful is good: The vocal attractiveness stereotype [J]. Journal of Nonverbal Behavior, 1989 (13): 67-82.

[36] Zuckerman M., Hodgins H. S. Developmental changes in the effects of the physical and vocal attractiveness stereotypes [J]. Journal of Research in Personality, 1993, 27 (4): 349-364.

[37] Zuckerman M., Hodgins H., Miyake K.The vocal attractiveness stereotype: Replication and elaboration [J]. Journal of Nonverbal Behavior, 1990 (14): 97-112.

消费者冲动购买行为的文献综述

作者：李梦宁；指导老师：李季，孙鲁平

内容摘要：在理想情况下，消费者的购买决策是完全自由的，他们总是希望在实际购买中能完全按照计划行动。然而，现实中消费者的购买决策行为却大相径庭，他们的情绪、决策、行为会受到自身、购买的产品以及外部环境多个方面的影响，从而出现计划以外的冲动购买行为。在冲动性购买行为发生之后，又会造成两难困境、情绪波动和更大购买量等结果。正因为产生消费者非理性购买、决策的作用机制复杂多样，学者们也基于此做了大量研究，本文将从这些研究入手，总结出相关文献中学者的研究成果，继而进一步探讨冲动购买行为的影响因素和结果，并对未来相关学术研究提出展望。

关键词：消费者行为；冲动购买；消费决策；行为心理学

在我们的日常生活中，消费通常是不理性的。消费者的行为决策总会受到内部与外部各种因素的影响，与消费本身的目标产生偏差。本文将从冲动购买行为及其决策出发，研究产生此行为的原因，进而对消费者行为与心理提出建设性意见。

一、冲动性购买

冲动购买行为是未经计划就购买产品或者服务的一种行为（Abratt 和 Goodey，1990）。冲动购买决策就是在做出这样的购买行为之前所做出的决策。人们的日常行为总会受到生理和心理两方面的影响。对于生理影响来说，在一个强烈的刺激发生时，人的神经会产生冲动，进而产生一种神经纤维并且激发某种身体或者是神经的反应。对于心理影响来说，这种影响可能是意识到的，也可能是非意识的（Wolman，1973）。这样的未经过计划的、毫无意识的冲动可能会在某人遇到特定情况或者受到特定刺激时产生。它是突然的、自发性的。一旦被刺激以后，这种刺激就会激发一种迅速的反应，这就是冲动的形成过程，当这样的心理冲动被转化为一种购买的行为表现时，冲动购买行为就产生了。

通过阅读大量相关文献可以看出，个人特质，包括其情绪和感情对于这样的购买行为有着决定性的影响。除此之外，产品自身的一些特点也会影响消费者。在消费者看到产品或服务的一瞬间，这些特质就会引起他们做出这样的非理性决策。除去产品和消费者个人的因素，在消费者的购买过程中，一些外部的环境因素也同样会造成消费者的冲动购买。正因为这些内部、外部的影响因素，使得冲动性购买行为在消费者行为研究、销售促进手段制定中被广泛应用（Business Dictionary，2011）。这一概念在消费者行为学界早已引起广泛的关注，经过多年的发展，有关这一行为的研究也逐渐深入。本文将按照图 1 所示的逻辑结构对相关的文献资料进行总结，以更加透彻地、全面地展现消费者冲动购买行为的研究成果。

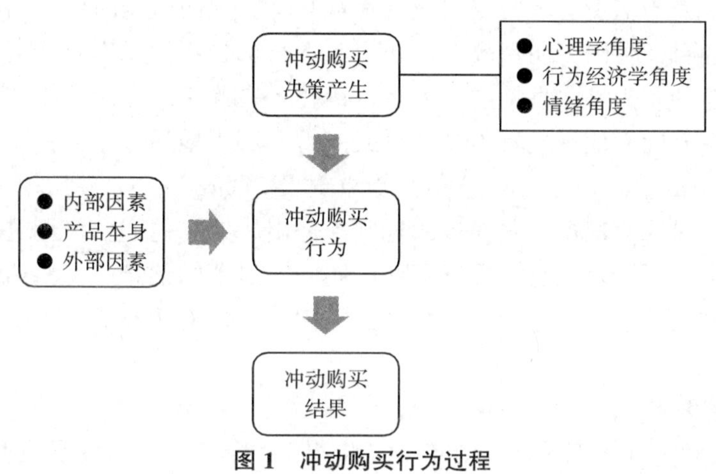

图 1 冲动购买行为过程

二、冲动购买决策与行为的理论基础

消费者行为于 20 世纪 60 年代后期作为独立的学科被研究。其早期研究主要是基于经济学的理论，后来汲取了心理学对个人的研究成果、社会学对群体的研究成果以及社会心理学中个人如何在群体中行动的研究成果。因此，下文将从心理学、行为经济学和消费者个人情绪的角度来对冲动购买的决策与行为产生的原因进行深入分析和探讨。

（一）心理学角度

心理学家认为，冲动是一种心理特质。在认知心理学的研究中我们了解到，人们在社会认知的过程中往往面临复杂的、多样化的、碎片化的信息。在对它们进行加工的过程中，达到真正的理性决策是非常困难的。

1. “捷径”心理

人倾向于在认知过程中走捷径，而非采取精细的分析，以尽量节约时间和精力成本。但这种捷径式的信息加工方式很可能造成非理性的行为，比如计划外的购买。一种被称为边缘路径（Peripheral Route）的理论可以解释消费者的计划外购买行为。这一名词意指作为一个信息的接受者，人们通常只有很小的兴趣或者很弱的能力去加工、思考、理解这些信息（Kruglanski、Arie W.、Van Lange 和 Paul A. M.，2012）。信息接收者并不会很仔细、全面地检验信息。在边缘路径发生时，人们似乎会更倾向于固有的印象，或者是片面的信息（Chaiken 和 Trope，1999）。因此，个体会在做决策时临时改变自己之前的态度，这种态度的转变或长或短，但都会对其之前所做计划的执行产生影响（Griffin E.，2012）。举例来说，人们很可能不假思索地拒绝新产品的广告，进而拒绝该产品；而当消费者非常崇拜或者喜欢某个影视明星的时候，当他面对这个明星所代言的产品时，会因为明星效应而非产品本身选择不假思索就购买。我们可以很明显地看出，这种行为是非理性的。大多数消费者在购买时会倾向于变成使用边缘路径的信息接收者，因而他们比较不具动机或能力去深入地思考、分析。另外的一种捷径式途径（Heuristic Routing）是一种被用来描述当消费者在条件受限（比如时间不足、注意力不集中）时，只根据一些简单的规则来做出决策。他们会使用更加简单的途径来替换更精确的分析途径，进而强调那些鲜明的、显著的信息，忽略枯燥、抽象、平淡的信息。这样的信息加工过程就造成了认知偏差，进而导致非计划购买决策的产生（Wood M.，1998）。

2. 凸显自我形象

除此之外，在社会心理学方面，有学者提出那些能够反映人的自我形象（Self-image）的产品更容易被冲动购买（Dittmar、Beattie 和 Friese，1995），因为消费者希望通过这样的产品来凸显自己的形象，缩小自我形象和认知形象之间的落差。这样的自我认知和实际之间的落差就叫作自我概念落差，在生活中非常常见。

3. 自我控制能力

除了自我概念落差之外，产生计划外购买行为的一个重要的推动因素是自我控制失败。导致自我控制失败的因素有三个：首先，相互矛盾的目标及标准会降低自我控制强度，比如省钱和做快速决策等；其次，对于自身行为的追踪失败同样会导致自我控制困难；最后，自我行为是建立在一种能量来源上面的。当这种能量来源被耗尽时，自我控制也就变得相当困难（Baumeister 和 Roy F.，2002）。

4. 延迟性满足感

社会心理学家在“延迟性满足感”（Deferred Gratification）方面做过很多相关研究。早就有社会心理学家认为，不能有效地自我控制冲动行为可能是对冲动购买有长期影响的一个因素（Hollingshead，1949；Whyte，1943）。而这一能力，很可能是在少儿时期就已经形成了。也有社会心理学家提到，有冲动行为并造成一定后果的青少年相对来说在未来会对冲动行为非常小心谨慎（Barndt R. J. 和 D. M. Johnson，1955）。这也就是说，消费者在购买行为发生之前的行为，最早可以追溯到他们的幼儿时期，很可能对他们的冲动行为产生一种长时间的、巨大的影响。不过这一研究目前还并不完善，学者们还在继续探索中。

（二）行为经济学角度

在行为经济学家看来，冲动购买决策是消费者为达到“更经济”的行为所不得不采取的行动策略。这样的策略往往会导致不理性行为的发生，从而在购物过程中造成冲动购买。

1. 预期理论

行为经济学的创始人 Kahneman 和 Tversky 认为，由于受到认知机制的局限，人类经常会习惯性地规避或追求风险，并提出了著名的“预期理论”（Prospect Theory）。该理论发现了一个现象：在不确定条件下，判断和我们传统意义上对于经济的理解（所谓理性发生系统偏差的机理）有所不同。其预期理论有三个基本观点：

（1）在面对获得的时候，人们倾向于规避风险。

（2）在面对损失的时候，人们倾向于追求风险。

（3）获得和损失是相对于参照点而言的（Kahneman 和 Tversky，1979）。

也就是说，人在面临获得时，往往小心翼翼，不愿冒风险（风险规避）；而在面对损失时，人人都成为冒险家了（风险偏好、风险追求），他们可能会用尽一切办法来挽回即将消逝的东西。也就是说，在面对损失的时候，人们愿意冒风险；在面对获得的时候，人们愿意要肯定的获得，而不要可能的获得。体现在购物过程中的效果就是，在消费者权衡是否购买某物品时，若店家对商品购买限量或限时，或者营造出商品所剩无几的氛围时，那么消费者在权衡“买还是不买”的时候，会感觉面对失去心仪物品的危险。此时，他们大多会选择把握机会，冲动购买。

2. 锚定效应

一般来说，参照点是人们对某事物的期望。大量研究表明，人们在对事物进行分析判断时，总会选取一个参照标准作为判断的参考依据。例如，消费者在购买之前会把自己以前的购买经验和其他相关信息作为参考和衡量标准。关于参照点，其与经济学中的一个词“锚定效应”相似，它是指一种非常普遍的认知偏差：人们在做出决策时，总倾向于过分依赖最开始得到的信息。也就是说，在做决定的过程中，人们会基于这些最开始的标准来判定事物。一旦“锚”被确定下来，其他的判定将都会以它为准（Science Daily，2015）。这些起始值被形象地比喻为船舶的锚，它使估测值落于某一区域中。一旦这些锚定的方向有误，那么估测就会产生偏差，这将最终导致非理性行为（Investopedia，2015）。在市场营销中，锚定效应这个概念有非常广泛的应用。例如，在刚刚过去的天猫“双十一网购狂欢节”中，许多商家在当天标价时都写了原价和所谓“狂欢价”。这一营销策略对于促进消费者的非理性购买是非常有用的。比如，一位消费者在看到直接标价 500 元的一台相机时，他可能因为嫌贵并不会购买，然而当商家写了原价 600 元，“狂欢价”500 元时，这位消费者可能会觉得今天买下它可以节省 100 元，于是会选择购买。同一款相机会造成消费者的不同购买行为，其原因就在于消费者的心理“锚定价格”不同。

3. 心理账户

此外，“心理账户”因素也是导致消费者计划外冲动购买行为发生的原因之一。这个概念最早由行为经济学家理查德·塞勒根据钱的不完全可替代性提出，他指出，“根据钱的来源的不同，人们会将它们分到不同的账户中去，不同账户的边际消费倾向是不一样的”（迈克尔·所罗门，2006）。也就是说，人会把金钱划分到不同心理账户，而每个账户中的钱都具有不同的功能和用途，彼此之间不能替代（魏勇刚和苏小玲，2005）。这也使得消费者在使用某一更放松的心理账户中的钱，比如使用彩票得来的意外之财的时候，会很乐意把它挥霍掉，因为这个账户的钱的不完全可替代性大。这也使得他们在使用这些钱购买的时候更易受情绪左右，产生冲动购买。这样的一种策略就使得消费者在心理中为某些商品多开了几个账户，此后，消费者就会在每个账户上进行一定数额的消费，并且在花钱的时候心安理得，完全没有负罪感，最终得到一个价格不菲的账单。这样的非理性决策使得消费者买入了许多其实并不是那么合意的商品，造成浪费和消费者购物体验的损害。

综上所述，心理和行为经济学对于研究计划外购买决策的形成有着巨大的影响。而这些影响也可以引申出很多出人意料的商业策略。我们知道，如果消费者是理性的，那么他们会根据这款商品带给自己的效用来决定是否购买，然而人都是感性与理性共存的动物，心理学和行为经济学的因素会使得消费者考虑现有价格和实际价格之间的差额，以及资金的“心理账户”来源，而忽略其实用性。此外，决策的结果还受到个人情绪、状况等因素的影响，这些都导致计划外购买成为现实，消费者把商品买回家后由于使用不方便而闲置浪费或因为买贵了而懊恼不已，而商家却赚得盆满钵盈。

（三）情绪角度

冲动购买的欲望总是和突然的情感状态息息相关。在对消费者冲动购买行为的探索与研究中，有许多学者将其与每天的快乐悲伤情绪联系在一起。在描述自己最近一次冲动购买体验的时候，有 41%的受访者表示购买时的短暂快乐对他们的影响很大。他们中的很多人将这种体验描述为“快乐的”、“满意的”、“轻松愉悦的”、“奇妙的”，甚至是“让我情绪高涨的”。那些在购买之前不太开心的人表示，买下心仪的物品之后，他们感觉好一些了。而另外一些人却觉得这样的“自我放纵”，好像是自己给自己一个奖赏一样，这让他们觉得自己“有些异常”，或者“非常矫情”。还有一些人觉得，这种行为是对自己“控制欲”的一种满足（Hirschman 和 Holbrook，1982；Levy，1978）。无论怎样，我们都可以看出，情绪与冲动购买行为是相互作用的。在研究冲动购买行为的决策过程中，情绪因素仍是不可或缺的重要部分。

三、冲动购买行为的影响因素

（一）内部因素

早期的关于冲动购买行为的研究中忽略了消费者的个人特征（Cobb 和 Hoyer，1986）。消费者个人是否容易情绪激动对于其是否会有冲动购买行为有着非常大的影响（Plutchik 和 van Praag，1995）。

1. 年龄

相对来说，更年轻的消费者相比于年龄较大的人更容易冲动购买。冲动购买行为倾向是与年龄呈负相关关系的。这一点的原因在于，年轻的消费者在购买方面更难自我控制。他们相对于年龄更大的消费者来说会有更强烈的情绪（Kongakaradecha 和 Khemarangsan，2012），同时他们对于控制这些冲动情绪的能力相对更弱，这都使得他们在大多数情况下不能控制自己，容易受到情绪的摆布，从而在进行购买冲动的权衡时选择购买。

年龄和冲动购买的联系非常紧密。有研究表明，年轻人群体在自发产生强烈的购买欲望时，会倾向于将其变为现实，选择购买。而更大年龄群体的人在产生同样的欲望时则更倾向于控制欲望，不购买（Kongakaradecha 和 Khemarangsan，2012）。

2. 性别

性别特征对于冲动有很大影响。男性和女性对于购买的偏好是不同的。女人在挑选商品的过程中更易受到情感关系、社会身份建立等因素的影响。而男性则更注重物品的实用性等实质问题。有学者提到，如果购买的数量是恒定的，男性和女性的购买敏感度是相近的，但女性会购买更多不同种类的物品，她们在购买之后情绪的变化水平也更高（Virvilaitė Regina、Saladienė Violeta 和 Žvinklytė Juratė，2011）。此外，男性在购买时更多会考虑个人因素，而非社会身份。

3. 购物方式

最重要的一点是购物的方式。有些消费者会把他们的空闲时间都花费在购物上，即使他们并没有什么想买的东西。这样的消费者就会成为商家的目标。只要消费者在商场中不断流连，商场的销售人员就会“旁敲侧击”，让他们更久地停留在店里并刺激他们的购买欲望。此时，销售人员会想尽办法去激发消费者的购买欲望。他们会介绍自己店里的促销信息，这也会导致更大数量的冲动购买行为的形成。关于这一影响，学者们也发现人员推销非常重要。店家会指导售货员主动吸引闲逛的顾客，从而达到使其冲动购买的目的（薛明，2010）。

（二）产品本身

1. 包装

在消费者考虑是否购买某一产品之前，第一直观感受的并不是其实用性或价格，而是包装。研究表明，当产品包装有足够吸引力的时候，它们可以激发消费者的购买欲望，造成冲动购买行为，即使他们先前并没有购买的打算。基于此，学者们进行了广泛的研究，得出的结论有：①漂亮的包装和平庸的包装相比，更能激发脑部和极端情绪相关的区域，从而导致冲动的行为。②非常漂亮的包装和非常丑的包装相对于平庸的包装来说更能激发人脑中的反射系统，从而导致冲动行为。③漂亮的包装能激发人脑中和奖赏相关的区域，可能会让人作为礼物购买送给自己或者别人；而非常丑的包装会激发人脑中的负面情绪（Hubert M.、Hubert M.、Florack A.、Lnzmajer M.和Kenning P.，2013）。总的来说，在冲动购买趋势和脑部冲动情绪激活以及产品外观包装之间的确有强烈的相关联系。

2. 有形展示

在这个"眼球经济"发挥越来越重要作用的时代，对产品的展示会对消费者的购买行为产生巨大的影响。根据研究，以购买便装为例，有吸引力的展示会对消费者的冲动购买产生巨大影响，这一影响甚至超出了促销对购买的刺激作用。这也充分解释了为何商家会在广告、模特展示、邀请代言人方面斥巨资来促进自己产品的销售了（Nanda A.，2013）。

3. 广告

广告对于消费者的效应不言而喻。学者研究发现，对于消费者来说，最有趣也最有效的广告是基于学习的广告（Grunert K. G.，1994）。广告的最终目标是影响消费者的购买决定，并将其向自己广而告之的产品靠拢。不过，消费者看到广告的时刻和他们的购买受到影响的时刻可能并不一样（Baker和Lutz，1988，2000）。因此，广告的中心思想是让消费者了解（学习）到一个品牌的相关信息，并让这个品牌成为消费者心目中购买的选择之一。这样的可以产生学习效果的广告会影响消费者的记忆结构。举一个例子，当年风靡各大电视台的"脑白金"广告，就是通过不断重复"今年过节不收礼，收礼只收脑白金"这一句广告词，并配上动画，来让消费者将送礼和"脑白金"产品联系到一起。一旦消费者脑中建立了这样的一种联系，也就是"学习"到了这样的相关关系之后，在他们下一次购买中选择送礼产品的时候，也会自然而然地选择"脑白金"产品。之前的一系列研究，以及模型都关注了广告效果以及消费者面对商业广告的反应。单拿控制冲动能力最弱的儿童来说，当他们在购买或者要求自己父母购买时，被广告影响过的记忆结构就会起效。一旦内部或者外部的刺激产生，就会激发他们的记忆，从而让他们回忆起广告中的场景，进而产生不假思索的购买行为（Oliver B. Büttner、Arnd Florack和Benjamin G. Serfa，2014）。这样一来，冲动购买就产生了。厂家也会充分利用这样的一种机制，在电视、电影、网站等各种媒介上推出强调自己品牌或产品的广告，以增加消费者购买自己产品的购买量。

（三）外部因素

对于冲动购买来说，外部因素是那些商家故意放置的，能够激发、引诱消费者进行冲动购买行为的暗示或刺激（Youn 和 Faber，2000）。这些外部因素和购物及市场的环境相关。

1. 环境因素

环境因素（也叫情景因素）就是在消费者发生购买行为的过程中所处的环境条件里，可能对消费者计划外冲动购买产生正向或负向影响的因素（Stern，1962）。它包括商场的大小、环境氛围、设计形式等。当一个消费者面对一个在零售环境或者促销环境下相关的视觉刺激的时候，消费冲动就可能被激发（Piron，1991）。在如今这样的消费情境中，各种有创意的促销手段层出不穷。因此，关于这些因素对购物行为影响的研究也越来越得到学者们的重视。当看到某些促销刺激的时候，消费者可能会产生一种突然的冲动购买欲望（Dholakia，2000）。商场的环境影响消费者的情绪状态，这也会使得之后的冲动情绪成为可能。这便是环境、氛围因素造成消费者冲动购买的机制所在（Xu Y.，2007）。当消费者感知到外部的刺激，并产生一些感觉的时候，消费者的冲动购买就被激发了。他们会在内心呐喊："我要买！"这便是那些刺激产生的结果（Rook 和 Hoch，1985）。

2. 氛围因素（气味、音乐、装饰等）

在购物过程中，若有若无的音乐和香氛总会让消费者们感觉心旷神怡。关于这些看似不经意的设置，有学者研究发现，其对于消费者冲动购买有重要作用。按照购物方式与习惯的不同，消费者可以分为以下四类：娱乐型消费者（Recreational Shoppers）、完全体验型消费者（Full Experience Shoppers）、浏览型消费者（Browsers）和任务型消费者（Mission Shoppers）。研究结果显示，以上几种消费者对于商场的背景音乐都有着正向的感觉。与广泛受到欢迎的音乐因素不同，不同类型的消费者对于其他影响购物环境的元素的偏好各不相同。比如说，娱乐型消费者和完全体验型消费者相比于装饰物来说更喜欢香氛。浏览型消费者对于音乐、气味、香氛这三个因素的喜好都差不多，相当于其他组别的平均值。而最不易受到冲动消费影响的任务型消费者"极少受到香氛的影响……对于装饰的感觉比较适中"（Mihic M.和 Kursan I.，2010）。

第一个提出冲动购买可能来源于消费者在商场中暴露在刺激下的程度的是 Applebaum（1951），他指出，商场中不同的刺激可能直接或间接地影响消费者。商场的氛围可能会被灯光、格局、推销的有形展示，装饰、地砖、颜色、声音、气味、销售人员的着装和行为以及服务的全体人员所影响。高强度的刺激和愉悦的购物环境能够激发冲动购买行为（Hoyer 和 Macinner，1999）。产品的外观、背景音乐都是对顾客有显著影响的因素（Verplanken 和 Herabadi，2001）。

通过一些学者的研究，我们可以看到，环境、氛围对于消费者的购物体验是有很大影响的。这也成为许多研究的核心。

3. 购买方式（线上还是线下）

（1）线上购买。众所周知，网络的迅猛发展让网络购物得以广泛普及。有研究表明，网络购物也可以激发购买的冲动性。事实上，因为网络购物模式相对来说更方便，使得未经计划就购买的行为发生的可能性也就越大（Donthu 和 Garcia，1999）。网瘾以及对于拥有物品的渴望会对冲动购买行为产生正向影响；与此同时，任务主导型的购买方式（Task Orientation）则会对冲动购买起到抑制作用（Tao S.和 Guohua W.，2011）。除了网络购买本身对于消费者冲动购买的刺激性以外，各个商家运用的各类小策略也可以在不知不觉中增加这一行为。常见的刺激有横幅、弹出窗口以及简讯，这些元素的加入都会使得消费者分散精力，使得他们把注意力从计划要购买的物品上转移到商家，从而使得计划外的冲动购买成为可能（Floh A.和 Madlberger M.，2007）。

（2）实体店购买。相对于线上购买来说，线下购买的好处在于商品“看得见，摸得着”。消费者可以直观地感受产品的质感，甚至可以试用、试穿，体验到真正使用产品对自己的效用的高低。对于在实体店购物的顾客来说，对于冲动购买的影响因素有所不同。对于衣服的购买实体店中的模特展示是否具有吸引力，是影响他们是否冲动购买的关键（Nanda A.，2013）。

四、冲动购买的结果

（一）两难困境

每个人都会觉得控制自己购买一件喜欢的东西是件很困难的事情。如果这个问题能够轻而易举地得到解决的话，那么在每年的“双十一”、“双十二”之后，也就不会有那么多人后悔了。的确，冲动购买，从本质上来说就是一种在情绪高度活化、认知低下以及反映强烈的情况下产生的行为（Weinberg P.和 Gottward W.，1982）。人们总会倾向于选择能让自己情绪高涨的行动。这也就引发了每个人在遇到心仪的计划外商品决定是否购买时的两难困境了。一个学者将冲动当成了两种相对抗争力量的产物。这两种力量分别是享乐主义的力量和现实主义的力量。享乐主义的力量是鼓励人们“及时行乐”，也就是说尽可能享受到当前的快乐，但它的影响取决于一个人被现实主义的影响。一个人也会考虑享乐的成本问题，比如在购买东西时考虑其价格是否合理，有没有性价比更高的替代品等，这样的有意识的、控制的倾向就是现实主义的力量。这两种力量彼此竞争，因为冲动行为本身即是一种不经过太多仔细的对于客观环境的思索考虑，甚至不考虑隐患及其带来问题的一种行为。如果一个人对于自己冲动的克制能力低下，强制自己去压制自己冲动的话会带来一系列的心理问题（Kipnis 和 David，

1971）。对于那些有耐心的、愿意花时间等待的、目标长远的人来说，他们会接受“现实主义力量”的引导，推迟自己想要“及时享乐”的心情。这也是划分人格的一个重要标准。解决冲动购买问题，需要一个人有足够的耐性去等待，以及有足够的理性来分析并权衡利弊，这样才能做出真正适合自己的决定。

（二）情绪波动

事实上，每一天的日常冲动行为都会带来很多影响。在一个研究中有这样一个调查。被试者被问到在冲动购买之后是否会有不那么愉悦的情感体验，如果有的话，陈述一些细节。在这个询问过程中，超过 80%的被试者都提出他们会不那么开心；只有 19%的被试者宣称他们在冲动购买之后从来没有过不好的体验。在那些报告冲动购买对自己有负面影响的回答者中，有 56%的人提到他们曾经因为冲动购买经历过财务问题；37%的人说，他们在冲动地购买一件产品后发现它并没有自己想象得那么好，有失望的情绪产生；有 20%的人则提出，他们在冲动地买完东西之后有负罪感，并且有几乎同样多的人（19%）说他们会因为这一行为被其他人责备；只有很少的人（8%）说冲动购买影响了他们的非财务计划，比如说一些受访者正在减肥，冲动购买毁掉了他们的节食计划（Kipnis 和 David，1971）。

（三）更大的购买量

最后再从宏观的角度来审视冲动购买，虽然它只是个人行为，但也的确对总体产生了巨大的影响。有学者在论文中写道，对于每个个体来说，计划外或者冲动购买的频率甚至能高达 90%，也就意味着每 10 个进入商店的购物者中有 9 个都会或多或少受到冲动购买的影响（Mihic 和 Kursan，2010）。这样的高频率在消费者巨大的群体叠加效应之下，对于整个国家的零售行业都有着巨大的推动作用。在美国，消费者的冲动购买行为是被广泛认同和关注的一种现象。在一份报告中我们了解到，冲动购买为美国的商品市场创造了巨大的利润。有将近 80%的特定种类产品的购买或者是新产品的购买都是冲动购买。这些购买创造了将近每年 42 亿美元的交易额（Kacen 和 Lee，2002；Park 和 Choi，2013）。由此可见，研究和了解冲动购买行为对于提高国民总支出等经济指标也有着重大意义。

五、研究局限及展望

尽管冲动购买行为已经得到了学者的广泛重视，但对于这一概念的合理性的批判仍然存在。有学者认为，冲动购买是一种“事前”行为，也就是说它是没有经过规划的，自发产生的。而所有的调查都是在这一行为发生之后进行的，无论怎么精确地调查都无法还原当时的场景，因此这些调查的可信程度并不高（Patterson 和 Lawrence W.，1963）。在一篇名为《消费者购买习惯的研究》的论文中，一位学者区分了消费者在进入商店购物之前列出的购买清单和最终完成购买过程以后的物品购买量，发现其实购买行为还是更多地受购买前的意愿影响。

从以上研究出发，在未来还有以下方面值得我们深入探讨和研究：

（1）对冲动性购买的决策机制模型进行实证研究。如今的大部分研究对于冲动性购买的作用机制的研究只是定性分析，还需要相关的定量研究对其进行验证，利用建模的方法证明准确性和影响的大小。

（2）可以将时间维度纳入进来，进一步对冲动购买造成的结果、消费满意度等方面做动态研究，以不断完善和丰富已有的结论。

参考文献

[1]（美）迈克尔·所罗门. 消费者行为学［M］. 卢泰宏译. 北京：电子工业出版社，2006，287（7）：40.

[2] 魏勇刚，苏小玲. 消费者心理帐户中的心理效应研究［J］. 消费经济，2005（21）：70.

[3] 薛明. 消费者冲动购买行为与营销对策分析［J］. 企业导报，2010（11）.

[4] Abratt，R.，Goodey，S. D. Unplanned buying and in-store stimuli in supermarkets［J］. Managerial and Decision Economics，1990（11）：111-121.

[5] Anonymous. Anchoring bias in decision-making［N］. Science Daily，2015-09-29.

[6] Ekonomika Applebaum，W. Studying consumer behavior in retail stores［J］. Journal of Marketing，1951，16（2）：72-178.

[7] Barndt R. J.，D. M. Johnson. Time orientation in delinquents［J］. Journal of Abnormal and Soctat Psychotogv，1955，51（2）：343-345.

[8] Baumeister，Roy F. Yielding to temptation：Self-control failure，impulsive purchasing，and consumer Behavior［J］. Journal of Consumer Research，2002，28（4）：670-676.

[9] Chaiken，Trope（Eds.）. Dual-process theories in social psychology［M］. Guilford Press，1999.

[10] J. J. Kacen，J. A. Lee. The influence of culture on consumer impulsive buying behavior［J］. Journal of Consumer Psychology，2002，12（2）：163-176.

[11] Daniel Kahneman，Amos Tversky. Prospect theory：An Analysis of decision under risk［J］. Econometrica，1979（47）：263.

[12] Davis A.，R. Having Hurst. Social class and color differences in child rearing［J］. American Sociological Review，1946，11（3）：698-710.

[13] Dholakia，U. M. Temptation and resistance：An integrated model of consumption impulse formation and enactment［J］. Psychology & Marketing，2000，17（11）：955-982.

[14] Donthu，N.，Garcia，A. The internet shopper［J］. Journal of Advertising Research，1999（5/6）：52-58.

[15] Floh A.，Madlberger M. Measuring the antecedents of impulsive buying behavior on the WWW. Advances In consumer research［serial online］. January 2007，34：403-404. Available from：Business

Source Complete, Ipswich, MA. Accessed January 1, 2016.

[16] Griffin, E. A first look at communication theory, 8th ed [M]. McGraw-Hill: New York, 2012: 205-207.

[17] Grunert, K.G. Cognition and economic psychology. In H. Brandstatter & W. Guths (Eds.), Essays in economic psychology [M]. Berlin: Springer-Verlag, 1994: 91-108.

[18] Hirschman, Elizabeth C.Innovativeness, novelty seeking, and consumer creativity [J]. Journal of Consumer Research, 1980 (7): 283-295.

[19] Hollingshead. August B.Elmtown's youth [M]. New York: Wiley, 1949.

[20] Hoyer, Macinner. Consumer behavior [M]. New York: Houghton Mifflin, 1999.

[21] Hubert M., Hubert M., Florack A., Linzmajer M., Kenning P. Neural correlates of impulsive buying tendencies during perception of product packaging. Psychology & Marketing [serial online]. October 2013, 30 (10): 861-873. Available from: Business Source Complete, Ipswich, MA. Accessed January 1, 2016.

[22] Kacen, Jacqueline J. and Lee, Julie Anne. The influence of culture on customer behavior [J]. Journal of Consumer Psychology, 2002, 12 (2).

[23] Kipnis, David. Character structureand impuhiveness [M]. New York: Academic Press, 1971.

[24] Kongakaradecha, S. and Khemarangsan, Dr. A. A pilot study of impulse buying behavior in bangkok, thailand [D]. The 2nd National and International Graduate Study Conference 2012, Graduate School Silpakorn University, Thailand, 2012.

[25] Kruglanski, Arie W., Van Lange, Paul A.M. Handbook of theories of social psychology [M]. London, England: Sage, 2012: 224-245.

[26] Mihić, M. and Kursan, I. Assessing the situational factors and impulsive buying behavior: Market segmentation approach [J]. Management, 2010, 15 (2): 47-66.

[27] Nanda A. Impulse buying of apparels[J]. International Journal of Research In Commerce and Management [serial online]. February 2013, 4 (2): 170-176. Available from: EconLit with Full Text, Ipswich, MA. Accessed January 1, 2016.

[28] Oliver B. Büttner, Arnd Florack & Benjamin G. Serfas a dual-step and dual-process model of advertising effects: Implications for reducing the negative impact of advertising on Children's consumption Behaviour J Consum Policy, 2014 (37): 161-182.

[29] Patterson, Lawrence W. In-store traffic flow [M]. New York: Point-of-Purchasing Advertising Institute, 1963.

[30] Piron F. Defining impulse purchasing [J]. Advances in Consumer Research, 1991 (18): 509-514.

[31] Plutchik R., van Praag H. M.The nature of impulsivity: definitions, ontology, genetics and relations to aggression. In E.Hollander & D. Stein (Eds.), Impulsivity and aggression [M]. New York: John Wiley & Sons, 1995: 163-176.

[32] Richard J. Gerrig, Philip G. Zimbardo. Psychology and life [M]. 北京：人民邮电出版社，2003: 670-676.

[33] Rook D. W. The buying impulse [J]. Journal of Consumer Research, 1987, 14 (2): 189-197.

[34] Rook D. W., Fisher R. J. Normative influences on impulsive buying behavior [J]. The Journal of Consumer Research, 1995, 22 (3): 305-313.

[35] Rook D. W., Gardner M. P. In the mood: impulse buying's affective antecedents [J]. Research in consumer behavior, 1993, 6 (7): 1-28.

[36] Rook D., Hoch S. Consuming impulses [J]. Advances in Consumer Research, 1985, 7 (1): 23-27.

[37] Stern, H. The significance of impulse buying today [J]. Journal of Marketing, 1962, 26 (4): 59-63.

[38] Tao S., Guohua W. Trait predictors of online impulsive buying tendency: A hierarchical approach [J]. Journal of Marketing Theory & Practice [serial online]. Summer 2011, 19 (3): 337-346. Available from: Business Source Complete, Ipswich, MA. Accessed January 1, 2016.

[39] Verplanken, B., Herabadi, A. G., Perry, J. A., Silvera, D. H. Consumer style and health: The role ofimpulsive buying in unhealthy eating [J]. Psychology & Health, 2005, 20 (4): 429-441.

[40] Weinberg P., Gottward W. Impulsive consumer buying as a result of emotions [J]. Journal of Business Research [serial online]. March 1982, 10 (1): 43-57. Available from: Business Source Complete, Ipswich, MA. Accessed January 1, 2016.

[41] Wolman, Benjamin. Dictionary of behavioral science [M]. New York: Van Noslrand Reinhold, 1973.

[42] Wood, M. Socio-economic status, delay of gratification, and impulse buying [J]. Journal of Economic Psychology, 1998, 19 (3): 295-320.

[43] Xu, Y. Impact of store environment on adult generation Y consumers' impulse buying [J]. Journal of Shopping Center Research, 2007, 14 (1): 39-56.

[44] Youn, S., Faber, R. J. Impulse buying: its relation to personality traits and cues [J]. Advances in Consumer Research, 2000 (27): 179-185.

[45] http: //www.businessdictionary.com/.

消费者自我控制文献综述

作者：邱咏梅；指导老师：李季，孙鲁平

内容摘要：本文通过对以前消费者自我控制文献的研究，简单介绍了消费者自我控制研究现状和定义，主要分析消费者自我控制的影响因素；从是否能由消费者自我控制的角度，将以往关于消费者影响因素的研究总体分为两大类：一是消费者的自我因素，二是外加因素；并且根据以往的研究，提出对于消费者自我控制影响因素研究的展望。

关键词：消费者；自我控制；定义；影响因素；研究展望

一、导　论

（一）关于消费者自我控制因素的研究

对于消费者自我控制的相关研究已有数十年的历史。同时，随着研究的深入关于消费者自我控制的问题已逐渐成为消费者行为学的中心领域。虽然国内也有许多关于消费者自我控制的研究，但相对于其他国家稍有落后。通过对消费者自我控制近几年的相关研究，笔者发现关于消费者自我控制的文献在近几年有许多有价值的新的研究，在以前的综述中较少提及；根据阅读的近几年的综述，总结出近几年研究出的新成果，完善以前没有总结出的对消费者自我控制产生影响的部分；将对消费者自我控制具有一定影响的因素分为两个部分：消费者自我因素和外加因素。具体内容框架如图1所示。

自我因素与外加因素并不是完全独立的，而是互相包含或者互相影响的。通过对自我控制因素的分析、归纳和总结，笔者得出对自己自我控制能力的影响因素更为全面的分析，从而作为对以前的内容的补充。文章会在各个部分对不同因素进行联系与简要分析，比如可以将许多外加因素与自身因素相联系，从而找到两者之间的关联与影响，帮助找到客观因素对应的消费者的内在因素，有助于在市场营销的一些具体行为上提供参考，其中主要是将社会因素等不可控因素与对其有影响的自我因素等可控因素相联系，帮助在现实中根据需要通过一定的措施和内容在一定程度上增强或者减弱消费者的自我控制能力。

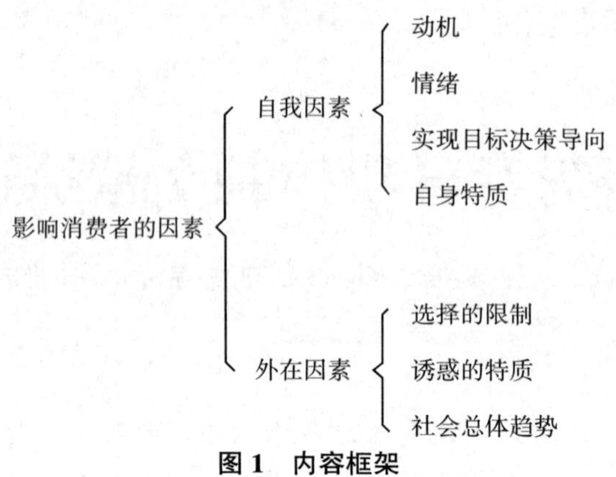

图1 内容框架

（二）自我控制的界定

尽管关于自我控制的研究已经非常多，自我控制的内容也渐渐完善，但是关于自我控制的定义在不同时期有所不同，大家持有不太相同的观点。比如，Dilip Soman、George Ainslie、Shane Frederick、Xiuping Li、John G. Lynch 和 Page Moreau（2005）的研究中表明：消费者的偏好在不同时间点上有所差别。自我控制具体是指消费者为了达到长期利益而牺牲短期利益，如果消费者做到了就称为自我控制。如果消费者为了现在也就是短期的利益或者快乐而牺牲了长期的利益则称为消费者自我控制的失败。总的来说就是指消费者对于不同时间点上的利益选择的不同产生了消费者的自我控制。

Baumeister 和 Heatherton 把消费者自我控制的过程分为三个部分：事前设立自己的目标、在事情发生的时候根据目标做出抉择、在事情结束以后对于失误的纠正。消费者自我控制是一个完整的过程，不同的影响因素通过作用于这三个不同的步骤对消费者自我控制起作用，从而引起消费者自我控制的成功或者失败。在各个研究中通常关注一个时段的一个因素，通过对比的各个条件进行研究。

二、消费者自我控制的影响因素

（一）消费者自我因素

1. 动机

不同消费者面对同一种产品时会因为不同的动机而选择，比如补偿性消费（Lee 和 Shrum，2013；Rucker 和 Galinsky，2013），消费者感到了某种心理等方面的威胁时，就会自觉寻找、识别某种产品来弥补或者补偿这种威胁（Gao、Wheeler 和 Shiv，2009；Levav 和 Zhu，2009）。比如说，Kim 和 Rucker（2012）发现，当一个人感觉到你自己的智力方面的因素有一定的威胁或者说是产生了一些额外的怀疑时就会更加倾向于购买更多的与产品相关的信息，消费者对于相关信息类的产品的自我控制就会相应减弱。其他学者也在一系列关于个人自由方面的研究上得出了类似的结果（Levav 和 Zhu，2009），比如另外两个因素：权力（Rucker 和 Galinsky，2008）和社会系统（Cutright，2011）。消费者在一定时间内，面对这些更加有购买欲望，也就是自我控制能力更低的原因，不是因为产品本身的迷人性，而是因为消费者希望得到一定的补偿，满足自己的心理需求。这说明，消费者动机的类型不同对消费者自我控制能力强弱具有一定的影响。

不仅不同的动机会影响消费者自我控制能力的强弱，消费者的动机与自我控制资源（Baumeister、Vohs 和 Tice，2007）也有一定的替代作用，即动机越强烈就能代替越多的消费者的自我控制资源（Baumeister 和 Vohs，2007），从而达到增强消费者自我控制的效果。但是同时也有研究发现，这种影响并不是单一方面和影响情况单一的，当消费者的自我控制资源不足以让他能够抵抗这种诱惑的时候，强烈的动机会在自我控制中减小，最后可能导致消费者的自我控制能力反而更低（Muraven、Baumeister、Shmueli 和 Burkley，2007）。从以前的研究中可以看出，不同强度的动机对自我控制能力的影响不同，其可能加强自我控制能力，也可能减弱自我控制能力。所以说，动机的强弱也是影响消费者自我控制能力强弱的重要因素。

2. 情绪

消费者在不同的时间面临不同的决策时有不同的情绪，在不同的情绪下消费者的自我控制能力不同。一方面，当消费者进行决策时情绪比较低落，消费者的自我控制能力会更低，会更加自我放任，选择诱惑的可能性会增加。因为当消费者情绪比较低落时，会比较偏向于做出一些弥补来改变其情绪低落的现象（Tice、Bratslavsky 和 Baumeister，2001）。另一方面，当消费者情绪比较积极的时候，其自我控制时间会比较长，因为这种积极的情绪能够补偿消费者自我控制所消耗的资源（Tice、Baumeister、Shmueli 和 Muraven，2007）。

不仅在选择产品当时产生的情绪会对消费者自我控制有影响，当消费者在完成消费后，不同的选择对消费者产生的不同反馈也会影响消费者的情绪，从而影响其自我控制能力。当消费者抵御了诱惑时，如果以前在消费者抵御了诱惑之后同一个产品又恢复到原状，这种回忆可能会在消费者选择的时候产生一种负面情绪的影响，导致消费者更具有自我控制力（van Putten、Marijke、Zeelenberg、Marcel、van Dijk 和 Eric，2013）。比如，有吸引力的奖金和大折扣往往成功地用来吸引新顾客和增加销售，但是如果顾客抵抗了这种吸引，没有选择产品，那么下次当这种奖金或折扣没有时消费者面对产品的诱惑购买这种产品的概率会更小。关于负罪感与懊悔情绪的作用，Kivetz 和 Keinan（2006）与 Keinan 和 Kivetz（2008）进一步指出，由于负罪感是一种强烈，但存续时间较短的情绪，而错失某事或某物的情绪虽强度较弱，但持续时间更长，因此，懊悔情绪对于自我控制的影响会由于时间点的不同而截然相反：在距离决策点较近的时点上，负罪感居于主导地位，消费者主要懊悔于自己的放任行为，所以更倾向于自我控制；而在距离决策点较远的时点上，随着负罪感的消减，错失的情绪居于主导地位，消费者则懊悔于自己的错失以及过度的自我控制，所以更倾向于自我放任。

3. 实现目标决策导向

消费者在进行选择时不同的目标决策导向会对自我控制的强度造成影响，研究显示，消费者的偏好在不同时间点上存在一定差异，往往当前喜欢的内容在长期看来并不是一个较优的选择（Dhar 和 Wertenbroch，2005），所以当消费者在进行决策的时候，如果他的决策着眼于现在，可能就具有更低的自我控制能力，如果他的决策着眼于未来，就会拥有更高的自我控制能力（Fujita，2006）。实验发现，消费者在选择商品的时候对于现在使用的和延期使用的同一个物品，愿意支付的金额不同（Ravi Dhar 和 Klaus Wertenbroch，2012）。更为详细的实验测试过人们在选择同一个优质消费品但是在不同时间获得消费体验时得到的满足度不同，愿意支付的金额也不同，也就是消费的倾向不同，这影响消费者当时的自我控制能力。当消费者在进行目标决策时，当主要放眼于远处或者时间更加长远的目标时，对于当前的诱惑所导致的短期利益就不那么在乎，自我控制能力就会相应地加强（Haws、Kelly L.和 Poynor Cait，2008）。同样，研究解释水平理论（Eyalet，2004）也表明，直接选择近期（短期）时的诱惑和美好产品比选择一定时期以后才发挥作用的诱惑和美好产品具有更强的诱惑。当我们现在选择但是效果要以后才表现出来或者说我们是以以后的利益作为我们的目标导向时，我们对于诱惑的自我控制能力更强。还有一个解释是模型预测，消费者在进行积极自我监管的时候不是主要考虑积极因素而是考虑成本因素时，他们能更好地控制自己的行为。当欲望的对象在时间或空间上距离消费者较远时消费者更容易在积极的自我监控上失败，因为随着距离的增加，消费者会减少对成本的关注度。如果没有外部提供的产品信息，人们更倾向于关注诱惑带来的快乐和自我调节失败的原因（Kyle B. Murray，2011）。

同时我们证明，不同时间的感知不同也会影响我们的自我控制能力的改变。自我控制依赖于当前活动的内容信息对未来的决定的影响。当目前我们表现出了很多放纵的信息时，对未来的决策往往是面向自我控制，也就是说我们会加强我们的自我控制力。当目前我们表现出或者感受到了很多自我控制较强的信息时，对未来决策往往是面向放纵，也就是说我们的自我控制力可能会减小（Laran，2010）。

通过目标决策导向的研究，我们可以在外在因素中通过不同诱惑的消费时间点的控制、信息的内容和数量的控制，从而达到一定程度上减弱或者增强消费者自我控制的目的。

4. 自身特质

消费者在进行自我控制时很重要的一点就是消费者对于不同产品组合本身的偏好程度，比如大多数消费者在功利主义的产品和享乐主义的产品分开选择需要哪个时，选择需要功利主义的产品的概率会更高。当它们被放在同一个产品组合里进行抉择时就更加偏好享乐主义的产品（Roy、Rajat、Ng 和 Sharon，2012），不同产品在不同组合时消费者对其的偏好会发生改变，消费者偏好在不同程度下的变化对于消费者自我控制起到十分重要的作用。同时另一个探索（Okada，2005）发现，在单独评估的情况下，消费者更偏好享乐品；相反，在联合评估的情况下，消费者更偏好实用品。这也证明了这一点，即这是消费者在没有什么特别影响下就自由的偏好。消费者自身是什么样的个性也有很大影响作用，当消费者是比较理性不冲动的个性时，在面对事物诱惑时不论是想起以前拒绝的好还是没拒绝的不好都会一致做出相同的选择，当消费者是冲动的个性时，他们的自我控制则出现切换模式，当回忆起没有抵制诱惑时的不好的结果时则会抵制诱惑，当回忆起抵制诱惑时的相安无事时则会不抵制诱惑（Mukhopadhyay、Anirban、Sengupta、Jaideep、Ramanathan 和 Suresh，2008）。这说明个人性格特质对消费者自我控制起到很明显的作用。

（二）外在因素

1. 选择的限制

当外在因素存在限制时，通过研究总结学者们的探索，一些情况下的选择自由度对消费者自我控制能力有所影响，在不同的选择限制下人们感受到的自由情况不同（Rook 和 Fisher，1995；Wertenbroch，1998）。比如购买了好看的牛仔裤可能过段时间就会有折扣等，当涉及购买或者消费这种物品时，就会减少一个人的自由选择和自治的能力，实际上这就是在心理上限制了人们的自由。先前有的研究已经表明，消费者十分看重自己的自由原则，他们通常会比较喜欢在有一些外加的选择下进行自己的选择，而且这种对于选择的偏好在选择的多样性上体现得十分明显（Botti 和 McGill，2006）。

当消费者的自己比较偏好的产品缺货也就是当他们的一些重要的自由选择受到限制的时候他们更想要换一家商店（Fitzsimons，2000）。当一些没有消费者的要求就开始的建议或者推荐出现的时候，消费者处于维护自己自由选择的心理往往会更加坚持自己的选择而拒绝别人的建议或者推荐（Fitzsimons 和 Lehmann，2004）。当消费者感到自己在接受了某种补偿或者奖励之后自己的自由选择的权利减小的时候，往往倾向于拒绝这种补偿或者奖励（Kivetz，2005）。研究表明，人对于自由有十分强大的信仰和意志，这是他们坚信坚持自己能够进行自由的选择（Baumeister 等，2008）。这些研究都说明，消费者对于自由选择的能力有十分强烈的坚持。也就是说，当消费者在感到自己的自由选择的权利得到充分保障的时候就会减小消费者自我控制的能力；反之，则会增加自我控制的能力，所以选择的限制这一个外在因素是消费者自我控制的一个十分重要的因素。可以通过一定程度的心理限制从而达到对于消费者需求的适当调控。内在因素与外在因素互相联系，发挥着作用。

2. 诱惑的特质

诱惑的一些细小的差别往往可以与消费者自身的一些心理特质相联系，通过对于消费者自身可控的心理的研究可以发现很多类似于上文的细小但是却能在一定程度上影响消费者自我控制能力的消费品的特质。

诱惑的不同会影响我们自我控制的能力，改变诱惑的一些细小的特质，能够改变我们拒绝它的能力。研究表明，消费者往往通过自己的选择等判定自己是怎样的人（Higgins，1987），当消费者在遇到一个诱惑的时候，他们抵制了它，这像是一种来自心理的威胁，这种心理威胁会增加消费者的欲望，消费者想要在这件事之后寻找一定的补偿（Lee 和 Shrum，2013；Rucker 和 Galinsky，2013），如果这时商家在诱惑的后面增加一定的补偿，比如购买后的小礼品或者下次的折扣券的话，我们的自我控制能力就会减小（Lisjak、Monika、Bonezzi、Andrea、Kim、Soo、Rucker 和 Derek D.，2015）。还有研究表明，当人们在进行花费的时候，相同的花费由几张小面额的花费组成与由一张大面额的消费组成，人们花费小面额的花费的概率更大（Raghubir、Priya、Srivastava 和 Joydeep，2009）。也就是说，在相同价值的几个小面额的花费之下，消费者的自我控制能力更弱，消费者在面对相同价格的由不同小面额价格的物品组成的产品组合时，更易购买。在实际中可以通过组合的方式增加消费者的购买量。

除了以上两个之外，还有很多类似的研究，通过改变诱惑的一些特质而不改变消费的本质就能改变我们面对诱惑时的自我控制能力，而且这些外在的改变是来自于外部环境，不能由消费者决定的。还有研究进行适当的扩展提供了一些更多的情景因素，比如说一种比较具有说服效果的感知风险。根据推断得出，消费者在高风险和低风险的不同的背景下有着不同的反应（Menon、Raghubirand 和 Agrawal，2008），诱惑会体现或者展现出不同的风险性会对消费者做出决定产生影响，从而消费者在进行选择时会有不同结果。对风险性的适当描述能够部分调控消费者的购买。

3. 社会总体趋势

自我探索和自我感知表明，人们从他们自己所做的不同选择中推断他们自己是什么样的人（Bem，1972；Dunning，2007），也就是说，他们所做的选择与他们的自我定位相联系，这个想法与夸特隆和特沃斯基（1984）的经典研究是一致的。

很多时候，我们在做决策的时候容易在各方面受到他人的影响，有时我们在做决策的时候如果有同行的人或者合作伙伴的影响或者参与可能会从根本上改变我们的决策过程，从而改变我们的决策结果（Gorlin 和 Dhar，2012）。这种共同的经历或者共同的体验能够在一定程度上改变我们所做的决定（McFerran 等，2010）。还有研究显示，这种共同的经历能够改变我们对于这个体验内容的认识（Ramanathanand 和 McGill，2007）和自己对整个经历主观上的评价（Raghunathan 和 Corfman，2006）。也就是说，在社会总体趋势的影响下，我们对于我们所做决策的内容和感受会产生很大的不同，当我们在决定是否要拒绝一个诱惑的时候，我们就是在做一个决策，整个社会影响就像是很多周围的人在影响我们的决策，我们对于同一个物品进行消费的自我控制也就不一样。比如商家在进行销售的时候，有时为了增加吸引力会做很多公益活动和环保活动，正是因为社会上对于这两种理念的推行，才有助于消费者在购买的时候更倾向于购买物品，同样在这个例子中，社会总体趋势减弱了消费者的自我控制。

尽管大多数消费者自我控制是单独做出的决定，但是他们很少在隔离的情况下做出决定，而是处在一个巨大的社会背景下。诱惑往往同时与多个性质不同、社会价值和意义不同的产品放在一起，从而容易受到社会影响。我们觉得，看似没有太大联系的决策，实际上可能由于他们产生不同的社会效应而产生联系，比如我们是选择把一元钱用于买糖还是捐给贫困儿童。一系列的跨越领域的钱、时间管理和食品消费的选择实验中证明选择非常大地影响了我们对于自己美德等特质的感知（Lowe、Michael L.、Haws 和 Kelly L.，2014），社会上的道德舆论等导向会很大程度地影响我们的自我控制，比如当我们不偏好于接受某种诱惑产品时，当它推出一些如环保的公益活动时我们可能自我控制就会减小，偏向于选择这个产品。

三、问题的思考与研究展望

Dhar、Ravi、Wertenbroch 和 Klaus（2012）提到，事实证明有许多情感在消费者回忆以前的消费经历这一无处不在的过程中出现，但很大程度上未被探索（Tracy 和 Robins，2007）。这些情感都共同影响着目标追求。文中提出并证明了偶然的骄傲自豪在这一过程中起到的促进不抵抗诱惑的行为，但是还有很多的其他并未探索的我们常常认为只有促进作用的正面情感对不抵抗诱惑这一行为起到重要作用，值得我们去进一步探索。同时，我们的情绪部分对于消费者积极的情绪探索较少，大都是消极情绪的不同影响。

在整理关于消费者情绪的相关文献时，在消费者从前的情绪对于现在的影响部分，大家主要论述的是从前的懊恼或者后悔的情绪对于自我控制的减弱，以及从前偶然的自豪心理对于自我控制的减弱。但是很少有关于从前在选择了拒绝诱惑后形成的正反馈作用更加偏向于增强自我控制，对于正面促进消费者自我控制的反馈因素的探索，有部分在探索别的问题时浅浅提到但是没有深入探索其中原因。

在探究社会因素时我们发现，选择非常大地影响了我们对于自己美德等特质的感知（Lowe、Michael L.、Haws 和 Kelly L.，2014），但是并没有具体探讨是如何影响我们的感知进而影响消费者的自我控制能力的，比如我们的自我控制能力是否与社会效应的强弱有关，是否只与社会中我们周围相信这些舆论等导向的人数有关等。

在探索自身特质时探索了当消费者是冲动个性时，他们的自我控制则出现切换模式，当回忆起没有抵制诱惑时的不好的结果时则会抵制诱惑，当回忆起抵制诱惑时的相安无事时则会不抵制诱惑，以及相反时的效果（Mukhopadhyay、Anirban、Sengupta、Jaideep、Ramanathan 和 Suresh，2008）。但是没有探索更多的个人特质对于自我控制能力是否有直接的影响，多样性比较欠缺，能够继续探讨比如个人事业成功、生活幸福满足度、社会地位等个人特质的因素对消费者的自我控制能力是否有直接一定规律的影响。

大多数的实验和探究都是以非中国人为实验对象进行的实验，有的实验不同地区的与实验相关的因素相差较大。比如，Lowe、Michael L.、Haws 和 Kelly L.（2014）在一系列的跨越领域的钱、时间管理和食品消费的选择实验中证明选择非常大地影响了我们对于自己美德等特质的感知这一实验，放在思想意识形态和各种观念与西方等地区和国家的人有很大不同的中国人身上是否也一样成立。

Menon、Raghubir 和 Agrawal 提出了消费者在不同的风险下会做出有差异的决策，从而诱惑自身所具有的风险差别会影响消费者的决策。但是在文中没有具体探究这些不同的风险是如何影响消费者决策的，需要进一步探究是否影响了消费者的自我控制的哪一方面，比如是通过影响消费者的情绪还是与消费者的自身特质相关，这样就能在现实生活中加以运用，使人们探究如何在产品已经存在一定风险的情况下让更多的消费者愿意购买。

在查阅文献的时候我们发现，很少有探究各种外在因素与内在因素互相之间关系的文献，大都直接探究各种因素与消费者自我控制能力的直接联系，比如在探究社会总体趋势的时候大都谈到了通过影响消费者自我感知从而影响了消费者的自我控制能力。这些总体趋势是否会对消费者购买某种产品的动机造成影响，改变了消费者的某些动机，从而改变了消费者自我控制能力。如果成立的话，商家虽然不能改变社会的总体趋势，但是却可以通过宣传语等信息强调某些动机或者弱化消费者的某些动机，从而达到增加或者减少消费者自我控制能力的作用。外在因素是通过影响内在因素还是自身直接影响消费者偏好等问题还不是很明确，需要继续探讨。因此，在探究如何将理论与不同情境下的具体实际联系起来并且加以运用还需要更多的探索。

参考文献

[1] Baumeister R.F., Schmeichel, B.J., Vohs, K.D. Self-regulation and the executive function: The self ascontrolling agent. In A. W. Kruglanski, E.T. Higgins (Eds.), Social psychology: Handbook of basic principles. 2nded., 2007: 516-539.

[2] Baumeister, R.F., Sparks, E.A., Stillman, T. F., Vohs, K.D. Free will in consumer hehavior. Self-control, ego depletion, and choice [J]. Journal of Consumer Psychology, 2008, 18 (1): 4-13.

[3] Baumeister R.F., Vohs K.D. and Tice D.M. The strength model of self-control [J]. Current Directions in Psychological Science, 2007 (16): 351-355.

[4] Botti S., McGill A.L.When choosing is not deciding: The effect of perceived responsibility on satisfaction [J]. Journal of Consumer Research, 2006 (33): 211-219.

[5] Chen Fangyuan, Sengupta Jaideep. Forced to be bad: The positive impact of low-autonomy vice consumption on consumer vitality [J]. Journal of Consumer Research, 2014 (4): 1089.

[6] Dale G. Larson, Robert L. Chastain, William T. Hoyt, Ruthie ayzenberg, self-concealment: integrative review and working model [J]. Journal of Social and Clinical Psychology, 2015, 34 (8): 705.

[7] Dhar, Ravi, Wertenbroch, Klaus. Self-signaling and the costs and benefits of temptation in con-

sumer choice [J]. Journal of Marketing Research, 2012 (2): 15.

[8] Dilip Soman, George Ainslie, Shane Frederick, Xiuping Li, John G. Lynch, Page Moruea. The psychology of intertemporal discounting: Why are distant events valued differently from proximal ones? [J]. Marketing Letters, 2005, 12 (3): 347–360.

[9] Fitzsimons, G.J. Consumer response to stock outs [J]. Journal of Comsumer Research, 2000, 27 (2): 249–266.

[10] Fitzsimons, G.J., and Lehmamn, D. R., Reactance to recommendation; when unsoldcited advice yields contrary responses [J]. Mareting Science, 2004, 23 (1): 82–94.

[11] Gao, Leilei, S. Christian Wheeler, Baba Shiv. The "shaken self": Product choices as a means of restoring self–view confidence [J]. Journal of Consumer Research, 2009, 36 (6): 29–38.

[12] Haws Kelly L., Poynor, Cait. Seize the day! encouraging indulgence for the hyperopic consumer [J]. Journal of Consumer Research, 2008 (12): 680.

[13] Juliano Laran. Choosing your future: Temporal distance and the balance between self–control and indulgence [J]. Journal of Consumer Research, 2010 (4): 1002.

[14] Kenta Fujita, Maiko Nishida, Yoichi Itoh, Tadashi Muka. Development of simultaneous imaging polarimeter [J]. SPIE Proceedings, 2009, 43 (2), 325–327.

[15] Kivetz, Ran. Promotion reactance: The role of effort–reward congruity [J]. Journal of Consumer Research, 2005, 31 (4): 725–736.

[16] Klaus Wertenbroch. Consumption self–control by rationing purchase quantities of virtue and vice [J]. Marketing Science, INFORMS, 1998, 17 (4): 317–337.

[17] Kyle B. Murray. Why didn't I think of that? Self–regulation through selective information processing [J]. Journal of Marketing Research, 2011, 48 (4): 701–712.

[18] Lisjak Monika, Bonezzi Andrea, Kim Soo, Rucker Derek D. Perils of compensatory consumption: within–domain compensation undermines subsequent self–regulation[J]. Journal of Consumer Research, 2015 (2): 1186.

[19] Lowe Michael L., Haws Kelly L. Immoral support: The social outcomes of parallel self–control decisions [J]. Journal of Consumer Research, 2014, 41 (2): 489.

[20] McGray, B., D.W. Dahl, G, J. Fitzsimons, and A. C. Morales. I'll have what she's having: Effects of social influence and body type of food choices of others [J]. Journal of Consumer Research, 2010, 36 (6): 915–929.

[21] Menon G., Raghubir P., Agrawal N. Health risk perceptions and consumer psychology. In: Haugtvedt CP, Herr P., Kardes F. (eds) Handbook of consumer psychology, 2nd edn [M]. United Kingdom: Psychology Press, 2008: 981–1010.

[22] Mukhopadhyay Anirban, Sengupta Jaideep, Ramanathan Suresh. Recalling past temptations: An information–processing perspective on the dynamics of self–control [J]. Journal of Consumer Research, 2008 (12): 586.

[23] Okada E. M. Justification effects on consumer choice of hedonic and utilitarian goods [J]. Journal of Marketing Research, 2005, 42 (1): 43–53.

[24] Raghubir Priya, Srivastava Joydeep. The denomination effect [J]. Journal of Consumer Research, 2009, 36 (4): 701–713.

［25］ Raghunathan Rajagopal，Kim Corfman. Is happiness shared doubled and sadness shared halved? social influence on enjoyment of hedonic experiences［J］. Journal of Marketing Research，2006，43（8）：386-394.

［26］ Ravi Dhar，Klaus Wertenbroch，Ravi Dhar. Self-signaling and the costs and benefits of temptation in consumer choice［J］. Journal of Marketing Research，2012.

［27］ Rook，Dennis W.，Fisher，Robert J. Normative influences on impulsive buying behavior［J］. Journal of Consumer Research，Oxford University Press，1995，22（3）：305-313.

［28］ Roux，Caroline，Kelly Goldsmith and Andrea Bonezzi. On the psychology of scarcity：When reminders of resource scarcity promote selfish （and generous） behaviors［J］. Journal of Consumer Research，2015，42（4）：615-631.

［29］Roy，Rajat，Ng，Sharon. Regulatory focus and preference reversal between hedonic and utilitarian Consumption［J］. Journal of Consumer Behaviour，2012，1（2）：81.

［30］ Rucker，Derek D.，Adam D. Galinsky. Desire to acquire：Powerlessness and compensatory consumption［J］. Journal of Consumer Research，2008，35（2）：257-267.

［31］ Tice D. M.，Baumeister R. F.，Shmueli D.，Muraven M. Restoring the self：Positive affect helps improve self-regulation following ego depletion ［J］. Journal of Experimental Social Psychology，2007 （43）：379-384.

［32］ Tice D.M.，Bratslavasky E.，Baumeister R. F. Emotional distress regulation takes precedence over impulse control：If you feel bad，do it！［J］. Journal of Personality and Social Psychology，2001 （80）：53-67.

［33］van Putten Marijke，Zeelenberg Marcel，van Dijk，Eric. How consumers deal with missed discounts：Transaction decoupling，action orientation and inaction inertia［J］. Journal of Economic Psychology，2013 （10）：104.

炫耀性消费研究综述

作者：杨荟；指导老师：李季，孙鲁平

内容摘要：本文通过对关于炫耀性消费的文献进行归纳整理，将学者们对炫耀性消费做出的具有代表性的定义进行了归纳，并按外部因素和内部因素的分类顺序将炫耀性消费的影响因素罗列出来，加以补充说明，文末根据个人看法提出了总结及研究展望。

关键词：炫耀性消费；定义；影响因素；研究展望

随着改革开放和经济全球化的不断深入，人们的生活水平和消费水平都得到了明显的提高，对于高端产品等的消费也大幅增加。根据 Bain 和 Company 贝恩咨询公司中国公司提供的中国奢侈品市场年度报告，2014 年全球奢侈品市场各地区的比例排名中，中国以 29%占据第一位，明显高于位于第二位和第三位的美洲和欧洲。中国国内奢侈品市场的统计数据显示，2007~2013 年，中国国内奢侈品市场消费一直保持着迅速增长，从约 70 亿美元提高至超过 200 亿美元，速度和规模都可谓惊人。[①]

国内奢侈品的消费迅猛增长让我们不禁将其与炫耀性消费联系起来。炫耀性消费的现象已不仅仅存在于高收入群体中，而是在社会各个阶层中都越来越普遍地存在。然而还有许多公众对于炫耀性消费的理解不够准确，比如，将其与奢侈品消费等价等；此外，许多人对炫耀性消费一直持有批评和否定的态度，特别是在愈加倡导节俭风尚的现今。因此，对于炫耀性消费有正确和理性的认识就更加重要了。

本文对有关炫耀性消费的文献做了归纳和梳理，罗列出了炫耀性消费的主要定义和影响因素（分为外部因素和内部因素两大板块），并于最后提出了个人评价及研究展望。

一、炫耀性消费的定义

“炫耀性消费”一词在日常生活中出现得越来越频繁，许多人对此都不陌生，也因

① 数据来源：中国服装网，http：//news.efu.com.cn/newsview-1097479-1.html。

此，对其内在意义的准确把握就更加重要。本文首先总结了最具有代表性的定义，其次在此基础上做了相应补充。

（一）具有代表性的定义

到目前为止，学者们还没有对炫耀性消费的定义达成共识，但几乎都采纳了几种具有代表性的观点。此处将其罗列如表 1 所示：

表 1　炫耀性消费的定义

作者	定义
Veblen（1918）	一种通过消费昂贵产品和服务，以展现收入或财富，并获得和维持社会地位为主要目的的消费方式
Belk（1988）	是消费者以拓展自我，并期望他人通过自己希望的方式来感知自己为目的而进行的购买和获得的行为
Marcoux、Filiatrault 和 Cheron（1997）	其概念有五个维度：物质主义、从属于或脱离某一群体的交流、社会地位展现、人际调解和故意张显
Eastman、Goldsmith 和 Flynn（1999）	是个体通过消费能给予或象征自己及周围的其他人地位的产品来努力提高他们社会身份的激励过程。
Trigg（2001）	是人们通过大量的休闲活动，以及在产品和服务上的奢侈花费来展示财富的行为
Aron O'Cass 和 Hmily McEwen（2006）	是个体通过公开消费其财富来向他人展现其地位，从而提升自我形象的倾向

从表 1 中可看出，几位学者对“炫耀性消费”定义的侧重点不同，也反映出随着时代演变和研究深入，关于炫耀性消费的探索也更加全面。Veblen 是最早研究炫耀性消费的学者之一，他对炫耀性消费的定义强调的是“展现财富”和“提升社会地位”两方面；在其后的研究中，也有不少学者的定义是强调“提升自我形象”、“受他人认可”等其他方面。

（二）相关补充

除表 1 罗列出的学者们普遍认同和采纳的定义外，关于对炫耀性消费内涵的理解，还有以下内容需要特别注意：

（1）虽然炫耀性消费通常指的是消费奢侈品（如首饰、汽车等）、定位在高端市场，并且只针对于某些细分领域中的顾客（如那些高收入人群）（Schiffman 等，2004）的消费，但现在炫耀性消费在其他领域或层次中也有出现。例如，经济能力很有限的消费者也会有炫耀性消费（Frank，1999），并且这种全球化的趋势在处于崛起阶段的国家（如巴西、印度、中国等）表现尤为明显。

（2）炫耀性消费不等同于奢侈品消费。将炫耀性消费与奢侈品消费混淆或等同起来的现象十分普遍，可事实上，虽然关于炫耀性消费和奢侈品消费的研究结果表明，有许多影响因素对二者有相同或非常相似的作用机制，但二者实质上是不同的。奢侈品消费通常指对超出消费者基本需求的商品的购买行为，它突出强调的是商品的昂贵和非必需性（Veblen，1899）。关于炫耀性消费的理解可参照表 1，它指向的并非只是对昂贵的、非必需的商品的购买。

二、炫耀性消费的影响因素

研究炫耀性消费自然少不了探究什么因素会对其产生影响。本文将影响炫耀性消费的因素分为了外部因素和内部因素两部分，前者包括社会地位、文化差异、参照群体、异性吸引和父母关爱；后者包括自我形象、自尊及性别。

（一）外部因素

1. 社会地位

社会地位的展现常被认为是刺激炫耀性消费的一大主要因素（Marcoux 等，1997）。关于社会地位对炫耀性消费的影响是学者们一直关注的一大重点，从 20 世纪初到现在一直不断有新研究将社会地位对炫耀性消费的作用机制进行补充和完善。

Schiffman（2004）指出，社会地位常被认为是每个社会阶层中的成员的相对排名。当谈及社会地位时，人们认为通常涉及它的因素可能包括财富、权利和声望，并且这些因素在指导消费者的购买意向的过程中发挥了重要作用。

总体说来，研究社会地位的学者们认为，那些经济和社会地位很被看重的群体中，人们在具有象征性的品牌（指可以为消费者提供象征性的好处，如社会地位、财富的品牌（Chandon 等，2000））上的消费有更为普遍的趋势（Wong N. Y.等，1998）。O'Cass 等（2002）通过随后的研究对此现象予以了解释：在这些群体中，品牌所具有的象征性的意义被加重，而消费者购买这些品牌的商品主要是由于它们可以对消费者的形象有传达的作用。Vigneron 等（1999）的研究说明，消费者培养起品牌的声望意识以及他们的声望寻求行为是多种动机作用的结果，尤其是自我展现和社会地位。通常，消费者的购买意向受感知到的声望的影响，这种声望来源于对一些品牌商品的获得，尤其是吸引人注意的品牌商品（Steenkamp 等，2003）。Goldsmith 等（1999）也证明了这一观点，他们的研究表明，影响消费者行为最重要的因素之一是他们从物品的获得和购买中增加社会地位和社会声望的欲望。由此，消费者的炫耀性行为也许可以用他们对获得群体顺从的欲望来解释。消费者越寻求社会地位，他们就将越多地从事如有社会地位象征的消费这样的行为（Eastman 等，1999）。每一层级水平中的消费者都会通过购买商品来满足他们的社会地位实现的需求（O'Cass，2004）。在奢侈品品牌上的消费为个体提供了象征性的好处，因为这些商品展现了消费者的社会地位和财富，也就促进了消费者的炫耀性消费（Chandon 等，2000）。

Nizar Souiden（2011）在研究中还对比了不同文化（以突尼斯和加拿大为例），研究结果表明，两地区的炫耀性消费都受社会地位展现的直接影响，且呈正相关。这也说明了，不同文化中的消费者都倾向于购买品牌的、时尚的物品来强调他们属于一个高等的社会阶级。这跟 O'Cass 等（2004）的观点也是相符的：炫耀性消费的倾向主要是受消费者的社会地位的影响。

2. 文化差异

尽管炫耀性消费已经是全球普遍存在的，但它的促进因素却跟不同的文化价值息息相关，主要体现在它与物质主义、个人主义，以及文化中的权力距离正相关。基于 Hofstede（1980）的关于文化的理论，学者们从不同文化角度出发，将其与炫耀性消费的关系做了更深入的探讨，并通过实证研究对在这些文化中所表现出来的炫耀性消费的差异做出了相关解释，罗列如下：

第一，Babin 等（1994）指出，社会地位的寻求与物质主义息息相关，而物质主义又与炫耀性消费有着密切的联系。物质主义在个人主义社会（如北美）中盛行，并且一个人的成功通常以他所积累的财富和物品来衡量，因此物质主义者会倾向于通过炫耀性消费来展现其个人财富，以此寻求较高的社会地位体现。Belk（1988）和 Browne 等（1997）的研究也可以支撑这个观点，他们的研究结果表明，在个人主义价值观盛行的国家中，炫耀性消费就很可能被消费者的物质主义和自我提高所激励。Jeffrey S. Podoshen 等（2012）的研究也证实了物质主义与炫耀性消费呈正相关关系。

第二，在个人主义的社会中，那些非常关注自己留给他人的印象的消费者也会去积极追求社会地位（Browne 等，1997）。而事实上，不同于集体主义社会中人们对人际间关系的强调（Triandis，1988，1989），个人主义社会中，个人的成就会更被看重。Hofstede（1997）的研究结果也表明，个人主义社会群体中的消费者将更加渴望购买能够提升他们自尊和自我形象的商品。这也进一步反映了个人主义与炫耀性消费的正相关关系与其内在联系。同样地，Nizar Souiden（2011）还发现，相较于集体主义社会，个人主义社会中自我形象一致性对于炫耀性消费行为的促进也更明显，这可以用两个社会中对物质主义的奉行程度不同来解释。

第三，在那些权力距离明显的社会中，人们通过炫耀性消费来创造彼此间的区别是很正常的现象。这些社会更可能遵循一个其公民地位不会有明显上升的社会群体系统（Hofstede，1997）。在这些社会群体中的个体也很可能产生一种虚荣心很强的自我认知（Keltner 等，2003）。这种现象在许多发展中国家中很常见，这些国家中的个体倾向于炫耀性地展示他们的物品并且持续寻找能够展现社会地位的迹象，以此显示成功（Singh，1982；Nizar Souiden 等，2011）。事实上，发展中国家现在的中产阶级的一个显著特征是他们对全球或西方文化的爱好以及他们对财富和价值的争取（Lakha，2000）。Piron（2000）证实了这个结论，并且指出，在那些社会中，炫耀性消费是一种在文化角度中可接受的展现财富和社会阶级的方式。同样地，Moon 等（2005）的研究也表明了，为了展现权利和获得社会地位的象征，权力距离明显的社会中的个体更倾向于购买名牌商品。因此，在这些社会中，推动炫耀性消费的主要因素是消费者想要给他人留下他们是成功的，并且已经处于一定社会等级的印象的意愿（Varman 等，2005）。

3. 参照群体

已有不少学者研究发现，参照群体会影响炫耀性消费的倾向，并主要从人们对人际关系、社会认同的方面对其做出了解释。

Aron O'Cass 等（2006）的研究结果表明，对参照群体的敏感性与个体的炫耀性消费的倾向之间有直接的联系。具体而言，某些能展现地位的产品和品牌是被用以形象地描绘，从而帮助消费者得以进入某些群体。从其研究结果中很容易观察出，个体对于保持或提升自己在重要的其他人的看法中的形象的需求与炫耀性消费紧密相关，因此得出了炫耀性消费受人际关系的影响的重要结论。因为在没有“其他人”时，炫耀性地消费是无法完成的，比如，向其他人展示财富就意味着必须有“其他人”观察到。之前，Shermachs（1997）的研究也曾表明，社会认同是人们使用一些品牌的促进因素。这些研究都展现了个体由于对人际间关系的敏感，通过使用某些特别的产品能怎样帮助提高或达到融入群体的效果。相似地，Wong 等（1998）也指出，消费者对炫耀性商品的渴望程度是由他们的社交网络和参照群体的影响所决定的。人们对参照群体越敏感、越想要融入某群体或增加其社会认同，就越容易导致炫耀性消费行为。

4. 异性吸引

近年来，异性吸引对炫耀性消费的影响也愈加引起了学者们的关注和重视。研究表明，异性吸引也是促进炫耀性消费的一大重要因素。总体可概括为，越希望引起异性关注和青睐，个体的炫耀性消费行为就越会被促进。

De Fraja 和 Gianni（2009）认为，通过炫耀性消费，可以给异性传递相应的信号，使对方感知到自己存在的但不易观察到的特质，并使其认为它们是具有价值的。Zahavi（1975）在之前的研究中指出，对男性而言，他们所发出的这些信号都必须是高代价的。而 Gianni De Fraja（2009）认为，炫耀性消费就恰好是这样的一个信号，它很容易被感知到，并且也要花费不少来获得。这很好地说明了异性吸引对炫耀性消费的促进作用。此外，Zahavi（1975）的研究结果还表明，个人质量越优越，他们发出这些信号的代价也就越少，就越容易使女性把他们与对手区分开来。

5. 父母关爱

影响青少年产生炫耀性消费倾向的因素应当引起人们的重点关注。已有研究结果表明，父母的关爱确实与青少年炫耀性消费态度存在负相关关系。

Clinton G. Gudmunson（2012）通过测量青少年的炫耀性消费态度（而非行为，是因为考虑到了青少年的财力状况，他们大多数经济不独立，需依靠父母；而另一部分人，尤其是相对年长些的，已经经济独立了），得出结论：认为父母很关心自己的青少年有更低的可能性展现偏向炫耀性消费的态度。La Guardia 等（2000）指出，人们天生具有对关联性、能力和自主的心理需求。对这些心理需求的实现始于家庭当中。家庭中，在关爱的表达和家庭关系的发展方面，亲子间的交流扮演了很重要的角色（Allen，2008）。同时，关爱又是极少的亲子关系中可以持久的品质之一，它在青少年到成年人过渡的整个阶段中都能被保持（Aquilino，1997）。而在 Clinton G. Gudmunson（2012）的研究中，父母的关爱被视作具有有效满足这些需求的潜力。因此，青少年可能在缺乏父母关爱时，通过培养起旨在获得他人赞赏和尊重的消费习惯来加以弥补。有趣的是，研究结果还表明，相较于父亲的关爱，母亲的关爱更加促进青少年炫耀性消费的减少。

（二）内部因素

1. 自我形象

一些研究已经成功建立起了消费者自我形象和品牌形象间的联系，其中的大多数可以得出结论：消费者的自我形象会对他们的购买决策和品牌选择起强烈的指导作用（Dolich，1969；O'Cass 等，2002），这表明了个体会通过购买一些品牌的产品来展现他们自我，而那些品牌的形象跟他们自己的形象是相符的（Aaker，1999；Sirgy，1982；Nizar Souiden 等，2011）。这也导致了“自我形象一致性”说法的出现。另有研究（O'Shaughnessy，2002）已经清楚地表明，炫耀性消费是一种将自我形象告知他人的方式。在这种情况下，消费者的财产就被视为他们自我形象的一种证明和延伸（Phau 等，2004），并且消费者会通过选择与自身相符的品牌来展现他们自己（Sirgy，1982）。

此外，Nizar Souiden（2011）还指出，消费者相信他们的社会地位可能影响他们的自我形象，这也转而刺激了他们的炫耀性消费行为。因此，社会地位的展现在自我形象一致性促进炫耀性消费时，有着间接的影响。这表明，个体越追求社会地位，他们越想要传递一种积极的自我形象，并且越想要购买名牌的产品。这跟前者（Kenny，2005；Lundgren，1992）的研究结果是相符的。

2. 自尊

目前已有不少研究表明，有较低自尊的个体更可能强调物品属于名牌的重要性，这已是一个普遍存在的事实。

Rose 等（1998）指出，青少年女孩偏好于某些产品（如服饰等），是想要给他人留下深刻印象，并且提升她们的自尊。此外，Chaplin（2005）还得出结论：自尊较低的青少年更可能是唯物主义的。

而 Jaehoon Lee（2012）的研究结果表明，提升自尊对于减少炫耀性消费并没有影响（但是提高消费者的功效需求却可以），这在一定程度上也说明了低自尊并不一定是炫耀性消费的激励因素。因此，有关于自尊与炫耀性消费间的关系和作用机制的研究还有待进一步完善。

3. 性别

在有关炫耀性消费态度和行为的研究中，有时男女之间体现出了较显著的差异。

Aron O'Cass 等（2006）在研究中调查了 18~25 岁的年轻男女的炫耀性消费倾向，结果反映了明显的性别差异：男性在产品使用上会更加强调引人注目的重要性。这种差异在 Eastman 等（1997）和 Tse 等（1989）的研究结果中也有体现。他们指出，男性更可能是物质主义的，更倾向于通过外表上表现的声望和成绩来获得外界认可，因而其炫耀性消费倾向也越明显。Brenda Segal 等（2013）的研究还进一步说明，男性比女性的炫耀性消费程度更大。这与先前的研究结果（Eastman 等，1997；Kamineni，2005；Brenda Segal 等，2013）也是相符合的。

三、总结与研究展望

（一）总结

通过以上概括可见，百年来，对学者们有炫耀性消费的研究在一直深入和完善当中。从最初几乎只集中于强调社会地位的重要性，到之后的不断发现和补充，如对参照群体影响的强调等，为人们对炫耀性消费的全面认识提供了重要的理论依据和实证基础。同时，不管是企业、消费者还是国家等，几乎任何角色都可从这些研究结论中得以启示（如商家广告可以更有针对性、警示父母对子女的关爱等），使社会各方都能够真正受益。特别是在我国经济水平和居民消费水平都突飞猛进的背景下，如何正确理解和对待炫耀性消费值得我们认真思考，而现有的丰富研究成果就能起到很重要的参考作用。

但即使学者们对于炫耀性消费的研究已有较悠久的历史，并且已经非常全面和深入，也依然存在着一些问题，需要在今后的研究中将其逐个解决。我认为主要是以下这些方面还有不足，需要改进：

（1）仍存有不少争议之处。最典型的是学者们对炫耀性消费的定义，虽然不同定义可能只是侧重点不同，但在进行对炫耀性消费的更全面深入的探讨时，就会存在诸多不便，甚至可能会因为理解上的偏差而丢失部分准确性。此外，例如前文提到的关于自尊与炫耀性消费间关系的研究中，低自尊是否一定是炫耀性消费的激励因素这一问题还尚待解决。另外，也有不少没有达到学者们的统一认识之处，这些都有必要通过今后更缜密的研究，得出更具说服力的结论和解答。

（2）样本相对单一。现有研究的研究过程中，样本的选取都还较单一，这可能会使研究结果的准确性和可参考度受到质疑。例如，在进行性别差异的研究时，多数学者选取的是以 18~25 岁的青年人作为样本，虽然他们是炫耀性消费中非常具有代表性的群体，但仍可能与其他年龄段的人群有所差异，由此研究结果的普适性就不会特别理想。

（3）缺乏对炫耀性消费造成的影响的研究。通过查证目前已有的文献可以看出，学者们对于导致炫耀性消费的因素的探索都已达到了相当水平的深度和广度，对其作用机制的研究也已比较完善。但却少有研究集中于探讨炫耀性消费会带来什么影响、导致什么结果，对其影响力的说明欠缺也会很难改变许多人持有的“炫耀性消费一定是不好的”的想法。

（二）研究展望

针对上述提出的有关炫耀性消费的现有研究的局限性，在今后的研究中，可主要以以下几方面为改善重点，继续完善对这一领域的研究：

（1）保证样本的多样性。建议相关学者在今后的研究中更加注重样本的完备，比如，对各个年龄段人群、各级收入群体、不同行业人士等都有相关的研究。这样既保证了研究结果的准确性和可参考度，又能进一步启发人们对于炫耀性消费的认识和思考，因为炫耀性消费已是几乎在各类群体当中都存在的现象。

（2）增加对炫耀性消费带来的影响的研究。清楚了影响炫耀性消费的因素及其作用机制后，建议学者们也重视起对其造成的影响的研究。这样将使社会中各角色更加清楚应该怎样利用或避免炫耀性消费，从而使得历史积淀下来的这些研究成果能与之结合，更加积极地发挥其启示效应。

（3）不局限于前人研究，敢于大胆思考和质疑。炫耀性消费与我们的日常生活紧密相连，但当下社会中各因素的迅速改变也依然不容忽视。学者们应该时刻考虑到，之前的研究结论可能随时代的快速演变而已不适于当下的情况。因此，敢于思考、敢于质疑应是学者们和社会各界人士在今后对此领域的发展研究中需秉承的特质。

参考文献

[1] Aaker J. L. The malleable self：The role of self-expression in persuasion [J]. Journal of Marketing Research，1999，36（1）：45-57.

[2] Aquilino，William S. From adolescent to young adult：A prospective study of parent-child relations during the transition to adulthood [J]. Journal of Marriage & Family，1997，59（3）：670-686.

[3] Allen，JoBeth. Family partnerships that count [J]. Educational Leadership，2008，66（1）：22-27.

[4] Aron O'Cass，Hmily McEwen. Exploring consumer status and conspicuous consumption [J]. Journal of Consumer Behaviour，2006，4（1）：25-39.

[5] Babin B. J.，W. R. Darden，M. Griffin. Work and/or fun：Measuring hedonic and utilitarian shopping value [J]. Journal of Consumer Research，1994，20（4）：644-656.

[6] Belk R. W. Possessions and the extended self [J]. Journal of Consumer Research，1988，2（2）：139-168.

[7] Brenda Segal，Jeffrey S. Podoshen. An examination of materialism，conspicuous consumption and gender differences [J]. International Journal of Consumer Studies，2013（37）：189-198.

[8] Browne B. A.，D. O. Kaldenberg. Conceptualizing self-monitoring：Links to materialism and product involvement [J]. Journal of Consumer Marketing，1997，14（1）：31-44.

[9] Chandon P.，B. Wansink，G. Laurent. A benefit congruency framework of sales promotion effectiveness [J]. Journal of Marketing，2000，64（4）：65-81.

[10] Chaplin，Lan Nguyen，John，Deborah Roedder. Materialism in children and adolescents：The role of the developing self-concept [J]. Advances in Consumer Research，2005，32（1）：219-220.

［11］ Clinton G. Gudmunson, Ivan F. Beutler. Relation of parental caring to conspicuous consumption attitudes in adolescents［J］. J Fam Econ Iss, 2012 (33): 389-399.

［12］ De Fraja, Gianni. The origin of utility: Sexual selection and conspicuous consumption［J］. Journal of Economic Behavior & Organization, 2009, 72 (1): 51-69.

［13］ Eastman J. K., Fredenberger B., Campbell D., Calvert S. The relationship between status consumption and materialism: A cross-cultural comparison of Chinese, Mexican and American students［J］. Journal of Marketing Theory and Practice, 1997, 5 (1): 52-66.

［14］ Eastman J. K., R. E. Goldsmith, L. R. Flynn. Status consumption in consumer behaviour: Scale development and validation［J］. Journal of Marketing Theory and Practice , 1999, 7 (3): 41-51.

［15］ Frank R. H. Luxury fever: Money and happiness in an era of excess［C］. Princeton, NJ: Princeton University Press, 1999.

［16］ Hofstede G. Culture's consequences: International differences in work-related values［M］.Newbury Park, CA: Sage, 1980.

［17］ Hofstede G. Culture and organizations: Software of the mind［M］. New York: McGraw-Hill, 1997.

［18］ Jaehoon Lee, L.J. Shrum. Conspicuous consumption versus charitable behavior in response to social exclusion: A differential needs explanation［J］. Journal of Consumer Research, 2012, 39 (3): 530-544.

［19］ Jeffrey S. Podoshen, Susan A. Andrzejewski. An examination of the relationships between materialism, conspicuous consumption, impulse buying, and brand loyalty［J］. Journal of Marketing Theory and Practice, 2012, 20 (3): 319-333.

［20］ Keltner D., J. Gruenfeld, C. Anderson. Power, approach, and inhibition［J］. Psychological Review, 2003 (110): 265-284.

［21］ Kenny M. E., Griffiths J., Grossman J. Self-image and parental attachment among late adolescents in Belize［J］. Journal of Adolescence, 2005, 28 (5): 649-664.

［22］ La Guardia Jennifer G., Ryan Richard M., Couchman Charles E., Deci Edward L. Within-person variation in security of attachment: A self-determination theory perspective on attachment, need fulfillment, and well-being［J］. Journal of Personality & Social Psychology, 2000, 79 (3): 367-384.

［23］ Lakha S. The state, globalisation and Indian middle-class identity［J］. Pinches, M. (ed.) Culture and Privilege in Capitalist Asia, London, 1999: 251-274.

［24］ Lundgren L., Kindblom L. G., Willems J., Falkmer U., Angervall L., Proliferative myositis and fasciitis. A light and electron microscopic, cytologic, DNA-cytometric and immunohistochemical study［J］. Acta Pathologica, Microbiologica, Et Immunologica Scandinavica, 1992, 100 (5): 437-448.

［25］ Marcoux, J. S., P. Filiatrault, and E. J. Cheron. The attitudes underlying preferences of young urban educated Polish consumers towards products made in Western countries［J］. Journal of International Consumer Marketing, 1997, 9 (4): 5-29.

［26］ Moon Y.S., K. Chan. Advertising appeals and cultural values in television commercials: A comparison of Hong Kong and Korea［J］. International Marketing Review, 2005, 22 (1): 48-66.

［27］ Nizar Souiden, Bouthaina M'Saad, Frank Pons. A cross-cultural analysis of consumers' conspicuous consumption of branded fashion accessories［J］. Journal of International Consumer Marketing, 2011 (23): 329-343.

[28] O'Cass A., H. Frost. Status brands: Examining the effects of non-product related brand associa tions on status and conspicuous consumption [J]. Journal of Product and Brand Management, 2002, 11 (2): 67-88.

[29] O'Cass A., H. McEwen. Exploring consumer status and conspicuous consumption [J]. Journal of Consumer Behaviour, 2004, 4 (1): 25-39.

[30] O'Shaughnessy J., N. J. O'Shaughnessy. Marketing, the consumer society and hedonism[J]. European Journal of Marketing, 2002, 36 (5/6): 524-547.

[31] Phau I., C.-C. Lo. Profiling fashion innovators—A study of self-concept, impulse buying and Internet purchase intent [J]. Journal of Fashion Marketing and Management , 2004, 8 (4): 399-411.

[32] Piron F. Consumers' perceptions of the country-of-origin effect on purchasing intentions of (in) conspicuous products [J]. Journal of Consumer Marketing, 2000, 17 (4): 308-321.

[33] Rose G. M., D. M. Boush, M. Friestad. Self-esteem, susceptibility to interpersonal influence, and fashion attribute preference in early adolescents [J]. European Advances in Consumer Research, 1998 (3): 197-203.

[34] Schiffman L. G., L. L. Kanuk. Consumer behavior. 9th ed [M]. Englewood Cliffs, NJ: Prentice Hall, 2004.

[35] Shermach K. What consumers wish brand managers knew[J]. Marketing News, 1997, 31 (12).

[36] Sirgy M. J. Self-concept in consumer behaviour: A critical review [J]. Journal of Consumer Research, 1982, 9 (3): 287-300.

[37] Steenkamp, Jan-Benedict E. M., Batra, Rajeev, Alden, Dana L. How perceived brand globalness creates brand value [J]. Journal of International Business Studies, January 2003, 34 (1): 53-65.

[38] Triandis H. C. Commentary. In The teenage world: Adolescents' self-image in ten countries, ed [M]. New York: Plenum, 1988: 127-128.

[39] Triandis H. C. The self and social behaviour in differing cultural contexts [J]. Psychological Review, 1989 (96): 506-520.

[40] Trigg A. B.Veblen, bourdieu, and conspicuous consumption [J]. Journal of Economic Issues, 2001, 35 (1): 99-115.

[41] Tse D., Belk R., Zhou N. Becoming a consumer society [J]. Journal of Consumer Research, 1989 (15): 457-472.

[42] Varman R., R. M. Vikas. Media, rising consumer culture and the working class. In Proceedings of the Critical Management Studies [D]. Cambridge: University of Cambridge, 2005.

[43] Veblen, Thorstein. The preconceptions of economic science [J]. Quarterly Journal of Economics, 1899, 13 (2): 121-150.

[44] Veblen T. B. The theory of the leisure class [M]. New York: Viking Press, 1918.

[45] Vigneron F., L. W. Johnson. A review and a conceptual framework of prestige-seeking consumer behavior [J]. Academy of Marketing Science Review, 1999, 9 (1): 1-22.

[46] Wong N. Y., A. C. Ahuvia. Personal taste and family face: Luxury consumption in Confucian and Western societies [J]. Journal of Psychology and Marketing, 1998, 15 (5): 423-441.

[47] Zahavi. Mate selection: a selection for a handicap [J]. Journal of Theoretical Biology, 1975 (53): 205-213.

|第三部分|

组织行为与人力资源管理篇

服务型领导对下属服务绩效的影响：顾客导向和领导认同的作用*

作者：许灏颖；指导老师：王震

内容摘要：尽管服务型领导与下属服务绩效间的关系已得到证实，但中介机制和边界条件仍不明朗。基于社会学习理论，本文引入下属顾客导向和领导认同作为中介和调节变量，旨在考察二者的作用机理。以 192 名银行员工为研究对象，结果发现：①服务型领导对下属服务绩效有正向影响；②下属顾客导向在二者关系中有部分中介作用；③下属对领导的认同在服务型领导与顾客导向之间有调节作用。对领导认同度高的下属来说，服务型领导对其顾客导向的正向影响较强，且通过顾客导向对其服务绩效的间接影响也较强。

关键词：服务型领导；顾客导向；领导认同；服务绩效

在服务行业竞争日趋激烈的市场环境下，如何提高一线员工的服务绩效已成为服务型企业重点关注的问题[1,2]。服务绩效（Service Performance）是员工为满足顾客需要和兴趣而提供服务和帮助的行为表现[3]。以往研究指出，员工在组织内部的工作体验，会影响他们对外部顾客的服务表现[4]。管理者的领导方式是员工在组织内的重要工作体验，因而会对其服务表现产生影响[5,6]。最近兴起的服务型领导就是其中一种领导方式。

服务型领导（Servant Leadership）是一种超越领导者个人利益的领导方式，强调“服务他人”并身体力行，把下属的需要、愿望和兴趣放在最为优先的位置[7-9]。通过向下属提供榜样示范和必要的指导培训，服务型领导者“服务他人”的特征会传递至下属身上，最终使下属成长为“服务型员工”[9,10]。新近研究发现，服务型领导可通过一系列中介机制影响下属服务绩效[11-13]，有效地揭示了二者关系的“黑箱”。不过，在二者关系上仍有一些问题有待考察。首先，服务型领导和下属服务绩效间的中介机制仍有待拓宽。现有中介变量大多为下属对团队、领导或自身的个体认知（如效能感、认同感）和群体认知（如服务文化），其基本观点是下属的这些感知会影响其服务绩效。实际上，在服务情境中，下属对“顾客”的认知态度对其服务绩效的影响更为直接[14]。可惜，少有研究考察此类变量的中介作用。其次，服务型领导和下属服务绩效

---

* 原文出处：《心理科学》，2016 年第 6 期，第 1466–1472 页。

关系的边界条件未被充分关注[13]，不利于我们充分理解“服务型领导在何时更能影响下属服务绩效?”这一问题。

基于上述不足，本文首先引入下属顾客导向（Customer Orientation），指出服务型领导首先通过影响下属服务态度，进而对服务绩效产生影响。服务型领导强调“服务他人”[9,13]。根据社会学习理论[15]，下属会对这类领导的态度进行模仿，并在与顾客的接触中表现出类似态度，如认真对待客户提出的需求，这与高顾客导向个体的主要特征是相吻合的[14]，即服务型领导有助于促使下属顾客导向的提升。下属顾客导向的提升会促使其表现出更高水平的服务绩效[16,17]。这意味着，作为服务态度的“顾客导向”很有可能是连接服务型领导和下属服务绩效的中介变量。进一步地，根据领导权变视角，对不同下属来说，服务型领导对其顾客导向和服务绩效的影响强度是不一样的。其中，对领导认同度越高的下属对领导态度和行为的模仿和学习意愿越强[18]。具体到本研究，领导认同会影响下属对服务型领导的模仿和学习程度，那么，服务型领导对下属顾客导向和服务绩效的影响是否会因此而有所差异？对这个问题的考察能揭示出服务型领导与下属顾客导向和服务绩效的边界条件。

综上所述，为回答“服务型领导如何（How）影响以及何时（When）更能影响下属服务绩效”，本文基于社会学习理论，引入下属顾客导向和领导认同两个变量，构建了一个有调节的中介效应模型。本研究有助于厘清服务型领导和下属服务绩效的作用机制及边界条件，进一步揭示二者关系的“黑箱”，同时也有助于启示组织管理者应通过何种途径提升一线员工的服务绩效。本文的研究模型如图1所示。

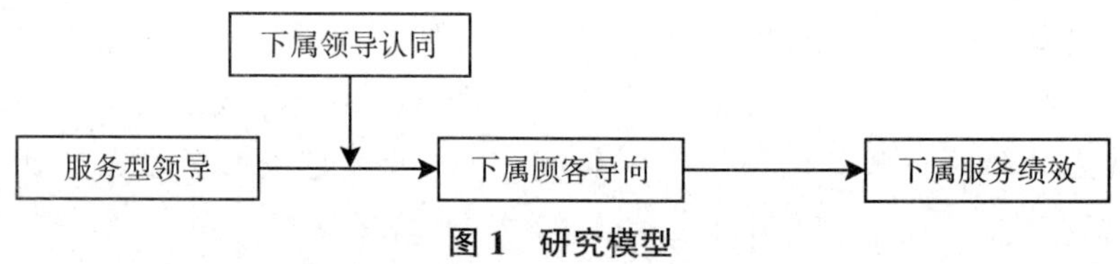

图1　研究模型

一、理论与假设

（一）服务型领导对下属服务绩效的影响

基于社会学习理论，我们认为服务型领导有利于提高下属的服务绩效。社会学习理论认为，由于领导具有职位权力和参照性权力，下属会将领导视作学习的榜样，对其态度和行为进行模仿[19]。然而，并非每位领导都能被视作榜样，领导者要想成为下属模仿、学习的榜样，必须要被下属感觉是具有地位、拥有权力以及能够胜任工作的[15]。服务型领导者正因具有上述特征，因而被下属视作模仿和学习的榜样：①相比于下属，服务型领导者在组织中具有较高的地位，符合第一个特征；②服务型领导者有较高的职位权力以及众多优秀的品质（关怀下属并把他人的下属放在首位、承担社会责任、具有很强的概念技能）[13]，这会让他们对下属具有合法性权力和参照性权力；③服务型领导者有很强的洞察力和预见性[20]，会为下属明晰组织未来的发展方向，并就职业发展给下属指引明确的方向和提供正确的指导[21,22]，这会让下属觉得他们是能够胜任工作的。

在视服务型领导者为榜样后，下属会模仿和学习他们的态度和行为，这有助于服务绩效的提升。与其他领导方式不同，服务型领导把“服务他人”作为第一要务，他们领导的动机是为了更好地服务他人；其目的并不单纯是为了实现领导者自身或组织的目标，而是使员工也成为“服务者”[9]。除了服务员工，这种领导还强调服务其他利益相关者，如股东、顾客甚至整个社区[20]。借助这些特征，服务型领导者树立了服务榜样示范，下属会自愿地模仿和学习此类领导者“服务他人”的特征[13]，使自己成为“服务者”。这些“服务者”在与顾客接触的过程中，会表现出较高的服务行为[13]，如关心并努力实现顾客的需要等，这有利于其实现较高的服务绩效。此外，为保证榜样示范的有效性，服务型领导还会通过向下属提供专业指导，例如提供针对顾客服务方面的培训、为下属服务顾客提供支持和便利等。服务型领导的专业指导有助于下属对服务型领导“服务他人”的特征和行为进行更好的模仿和学习，使服务绩效得以提升[23]。

H1：服务型领导对下属服务绩效有正向影响。

（二）顾客导向的中介作用

顾客导向是个体的一种态度，具有这种态度的员工重视理解和满足客户关于产品和服务的需求和期待，以此为组织带来高水平的顾客满意和忠诚[14,24]。我们认为，服务型领导首先正向影响下属的顾客导向，进而影响其服务绩效。

服务型领导有助于下属顾客导向的形成和提高。正如 Greenleaf（1970）指出的，服务型领导首先向下属灌输一种“服务他人”的欲望、态度和观念，使其变成“服务型员工”，表现服务行为。根据社会学习理论，下属的服务态度会潜移默化地受到服务型领导榜样示范作用的影响，顾客导向的形成和提升便是表现之一。具体地，受服务型领导榜样示范以及对“满足他人（如顾客）需要”强调的影响，下属在与顾客的交往接触中，会变得更为重视和关注客户对产品或服务的需求，并有更强的内在动机和欲望去服务顾客。

进一步地，顾客导向促使下属表现出更高的服务绩效[25,26]。首先，顾客导向促使下属花费更多额外的时间和精力去与客户维持长期且良好的关系，由此能够及时捕捉、了解顾客的需求[24]。其次，顾客导向会使下属有很强的动机去关注和满足顾客的需求，并在与顾客的接触过程中积极采用各种有效的方法为顾客解决问题，以使顾客能够满意[17]。最后，当顾客导向态度被激发时，下属会享受服务顾客、帮助顾客以及满足顾客的过程，这让他们把使顾客满意看作一种快乐，并在服务过程中感受到愉悦，进而提供高质量的服务[25]。基于上述三点，顾客导向会促使下属表现出优异的服务绩效[16,26]。以上逻辑表明，通过榜样示范作用，服务型领导首先促使下属顾客导向的形成和提升，而后再经顾客导向的中介作用对其服务绩效产生正向影响。

H2：下属顾客导向在服务型领导与下属服务绩效之间有中介作用。

（三）领导认同的调节作用

领导认同是指下属根据自己与领导的关系而对自我进行定义的一种状态[27]。高领导认同的下属倾向于把领导的利益、目标和价值观进行内化，甚至愿意改变自我概念以使自己的价值观、信念、行为等与领导者有更多的相似性[28]。与此同时，他们往往对领导者的期望高度敏感并通过积极行动以满足领导者的相关期望[29]。Li 和 Sun（2015）基于社会学习理论论证了领导认同在威权领导下行传递效应中的调节作用，他们发现，高领导认同有利于促进威权领导的下行传递。

基于上述逻辑及研究发现，我们认为，下属领导认同会对服务型领导和下属顾客导向的正向关系产生调节作用，即领导认同有利于服务态度的下行传递。具体地，由于高领导认同的下属倾向于与领导者保持一致并且对领导者的期望高度敏感，因而更倾向于把服务型领导“服务他人”、“满足他人需求”的观念内化为自我概念的一部分，并加强对领导者服务态度和行为的模仿和学习，以满足服务型领导对他们的期望[29,18]。这会让他们在服务顾客时表现出更高水平的顾客导向。相反，认同度低的下属对服务型领导“服务他人”、“满足他人需求”价值观的内化程度不高，对于此类领导对下属关于服务态度和服务行为的期望的敏感性和重视程度较低。这使得他们对服务型领导的态度和行为进行模仿的意愿也相对较低，其顾客导向态度和服务绩效行为受服务型领导的影响可能相对较弱。

H3：下属领导认同在服务型领导和下属顾客导向之间有调节作用，对高领导认同的下属来说，服务型领导对下属顾客导向的正向影响较强。

（四）有调节的中介效应

结合 H2 和 H3，我们提出一个有调节的中介效应模型。具体地，对高领导认同的下属来说，他们对服务型领导“服务他人”的价值观内化程度较高，对服务型领导服务态度的模仿和学习意愿相对较强，因此他们的顾客导向相对容易受到服务型领导的影响，由此导致服务型领导经由顾客导向而对下属服务绩效所产生的间接正向影响也相对较强；相反，对于低领导认同的下属来说，他们对服务型领导“服务他人”的价值观内化程度较低，对服务型领导服务态度的模仿和学习意愿相对较弱，因此他们的顾客导向相对不易受服务型领导的影响，由此导致服务型领导经由顾客导向而对下属服务绩效所产生的间接正向影响相对较弱。

H4：下属领导认同正向调节了服务型领导通过下属顾客导向对下属服务绩效产生的间接正向影响。对高领导认同的下属来说，服务型领导对下属服务绩效的间接正向影响较强。

二、方 法

（一）被试

研究样本为北京地区银行营业网点的一线服务人员。研究者共发放了 220 份问卷，回收所有问卷后剔除了空白过多和反应倾向过于明显的问卷，最终得到 192 份有效问卷。平均年龄为 30.47 岁；男性占 37.0%，女性占 63.0%；0.5%为高中及以下，15.6%为大学专科，63.5%为大学本科，20.4%为硕士研究生及以上；在与网点负责人共事年限上，17.4%为 1 年以下，30.5%为 1~2 年，16.3%为 2~3 年，35.8%为 3 年以上；岗位方面，42.6%为柜员，6.8%为大堂经理，37.9%为客户经理，12.6%为其他。

（二）测量工具

变量测量采用 5 点计分法，要求被试从"1——非常不同意"到"5——非常同意"中做出选择。服务型领导采用 Liden 等（2015）修订的简版量表（$\alpha=0.92$），共 7 个条目，如"我的上司把我的利益放在他/她自己的利益之前"。顾客导向采用 Susskind 等（2003）的量表（$\alpha=0.84$），共 5 个条目，如"为客户提供及时、高效的服务是我的主要职责所在"[30]。领导认同量表改编自 Mael 和 Ashforth（1992）的组织认同量表（$\alpha=0.90$），共 5 个条目，如"有人批评我上司时，我会觉得好像自己被侮辱了"[31]。服务绩效采用 Liao 和 Chuang（2004）的服务绩效量表（$\alpha=0.94$），共 7 个条目，如"我会解释产品和服务的特点，准确解答客户的疑问"。在控制变量方面，本文将员工的年龄、性别、学历、与当前领导的共事年限以及岗位作为控制变量。

我们采用"Harman 单因子分析"和"不可测量潜在方法因子检验"对同源数据可能带来的共同方法偏差进行了检验[32]。Harman 检验表明，单因子模型拟合优度很差（$\chi^2/df=8.23$，CFI = 0.67，TLI = 0.63，RMSEA = 0.26，SRMR = 0.14）。不可测量潜在方法因子检验表明，加入潜在方法因子的五因子模型（$\chi^2/df=1.70$，CFI = 0.99，TLI = 0.98，RMSEA = 0.06，SRMR = 0.04）相比四因子模型（$\chi^2/df=2.21$，CFI = 0.97，TLI = 0.96，RMSEA = 0.08，SRMR = 0.06）的改善程度不大。总体来看，本研究不存在严重的共同方法偏差。

三、结　果

（一）描述性统计和相关分析结果

表 1 列出了变量的均值、标准差和相关矩阵。服务型领导与顾客导向（$r=0.39$，$p<0.01$）和服务绩效（$r=0.45$，$p<0.01$）均有显著正相关关系；顾客导向与服务绩效（$r=0.57$，$p<0.01$）呈显著正相关关系。

表 1　研究变量的均值、标准差和相关矩阵

	M	SD	1	2	3	4	5	6	7	8	9	10
1. 性别[a]	0.63	0.48										
2. 年龄	30.47	5.61	0.10									
3. 学历[b]	0.20	0.40	0.07	−0.04								
4. 与领导共事年限	2.71	1.13	0.04	0.28**	−0.08							
5. 岗位 2[c]	0.07	0.25	0.04	0.35**	−0.09	0.11						
6. 岗位 3[c]	0.38	0.49	−0.14	−0.02	0.19**	0.07	−0.21**					
7. 岗位 4[c]	0.13	0.33	0.10	0.14	−0.04	0.04	−0.10	−0.30**				
8. 服务型领导	3.79	0.78	−0.02	−0.16*	0.02	−0.11	−0.04	0.05	0.09			
9. 顾客导向	4.27	0.58	−0.04	0.01	0.09	0.02	−0.01	0.22**	0.02	0.39**		
10. 领导认同	3.35	0.87	0.04	−0.05	0.00	0.02	−0.11	0.06	0.06	0.59**	0.34**	
11. 服务绩效	4.28	0.58	−0.05	0.02	0.10	0.02	−0.05	0.14	0.01	0.45**	0.57**	0.40**

注：** 代表 $p<0.01$，* 代表 $p<0.05$。

a 代表性别：0 = 男；1 = 女。b 代表学历：0 = 本科及本科以下；1 = 硕士及以上。c 代表岗位：1 = 柜员；2 = 大堂经理；3 = 客户经理；4 = 其他。构造虚拟变量时，以岗位 1 为参照。

（二）假设检验结果

假设检验结果见表 2。H1 提出，服务型领导对下属服务绩效有正向影响。如 M6，控制下属性别、年龄、学历、与领导共事年限和岗位类别后，服务型领导的加入对方程有额外解释力（$\Delta R^2=0.20$，$p<0.01$），服务型领导对服务绩效有显著正向影响（$b=0.34$，$p<0.01$），支持了 H1。

H2 提出，下属顾客导向中介了服务型领导和服务绩效间的关系。M2 中，剔除控制变量的作用后，服务型领导对下属顾客导向有显著正向影响（$b=0.29$，$p<0.01$）。M7 中，当下属顾客导向进入方程后，它对服务绩效有显著正向影响（$b=0.44$，$p<0.01$），相比不带顾客导向的 M6，方差有显著解释力（$\Delta R^2=0.16$，$p<0.01$）；与此同时，服务型领导对服务绩效的影响减弱（$b=0.22$，$p<0.01$），满足中介效应成立的初步

判断标准。进一步地，间接效应大小为 0.13，95%水平下的间接效应非对称区间为[0.07，0.19][33]，不包括 0，支持了 H2。

H3 提出，下属领导认同能正向调节服务型领导和下属服务导向之间的正向关系。在 M4 中，剔除人口特征、服务型领导和领导认同的影响后，服务型领导与领导认同的交互项对下属顾客导向有显著影响（$b=0.14$，$p<0.01$），且相比不带交互项的 M3，交互项的进入对方程有额外解释力（$\Delta R^2=0.03$，$p<0.01$）。依据 Aiken 和 West（1991）的建议[34]，我们绘制了调节效应图。如图 2 所示，对高领导认同的下属，服务型领导对其顾客导向有显著正向影响（$b=0.34$，$p<0.01$）；反之，服务型领导对顾客导向无显著影响（$b=0.11$，ns），支持了 H3。

我们使用 Edwards 和 Lambert（2007）提出的方法[35]对 H4 进行检验。如表 3 所示，在领导认同程度不同时，服务型领导通过顾客导向对服务绩效的间接效应有显著差异（$\Delta b=0.11$，$p<0.05$）。当领导认同较低时，间接效应不显著（$b=0.04$，ns）；领导认同高时，间接效应显著（$b=0.15$，$p<0.01$），支持了 H4。另外，如 H3 所提出的，领导认同主要在第一阶段起正向调节作用（$\Delta b=0.23$，$p<0.01$），在第二阶段调节不显著（$\Delta b=0.06$，ns）。

表 2　主效应、中介效应和调节效应检验结果

	顾客导向				服务绩效		
	M1	M2	M3	M4	M5	M6	M7
控制变量							
性别	−0.02	−0.02	−0.03	−0.01	−0.04	−0.04	−0.03
年龄	0.00	0.01	0.01	0.00	0.00	0.01	0.01
学历	0.09	0.09	0.10	0.08	0.15	0.15	0.11
与领导共事年限	0.00	0.02	0.01	0.00	0.01	0.03	0.02
岗位 2	0.15	0.08	0.12	0.10	−0.03	−0.11	−0.15
岗位 3	0.31**	0.25**	0.25**	0.24**	0.18	0.11	0.00
岗位 4	0.21	0.09	0.09	0.10	0.11	−0.04	−0.08
自变量							
服务型领导		0.29**	0.22**	0.22**		0.34**	0.22**
中介变量							
顾客导向							0.44**
调节变量							
领导认同			0.11*	0.10			
交互项							
服务型领导 × 领导认同				0.14**			
R^2	0.07	0.20	0.22	0.25	0.04	0.24	0.40
ΔR^2		0.13**	0.02*	0.03**		0.20**	0.16**
F	1.79	5.71**	5.59**	5.87**	1.09	7.15**	13.15**

注：** 代表 $p<0.01$，* 代表 $p<0.05$。

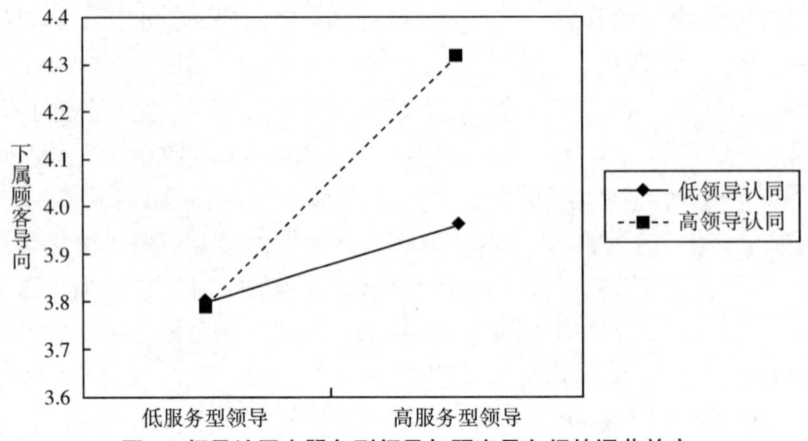

图 2　领导认同在服务型领导与顾客导向间的调节效应

表 3　有调节的中介效应分析结果

调节变量：领导认同	服务型领导→顾客导向→服务绩效				
	阶段		效应		
	阶段一	阶段二	直接效应	间接效应	总效应
领导认同低（-1 SD.）	0.11	0.38**	0.10	0.04	0.14*
领导认同高（+1 SD.）	0.34**	0.44**	0.25**	0.15**	0.40**
高、低组差异	0.23**	0.06	0.15	0.11*	0.26**

注：** 代表 $p<0.01$，* 代表 $p<0.05$。

四、讨　论

基于社会学习理论，本研究考察了服务型领导对下属服务绩效的影响及内在机制，有一定的理论和实践价值。

首先，与以往研究相一致[12,13]，本研究发现服务型领导对下属服务绩效有显著正向影响，从领导学视角回答了“企业如何提高一线员工服务绩效”。本文关注的服务型领导是影响下属服务绩效的重要因素之一。服务型领导强调“服务他人”并身体力行，这为下属树立了优质服务的榜样，进一步地，下属在与客户交往时会效仿管理人员的“服务他人”的行为，尽力为顾客提供优质服务，从而表现出较高的服务绩效。

其次，本研究对服务型领导和下属服务绩效间的中介机制及调节机制进行考察，在一定程度上揭示了二者关系的“黑箱”。研究发现，除了直接对服务绩效产生影响，服务型领导还通过影响下属的顾客导向服务态度而对下属服务绩效产生间接影响。这一发现丰富和拓宽了学术界对“服务型领导如何影响下属服务绩效”这一问题的认识。新近，有研究对服务型领导和下属服务绩效间的中介机制进行了考察[12,13]。然而，大部分仅发现了部分中介效应，暗示着还存在其他中介机制值得继续进行挖掘。另外，已有中介变量大多是下属对团队、领导等主体或关于自己的积极认知。实际上，在服务情境中，下属关于服务顾客的态度与服务绩效的关系是更为直接和紧密的[14,17]。本研究对下属顾客导向中介机制的考察正是对此的呼应。进一步地，我们发现，当下属对领导认同度低时，服务型领导对下属顾客导向无显著影响（b=0.11，ns），从而使经由下属顾客导向而对下属服务绩效的间接影响也变得不显著（b=0.04，ns）；只有对领导认同度高的下属，服务型领导对其顾客导向和对服务绩效的间接影响才显著。上述发现意味着，下属对领导者的认同是服务型领导方式能否对下属态度和行为产生影响的重要限定条件。已有不少学者在呼吁应加强对服务型领导边界条件的考察[22]，遗憾的是，相关研究不多。未来研究可从下属、情境、工作特征三方面对服务型领导和下属服务绩效间关系的边界条件进行更加深入的考察。

本研究对组织管理也有实践价值。首先，服务型领导能通过促进下属顾客导向的提高而使下属表现出更高的服务绩效。这启示：①为提高下属服务绩效，管理者应施行服务型领导的领导风格；②组织在管理人员甄选、工作晋升环节应有效识别服务型管理者，并采取相应培训项目培训管理者的服务型领导风格。其次，服务型领导的影响效力取决于下属对管理者的认同。这启示：①管理者施行服务型领导风格时，应注意采取措施增强下属对自己的认同；②对低领导认同度的下属，除施行服务型领导风格外，组织和领导者应采取额外的措施以保证其服务绩效的提高，如组织可实施服务型的人力资源管理实践等。

本研究有一定的不足，有待改进：①文章使用横截面数据无法检验因果关系。②尽管事后检验表明本文数据不存在严重的共同方法偏差，但仍完全排除。③在本研究中，服务绩效由员工自我报告，可能存在一定的社会赞许偏差。④基于研究设计方面的考虑，本文仅关注了下属感知的服务型领导[5]。实际上，服务型领导是一个多层次的概念[36,37]，未来可关注团队层面的服务型领导，对它与团队服务绩效、个体服务绩效间的关系进行系统考察。⑤我们的样本取自银行业，可能存在一定的抽样偏差，且基于单一情境的研究结果的外部效度可能受到一定限制。未来研究可在不同服务行业取样对本研究结论进行再次检验。

参考文献

[1] Bowen D. E. The changing role of employees in service theory and practice: An interdisciplinary view [J]. Human Resouce Management Review, 2015 (26).

[2] Subramony M., Pugh S. D. Services management research: Review, integration, and future directions [J]. Journal of Management, 2015 (41).

[3] Liao H., Chuang A. A multilevel investigation of factors influence employee service performance and customer outcomes [J]. Academy of Management Journal, 2004 (47).

[4] Oliver R. L. Satisfaction: A behavioral perspective on the consumer [M]. New York: Irwin/McGraw-Hill, 1997.

[5] Liao H., Chuang A. Transforming service employees and climate: A multi-levelmulti-source exam-

ination of transformational leadership in building long-term service relationships [J]. Journal of Applied Psychology，2007（92）.

[6] Schneider B.，Ehrhart M. G.，Mayer D. M.，Saltz J. L.，Niles-Jolly K. Understanding organization-customer links in service settings [J]. Academy of Management Journal，2005（48）.

[7] 陈佩，杨付，石伟. 公仆型领导：概念、测量、影响因素与实施效果 [J]. 心理科学进展，2016（24）.

[8] 王碧英，高日光. 中国组织情境下公仆型领导有效性的追踪研究 [J]. 心理科学进展，2014（22）.

[9] Greenleaf R. K.The servant as a leader [M]. IN：Greenleaf Center，1970.

[10] Hunter E. M.，Neubert M. J.，Perry S. J.，Wittl，Penney L. M.，Weinberger E. Servant leaders inspire servant followers：Antecedents and outcomes for employees and the organization [J]. The Leadership Quarterly，2013（24）.

[11] 凌茜，汪纯孝. 公仆型领导、员工集体和个人的工作态度对服务质量的影响 [J]. 管理工程学报，2012（2）.

[12] Chen Z. J.，Zhu J.，Zhou M. J. How does a servant leader fuel the service fire? A multilevel model of servant leadership，individual self-identity，group competition climate，and customer service performance[J]. Journal of Applied Psychology，2015（100）.

[13] Liden R. C.，Wayne S. J.，Liao C. W.，Meuser J. D. Servant leadership and serving culture：Influence on individual and unit performance [J]. Academy of Management Journal，2014（57）.

[14] Liao H.，Subramony M. Employee customer orientation in manufacturing organizations：Joint inflluence of customer proximity and the senior leadership team [J]. Journal of Applied Psychology，2008（93）.

[15] Bandura A. Self-efficacy：Toward a unifying theory of behavioral change [J]. Psychological Review，1977（84）.

[16] Grizzle J. W.，Zablah A. R.，Brown T. J.，Mowen J. C.，Lee J. M. Employee customer orientation in context：How the environment moderates the influence of customer ori entation on performance outcomes [J]. Journal of Applied Psychology，2008（94）.

[17] Liaw Y. J.，Chi N. W.，Chuang A. Examining the mechanisms linking transforma tional leadership，employee customer orientation，and service performance：The mediating roles of perceived supervisor and coworker support [J]. Journal of Business and Psychology，2009（25）.

[18] Li Y.，Sun J. M. Traditional Chinese leadership and employee voice behavior：A cross-level examination [J]. Leadership Quarterly，2015（26）.

[19] Yaffe T.，Kark R. Leading by example：The case of leader OCB[J]. Journal of Applied Psychology，2011（96）.

[20] Liden R. C.，Wayne S. J.，Zhao H.，Henderson D. Servant leadership：Development of a multidemensional measure and multi-level assessment [J]. The Leadership Quarterly，2008（19）.

[21] Russell R. F.，Stone A. G. A review of servant leadership attributes：Developing a practical model[J]. Leadership and Organization Development Journal，2002（23）.

[22] Van Dierendonck D. Servant leadership：A review and synthesis [J]. Journal of Management，2011（37）.

[23] Spears L. C. Reflections on leadership: How Robert K. Greenleaf's theory of servant-leadership influenced today's top management thinkers [M]. New York: John Wiley & Sons, 1995.

[24] Susskind A. M., Kacmar K. M., Borchgrevink C. P. Customer service providers' attitudes relating to customer service and customer satisfaction in the customer-server exchange [J]. Journal of Applied Psychology, 2003 (88).

[25] Brown T. J., Mowen J. C., Donavan T. D., Licate J. W. The customer orientation of service workers: Personality trait effects on self-and supervisor performance ratings [J]. Journal of Marketing Research, 2002 (39).

[26] Stock R. M., Hoyer W. D. An attitude-behavior model of salespeople's customer orientation [J]. Journal of the Academy of Marketing Science, 2005 (33).

[27] Sluss D. M., Ashford B. E. How relational and organizational identification converge: Processes and conditions [J]. Organizational Science, 2008 (19).

[28] Pratt M. G. To be or not to be: Central questions in organizational identification. In D. A. Whetton & P. C. Godfrey (Eds.), Identitu in organization: Building theory through conversations [M]. Thousand Oaks, CA: Sage, 1998.

[29] Aron A. Self and close relationships. In M. R. Leary & J. P. Tagney (Eds.), Handbook of self and identity [M]. New York: The Guilford Press, 2003.

[30] Liden R. C., Wayne S. J., Meuser J. D., Hu J., Wu J. F., Liao C. W. Servant leadership: Validation of a short form of the SL-28 [J]. The Leadership Quarterly, 2015 (26).

[31] Mmel F., Ashford B. E. Alumni and their alma mater: A partial test of the reformulated model of organizational identification [J]. Journal of Organizational Behavior, 1992 (13).

[32] Podsakoff P. M., Mackenzie S. B., Lee J. Y., Podsakoff N. P. Common method bias in behavioral research: A critical review of the literature and recommended remedies [J]. Journal of Applied Psychology, 2003 (88).

[33] Mackinnon D. P., Fritz M. S., Williams J., Lockwood C. M. Distribution of the product confidence limits for the indirect effect: Program PRODCLIN [J]. Behavior Research Methods, 2007 (39).

[34] Aiken L., West S. Multiple regression: Testing and interpreting interactions [M]. Thousand Oaks, CA: Sage, 1991.

[35] Edwards J. R., Lambert L. S. Methods for integrating moderation and mediation: A general analytical framework using moderated path analysis [J]. Psychological Methods, 2007 (12).

[36] Van Dierendonck D., Stam D., Boersma P., De Windt N., Alkema J. Same difference? Exploring the differential mechanisms linking servant leadership and transformational leadership to follower outcomes[J]. Leadership Quarterly, 2014 (25).

[37] Walumbwa F. O., Hartnell C. A., Oke A. Servant leadership, procedural justice climate, employee attitudes, and organizational citizenship behavior: A cross-level investigation [J]. Journal of Applied Psychology, 2010 (95).

企业中员工心理授权程度对其在非正式组织中地位追求的影响

作者：胡瑞博，黄莎；指导教师：姜峰

内容摘要： 在正式组织中，感知到认可和较大自主权即心理授权程度较高的组织成员的工作绩效往往也较高。非正式组织伴随正式组织产生，二者相互影响、相互依存。本文是为了探究当企业员工的心理授权程度较高时，其在非正式组织当中会不会也希望追求更高的领导地位和更大的影响力，我们将这种行为称作地位追求。本文梳理了国内外相关研究成果，使用李克特五点量表法设计问卷，以全国各地区企业员工为调查对象，并利用SPSS统计分析软件进行数据分析，探究企业中员工的心理授权程度对其在非正式组织中地位追求的影响，并据此提出在企业管理方面的应用与启示。

关键词： 正式组织；心理授权；非正式组织；地位追求

随着经济全球化的加剧，企业面临的挑战日益严峻，为了获得低成本、高绩效和高弹性的竞争优势，组织授权员工的管理方式日益受到重视。大量研究结论也验证了心理授权程度高的员工在组织中的绩效往往也较高。然而，在正式组织中得到认可和较大自主权的组织成员在非正式组织中是否会寻求相比于其他成员更高的地位或者是领导者地位呢？对于企业来说，如果员工在非正式组织中的行为表现会受到正式组织的影响，那么这两种组织之间的这种互动关系就能在控制舆论导向、提高员工关系绩效以及促进组织公民行为等方面发挥巨大的作用。纵观以往的相关研究，鲜有在正式组织中心理授权程度与非正式组织中地位追求的关系方面的成果，可见这是一个比较新颖的角度，由此出发的研究对实践有着较大的指导意义，并且这其中的影响机制亦值得深究。

一、文献回顾

（一）心理授权

1. 心理授权定义

心理授权这一概念来源于授权理论的研究。19 世纪末期，经济全球化加剧，高级技术性人才短缺，企业不断面临新的挑战。为了在激烈竞争中寻求更高的绩效，授权管理方式受到重视，逐渐掀起授权研究的热潮。早期的授权理论主要基于管理学的角度，将授权视为组织采取的一系列分享权力的措施，其核心在于赋予员工权力和自主权，提高他们的参与度。这是一种站在组织层次或管理者层次的结构授权。后期的研究学者则改变了以往的研究范式，从心理学的角度诠释授权。他们认为，个体的行为受到个体动机的影响，组织的授权措施未必就能直接导致组织期望的员工行为，应侧重于员工对授权的感知程度，关注个体对工作和自己在组织中的角色的直觉或态度，授权的核心内容就是创造条件来发展员工的自我效能感从而增强其工作动机，即表现为员工的心理感知导向内在激励进而提高工作绩效的过程。这就是站在个人感知层次的心理授权。[1] 值得注意的是，心理授权不是对员工个人特征的概括，而是个人对工作环境的一系列认知状态的总结，它反映了人们对自己与所在工作环境关系认知的变化；同时，心理授权是一个受环境影响不断变化的连续的变量，它只有高低之分而没有有无之别。[2]

2. 心理授权的维度与测量

几十年来，企业管理人员和学者们对心理授权进行了大量的研究。由于研究背景、研究者采用的研究方法、研究对象等不同，针对心理授权的维度概念和测量涌现出了诸多不同观点。其中比较具有代表性的有：

（1）心理授权的三维度概念。Klakovich（1995）结合了工作环境与主管和员工之间的互动和激励关系，提出心理授权的三个维度：拥有权，指个人感到自我肯定，认同主管对未来愿景的构想，并对组织产生承诺，它是测量心理授权的结果；互动性，指在心理授权的过程中，主管分享权力，提供信息、资源与支持肯定，使员工朝向组织目标努力，它是测量心理授权的过程；共同参与，指在主管建立对未来愿景的过程中，员工的参与及其对组织长期目标的影响，它是测量心理授权的过程。[3]

Menon（1999）从员工个人心理认知角度对心理授权进行界定，他通过因素分析认为心理授权包括三个维度：组织目标内化、控制感、能力感，同时指出目标的内化才是心理授权的最显著因素，而不是通常人们所认为的感知到的控制力。以此为理论依据，Menon 开发出了 9 个题项的员工心理授权量表。[4]

（2）心理授权的四维度概念。Thomas 和 Velthouse（1990）提出工作意义（Meaning）、胜任力（Competence）、自主性（Self-determination）和影响力（Impact）四个认知维度构成完整的心理授权结构。[5] 工作意义维度是由个体自己的观念和标准判断工作目标和目的，体现了工作角色的要求与个人价值观、信念和行为的匹配；胜任力的维度是感知自己能力或自我效能感，是员工相信自己能够凭借已有技能和努力提高工作绩效；自主性维度是个体感知到在进行和规划行动上有决定能力，例如决定采取什么工作方法、进度和效果；影响力维度是个体感知到自己能够影响组织战略、管理和工作结果。这四个维度反映出一个人积极的、目标明确的工作角色，反映了授权结构的不同侧面而不是互为因果的关系。

Spreitzer（1995）验证了这四个维度在工作环境中的效度，并以此为基础开发出了企业员工心理授权量表，分为四个分量表，共 12 个题目，采用七点李克特等级量表。[6] 该量表在研究中得到广泛使用，是目前比较成熟的测量工具。

2006 年李超平等在其文章“授权的测量及其与员工工作态度的关系”中对 Spreitzer 的授权量表在中国文化背景下的适用性进行了检验，Spreitzer 的四维模型在中国得到了验证。[7] 在其之后的国内多数研究者开展相关研究时，大多会参考 Spreitzer 和李超平修改过的量表。

（二）非正式组织

1. 非正式组织定义

行为科学组织理论家梅奥在其所著的《工业文明中人的问题》中最早提出非正式组织这一概念，他认为在正式的组织中还存在着自发形成的非正式组织，这种组织以其特殊而独有的规范来对组织中的群体起到调节控制的作用。切斯特·巴纳德在这个基础上进一步发展了非正式组织理论，他将“非正式组织”进一步细化定义为：不在正式组织的框架内或者不在正式组织的管辖内的，人们之间没有共同的意识和共同的目的，只是由于持续或反复的接触而相互作用所形成的有特殊密度的区域。[8] 可见，非正式组织是一种脱胎于正式组织的组织关系，以一种自发自愿形成的规范来对组织中群体进行约束，并且这种非正式组织会对企业发展造成影响。

长期以来，许多学者积极投入对非正式组织的研究中。广泛的研究者普遍认同：在一切的正式组织中都存在着非正式组织，并且这些非正式组织会对正式组织产生广泛而深远的影响力。组织中的成员在共同工作的过程中，由于情感动机、价值观念、兴趣爱好、宗教信仰等一致，通过人际交往而自然形成了一种无形的联合体，这种联合体中的各成员之间社会地位没有通过如正式组织中的各种条文进行规定，但每个成员都依靠稳定的共同情感来自觉遵守，这便是非正式组织。

2. 非正式组织的形成原因

孙云在《组织行为学》中指出非正式组织的形成原因：知识、兴趣相投者；共同的生活环境和工作方式；各种共同关系；认同感等情感因素。[9] 这种非正式组织的形成过程即人与人之间的交往过程，它并不是由组织规定形成的，而是以人们之间共同的观点信念、利害关系、志向理想、生活经历等为基础自发形成的，其中蕴藏着深厚的友谊与情感因素，而非正式组织的一个重要作用也是满足成员的归属感和情感需要。

3. 非正式组织与正式组织的区别

（1）两者的存在意义不同。正式组织有明确的组织层级结构，通过安排各个成员之间的关系从而建立起来，它是为了有效地实现生产目的；非正式组织是未经人为的设计，成员通过共同的志趣爱好、社会背景等产生交互行为和共同意识，由此自发形成的人际关系团体，其存在并没有明确的目的，主要是为了满足成员的归属感等情感需要，属于社交型的组织。

（2）两者的组织结构不同。正式组织通过明确的组织层级结构来反映成员之间的职能关系，正式组织中的领导是由组织来进行正式任命，权力如何运用有着明确规定；但是非正式组织中没有对成员之间的社会地位进行明文规定，主要依靠相互间的情感维系组织。非正式组织中也没有正式任命的领导，而是由具有较强人格魅力的领袖发挥领导作用，这些“领导”的影响力虽然没有制度进行明确，但是往往在非正式组织中有很强的影响力，其通过左右成员的态度和行为，从而能够干扰组织决策的实施。

（3）组织的内部控制不同。在正式组织中存在着非常明确的制度，主要通过命令或指令等形式进行管理沟通；而非正式组织则主要通过一些不成文的规定以及成员之间的自我约束进行管理，通过面对面或电话闲谈等方式进行沟通，存在较高的不确定性。

4. 非权力性影响力

影响力是指改变他人的一种能力。按照影响力形成原因可以将影响力分为权力性影响力和非权力性影响力。其中，权力性影响力是通过管理者的职位、权力或地位产生的，具有一定的强迫性和强制力；非权力性影响力是通过管理者德行和素质而自然产生的，不具有很强的约束力。[10]

由于非正式组织中没有规定性的地位高低，领导与被领导通常都取决于组织内个人不同的非权力性影响力。当一个人非权力性影响力较高时，往往会成为非正式组织中的自然领袖。那么，非正式组织中的地位追求就与个人的非权力性影响力有较大的关系。

二、实证测量

（一）测量问卷设计

本研究的问卷包括三个部分，第一部分是被调查者的背景资料，第二部分是心理授权量表，第三部分是非正式组织中地位追求程度量表。

被调查者的背景资料包括性别和所在非正式组织人数等。

心理授权量表研究采用的是 Spreitzer（1995）编制的量表。量表在国内被李超平等验证了使用效度，经过多年发展，该量表主要包括了四个成熟的维度，每个维度以三道题来测度，整个问卷共为 12 道题。另外，量表采用李克特五点计分法，以正向计分的方式计分。

第三部分的非正式组织地位追求程度的量表则是参考了九型人格量表和领导力测量后编制的，共包含三道题，同样采用五点计分法。

（二）被试样本选取

研究以问卷为工具，选取全国各省被试者为研究对象，通过各种方法发放问卷。共发放问卷 260 份，剔除规律作答问卷 9 份和不完整问卷、错误问卷 27 份。共得问卷 224 份，回收率达 86.2%。被试的基本情况见表 1。

表 1　性别

		频率	百分比（%）	有效百分比（%）	累计百分比（%）
有效	A. 男	82	36.6	36.6	36.6
	B. 女	142	63.4	63.4	100.0
	合计	224	100.0	100.0	—

（三）测试结果与分析

1. 心理授权因子分析

先对心理授权量表进行适合性的检验，利用 KMO 和 Bartlett 球形检验。

表 2　KMO 和 Bartlett 检验

取样足够度的 Kaiser–Meyer–Olkin 度量		0.886
Bartlett 球形度检验	近似卡方	1963.411
	Df	66
	Sig.	0.000

从表 2 中的探索性因子分析来看，KMO 的值为 0.886，符合进行因子分析的标准。Bartlett 球形检验的卡方值为 955.457（自由度为 66），达到显著，适合进行因子分析。

表 3　心理授权量表相关矩阵

		工作意义	自主性	自我效能	影响力
相关	第 1 题	0.874			
	第 5 题	0.869			
	第 9 题	0.871			
	第 2 题		0.818		
	第 6 题		0.874		

续表

		工作意义	自主性	自我效能	影响力
相关	第 10 题		0.881		
	第 3 题			0.832	
	第 7 题			0.914	
	第 11 题			0.903	
	第 4 题				0.913
	第 8 题				0.911
	第 12 题				0.939

注：①行列式 = 0.000。②此矩阵不是正定矩阵。

采用主成分分析法，以特征根大于等于 1 的原则，对心理授权量表进行因子分析，表 3 的因子分析结果表明，心理授权量表 12 道题参与分析，可以提取四个因子。

2. 信度分析

信度分析是为了测试问卷的可靠性，研究采用克伦巴赫（Cronbach）的 a 系数来分析信度。

（1）心理授权量表信度。

表 4　可靠性统计量

Cronbach's Alpha	Cronbach's Alpha	Cronbach's Alpha	Cronbach's Alpha	Cronbach's Alpha
0.931	0.842	0.819	0.854	0.910

表 4 中分别对心理授权量表进行总量表和各个项目的信度分析，经过 a 系数的检验，心理授权量表的一致性系数为 0.931，各维度的一致性系数则分别为 0.842、0.819、0.854 和 0.910。可以看出，五个一致性均在 0.7 以上，可以满足研究量表的需要。

（2）非正式组织的信度分析。

表 5　可靠性统计量

Cronbach's Alpha	基于标准化项的 Cronbach's Alpha	项数
0.865	0.865	3

由表 5 可以看出，经过 a 系数的检验，非正式组织中的地位追求程度三个问题的一致性系数为 0.865，同样大于 0.7，可以满足研究需要。

3. 描述统计分析

表 6　描述统计量

	N	均值	标准差	方差
工作意义	224	10.62	2.430	5.906
自我效能	224	11.18	2.246	5.044
自主性	224	10.60	2.500	6.250
影响力	224	10.06	2.659	7.072
有效的 N（列表状态）	224			

表 7 描述统计量

	N	均值	标准差	方差
非正式组织 3	224	9.97	2.743	7.524
有效的 N（列表状态）	224			

从表 6、表 7 来看，被试者自我效能维度得分最高（11.18），而影响力维度得分最低（10.06）。

4. 各变量相关性分析

表 8 相关性分析

		工作意义	自我效能	自主性	影响力
地位追求	Pearson 相关性	0.464**	0.507**	0.544**	0.632**
	显著性（双侧）	0.000	0.000	0.000	0.000
	N	224	224	224	224

注：** 表示在 0.01 水平（双侧）上显著相关。

表 9 相关性分析

		非正式组织 3	心理授权
地位追求	Pearson 相关性	1	0.630**
	显著性（双侧）		0.000
	N	224	224
心理授权	Pearson 相关性	0.630**	1
	显著性（双侧）	0.000	
	N	224	224

注：** 表示在 0.01 水平（双侧）上显著相关。

从表 8 可以看出，非正式组织中的地位追求与工作意义、自我效能感和自主性的相关性分别为 0.464、0.507 和 0.544，地位追求与工作意义的相关性最低，与这三者都属于中等程度相关。而地位追求与影响力的相关性达到 0.632，即非正式组织中的地位追求与员工心理授权中的影响力强相关。在表 9 中，地位追求与心理授权相关性为 0.630，两者相关关系显著。

5. 各变量回归分析

表 10 心理授权与地位追求的回归分析结果

模型	R	R^2	调整 R^2	标准估计的误差	更改统计量				
					R^2 更改	F 更改	df1	df2	Sig.F 更改
1	0.654	0.428	0.417	2.094	0.428	40.884	4	219	0.000

注：①预测变量：（常量），影响力，工作意义，自我效能，自主性。②因变量：非正式组织地位追求。

从表 10 可以看出，调整 R^2 是 0.417，R^2 更改为 0.428，说明心理授权的四个维度（工作意义、自我效能感、自主性和影响力）可以解释非正式组织中地位追求 42.8%的变异量。

表 11 回归系数列表

模型	非标准化系数		标准系数	T	Sig.	相关性			共线性统计量	
	B	标准误差	试用版			零阶	偏	部分	容差	VIF
（常量）	1.812	0.750		2.414	0.017					
工作意义	0.099	0.080	0.088	1.240	0.216	0.464	0.083	0.063	0.518	1.931
自我效能	0.108	0.095	0.088	1.138	0.257	0.507	0.077	0.058	0.433	2.309
自主性	0.117	0.091	0.107	1.285	0.200	0.544	0.087	0.066	0.380	2.632
影响力	0.463	0.080	0.449	5.778	0.000	0.632	0.364	0.295	0.433	2.309

注：因变量为非正式组织地位追求。

在表 11 中，方差膨胀因素（VIF）都在 10 以下，回归分析共线性表现较好，同时工作意义、自我效能感和自主性三个维度的显著性分别为 0.216、0.257 和 0.200，说明工作意义、自我效能感和自主性这三个维度对心理授权不具有显著的预测效果。得到回归方程为：地位追求＝0.449×影响力＋1.812。

三、分析与讨论

（一）研究结果

1. 心理授权与地位追求呈正相关

本研究表明，在正式组织中人们的心理授权程度和其在非正式组织中的地位追求有着较强的正相关关系。也就是说，当人们在正式组织中体验到的授权程度越高，就越希望在非正式组织中也寻求领导地位或者希望产生更大的影响。

2. 两者相关性主要体现在影响力维度

从研究中可以看出，正式组织中人们心理授权程度中的影响力对其在非正式组织中的地位追求有着更好的预测作用，即当人们在正式组织中体验到较高程度的影响力时，同时在非正式组织中也会倾向于拥有较大的影响力，两者呈正相关关系。

（二）管理应用与启示

1. 为企业对非正式组织的管理提供方向

企业中必定会存在着各种各样的非正式组织，这些非正式组织也会对企业的生产和运行产生各种各样的影响。既然正式组织与非正式组织有着这样的互动关系，那么我们就能通过调节正式组织中员工心理授权程度来影响非正式组织中的组织结构。当提高员工在正式组织中的影响力之后，相对应地，他在非正式组织中对地位追求的程度也会提高，达到对非正式组织产生一定干预的目的，从而进一步控制企业中的舆论导向、提高员工关系绩效以及促进组织公民行为等。

2. 可能存在不同的心理授权作用机制

由于正式组织与非正式组织有这样的互动关系，因此当改变正式组织中员工心理授权程度时，其产生的影响可能通过非正式组织来传导，由非正式组织对企业的生产产生影响。其中的传导机制还有待进一步研究。

（三）局限与不足

1. 研究方法局限

本研究仅采用了问卷法来收集数据，与被试者填写态度关系较大，虽然我们去除了填写时间较短的问卷，但是问卷结果也可能有一定偏差。同时，对问卷语言理解的偏差也可能导致问卷结果的偏离。在今后的研究中应采用多种研究方法，同时对问卷的语言进行改进。

2. 研究结果局限

本研究仅说明了心理授权与地位追求的关系以及预测效果，对两者的中介机制并未进行研究，这也是研究的不完善之处，还有待以后进行进一步研究。

参考文献

[1] Conger，J.，Kanungo，R. The empowerment process：Integrating theory and practice [J]. Academy of Management Review，1988（13）：471-482.

[2] 刘琳莉. 心理授权与组织承诺的关系研究——心理契约的中介作用 [D]. 大连理工大学硕士学位论文，2006.

[3] Klakovich，M. D.，Development and psychometric evaluation of the reciprocal empowerment scale [J]. Journal of Nursing Measurement，1995，3（2）：29-35.

[4] 王东山，李勇. 心理授权文献综述 [J]. 人力资源管理，2011（3）：178-181.

[5] Thomas，K. W.，Velthouse，B. A. Cognitive elements of empowerment：An "interpretive" model of intrinsic task motivation [J]. Academy of Management Review，1990，15（4）：666-681.

[6] Spreitzer，G. M.，Psychological empowerment in the workplace：Dimensions，measurement，and validation [J]. Academy of Management Journal，1995，38（5）：1442-1465.

[7] 李超平，李晓轩，时勘，陈雪峰. 授权的测量及其与员工工作态度的关系 [J]. 心理学报，2006（1）：99-106.

[8] 李林洁. 浅析非正式组织的发展现状及相应的管理对策——以大学生非正式组织为例 [J]. 中国管理信息化，2013（22）.

[9] 王燕，王娟. 非正式组织研究综述[J]. 燕山大学学报（哲学社会科学版），2013（1）：136-140.

[10] 李德民. 非正式组织和非权力性影响力 [J]. 中国行政管理，1997（9）：24-25.

企业承担社会责任如何降低员工离职倾向？CSR归因和组织认同的作用

作者：席悦；指导老师：张爱卿

内容摘要：组织承担社会责任不仅会提高其对潜在员工的吸引力，更会增加对内部员工的持有力，降低员工的离职倾向。目前学术界对二者作用机制的探讨相对较少。基于社会交换理论和归因理论，本文旨在厘清企业社会责任（CSR）与离职倾向之间关系的作用机制及其边界条件。首先引入组织认同这一中介变量，讨论CSR如何通过组织认同影响员工的离职倾向；其次引入CSR归因，考察CSR作用效果的边界条件。以来自全国不同组织的208名员工为研究对象，结果表明：①企业社会责任对离职倾向具有显著的负向预测作用；②组织认同在企业社会责任对离职倾向的影响关系中起完全中介作用；③CSR归因在企业社会责任和组织认同的作用关系中发挥调节作用，具体表现为：价值驱动归因和战略归因具有正向调节作用；利益相关者驱动归因和自利归因具有负向调节作用。这一研究结果表明，尽管组织承担CSR有助于提高组织认同，进而降低员工的离职倾向，但CSR与组织认同之间的关系仍依赖于员工的CSR归因。研究丰富了CSR领域的理论研究，对管理实践也有一定的启示意义。

关键词：企业社会责任；组织认同；离职倾向；CSR归因

近年来，各类媒体上都充斥着企业未履行社会责任的丑闻，如2013年雅安地震后网络流行的国际铁公鸡排行榜；2014年联想裁员事件等。毫无疑问，这些报道会影响公众和消费者对企业的看法和对企业的评价，但员工才是企业利益的直接创造者，这些报道是否会对员工的态度和行为产生影响呢？在组织内外部利益相关者中，企业社会责任对公众和消费者的影响已受到了学术界和商业界的广泛关注，而员工对CSR行为的感知和态度很少得到企业管理团队和学者们的关注（Hansen，2011）。

企业社会责任代表企业一系列促进经济发展同时承担道德责任的承诺，包括改善员工及其家人的生活质量，对本地社区、环境、社会负责等（Mijatovic，2010）。从利益相关者角度，消费者、政府、公众是企业谋求发展必须关注的对象，但员工作为企业经营业务的直接参与者，他们才是组织承担社会责任最直接的目击者，对CSR行为具有最直观的感受和评价。

伴随着经济全球化的不断发展和员工无边界职业生涯时代的来临（凌玲，2013），传统的终身雇佣制度已经不能满足现代企业员工的需求。员工越来越关注自身在劳动力市场上的竞争力，在选择雇主时会更多地考虑企业发展空间和社会影响力。在动荡的环境中，员工离职是企业广为关注的话题，高的离职率不仅会增加企业离职补偿、新员工招聘等运作成本，还可能导致组织客户资源流失、商业秘密泄露等大量问题（Stewart，2011）。Sagie（2001）的研究表明，员工退缩行为（包括不努力、拖延、缺勤、离职等）会导致 16.5%的税前收入损失，这其中 27%都来源于离职行为。

离职无论对于组织还是个人来说，都意味着高昂的成本（Mitchell，2001）。现有关于 CSR 的研究已证明 CSR 行为可以为组织吸引潜在员工，如 CSR 与组织声誉和雇主吸引力正相关（Rupp，2006）。Jones D.（2014）根据信号基础机制，通过实验研究验证了企业社会绩效和组织对潜在员工吸引力之间的因果关系。那么，既然组织可以通过履行社会责任增进雇主品牌形象，提高其对潜在员工的吸引力，CSR 活动是否会提高组织对现有员工的吸引力呢？组织吸引力应由组织对外部潜在人才的吸引力和组织对内部优秀人才的持有力两个标准来衡量，回顾以往关于企业社会责任和组织吸引力的相关文献，发现现有研究大多集中于对外部吸引力的研究，并没有充分探讨 CSR 对内部员工的影响。组织对内部人才的持有力是组织凝聚力的体现，即员工是否愿意长期留在组织，为组织持续贡献并获得持续发展，因此本研究以离职倾向作为内部吸引力的度量，探讨企业承担社会责任是否会降低组织内员工的离职倾向及其作用机制。

利益相关者理论将社会交换应用于 CSR 领域（Stewart，2011），组织承担对不同利益相关者（员工、社区、环境等）的责任，而员工则可能以减少离职等与工作相关的行为回报组织。以往关于消费者或员工行为的研究中，CSR 处于一个相对较远端的位置，其对利益相关者行为的影响往往存在一个近端的中介变量。Hudson 研究所在 2004 年针美国企业员工的调查显示：相信“本企业是一家负责任公司”的雇员忠诚度和对企业的认可度，是那些认为“本企业没有承担社会责任”公司员工的 6 倍。社会交换理论又进一步表明，当员工对组织有较好的印象与知觉时，会更容易产生交换的动机，进而会形成认同，并对员工的行为产生影响（Bhattacharya，2008）；而心理契约破裂导致组织认同降低，则会诱发员工的离职行为（钱士茹，2015）。综上所述，组织认同可能会中介 CSR 对离职倾向的影响。

进一步地，如果这一中介机制成立，那么是否会在任何情境下都产生作用呢？纵观研究，企业社会责任作用效果的边际条件很少被探讨。根据归因理论，不同的归因会导致个体的行为后果的显著性差异。企业的社会责任行为往往存在信息的不对称性，从归因的视角来看，员工对组织 CSR 的归因也必然存在差异，因此 CSR 对员工的影响是依赖于员工 CSR 归因的。在不同的 CSR 归因情境下，CSR 会对员工的态度产生不同的作用效果，进而影响员工的行为或行为趋势。

一、文献综述与假设提出

（一）企业社会责任理论综述

尽管企业社会责任在理论和实践中已受到广泛关注，但学术界仍然很难对 CSR 的概念形成明确且统一的意见。管理学界认为，公司社会责任起源于英国学者谢尔顿（Sheldon，1924），在其《管理哲学》中，他把经营者满足行业内外各类人需求的责任融入公司社会责任，认为公司社会责任包含道德因素在内，强调公司经营战略中的社会利益比公司的盈利更为重要。

20 世纪 30 年代，著名的“哈佛论战”引发了关于“企业社会责任”问题最深入的系统性早期探讨。美国哈佛大学法学院的贝尔（Adolf A. Berle）与多德（E. Merrick. Dodd）两位教授展开了激烈的讨论：传统观点代表 Berle 认为，企业经营的目标是追求股东利益的最大化；而 Dodd 认为，企业不仅对股东负责，还应承担对雇员、消费者以及广大公众的责任。

1953 年 Howard Bowen 在《商人的社会责任》一书中将企业与社会两者之间的关系理论化，标志着真正意义上企业社会责任研究的开始。随后在 CSR 对企业的影响方面，学术界和商业界展开激烈的争论。Friedman（1962）继承了古典经济学派的观点，认为企业承担经济利润之外的责任会导致企业资源的消耗，从而造成企业成本的增加，以致产品价格的提高。Davis（1960）基于 Bowen 的定义，提出社会责任是商人不以经济性利益为目的的提高社会福利的决策和行为，以此为基础提出了“戴维斯原则”，即著名的责任铁律（Iron Law of Responsibility）。

20 世纪 70 年代，学术界对 CSR 的内涵有了更深层次的认识，提出了新的概念和理论。美国经济发展协会（Committee for Economic Development）在 1971 年出版的《商业组织的社会责任》一书中列出了社会责任承担的主体，并详细阐述了这些主体需要承担何种类型的商业社会责任，包含 10 个领域 58 种行为。进一步地，CED 以分层的方式提出了 CSR 的“三层同心圆”模型，认为 CSR 包括经济责任、法律责任、道德责任三个方面，对 CSR 的概念有了新的界定。这一时期最具有里程碑意义的研究是 Carroll（1979）提出的 CSR 金字塔模型，该模型将企业社会责任归纳为一个包括经济责任、法律责任、伦理责任、慈善责任的四层次模型，其中经济责任是企业履行社会责任的基础，是企业经营发展的支撑，在此基础上还期望企业能够遵守法律，关注伦理和公益。

20 世纪 80 年代以后，关于 CSR 的研究进入了一个多元化的时代，随着利益相关者理论（Stakeholder Theory）的提出（Freeman，1983），学者们逐步将利益相关者理论应用于 CSR 的研究（Clarkson，1995）。学术界的研究也开始从理论研究过渡到实证研究，学者们开始以不同角度切入 CSR 对企业绩效的影响研究。自此，越来越多的学者都认识到 CSR 理论与利益者理论的不谋而合，例如 Carroll（1991）指出，“CSR 与组织不同的利益相关者间具有本质的关联和密切的关系”。这两种理论互相取长补短，有助于更好地理解组织与社会之间的关系。B. Helmig（2016）提出组织的利益相关者和竞争者会对组织企业社会责任的履行带来压力，这种压力会对组织的市场绩效产生积极的影响。利益相关者理论和企业社会责任理论互相取长补短，有助于更好地理解组织与社会之间的关系。

伴随利益相关者理论的日趋成熟，企业社会责任理论开始逐步从北美推广到欧洲和亚洲。也就是从这时开始，企业社会责任的概念逐渐进入国内学术界，国内学者开始关注 CSR 在学术和商业界的应用。金碚（2006）、金立印（2006）等从不同角度构建了企业社会责任评价指标体系。周祖城（2007）通过实验研究证实，企业社会责任有助于促进消费者的购买意向。温素彬（2008）通过对 2003~2007 年 5 年间上市公司数据的实证调研，提出企业社会责任有利于组织财务绩效的提升。李伟阳（2011）提出了企业社会责任的“元定义”，即在特定的制度安排下，组织追求最大限度地在预订期限内改善社会福祉的意愿、行为和绩效。晁罡（2012）基于员工的视角将 CSR 分为员工、环境和消费者三个维度，指出 CSR 是提高员工工作投入度和向心力的重要内部行销工具，强调企业有必要加强 CSR 在组织内部的宣传力度。刘凤军等（2015）论证了 CSR 部分特征（如与组织业务的关联度、履行时间、水平等）会引发消费者的感知过分性，从而导致抵制行为。夏黎明（2015）认为，CSR 行为与利益相关者响应之间是一个双向促进的关系。颜爱民和李歌（2016）通过多层线性模型探讨了企业社会责任行为和员工角色内行为以及组织公民行为之间的关系，并揭示了外部荣誉感和组织支持感在其中的作用机制。贾兴平（2016）提出组织的利益相关者会促使组织积极地承担社会责任，从而提升组织的企业价值。

自 CSR 理论提出以来，随着时代和社会的发展，其内涵也逐步摒弃传统观念，从一元视角向多元视角不断转化与进步，经历了从单一的经济利益最大化目标，到包括经济、法律、伦理、慈善责任的多元化视角，最后发展到与企业利益相关者紧密相连。本文主要探讨 CSR 对员工的影响，显然员工是组织最重要、最核心的利益相关者，因此本文主要以 Freeman 利益相关者理论为基础，对 CSR 进行测量并开展研究。

（二）理论模型与假设

社会交换理论认为，社会可以看作是个体之间行动和行为交换的结果（Homans，1958）。当组织有所付出时，组织中的个体会产生一种回报组织的意识（Cropanzano 和 Mitchell，2005），进而会采取一定的行为报答组织。人际间的社会交换始于社会吸引（Blau，1965），组织的付出会增加其对组织内部成员的吸引力，促使内部成员不断增强对组织价值观的认同，以此来获得组织成员的相应回报。社会交换的本质是付出会在将来某一时刻得到相应回报的信任（Blau，1968），组织的付出表明组织对其内部成员的信任，同时，体现了组织的价值观，这又会进一步获取组织成员对组织的信任和认同。因此，社会交换理论可以用于论证 CSR 对员工离职倾向的影响以及组织认同在其中的中介作用。

归因理论和动机理论认为，归因会影响个体的情感从而成为个体后续行为的动因（张爱卿，2003）。那么，为什么归因理论可以有效揭示员工对履行 CSR 行为的反应呢？第一，相比于行为本身，人们往往更关注行为背后的原因（Kelley，1973）。第二，人们对组织主动承担社会责任背后隐藏的动机普遍存在怀疑（Lange 和 Washburn，2012），这使得组织利益相关者对企业 CSR 行为的归因问题成为企业 CSR 管理与执行中的关键挑战。第三，归因是解释心理学行为必不可少的要素，但其在组织科学领域并没有得到广泛应用（Martinko，2011），因而归因理论在解释员工对 CSR 行为的反应中 CSR 归因的调节作用具有重要的参考价值。

为厘清 CSR 与离职倾向关系的作用机制及其边界条件，本文基于社会交换理论和归因理论，引入组织认同和 CSR 归因两个变量，构建了一个有调节作用的中介效应模型（见图 1）。CSR 通过组织认同影响雇员的离职倾向，不同的归因类型在 CSR 与组织认同的作用关系中具有不同的调节作用。文章试图帮助管理者了解企业承担社会责任将通过何种途径降低员工的离职倾向，这一作用机理在什么情况下会产生效力；同时，深入地讨论二者之间的复杂关系，有助于为企业员工管理提供新的视角，也为企业社会责任的承担增加新的动力。

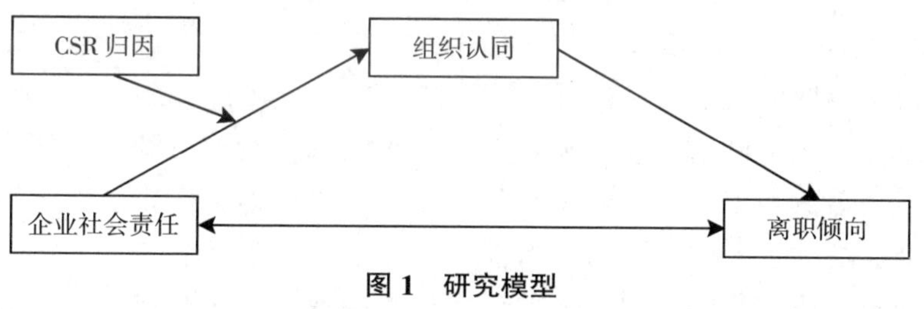

图 1　研究模型

1. CSR 与员工离职倾向的关系

近年来，也有一些研究指出 CSR 与离职倾向的负向关系。Bhattacharya（2008）认为，企业社会活动能够降低员工离职的倾向。Jones（2010）通过研究发现，企业社会责任活动能够促进组织去识别何种活动能够有效地影响员工的离职或留下的倾向。Ghosh 和 Gurunathan（2014）将印度 19 家金融机构的 501 名经理人作为样本进行实证研究，选择工作嵌入作为调节变量，证明企业社会责任对员工的离职倾向有影响。柯江林和孙健敏（2014）运用跨案例研究方法，发现组织慈善对员工态度和行为具有显著的影响效果，组织慈善可以抑制雇员的反生产行为，同时有利于增加雇员工作满意度和组织承诺等。

社会交换理论可以用于解释 CSR 与离职倾向之间的关系。组织承担社会责任是组织的一种付出行为，作为交换的另一方，员工会对组织资源、精力等方面的付出做出有利于组织的回报。Pettijohn（2008）指出，如果公司的雇员认为雇主是不道德的，雇员不会通过努力工作来回报组织，其工作满意度会下降，离职倾向也会增加。Valentine（2011）认为，组织道德价值观的关键在于形成一种道德的工作环境，从而提升员工的道德价值观，促使员工从组织的角度出发面对道德问题的挑战，这也有助于员工离职倾向的降低。因此本研究提出如下假设：

H1：企业社会责任对员工离职倾向具有负向预测作用。

2. 组织认同在 CSR 与员工离职倾向关系中的中介作用

组织认同是个体来自于组织成员身份的一种自我构念（魏钧，2007），反映了员工对自我的价值判断和对组织的价值判断在多大程度上得以重合（Bhattacharya，2008）。雇员对组织有强烈的认同感时，会将组织的成功看作自身的成功，并将组织的特性融入个体自我概念中，内化组织的价值观的结果。

Bhattacharya（2008）基于组织认同理论，说明了 CSR 行为有利于增加认同，从而对组织内外部均产生好的结果，包括提高工作满意度、减少离职等内部影响和增加品牌拥护、提高忠诚等外部影响。Kim（2010）通过实证研究表明，CSR 参与会增加员工对公司的组织认同，会进一步影响员工的组织承诺。Kanter（2015）发现，企业履行社会责任可以激发雇员的组织身份认同感，表现为 CSR 对组织认同具有显著的正向促进作用。李祥进（2012）证实了员工感知到企业履行社会责任会显著影响员工的离职倾向和工作绩效，当员工感知的组织努力承担社会责任时，员工会不断改进自身绩效，并愿意长期留在组织工作。由此可见，组织 CSR 行为可以影响员工对组织的态度，增加员工的组织认同感，从而减少员工的离职意愿。

根据社会交换理论，组织履行对不同利益相关者（员工、社区、环境等）的责任，并对他们的利益负责，同时利益相关者会做出对组织有价值行为以此作为回报。从员工这一利益相关者的角度，员工希望自身利益能得以保障，所以企业承担对员工的责任（如平等对待员工、提供公平的薪酬体系等），满足员工的需求，员工会认为组织对自己有所付出并感受到组织对自身的信任；作为交换，员工会增加对组织的信任和认同，减少自身的离职。员工同时希望自身所处的组织具有社会可接受性（Stewart，2011），因此会期望组织承担对环境、社区、消费者等外部利益相关者的责任（如追求社会平等、注重产品健康和安全、保护环境等），如果组织能够较好地履行这些责任，满足员工对组织的期待，那么组织对雇员的吸引力会增强，员工就会认同组织的价值观，减少自身离职倾向回报组织。基于以上分析，研究提出如下假设：

H2：组织认同在企业社会责任和离职倾向的负向关系中起到中介作用。

3. CSR 归因在企业社会责任与组织认同的关系中的调节作用

CSR 归因可以解释员工对企业履行社会责任这一行为背后的推理过程。归因是对个体或群体行为结果的原因分析，因此在消费者行为、企业品牌等领域受到了学者的广泛关注，如消费者的 CSR 归因会影响消费者对企业 CSR 行为的反应以及 CSR 归因与品牌忠诚之间的关系（Du、Bhattachary 和 Sen，2007）。Vlachos（2014）指出，归因在员工对企业CSR行为的反应中起重要作用。CSR归因不仅会影响组织外部受众的态度和行为，也会作用于组织的内部受众。

现有研究中鲜有学者将CSR归因纳入CSR对组织内部受众的作用机制中，很少关注员工对企业社会责任行为的评价和反应，为了弥补这一空缺，本文引入归因理论，检验员工对企业社会责任的主观解释和动机如何影响员工的组织信任。无论是营销领域还是组织行为领域，大多数现有研究均将CSR归因分为两种类型：出于对社会责任考虑的利他性归因，以及为自身谋求利益的利己性归因，且认为利他归因具有正向作用，利己归因具有负向作用。在市场营销领域的研究中，Da-Chang（2015）有关B2B市场的研究表明，购买者对CSR行为的利他归因会增强CSR对品牌拥护的正向促进作用，而利己归因则会减弱这一作用。赵占恒和余伟萍（2015）论证了消费者CSR利他归因在丑闻后CSR对其品牌形象的影响中具有中介作用。卢东和Powpaka（2010）通过对真实CSR事件的实证研究，证实了消费者CSR利他归因对消费者响应具有正向影响，利己归因对消费者响应具有负向影响。在组织行为领域的研究中，张倩（2015）的实证研究表明，CSR利他归因正向调节员工感知的企业社会责任对组织自豪的影响，而CSR利己归因在这一影响中具有负向调节作用。

然而也有研究表明，CSR利己归因具有促进作用。如De Roeck（2012）通过实证研究证实，当员工CSR归因是自我中心时，感知CSR与员工组织信任之间有正相关关系；Vlachos（2013）表明，CSR内部（利己）归因可以提升员工工作满意度。由此可见，CSR归因在CSR与组织内员工关系中的作用机制会更显复杂。

Ellen（2006）通过实证检验将个体CSR归因分为四类，即价值驱动归因（Values-driven Attributions）、利益相关者驱动归因（Stakeholder-driven Attributions）、自利归因（Egoistic Attributions）、战略归因（Strategic Sttributions），其中价值驱动和利益相关者驱动属于利他归因，战略和自利归因属于利己归因；并验证了价值驱动和战略归因促使消费者对CSR产生积极响应，利益相关者驱动和自利归因促使消费者对CSR产生消极响应。基于这一归因类型，Vlachos（2009）提出，价值驱动归因对消费者信任有积极影响，利益相关者驱动、战略归因和自利归因对消费者信任有消极影响。在组织行为领域，员工对CSR行为归因的复杂性使得以往仅基于利他性和利己性两个维度的归因研究具有局限性。因此，本研究以Ellen的四种归因类型为基础，探讨CSR归因在组织CSR行为与员工组织信任关系中的调节作用。提出假设如下：

H3：CSR归因在企业社会责任与组织认同的关系中具有调节作用。

价值驱动归因认为，CSR活动源于企业的道德行为，是企业真诚、善良的本质。根据格式塔心理学，局部过程都取决于整体的内在特性。因此，价值驱动组织也会真诚地对待员工，自发履行企业员工责任，这有利于员工对企业社会行为意图和组织价值观的认可，从而正向促进CSR对员工组织认同的影响。利益相关者驱动归因认为，CSR行为背后的动机是迫于利益相关者的压力，为免于利益相关者责备而满足其要求，这与组织本身的情感意图是矛盾的，员工会认为企业履行其社会责任的动机是不真诚的，因而会降低员工的组织认同。战略驱动归因的个体认为，CSR 行为是组织竞争战略所要求的，员工是组织内成员，其收入和报酬取决于企业获取竞争优势的能力，因此战略归因的员工会认为企业承担社会责任是合理的，从而认同组织的战略，相应地，组织认同也会相应提升。Vlachos（2013）关于 CSR 利己归因的讨论也更多是从战略角度出发的。自利归因认为组织 CSR 行为是操纵性的，其目的仅是提高组织自身的福利，员工这种归因方式会认为组织是自私自利的，因此 CSR 自利归因会负向调节 CSR 对组织认同的影响。基于上述分析，有如下假设：

H3a：价值驱动归因和战略归因在企业社会责任与组织认同的关系中具有正向调节作用。

H3b：利益相关者驱动归因和自利归因在企业社会责任与组织认同的关系中具有负向调节作用。

二、研究设计

（一）研究样本情况

本文的调查对象是企业中的员工。为了确保研究样本的代表性，选取样本时需要充分考虑样本在性别、年龄、学历、职位、企业规模、企业性质等方面的均衡性，并考虑样本答案的有效性。本研究的问卷发放拟采用纸质问卷与电子问卷相结合的方式，在全国不同省市、不同组织中发放，在一定程度上避免地域差异、组织差异、个体差异带来的样本非随机性。

研究共收回问卷 215 份，有效问卷数为 208 份，有效问卷回收率达 96.74%。剔除问卷 6 份。本研究无效问卷的确定原则为：①缺选题项超过 10 项；②连续 20 个项目选择相同；③问卷填写不认真，如选择呈有规律分布；④问卷填写时间少于 3 分钟。

经过初步的统计分析，208 份样本中，50.4%为男性，48.8%为女性；年龄方面，30 岁以下的比例为 50.8%，30~40 岁为 38.4%，40 岁以上为 18.0%；在组织性质方面，24.2%为国有企业，21.8%为民营企业，17.5%为事业单位，13.5%为外资企业，10.7%为合资企业，13.5%为其他；在单位规模方面，100 人以下的比例为 44.4%，100~500 人为 20.8%，500~1000 人为 8%，1000 人以上为 26.8%；94%的样本在公司中工作 1 年以上；在学历方面，拥有本科及以上学历的研究对象占 78.1%。

（二）测量工具

本研究所使用的测量工具为企业社会责任对员工行为影响的调查问卷，问卷由卷首语、企业社会责任量表、组织认同量表、离职倾向量表、CSR 归因量表和个人信息调查表六个部分构成。

1. 企业社会责任的测量

本文是从利益相关者角度界定企业社会责任的，因此本文需选择基于利益相关者视角的企业社会责任量表。Turker（2009）编制的 CSR 量表从 8 个利益相关者的角度反映和测量企业社会责任，本文认为 Turker（2009）的测量量表与本文关于 CSR 的定义较为匹配，然而该量表是否适用于东方文化背景下的企业社会责任并未得到充分的验证。

为了使研究设计更符合中国情境，通过分析和比较现有国内外企业社会责任的测量工具，本文决定选用何显富（2010）基于 Turker（2009）量表翻译修正的中国文化背景下的企业社会责任五维度量表。该量表从员工责任、产品责任、诚信公正责任、慈善责任和环境责任五个角度对我国企业社会责任进行了概括和提炼，量表及量表各维度的 α 系数均在 0.75 以上，可靠性较高。

2. 组织认同的测量

本研究中组织认同采用 Ashforth 和 Mael 的定义，即组织认同是对与组织一致或从属于组织的感知。主要包括三个维度：认知性、评价性和情感性认同。

组织认同的量表参考参照 Miller 等（2000）编制三维度的组织认同量表（Organizational Identification Questionnaire，OIQ），国外相关研究中利用此量表测量信度系数和效度系数均相当高，也是目前国内使用较多和较权威的量表。本量表共有 11 个项目，1~3 认知性组织认同，4~7 评价性组织认同，8~11 情感性组织认同。中文版量表由晁罡等（2012）进行翻译，并在 300 多个企业员工样本中进行测量，得到的量表内部一致性系数为 0.945。

3. 离职倾向的测量

Mobley（1977）认为，员工离职前会经历多个心理和行为阶段，员工不满意会引发员工产生离职念头，当离职念头产生后，员工会寻找其他工作机会并做出相应的评估，进而产生离职倾向，离职倾向也是离职行为前的最后一个步骤。Kraut（1975）、Mobley（1979）、Newman（1974）、Michaels 和 Spector（1982）等对离职和离职倾向进行了大量的研究，皆认为离职的最佳预测值是离职倾向。参考 Mobley、Horner 和 Hollingsworth（1978）的研究，本研究认为离职倾向是员工不满意、员工是否计划长期留在组织、更换工作的情绪和谋求其他工作可能性的综合作用结果。量表共四个条目。翁清雄（2010）使用该量表测量后，得到的量表内部一致性系数为 0.755。

4. CSR 归因的测量

CSR 归因量表采用 Ellen 等（2006）编制的四维度归因类型量表，包括价值驱动归因、利益相关者驱动归因、自利归因和战略驱动归因，共 16 个题项。参考卢东（2009）在消费者行为的相关研究中对该量表的翻译，笔者基于员工的视角针对量表各项目的可阅读性和代表性加以修正，如将“他们想帮助关注公益事业的消费者更轻松地实现对公益事业的支持”修改为“公司想帮助关注公益的员工更轻松地实现对公益事业的支持”，以尽可能提升本量表的内容效度。量表及量表各维度的 α 系数均在 0.8 以上，具有较好的内部一致性。

量表中所有条目的评价都采用 7 级李克特问卷形式。

（三）共同方法偏差的控制与验证

采用问卷法进行调研使预测变量和反应变量不可避免地在同一时间、同一地点进行测量，同时本研究中所有变量的测量都由员工自我评价的方式完成，因此可能存在共同方法偏差。本研究首先拟采用了一系列方法来控制共同方法偏差：①尽量采用已被学者证实的、具有较高信效度且相对成熟的量表；②通过预测改进与完善量表的条目；③采用科学合理的调查程序，例如在卷首语中强调调研的学术性和问卷的匿名性；保证调查环境的独立性等，在一定程度上避免社会赞许效应；④问卷采用多种项目顺序组合，避免了顺序效应。

其次，在数据处理时，采用 Harman 单因素检验法来验证数据结果是否存在共同方法偏差问题。结果表明，数据与单维模型拟合效果很差（χ^2（66）= 849.230，GFI = 0.650，AGFI = 0.517，CFI = 0.646，NFI = 0.629，RMSEA = 0.239，RMR = 1.193）。由此可见，本研究中共同方法偏差并没有造成严重影响。

三、研究结果的分析与讨论

（一）描述性统计、相关分析与讨论

企业社会责任、CSR 归因、组织认同和离职倾向变量间的相关系数如表 1 所示。可以看出，研究变量之间均在 0.01 水平上显著相关。

表 1　研究变量间的均值、标准差和相关系数表（N=208）

	CSR	CSR 归因	组织认同	离职倾向
CSR	1			
CSR 归因	0.491**	1		
组织认同	0.821**	0.500**	1	
离职倾向	−0.553**	−0.310**	−0.657**	1
均值（M）	4.774	4.453	4.517	3.202
标准差（SD）	1.012	1.085	1.593	1.937

注：** 表示在 0.01 水平（双侧）上显著相关。

由此结果可以看出，CSR、组织认同和离职倾向三者间关系密切。其中 CSR 与组织认同（$r = 0.821$，$p < 0.01$）显著正相关，离职倾向与 CSR（$r = -0.553$，$p < 0.01$）和组

织认同（r=-0.657，p<0.01）有显著的负相关关系，符合本研究的基本理论观点与假设。

（二）中介效应的分析与讨论

为了进一步明确 CSR、组织认同和离职倾向之间的量化关系，本研究首先将各变量的得分标准化，以避免多重共线性问题，具体回归分析的结果如表 2 所示。

表 2 中介机制检验的结果

因变量		离职倾向			组织认同		离职倾向
		模型 1	模型 2	模型 3	模型 4	模型 5	模型 6
自变量	CSR	-0.553**	-0.473**		0.821**	0.796**	-0.157
中介变量	组织认同			-0.541**			-0.396**
控制变量	性别		-0.272**	-0.245**		0.062	-0.248**
	年龄		-0.088	-0.001		0.139	-0.033
	学历		-0.149	-0.071		0.148*	-0.090
	工作种类		-0.147	-0.082		0.115	-0.102
	工作年限		-0.341*	-0.238**		0.210*	-0.258*
	组织性质		0.149	0.049		-0.192*	0.073
	单位规模		0.265	0.195*		-0.142*	0.208
F		90.913**	11.753**	27.025**	424.730**	90.813**	24.482**
R^2		0.306	0.494	0.521	0.673	0.790	0.527
调整 R^2		0.303	0.473	0.501	0.672	0.782	0.505

注：** 表示在 0.01 水平（双侧）上显著相关，* 表示在 0.05 水平（双侧）上显著相关。

模型 2 中，在控制了年龄、学历、工作种类、工作年限、组织性质和组织规模人口后，以离职倾向为研究反应变量，以 CSR 为研究解释变量开展回归分析。结果显示，F 统计量的显著性 p<0.01，说明回归方程整体的线性关系是显著的。回归系数表明，CSR 对离职倾向具有显著影响，并有很好的负向预测作用（β=-0.473，p<0.01），因而直接效应显著，支持了 H1。

模型 3 和模型 5 中，F 统计量的显著性概率 p 值均小于 0.01，方程整体的线性关系是显著的。排除了控制变量的影响后，CSR 对组织认同具有显著的正向预测作用（β=0.796，p<0.01），组织认同对离职倾向具有显著的负向预测作用（β=-0.541，p<0.01）。根据以上数据结果，中介效应存在的基础已得到验证。综合模型 2 和模型 6，加入组织认同后，组织认同对离职倾向具有显著的负向作用（β=-0.396，p<0.01），而 CSR 对离职倾向的影响消失（p=0.115>0.05）。因此，组织认同在 CSR 对离职倾向的影响过程中起完全的中介作用，H2 成立。

（三）调节效应的分析与讨论

为了检验调节效应，研究分别以价值驱动归因、利益相关者驱动归因、自利归因和战略归因为调节变量，建立 CSR、CSR 归因及二者交互项的回归方程。

如表3、图2a、图2b、图2c、图2d所示，结果表明，四个模型中sig F change值均小于0.05，说明调节效应存在。价值驱动归因（交互项系数β=0.063，p<0.01）和战略归因（交互项系数β=0.074，p<0.01）在CSR对组织认同的影响过程中起正向调节作用，H3a成立。利益相关者驱动归因（交互项系数β=-0.076，p<0.01）和利己归因（交互项系数β=-0.084，p<0.01）在CSR对组织认同的影响过程中起负向调节作用。调节效应图进一步表明，对于价值驱动归因和战略归因较强的员工来说，CSR对组织认同的正向促进作用相对较强。对于利益相关者驱动归因和自利归因较强的员工来说，CSR会对组织认同产生负向作用；而对于利益相关者驱动归因和自利归因较弱的员工，CSR会对组织认同产生正向作用。H3a和H3b成立。

表3　调节效应检验的结果

因变量		组织认同			
		模型1	模型2	模型3	模型4
自变量	CSR	0.526**	0.751**	0.771**	0.795**
调节变量	价值驱动归因	0.337**			
	利益相关驱动归因		0.115**		
	自利归因			0.153**	
	战略归因				0.008*
交互项	CSR×价值驱动	0.063**			
	CSR×利益相关驱动		-0.076**		
	CSR×自利归因			-0.084**	
	CSR×战略归因				0.074*
控制变量	性别	0.009	0.034	0.021	0.046
	年龄	0.142	0.107*	0.083	0.147*
	学历	0.130	0.173**	0.148**	0.165**
	工作种类	0.083	0.102	0.075	0.132
	工作年限	0.162	0.220**	0.206*	0.229
	组织性质	-0.191	-0.204**	-0.236	-0.193*
	单位规模	-0.125	-0.138	-0.182	-0.153
F		99.944**	79.435**	84.955**	24.482**
Sig F change		0.045	0.030	0.008	0.042
R^2		0.835	0.801	0.812	0.527
调整 R^2		0.827	0.791	0.802	0.505

注：** 表示在0.01水平（双侧）上显著相关，* 表示在0.05水平（双侧）上显著相关。

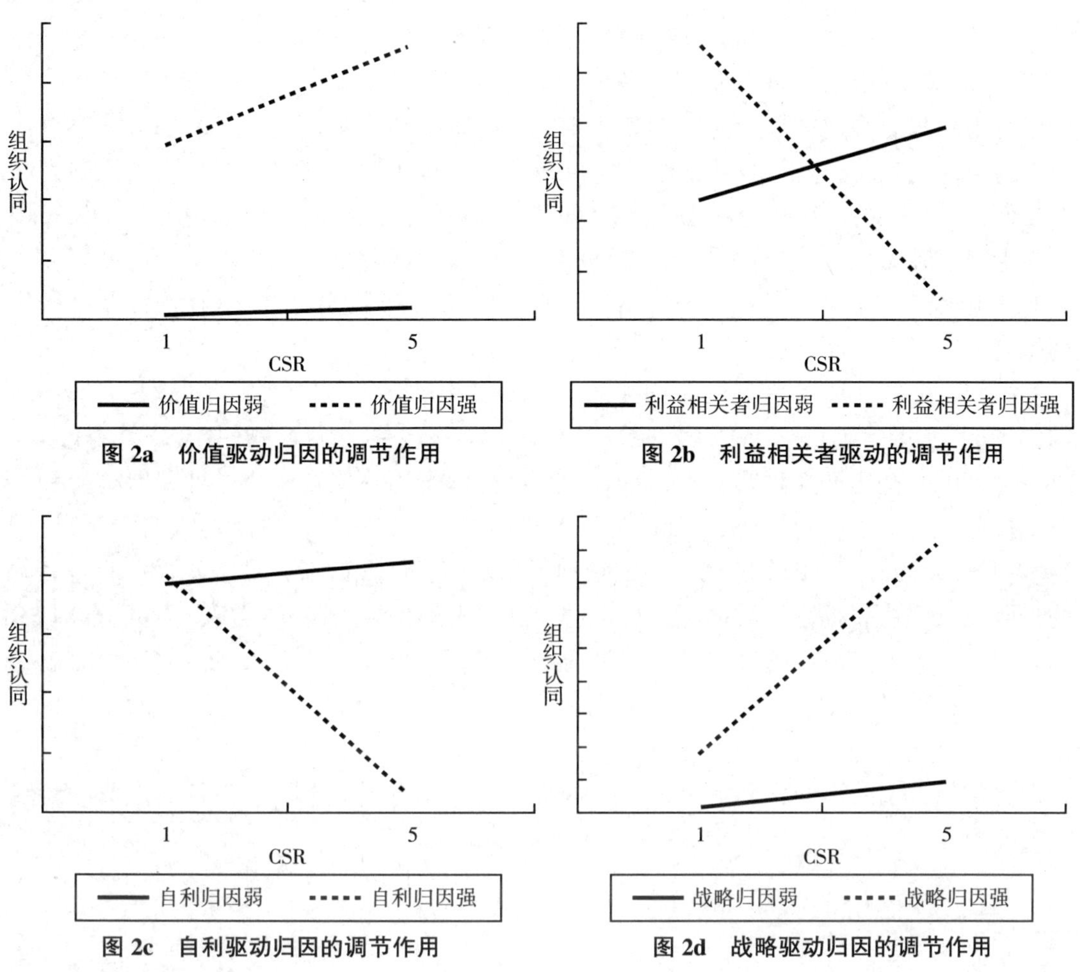

图 2a 价值驱动归因的调节作用

图 2b 利益相关者驱动的调节作用

图 2c 自利驱动归因的调节作用

图 2d 战略驱动归因的调节作用

四、结论与展望

（一）结论

CSR 近年来已成为理论界和学术界共同关注的新兴话题，文章从组织行为的领域，探讨 CSR 如何增强组织对内部员工的吸引力，即 CSR 如何降低组织内员工的离职倾向。文章引入组织认同和 CSR 归因两个概念，其中 CSR 归因反映了员工对组织履行社会责任原因的感知，CSR 归因对 CSR 和组织认同之间的相互作用关系产生了不同的影响效果。这一作用机制揭示了 CSR 与离职倾向之间的内部影响机制和边界条件，对 CSR 领域的研究有一定的贡献。

第一，文章扩展了学术界对企业社会责任理论的认识。尽管已有研究充分探讨了

CSR 对外部公众的影响及其内在机制，但对内部受众的讨论却鲜有涉及。文章基于社会交换理论，分析了 CSR 如何对企业内部员工的心理产生影响，进而作用于员工的行为或行为趋势。当组织承担对不同利益相关者的责任时，满足了员工的物质需求以及员工对组织的期待，员工会认同组织的价值观，并减少离职回报组织。这一机制为组织如何减少员工的离职行为提供了新的视角。此外，关于 CSR 对组织内部员工的影响很少考虑边界条件，CSR 对员工的作用并不是在任何条件下都会产生相同的效果。引入 CSR 归因，文章有力地呈现出 CSR 在何种条件下会降低员工的离职倾向以及这一作用机制是如何产生效力的。

第二，文章扩展了关于 CSR 归因的研究。以往研究大多仅考虑了利己归因和利他归因两种 CSR 归因类型（张倩，2015；Vlachos，2013），而追溯 CSR 归因的根源，Ellen（2006）提出的四种归因类型具有更全面的解释力。文章将这四种归因类型引入研究模型，揭示了不同类型的利他归因和不同类型的利己归因会对 CSR 的作用效果产生不同的影响。当员工对 CSR 的归因是利他的价值驱动归因时，员工认为企业是真诚的，是发自内心想提高社会福利，员工会提高自身对组织的认同程度；当员工对 CSR 的归因是利己的战略归因时，CSR 行为会融入组织的竞争战略，员工会更认同组织的战略；当员工对 CSR 归因是利他的利益相关者驱动归因或利己的自利归因时，员工会认为企业是不真诚的，因而员工对组织的认同感会降低。本文以归因理论为基础，讨论四种归因类型的不同作用效果，为 CSR 归因的调节作用提供了一个更为全面的解释框架。

（二）管理价值和研究展望

本研究为组织的管理实践提供了一定的启示。第一，组织履行社会责任有利于增加组织对内部员工的吸引力，减少雇员的离职倾向或离职行为。组织承担社会责任可以巩固组织与员工的心理契约，形成一种企业文化从而留住员工，这为组织开展员工忠诚度培养和管理员工提供了新的思路。第二，企业社会责任的归因类型会影响组织对员工心理和行为的作用，不同的归因类型会产生不同的作用效果，这提醒组织在履行社会责任时，要考虑自身的行为方式等因素对雇员心理的影响。组织要引导雇员形成价值驱动和战略的 CSR 归因，这样才有助于提高员工的组织认同感。这就需要组织在履行社会责任时做到言行一致，并将 CSR 纳入组织战略中，不断提高组织的竞争优势。

尽管本研究的结论对理论和实践做出了贡献，但仍存在一些不足。首先，研究采用横截面数据，未考虑时间序列，无法对变量之间的因果关系做出解释。其次，研究采用被试自我报告的方式进行调研，尽管已通过调研过程控制共同方法偏差并采取 Harman 单因子分析法进行检验，但仍无法完全排除共同方法偏差的影响，未来的研究还可以结合企业社会责任报告等其他信息来源综合考虑和测量。

另外值得注意的是，文章发现 CSR 与 CSR 归因有一定程度的相关性，这表明组织承担社会责任的方式或履行的责任类型等因素可能会影响员工对 CSR 行为的归因类型。对组织来说，员工的归因不仅依赖于员工自身，同时也会受到组织行为方式等外部因素的影响。归因会对组织 CSR 的作用效果产生显著的影响，因此，如何引导组织员工的归因，有待于后续进行专门的研究和探讨。

参考文献

[1] 晁罡，程鹏，张水英. 基于员工视角的企业社会责任对工作投入影响的实证研究 [J]. 管理学报，2012，9 (6)：831-836.

[2] 陈晓萍，徐淑英，樊景立. 组织与管理研究的实证方法 [M]. 北京：北京大学出版社，2008.

[3] 何显富，蒲云，朱玉霞等. 中国情境下企业社会责任量表的修正与信效度检验 [J]. 软科学，2010 (12).

[4] 贾兴平，刘益，廖勇海. 利益相关者压力、企业社会责任与企业价值 [J]. 管理学报，2016，13 (2)：267-274.

[5] 金碚，李钢. 企业社会责任公众调查的初步报告 [J]. 经济管理，2006 (3)：13-16.

[6] 金立印. 企业社会责任运动测评指标体系实证研究：消费者视角 [J]. 中国工业经济，2006 (6)：114-120.

[7] 柯江林，孙健敏，邱效威. 企业慈善对员工态度与行为影响的跨案例研究 [J]. 管理案例研究与评论，2014，7 (6)：436-448.

[8] 李伟阳，肖红军. 企业社会责任的逻辑 [J]. 中国工业经济，2011 (10)：87-97.

[9] 李祥进，杨东宁，徐敏亚等. 中国劳动密集型制造业的生产力困境——企业社会责任的视角 [J]. 南开管理评论，2012，15 (3)：122-130.

[10] 凌玲，卿涛. 培训能提升员工组织承诺吗——可雇佣性和期望符合度的影响 [J]. 南开管理评论，2013，16 (3)：127-139.

[11] 刘凤军，孔伟，李辉. 企业社会责任对消费者抵制内化机制研究——基于 AEB理论与折扣原理的实证 [J]. 南开管理评论，2015，18 (1)：52-63.

[12] 卢东. 消费者对企业社会责任的反应研究 [D]. 西南交通大学博士学位论文，2009.

[13] 卢东，S. P. 消费者对企业社会责任行为的评价研究——基于期望理论和归因理论的探讨 [J]. 管理评论，2010，22 (12)：70-78.

[14] 钱士茹，徐自强，王灵巧. 新生代员工心理契约破裂和离职倾向的关系研究 [J]. 现代财经：天津财经大学学报，2015 (2)：81-87.

[15] 魏钧，陈中原，张勉. 组织认同的基础理论、测量及相关变量 [J]. 心理科学进展，2007 (6)：948-955.

[16] 温素彬. CSR 与财务绩效关系的实证研究：利益相关者视角的面板数据分析 [J]. 中国工业经济，2008 (10)：150-160.

[17] 翁清雄，席酉民. 职业成长与离职倾向：职业承诺与感知机会的调节作用 [J]. 南开管理评论，2010，13 (2)：119-131.

[18] 夏黎明. 企业社会责任与利益相关者的双向循环模式 [J]. 经营与管理，2015 (12)：127-129.

[19] 颜爱民，李歌. 企业社会责任对员工行为的跨层分析——外部荣誉感和组织支持感的中介作用 [J]. 管理评论，2016，28 (1)：121-129.

[20] 袁方，王汉生. 社会研究方法教程 [M]. 北京：北京大学出版社，2004.

[21] 张爱卿. 归因理论研究的新进展 [J]. 教育研究与实验，2003 (1)：38-41.

[22] 张倩，何姝霖，时小贺. 企业社会责任对员工组织认同的影响——基于 CSR 归因调节的中介作用模型 [J]. 管理评论，2015，27 (2)：111-119.

[23] 赵占恒，余伟萍. 丑闻后企业社会责任行为对品牌形象的影响研究——丑闻责任的调节作用和利他性归因的中介作用 [J]. 华东经济管理，2015，29 (5)：8-15.

[24] 周祖城，张漪杰. 企业社会责任相对水平与消费者购买意向关系的实证研究 [J]. 中国工业经济，2007 (9)：111-118.

[25] Ashforth B. E., Meal F. Organizational identity and strategy as a context for the individual [J]. Advances in Strategic Management, 1996 (13): 17-62.

[26] A. Vlachos, N. G. P. A., Feeling good by doing good: Employee CSR-Induced attributions, job satisfaction, and the role of charismatic leadership [J]. Journal of Business Ethics, 2013 (118): 577-588.

[27] Bhattacharya C. B., Sen S., Korschun D. Using corporate social responsibility to win the war for talent [J]. MIT Sloan Management Review, 2008, 49 (2): 37-44.

[28] Blau, P. M. Exchange and power in social life [M]. New York: Wiley, 1964.

[29] Bowen H. R. Social responsibilities of the businessman [M]. New York: Harper & Row, 1953.

[30] Carroll A. B. A three-dimensional conceptual model of corporate performance [J]. Academy of Management Review, 1979, 4 (4): 497-505.

[31] Carroll, Aiehie B., The pyramid of corporate social responsibility: Toward the moral management of organizational stakeholders [J]. Business Horizons, 1991, 34 (4): 39-48.

[32] Clarkson M. E. A stakeholder framework for analyzing and evaluating corporate social performance [J]. Academy of Management Review, 1995, 20 (1): 92-117.

[33] Cropanzano R., Mitchell M.S. Social exchange theory: An interdisciplinary review [J]. Journal of Management, 2005, 31 (6): 874-900.

[34] Da-Chang Pai, C. L. C. C., Corporate social responsibility and brand advocacy in business-to-business market: The mediated moderating effect of attribution [J]. Journal of Business Ethics, 2015 (126): 685-696.

[35] Davis K. Can business afford to ignore social responsibilities [J]. California Management Review, 1960, 1 (2): 70-76.

[36] Du S., Bhattacharya C. B., Sen S. Reaping relational rewards from corporate social responsibility: The role of competitive positioning [J]. International Journal of Research in Marketing, 2007, 24 (3): 224-241.

[37] Freeman R. E., Reed D. L. Stockholders and stakeholders: A new perspective on corporate governance [J]. California Management Review, 1983 (25): 88-106.

[38] Friedman M. The social responsibility of business is to increase its profits [J]. The New York Times Magazine, 1970 (9).

[39] Ghosh D., Gurunathan L. Linking perceived corporate social responsibility and intention to quit: The mediating role of job embeddedness [J]. Vision: The Journal of Business Perspective, 2014, 18 (3): 175-183.

[40] Hansen, S.D., Dunford, B.B., Boss, A.D., Boss, R.W., Angermeier, I. Corporate social re-

sponsibility and the benefits of employee trust: A cross-disciplinary perspective [J]. Journal of Business Ethics, 2011, 102 (1): 29-45.

[41] Helmig B., Spraul K., Ingenhoff D. Under positive pressure: How stakeholder pressure affects corporate social responsibility implementation [J]. Business & Society: Founded at Roosevelt University, 2016, 55 (2): 151-187.

[42] Homans, G. C., Social behavior as exchange [J]. American Journal of Sociology, 1958 (63): 597-606.

[43] Jones D.A. Does serving the community also serve the company? Using organizational identification and social exchange theories to understand employee responses to a volunteerism programmer [J]. Journal of Occupational and Organizational Psychology, 2010 (83): 857-878.

[44] Jones D., Willness, Madey. Why are job seekers attracted by corporate social performance? Experimental and field tests of three signal-based mechanisms[J]. Academy of Management Journal, 2014, 57 (2): 383-384.

[45] Kanter R. M. From spare change to real change: The social sector as beta site for business innovation [J]. Havard Business Review, 1999 (5/6).

[46] Kelley H. H. The processes of causal attribution [J]. American Psychologist, 1973 (2): 107-128.

[47] Kenneth De Roeck, N. D., Do environmental CSR initiatives serve organizations legitimacy in the oil industry exploring employees reactions through organizational identification theory [J]. Journal of Business Ethics, 2012 (110): 397-412.

[48] Kim H. R., Lee M., Lee H. T., et al. Corporate social responsibility and employee-company identification [J]. Journal of Business Ethics, 2010, 95 (4): 557-569.

[49] Lange D., Washburn N. T. Understanding attributions of corporate social irresponsibility [J]. Academy of Management Review, 2012, 37 (2): 300-326.

[50] Martinko M. J., Paul H., Dasborough M. T. Attribution theory in the organizational sciences: A case of unrealized potential [J]. Journal of Organizational Behavior, 2011, 32 (1): 144-149.

[51] Mijatovic, I.S., Stokic, D. The influence of internal and external codes on CSR practice: The case of companies operating in Serbia [J]. Journal of Business Ethics, 2010, 94 (4): 533-552.

[52] Miller V. D., Allen M., Casey M. K., et al. Reconsidering the organizational identification questionnaire [J]. Management Communication Quarterly, 2000 (13): 626-658.

[53] Mitchell, Terence R., Holtom, Brooks C., Lee, Thomas W., etal. Why people stay: Using job embeddedness to predict voluntary turnover [J]. Academy of Management Journal, 2001, 44 (6): 1102-1121.

[54] Mobley W. H., Horner S. O., Hollingsworth A. T. An evaluation of precursors of hospital employee turnover [J]. J Appl Psychol, 1978 (63): 408-414.

[55] Pam Scholder Ellen, D. J. W. L., Building corporate associations: Consumer attributions for corporate socially responsible programs [J]. Journal of the Academy of Marketing Science, 2006 (34): 147-157.

[56] Pettijohn C., Pettijohn L., Taylor A. J. Salesperson perceptions of ethical behaviors: Their influence on job satisfaction and turnover intentions [J]. Journal of Business Ethics, 2008, 78 (4): 547-557.

［57］ Rupp D. E.， Ganapathi J.， Aguilera R. V.， et al. Employee reactions to corporate social responsibility：An organizational justice framework ［J］. Journal of Organizational Behavior，2006，27（4）：537-543.

［58］ Sagie A.， Birati A.， Tziner A. Assessing the costs of behavioral and psychological withdrawal：A new model and an empirical illustration ［J］. Applied Psychology，2001，51（1）：67-89.

［59］ Sheldon O. The philosophy of management ［M］. London：Sir Isaac Pitman and Sons Ltd. London，1924.

［60］ Stewart R.， Volpone S. D.， Avery D. R.， et al. Erratum to：You support diversity，but are you ethical? Examining the interactive effects of diversity and ethical climate perceptions on turnover intentions ［J］. Journal of Business Ethics，2011，100（4）：717.

［61］ Turker D. Measuring corporate social responsibility：A scale development study［J］. Journal of Business Ethics，2009，85（4）：411-427.

［62］ Valentine S.， Godkin L.， Fleischman G. M.， et al. Corporate ethical values，group creativity，job satisfaction and turnover intention：The impact of work context on work response ［J］. Journal of Business Ethics，2011，98（3）：353-372.

［63］ Vlachos P. A.， Epitropaki O.， Panagopoulos N. G.， et al. Causal attributions and employee reactions to corporate social responsibility ［J］. Industrial & Organizational Psychology，2013，6（4）：334-337.

［64］ Vlachos P. A.， Tsamakos A.， Vrechopoulos A. P.， et al. Corporate social responsibility：Attributions，loyalty，and the mediating role of trust ［J］. Journal of the Academy of Marketing Science，2009，37（2）：170-180.

工作激情对工作绩效的影响
——个体过程和人际过程的整合框架

作者：孙小燕，王艳丽；指导老师：于广涛

内容摘要：工作激情作为一种强烈的积极情感，不仅会优化工作体验，更会提高工作者的工作绩效，因而近年来也受到研究者更多的关注和探讨。本文从个体过程和人际过程两个方面探讨工作激情对工作绩效的影响及其具体的作用过程，并且整合成一个完整的模型框架。得出的主要结论为领导者和员工的工作激情都会提高其各自的工作绩效，并且领导者的工作激情还会通过情绪感染的过程影响员工的工作激情。

关键词：工作激情；工作绩效；情绪感染

一、引　言

现代企业中，以员工为导向的思想受到更多的关注，这种公司价值观的影响越来越大，即员工的工作体验在实践中受到越来越多的关注。而工作激情作为工作体验中一种重要的积极情绪，研究者开始对其进行深入和广泛的讨论。学者们很早就开始关注激情的研究，但是最初的时候，相关研究还只是停留在生活中的其他方面而非工作方面。激情在职业中的重大作用，是后来被逐渐发现和探讨的。下文中提到的激情指的都是工作激情。

研究者通过观察和分析发现，工作激情作为一种积极的情绪，会引导人们的行为进一步影响行为的结果。但是工作激情在工作中具体是如何发挥其作用的呢？这是本文想要重点进行探讨的问题。由于工作激情的定义比较复杂并且存在一些争议，在进行下一步讨论之前，我们必须明确工作激情的含义是什么。

最初，激情被定义为热爱、依恋和渴望的一种情感（Baum 和 Locke，2004）。Chen 概括企业家的激情为一种非常强烈的情感状态并且伴随着认知上和行为上的表现（Chen 等，2009）。我们可以发现，对工作激情进行讨论的初期，类似的表述都是用第三方对于观察到的表现来评判一个人的激情，而不是从一个人本人内部来进行评估（Violet T. Ho 和 Jeffrey M. Pollack，2014）。

到现在，人们更加认同的是另外一类的定义，即从企业家个人内发的方面去定义。

其中，一个比较被普遍接受的定义是 Vallerand 所提出的：激情是一种对自己喜欢或者热爱、觉得重要的活动强烈的倾向或者渴望，并且会投入时间和精力（Vallerand 等，2003）。另外，Cardon 等定义企业家激情为：投身于和企业角色相关的并且对于企业家自我认同有意义同时显著的企业活动，由此所产生的一种有意识的强烈的积极情感。并且他们把不同角色的企业家的激情明确区分开来，分为三种：创造者、建立者、发展者（Cardon 等，2009）。这个概念超出以往的地方在于它不仅把激情认为是有情感因素的，还指出企业家的活动必须是对企业家的自我认同非常重要的，这样他们才能经历强烈的一个自我认同的过程。

相对这种对激情进行分类的方法，另一种分类方法是把激情分为和谐型激情和强迫型激情。这种分类方法对以后的研究产生了很重要的影响，更进一步的细分使得人们对激情的内涵有了更加深刻的了解。那么，和谐型激情和强迫型激情分别指的是什么呢?

根据激情的对象活动如何内化到一个人的特征中去，激情可以分为和谐型激情和强迫型激情。换种角度说，根据人们对于参与这种活动的控制程度可以将激情分为和谐型激情和强迫型激情（Violet T. Ho 和 Jeffrey M. Pollack，2014）。有着和谐型激情的人通常会有强烈的欲望去做某个活动，并且这个欲望是在他们自己的控制之下的，所以他们可以自由地选择什么时候进行这项活动。这种现象来源于和谐型激情的内化方式，有着和谐型激情的人通常是将活动自主地进行内化，意味着他们自愿地接受这个活动对他们非常重要。他们进行这项活动是因为这个活动本身的某些特征（比如挑战性、令人享受等），并不是因为一些外部的原因或者是与这个活动相关的结果（比如自尊、认可）（Sheldon，2002）。相反地，强迫型激情也会有进行一项活动的强烈的欲望，但是这种欲望不是在个人的控制之下的。特别地，个人是没有选择性地只能进行这项活动的。这种活动通常来自控制性的或者压力性的内化，因而个人会把这种活动看作是重要的，并且因为与之相关的结果或者特殊事件而感觉到压迫感，被迫去内化它。

目前，和谐型激情和强迫型激情的分类方法是被不少研究者所推崇的。但是本文的观点更加认同 Vallerand 对工激情的定义，即本文主要是从工作激情是一种积极情感为出发点的。简单来说，和谐型激情和强迫型激情的分类方法是将激情分为积极和消极两种类型，但实际上“工作激情”这一概念本身就具有积极意义。因而从严格意义上来讲，通过外部强化而产生的强迫型激情从本质上来说并不能认为是一种纯粹的激情。为了避免论述过程过于复杂或者产生歧义，下文所提到的工作激情均作为一种积极情感进行讨论。

以上，我们已经明确了工作激情的定义，接下来对工作激情产生的作用进行讨论。首先，在工作过程中，行为结果即工作绩效是每一个企业都非常看重的。工作激情作为一种强烈的积极情感，会提高个体对工作的专注度，对工作投入更多的时间，从而提高个体的工作绩效。其次，工作激情虽然是一种个体情绪，但它不仅仅囿于个体过程，人们会有表达强烈情绪的倾向，因而工作激情在言行举止之中都会透露出来，传达给别人相应的信息。而目前的工作多是以团队合作的形式进行的，所以某个人的工作激情很有可能感染到工作中的其他相关人员。因而，本文还将会对工作激情在人际间的感染进行探讨。

二、工作激情对工作绩效的影响

研究发现，工作激情会对工作绩效产生作用。然而由于领导者和员工在企业中所处的位置不同，其工作所追求的目标也是不同的，因而在探究工作激情对工作绩效的影响时，不能将领导者和员工一概而论，即工作激情对工作绩效产生影响的作用机制在领导者和员工之间存在一定的差异，从而形成不同的作用过程——个体过程和群体过程。本文将对这两个过程分别进行讨论。

（一）个体过程

Violet 和 Chay（2011）起初认为，在工作环境的背景下，工作激情将会与人们对关系的认知参与相关。并且他们认为，认知参与可以作为中介变量调剂工作激情和工作绩效的关系。同样地，实验结果也证实了这一模型假定。

认知参与被定义为一个人在心理上对工作的关注（Kahn，1990，1992；Rothbard，2001），它包括两个因素——吸引和注意（Rothbard，2001）。吸引是一个人在工作时所经历的集中力和沉浸的程度。当一个人被工作吸引的时候，他就会深深地沉浸其中，不容易被其他的活动分散注意力。注意指的是一个人的认知资源，包括注意力和精力。Violet 和 Chay 通过实验最终验证，认知参与中的吸引可以更好地作为中介变量调节激情和绩效之间的关系。

首先，根据个体角度的角色投资理论，员工会把他们的认知经历和时间放在他们认为重要并且享受的角色上面（即他们有激情去参与这一角色），因为这会给他们一个自尊和自我实现的来源（Kanungo，1979；Lobel，1991；Rothbard 和 Edwards，2003）。其次，从实用的角度来看，人们倾向于在他们认为令人享受和令人愉快的事情上花费更多的时间和努力，这是一种基本的对快乐的追求（McAllister，1953）。由于工作激情本身就是一种强烈的做某件事的欲望和倾向，员工在做这件工作的时候可以感受到就像是在做自己的事情，并且他们能够不与工作角色以外的其他角色相冲突地更加充分地体验和享受他们的工作。据此分析，Violet 和 Chay 提出，工作激情与认知吸引和认知注意都是正相关的，并且通过实验验证了这一点。

有关认知参与的研究表明，当员工被他们的工作吸引的时候，他们不仅不会被其他次要的事情吸引注意力，也不会轻易地被工作中的困难或挑战所打败（Sonnentag，2003）。因为他们对工作的高度注意力和投入，他们能够更好地克服出现的困难和障碍，并且在工作上表现得更加成功和有效率，从而产生更好的工作结果，提高工作绩效。至此，Violet 和 Chay（2011）得出结论，认知吸引可以作为调节变量调节和谐型激情和绩效之间的关系。

（二）群体过程

一直以来，实践者和研究者特别关注激情在企业中创造的利润，还有塑形企业家的目标和实际的绩效这些方面的作用（Byron，2004；Locke，2000；Shane 和 Venkataraman，2000）。因为通常来说，理论认为企业家对工作的热情会激发并且促进他们的毅力、努力、激情并最终实现总体的成功。为了解释激情与提高绩效之间的关系，研究者试图找出一些调节变量来解释这一现象。一直以来，关于企业的研究表明，当把企业家的激情定义为一种积极的情感状态的时候，对企业绩效会有正面的促进作用（Chen 等，2009）。

Violet 等提出，企业家的激情会影响他在交际网络中占据一个中心地位的能力，而这种能力又会影响绩效（Violet T. Ho 和 Jeffrey M. Pollack，2014）。Violet（2014）等的研究首先提出了工作激情通过交际网络的基础来影响绩效的理论模型，并且一系列相关实验验证了这个结论。

充满工作激情的企业家会主动寻找在关系网络中向他人学习和寻求帮助的机会，他们会有更多的动机去主动接触别人来获取知识、参照或者其他形式的资源来帮助自己克服工作上的困难，并且充满工作激情的人也会更加容易去跟那些想要花时间讨论前人的工作问题的员工进行谈论。于是，Violet 等（2014）认为，企业家的工作激情会和外向中心度呈正相关的关系，并且这一观点通过实验也得到了验证。

首先，跟其他人有更强的关系会增加一个可获得的资源的数量和种类（Stam 和 Elfring，2008）。其次，在一定程度上如果企业家可以非常开放地跟别人交流工作的细节，这不仅会为别人提供对这个问题更多的理解思路和相关的知识从而能够更好地去搜寻资源，还会让他们更好地识别他们满足企业家需要的合适的资源。（Aldrich 和 Zimmer，1986；Zhang 等，2010）。最后，与他人频繁地交流会有助于与他人形成一种合作关系和一种与他人分享的意识，这会增强被交流的动机从而使后者有动力去提供资源以帮助企业家（Aldrich 和 Zimmer，1986；Zhang 等，2010）。因而 Violet 等（2014）认为，有着高度外向中心度的企业家会更好地从别人那里获取资源并且实现更好的经济绩效。

任何两个人都可以组成一个更大的集体，在这个集体中他们的行为更容易被其他集体中的成员观察和感知到，他们会增加互惠行为、减少投机的行为（Oh 等，2004）。因而，个体被他人亲近的程度越高，越容易得到互惠的好处。所以，Violet 等提出，内向中心度会和他们的经济绩效正向相关。

通过以上的分析，Violet 等认为，企业家的外向中心度、内向中心度都会作为变量调节工作激情和经济绩效之间的关系。

目前存在很多不同的观点来解释企业家激情和团队绩效之间的关系，不同的解释也都有一定的理论依据和逻辑性。但是本文认为，Violet 等（2014）通过网络中心度这一中间变量来解释领导者工作激情和团队绩效之间的关系，更加具有逻辑性和说服力，能更巧妙地解释这两者的关系。

三、领导者激情对员工激情的感染作用

目前，经验观察和相关研究都表明情绪具有感染作用。Melissa 综合以前大量的文献论述对企业家的激情对员工的影响这个课题进行了讨论和总结，并且构建了作用过程模型（Melissa S. Cardon，2008）。

情绪感染首先必须要有表达，有了表达这一步骤才有“情绪传递”的过程。人们通常会通过面部表情或者手势等方式表达自己所经历的一些情感（Gross 和 John，1997）。当然，人们的情感表达是不同的，或者说他们倾向于表达他们情感的程度是不同的（Kring 等，1994）。通常来说，人们会倾向于表达他们的积极情感，尤其是在比较熟悉的个体面前，比如同事等（Buck 等，1992）。并且，更加强烈的情感会更容易被表达出来，因为它们更难被控制（Gross，1998）。所以，Melissa 提出，激情会让企业家更加频繁地去表达他们现时的情感（Melissa S. Cardon，2008）。

而根据企业家的表达情感不同，通常可以把企业家分为四类：第一种是既不分享积极情绪也不分享消极情绪的企业家，称之为“封闭的企业家”；第二种是只分享积极情绪不分享消极情绪的“过度自信的企业家”；与第二种相对的第三种是只分享消极情绪不会表达积极情绪的“可怕的企业家”；第四种则是积极情绪和消极情绪都会进行表达的“感染型企业家”（Melissa S. Cardon，2008）。

激情可以使企业家更加倾向于去表达自己的情感，同时企业家表达情感的不同也会影响情感表达的过程。那么当情感被表达出来，究竟是通过何种机制实现激情感染的呢？基础的心理学研究揭示了感染的两种非常基础的类型：原始情感模仿、社会比较。

原始情感模仿指的就是人们会自发地且下意识地模仿别人的面部表情和肢体语言、动作（Hatfield 等，1994）。因而，只是通过模仿企业家的情感积极的语言、表情和行为，员工很可能会对工作变得积极。根据原始情感模仿理论，企业家的情感表达会激发员工的情感（Neumann 和 Strack，2000）。随着时间的增长，当员工表达一种特定的情绪的时候，他们会开始将其内化，并且真正的情感就会产生（Lazarus，1991）。

在社会比较过程中，只有当员工遇到和企业家相似的处境或者认为他们也会面临这样的情景时，员工对刺激的情绪反应才会被企业家的情绪状态所影响。这种认同关系和组织认同的概念类似，或者与个体对组织的依附程度有关。当员工把他们自己看作组织的一部分并且把组织看作自己的一部分的时候，组织认同就产生了。员工激情

就包含了很大程度的组织认同，这是一种认知联系，并且也是一种非常高层次的情感联系，这时员工会对公司产生强烈的情感。Melissa 认为，情绪感染的社会比较方面对于员工实现认同并且产生激情是非常必要的（Melissa S. Cardon，2008）。通过社会比较，人们就会把自己的情感与周围相关的其他人的情感进行比较，通过这种社会信息以知道自己应该是种怎样的感觉。

在感染过程中，也有其他的一些变量可以对该过程进行调节。除了通过不同类型的企业家作为调节变量影响感染过程，还可以通过变革型领导作为变量来调节这一关系。变革型领导的特点包括很多，比如使得下属的价值、目标和愿望发生改变；通过发表观点、培养员工对组织目标的认同、提供个人的支持和智力积累来说明对员工表现的期望。属于变革型领导的企业家更容易感染和增加员工的工作激情，因为他们更加倾向于对他们的员工表达自己的情感，同时通过任务形式的激励会提高员工的乐观情绪和热情（Dubinsky 等，1995）。Melissa 提出，有工作激情的企业家会更加倾向于成为一个变革型领导，这种领导风格会提高社会比较的过程，并且会增加员工认为的组织的意义感，是员工激情的一个关键。

四、结论与启示

工作激情无论对于工作个体还是整个组织来说都具有重要作用。工作激情作为一种强烈的积极情感可以使得工作个体在工作过程中的体验更好；同时，工作激情所带来的行为结果即工作绩效的提升对组织来讲是十分重要的。本文的研究过程证实了工作激情对于工作绩效的影响，并且建立了完整的过程框架模型，阐述了团队中的激情和绩效之间的相互关系。

首先，领导者的工作激情会外显，从而通过外向中心度和内向中心度的中介作用影响整体团队的工作绩效。其次，员工的工作激情会通过认知参与的中介作用影响员工的工作绩效。同时，工作激情也存在情绪感染的现象，领导者的工作激情会通过情绪模仿和社会比较的作用影响员工的工作激情。在工作激情作用于工作绩效时，既存在个体过程如员工工作激情对自身工作绩效的影响，也存在人际过程，如领导者激情感染员工激情、领导者的工作激情对团队整体工作绩效的直接作用等。由于员工工作绩效又是团队整体绩效的一部分，因而这一系列作用过程的结果即团队整体工作绩效的提高（模型如图 1 所示）。

工作激情对工作绩效具有提升促进的作用，从现实生活的观察和研究中都可以得到验证。但是工作激情作为情绪层面的变量，一般要由行为层面的变量间接作用到结果层面的变量即工作绩效。本文即对这一问题进行了讨论和分析。当然，在讨论过程中，我们不仅可以使工作激情对工作绩效的作用过程清晰化，同时研究结果也提醒我

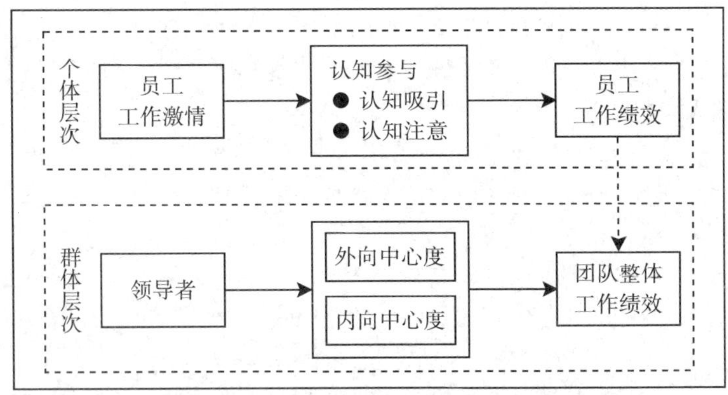

图 1 工作激情影响工作绩效的作用模型

们，领导者和员工的工作激情对于工作绩效的提高都具有一定的作用，两者都是不容忽视的。该结论对实践具有一定的意义。企业在发展过程中，应当合理设计岗位任务，注意激发员工的工作激情，从深层次挖掘员工工作热情所在。同时，应该选拔和培养充满工作激情的领导者，这有利于整个工作团队绩效的提高。

当然，本文还存在一些不足之处。模型的搭建过程是理论论证和实证论证相结合的，模型的某些环节在理论论证的基础上也通过了实证检验；但是也有某些环节比如领导者激情对员工工作激情的感染过程，没有经过实证的检验。因而，可以以该模型的完整实证检验为以后的一个研究方向。

参考文献

[1] Aldrich, H., Zimmer, C. Entrepreneurship through social networks [A]. In Sexton, D. L. and Smilor, R. W. (Eds), The Art and Science of Entrepreneurship [M]. Cambridge, MA: Ballinger, 1986: 154-167.

[2] Baum J. R., Locke E. A. The relationship of entrepreneurial traits, skill, and motivation to subsequent venture growth [J]. Journal of Applied Psychology, 2004 (89): 587-598.

[3] Buck, R., Loslow, J. L., Murphy, M. M., Costanzo, P. Social facilitation and inhibition of emotional expression and communication [J]. Journal of Personality and Social Psychology, 1992 (63): 962-968.

[4] Byron E.Small business (a special report): Speaking of success [J]. Wall Street Journal, 2004: 10, 12.

[5] Cardon, M.S.. Is passion contagious? The transference of entrepreneurial emotion to employees [J]. Human Resource Management Review, 2008 (18): 77-86.

[6] Cardon M. S., Sudek R., Mitteness C. The impact of perceived entrepreneurial passion on angel investing [J]. In: Zacharakis, A.L. (Ed.), Frontiers of Entrepreneurship Research, Proceedings of the Babson College Entrepreneurship Research Conference, 2009b, 29.

[7] Cardon M. S., Wincent J., Singh J., Drnovsek, M.The nature and experience of entrepreneurial passion [J]. Academy of Management Review, 2009 (34): 511-532.

[8] Chen，X. P.，Yao，X.，Kotha，S.Passion and preparedness in entrepreneurs "business plan presentations：A persuasion analysis of venture capitalists" fundingdecisions[J]. Academy of Management Journal，2009（52）：199–214.

[9] Dubinsky，A. J.，Yammarino，F. J.，Jolson，M. A.，Spangler，W. D. Transformational leadership：An initial investigation in sales management [J]. Journal of Personal Selling and Sales Management，1995（15）：17–29.

[10] Gross，J. J. Antecedent–and response–focused emotion regulation：Divergent consequences for experience，expression，and physiology [J]. Journal of Personality and Social Psychology，1998，74（1）：224–237.

[11] Gross，J. J.，John，O. P.Revealing feelings：Facets of emotional expressivity in self–reports，peer ratings，and behavior [J]. Journal of Personality & Social Psychology，1997（72）：435–448.

[12] Hatfield，E.，Cacioppo，J.，Rapson，R. L. Emotional Contagion [M]. Cambridge：Cambridge University Press，1994.

[13] Ho V. T.，Pollack J. M. Passion isn't always a good thing：Examining entrepreneurs' network centrality and financial performance with a dualistic model of passion [J]. Journal of Management Studies，2014，51（3）：433–459.

[14] Kahn，W. A. Psychological conditions of personal engagement and disengagement at work [J]. Academy of Management Journal，1990（33）：692–724.

[15] Kahn W. A. To be fully there：Psychological presence at work[J]. Human Relations，1992（45）：321–349.

[16] Kanungo，R. N. The concepts of alienation and involvement revisited [J]. Journal of Applied Psychology，1979（67）：341–349.

[17] Kring A. M.，Smith D. A.，Neale J. M.Individual differences in dispositional expressiveness：The development and validation of the emotional expressivity scale [J]. Journal of Personality and Social Psychology，1994（66）：934–949.

[18] Lazarus，R. S.Emotion and Adaptation [M]. New York：Oxford University Press，1991.

[19] Lobel，S. A. Allocation of investment in work and family roles：Alternative theories and implications for research [J]. Academy of Management Review，1991（16）：507–521.

[20] Locke，E. A. The Prime Movers [M]. New York：Amacom，2000.

[21] McAllister W.K.Toward a re–examination of psychological hedonism [J]. Philosophy and Phenomenological Research，1953（13）：499–505.

[22] Neumann，R.，Strack，F. Mood contagion：The automatic transfer of mood between persons[J]. Journal of Personality and Social Psychology，2000（79）：211–223.

[23] Oh，H.，Chung，M. and Labianca，G.Group social capital and group effectiveness：The role of informal socializing ties [J]. Academy of Management Journal，2004（47）：860–875.

[24] Rothbard，N. P. Enriching or depleting? The dynamics of engagement in work and family roles [J]. Administrative Science Quarterly，2001（46）：655–684.

[25] Rothbard，N. P.，Edwards，J. R. Investment in work and family roles：A test of identity and utilitarian motives [J]. Personnel Psychology，2003（56）：699–730.

[26] Shane S.，Locke E. A.，Collins C. J.Entrepreneurial motivation[J]. Human Resource Management

Review, 2003 (13): 257-279.

[27] Shane, S., Venkataraman, S. The promise of entrepreneurship as a field of research [J]. Academy of Management Review, 2000 (25): 217-226.

[28] Sheldon K. M.The self-concordance model of healthy goal-striving: When personal goals correctly represent the person [M]. In Deci, E. L. and Ryan, R. M. (Eds), Handbook of Self-determination Research. Rochester, NY: University of Rochester Press, 2002: 65-86.

[29] Sonnentag, S.Recovery, work engagement, and proactive behavior: A new look at the interface between nonwork and work [J]. Journal of Applied Psychology, 2003 (88): 518-528.

[30] Stam, W., Elfring, T. Entrepreneurial orientation and new venture performance: The moderating role of intra-and-extra industry social capital [J]. Academy of Management Journal, 2008 (51): 97-111.

[31] Vallerand, R. J., Mageau, G. A., Ratelle, C., Leonard, M., Blanchard, C., Koestner, R., Gagne, M. Les passions de l' ame: On obsessive and harmonious passion [J]. Journal of Personality and Social Psychology, 2003 (85): 756-767.

[32] Violet T. Ho, Sze-Sze Wong and Chay Hoon Lee. A tale of passion: Linking job passion and cognitive engagement to employee work performance [J]. Journal of Management Studies, 2011 (48): 26-47.

[33] Xiaoping Chen, Xin Yao, Suresh Kotha.Entrepreneur passion and preparedness in business plan presentation: A persuasion analysis of venture capitalists' funding decisions [J]. Academy of Management Journal, 2009 (52): 199-214.

[34] Zhang, J., Soh, P. and Wong, P. Entrepreneurial resource acquisition through indirect ties: Compensatory effects of prior knowledge [J]. Journal of Management, 2010 (36): 511-536.

导师辅导行为对导师职业成功的影响机制

作者：马雯；指导老师：于广涛

内容摘要： 在知识经济起主导作用的今天，组织开始重点关注如何最大程度地发挥导师辅导在知识管理和人才培养方面的作用。然而，以往研究多以学徒为中心，探讨基于徒弟视角的导师辅导的作用机制，已有以导师为中心的研究也只涉及了对导师的成本收益的浅层分析。本研究以导师为研究中心，旨在从工作意义的视角研究导师辅导对导师职业成功的影响机制，并探讨组织背景下的边界条件，从而延伸导师辅导和组织间的互动关系。本研究采用定性和定量结合的研究方法，获得了两家金融行业的 8 名导师的访谈资料。问卷调查的研究样本为北京若干金融企业及信息技术服务企业的 173 名导师，共回收 142 份有效调查问卷。在数据分析方面，首先，通过验证性因子分析排除了严重共同方法偏差的可能性；其次，进行描述和相关分析；最后，通过回归模型进行假设检验。

经过数据分析和访谈分析，本研究发现：①导师的职业辅导行为和社会心理辅导行为都对导师的职业成功有显著的促进作用。②导师的职业辅导行为对导师的工作意义有显著的正向影响。③导师的职业辅导行为和导师职业成功之间的作用可以以导师的工作意义作为中介。④导师感知到的组织支持正向调节了导师职业辅导与导师工作意义之间的关系，导师感知到的组织支持越强，导师职业辅导行为对导师职业成功的正向影响就越强。⑤导师社会心理支持对导师的工作意义的作用不显著，所以相关中介和调节假设不成立。

关键词： 导师辅导；工作意义；职业成功；组织支持

一、绪　论

（一）研究背景

在过去的几十年间，经济增长的要素构成不断革新，知识一跃成为刺激经济增长的核心要素。在知识经济的驱动下，企业将知识管理放在了举足轻重的地位。为了获得持续的竞争力，企业尝试了各种不同类型的知识管理工具进行知识创造、知识储存、知识传承。从企业战略管理的角度，以 Collins 为代表的 20 世纪 90 年代学者提出的企业资源观也揭示了企业内外部价值资源的重要性。在企业对其内部关系型资源的探索中，导师辅导这种关系资源的价值也日益凸显。

导师辅导就是这些工具里面卓有成效的一种。导师辅导（Mentoring）指的是组织内导师和徒弟建立的一段发展性的辅导关系（Kram，1983）。导师（Mentor）指的是那些资历较深的，并能够给资历较浅的组织成员（即徒弟 protégé）提供各种职业或者个人方面帮助的人（Haggard、Dougherty、Turban 和 Wilbanks，2011）。导师辅导带来的显性或者隐性的知识传递，能够帮助组织建立高效流动的知识网络，是企业将信息管理升级为知识管理的重要举措。这种人际关系的建立对徒弟具有职业和情感上的显著影响（Allen，2004；Underhill，2006），是组织人力资源管理中不可缺少的研究对象。

自 1983 年 Kram 的研究以来，导师辅导获得了学者的广泛关注。通过社会科学引文索引（SSCI）以"Mentoring"为标题进行搜索，即能够获得约 3185 篇的文献量。虽然导师辅导的研究已经从对学徒辅导效果的研究开始迁移，但在文献检索中我们发现，以导师为研究主体的研究还相对较少。部分学者开始探索导师辅导中导师角色的内涵和可能产生的负面效应（Burk 和 Eby，2010；Haggard 等，2011），但是导师辅导本身对于导师职业发展的机制探索还不是很全面。因此，作为组织内尤其是职场内人际互动关系的一种，导师辅导对于导师职业生涯的发展值得研究者们关注，从而完善导师辅导双向的人际互动视角探索。

在实践中，虽然很多知名海外企业如 IBM、AT&T、Honeywell 以及国内一些金融服务类企业都采用了导师辅导，但导师辅导的履行效果在不同的企业中参差不齐。部分企业的导师徒弟关系建立流于形式，导师和徒弟之间并没有产生实质的知识传递和关系建立过程。出现这种现象的一个重要原因在于导师积极性的缺失。虽然在实际操作中，大部分企业都会给予导师一定的物质激励，但效果并不理想。因此，寻找和激励优秀的导师成为了人力资源专业人才在开展导师辅导工作时的重要困难之一（Ghosh 和 Reio，2013）。

面对这种实践瓶颈，企业只有充分了解到导师辅导经历对于导师个人职业生涯发展的作用机制时，才能够做到"对症下药"，有针对性地甄选和激励导师。综上，基于理论研究和实践发展趋势，本研究拟以导师为中心探讨导师辅导对于导师职业发展的影响机制。

（二）研究目的

本研究采用导师的视角，探讨在组织情境中，导师的辅导经历给导师职业生涯带来的积极影响，具体内容如下：

（1）从工作意义的视角研究导师辅导对导师职业成功的影响机制。工作意义是员工幸福感的来源之一，也是员工职业生涯的一个重要驱动力，对于担任导师的有资历员工来说也是如此。在正式导师制的组织设计中，一般企业会给参与项目的导师一定的物质奖励，从而激励导师参与。但是实际中我们有可能发现，提高这种物质奖励并不能刺激导师更多地参与到辅导活动中。因此，尤为重要的是探索导师辅导过程本身是否能给导师带来积极影响。如果影响存在，分析这种影响产生的内在作用机制。在这里我们重点关注的是导师辅导行为对导师职业生涯的自我解读产生的影响，这种影响往往是主观上的，与导师自身工作意义内涵产生联结的，即一个从行为到认知的黑箱解密的过程。

（2）从组织的角度出发，分析导师辅导对导师职业成功影响机制的边界条件。为了较为完整地探索以导师为中心的导师辅导研究，本研究还重点关注以上影响能够产生的条件，从而能够更好地从个体和组织之间互动的视角来完善导师辅导的研究。

（三）研究意义

1. 理论意义

（1）以导师为中心的导师辅导研究拓展了导师辅导关系双向研究的内涵。以往的导师辅导研究主要关注的是导师对徒弟的作用，导师更多的是被当作管理工具的付出者，学生当作受惠者。但仅仅局限于这样的研究逻辑的缺陷在于忽略了人际关系中的互惠特性。抛开人为设定的导师和徒弟的角色，导师辅导也属于组织内人际关系的一种，故存在双向影响的可能性。因此，以导师为中心的研究拓展了导师辅导研究领域的理论内涵，从双向关系的角度丰富了导师辅导的研究主体和研究框架。

（2）以组织背景为边界条件的研究，延伸了导师辅导和组织的互动关系。在静态组织内人际关系并不是发生在真空之中，因此有必要探究这种关系实质和组织环境之间的联系。从动态的角度关注这一研究启示了组织成员和组织氛围之间的动态关系探究。导师和徒弟之间的动态反馈机制不仅存在于个体之间，也存在于导师和组织、徒弟和组织之间。对这一互动机制的积极探索，在理论上深化了组织与个体之间相互作用关系的研究。

2. 实践意义

（1）从组织的视角，对导师职业生涯的探索可以指导组织构建有效的导师制以促进知识传承。虽然导师辅导被证明对导师和徒弟都存在一定的积极影响，但在实践中我们总是能够发现很多不尽如人意的导师辅导执行效果。大部分组织基于这种情况的应对策略也只是增加物质激励和自上而下的管理压力。然而实际中物质激励并不都能够发挥作用，管理压力的过分施加也会让导师本身对于导师制产生负面情绪。因此，这种从导师自身职业成功视角探索导师辅导动机就显得尤为重要，尤其是探索导师辅导行为给导师工作意义增加带来的“溢出效应”。导师工作意义的建立可以在实践中增强导师辅导的有效性，帮助导师确立更为深层次的导师辅导动机，提升导师辅导行为的有效性，从而达到组织进行知识传承、知识管理的目的。

（2）从个人的视角，导师可以获得自我管理的启示。导师作为组织的资深成员，往往在组织内已经有相对较长时间的工作年限，这个时候很容易出现“职业高原”现象，从而带来一系列负面的职业态度和工作结果。比如职业倦怠、工作卷入度低等现象。因此，导师也需要更多的途径来促进其职业生涯的自我管理。探讨导师辅导行为和其职业成功的联系，可以启发导师通过辅导行为增强工作的目的性和价值感，提升导师的工作意义，有效应对职业生涯中出现的各种负面感知。

（四）研究思路框架

本研究遵循组织行为研究的一般范式，共分为以下几个流程（见图 1）：

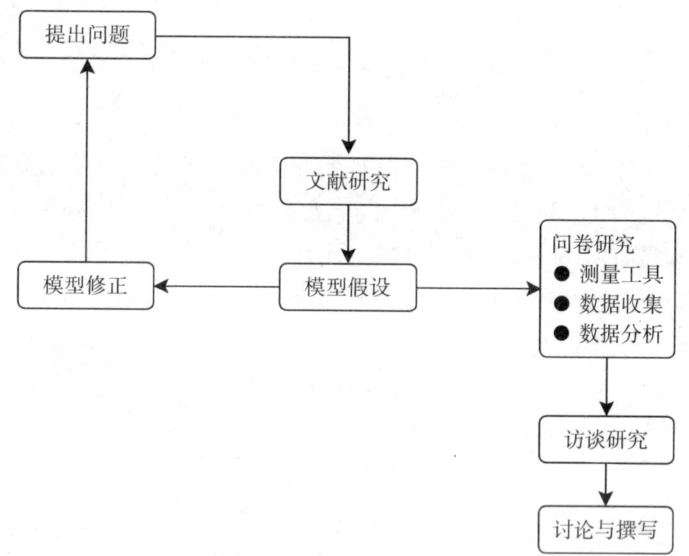

图 1　研究思路框架

（1）问题提出：依据个人实践观察思考想要研究的问题，本研究的主要问题是导师辅导行为如何对导师的职业成功产生影响，其影响机制是什么。

（2）文献阅读：利用学校的数据库资源搜索获得有关导师辅导的文献约 55 篇（以导师为研究中心的约 25 篇），职业成功的文献约 25 篇，工作意义的文献 28 篇。这其中英文文献 92 篇，中文文献 41 篇。在通过文献阅读了解前人的理论研究后，完成文献综述的工作。

（3）模型假设：经过对访谈研究和文献研究的总结，基本确定了本文的研究方法、模型及假设。

（4）模型修正：即在研究中不断循环思考，一旦发现模型有解释盲点，就需要继续返回以上的访谈和文献阅读环节，进行模型修正。

（5）问卷研究：在模型确定后，依据文献研究将构念进行可测量化，获取测量工具，然后进行数据预收集、预分析、二次收集、最终分析的过程。研究导师职业成功及其工作意义的研究思路。

（6）访谈研究：基于问卷调查分析结果，有针对性地对导师进行访谈，以获得最终的研究结果。

（7）讨论和撰写：综合上述研究结果进行讨论，获得研究结果的理论和实际含义，完成研究论文的撰写。

二、文献综述

（一）导师辅导

1. 导师辅导概念与功能

（1）导师辅导的概念。导师的产生来源于师徒制，最初是基于家庭作坊内技术传承的动机。在研究领域中，对工作场所中的积极互助行为关系研究由来已久，这种资深者和资浅者关系的描述从 Levinson（1978）开始得到了关注，逐渐开始有了针对导师辅导的定义。导师辅导的概念演进主要围绕着以下几项区分导师辅导的边界条件进行：

1）导师辅导的实质。传统的导师辅导更多考虑静态支持，即导师为徒弟提供个人或者事业中的经验，为徒弟事业发展提供辅导（Levinson，1978）。近年来，以 Higgins（2001）为代表的学者以导师辅导的概念重构为起点，提出了发展性网络（Developmental Network）的视角，导师和徒弟之间不再是单纯的单向知识传输，而是纷繁复杂的社会关系的一种。

2）导师的来源。这包括是否要求将导师定义为来自上级的，例如 Fagenson（1989）定义导师为拥有较高地位的人，而 Seibert（1999）在定义中排除了经理这样的上级导师来源，Higgins 与 Kram（2001）定义了导师辅导的另一种形式——“伙伴关系”，因此更加强调导师辅导的平等互助性。

3）导师数量的探讨。Scandura 和 Williams（2001）强调这种辅导关系一对一的特点，与之对立的 Higgins（2001）将导师辅导拓展为一种关系网络，认为导师不仅可以有多个数量还可以来自多个群体，既可以来自组织内部，也可以来自家庭、学校等，甚至也有学者提出了虚拟导师的概念（Cotton、Shen 和 Tarandach，2011）。

虽然学者们对于导师辅导的内涵进行了以上的探讨，但还是基本达成了一定的共识，即导师辅导为资深者与资浅者之间相互存在的一种提供各种不同的个人或事业层面帮助的关系。Haggard（2011）还提出了导师辅导关系的核心属性：①“互惠性”，即导师辅导要求一种双向的社会交换关系，而非单向；②“一段时间内的经常性或连贯性的互动”，即这种互动不仅包括知识的传递和技能的反馈，也包含了人际关系的相互影响；③“发展性收益”，即这段关系能够促进学徒和导师的职业发展。

（2）导师辅导的功能。已有的研究在探讨辅导功能维度的时候主要基于徒弟的视角。导师对学徒功能的研究始于 Kram（1983，1985）提出的导师辅导的二维功能模型。通过对 15 名企业员工的访谈和内容分析，Kram 分析得到了导师对于学徒的职业功能（Career Functions）和社会心理功能（Psychosocial Functions）。通过职业功能中的赞助（Sponsorship）、教导（Coaching）、保护（Protection）、展露（Exposure & Visibility）和任务挑战（Challenging Assignments）功能，学徒获得了完成职业社会化所需要的协助，并为自己获取职业晋升机会做好了准备工作。另外，通过社会心理功能中的榜样模范（Role Modeling）、认可与肯定（Acceptance and Confirmation）、咨询（Counseling）与友谊（Friendship），学徒在职场中获得了有关自我胜任力的支持，提升了个人自信。

继 Kram 之后，Noe（1988）开发了一份导师制的量表并通过数据分析证明了职业发展功能和社会心理功能这两个维度的存在性和差异性，后来学者的研究也得到了相似的因子分析结果（Shaffer 和 Tepper，1996）。Scandura（1992）通过实证研究将存在于社会心理功能中的榜样效应独立出来，成为第三个维度。

近期的研究又拓展了导师辅导的新功能。Cotton 等（2011）认为，基于导师原有定义所衍生的二维或三维模型并不能够完全应用到发展性网络的研究中，从而提出了新的子维度：在原有的职业发展功能中拓展了“技能开发的自由和机遇”（Freedom and Opportunity）这一新维度。即导师能够积极主动让徒弟有充分的时间、资源或财务自由来追求职业的发展，通常表现为帮助徒弟承担或减少一些必要责任。此外，对于社会心理支持，Cotton（2011）拓展出了启发和激励（Inspiration and Motivation）的维度，即激发和激励心理、情绪或较高水平的情感，从而促使行动或发现（见表 1）。

表 1　导师辅导功能

代表研究	导师辅导功能	子功能
Kram（1983）	职业支持	赞助、教导、保护、展露、挑战性任务
	社会心理支持	角色榜样、接纳和认可、咨询、友谊
Scandura（1992）	职业支持	赞助、展露、教导、保护、挑战性任务
	社会心理支持	接纳和认可、咨询、友谊
	角色榜样	角色榜样
Cotton（2011）	职业支持	赞助、展露、教导、保护、挑战性任务、技能开发的自由和机遇
	社会心理支持	角色榜样、接纳和认可、咨询、友谊、启发和激励

2. 导师辅导研究视角演进

导师辅导初期是以徒弟为中心的社会交换视角（Levison，1978）。这时还未形成导师辅导的系统理论体系，主要研究的是在工作场所自发组建的导师—徒弟组合。这时个人趋向于与对自己利益最大化的个体（通常是更有工作资历的个体）形成伙伴关系，完成社会交换。这种导师辅导形成的动机往往是新进入组织的徒弟提升个人竞争力和形成职业认同的需求（Erikson，1968）。

随后，以 Kram（1983，1985）对导师辅导功能维度分析和阶段分析为代表，导师辅导研究视角演进到导师—徒弟人际关系，重点强调徒弟不仅获得了来自职业发展的收益，还拓展到社会心理的收益。随着导师辅导在实践中的应用，正式的导师制的研究逐渐得到重视。

后期，学者们意识到单纯从徒弟视角认识导师辅导的局限性，开始进行以导师为主体的成本收益分析（Dreher，1991），开始从导师的视角出发探索导师参与师徒关系的动机、收益以及可能的负面影响（Bozionelos，2004）。

现今，当导师和徒弟都不再局限于固定的一对一的个体时，导师和徒弟之间的交换和资源分享越来越丰富，导师辅导的研究视角转到了“发展性网络关系”，即一种以社会网络为基础的研究视角（Higgins，2001）。基于这样的导师学徒双向网络视角研究趋势，补充以导师为主体的相关研究显得尤为重要（见表 2）。

表 2　导师辅导研究视角演进

研究视角	导师辅导典型定义	基本观点	代表研究
以徒弟为中心的社会交换	资历深者对资历浅者的帮助	导师辅导的产生是基于组织新人的需求，导师提供的是职业发展上的帮助	Levison（1978）
以徒弟为中心的发展性关系	资深者和资浅者建立的发展性关系	导师辅导主要指的是对徒弟职业和社会心理的双重帮助	Kram（1985）、Scandura（1992）
以导师为主体的人际关系	资深者和资浅者建立的发展性关系（与上一阶段类似）	强调导师的主导作用，通常是正式的导师辅导背景	Dreher（1991）、Bozionelos（2004）、Eby（2008）
导师徒弟双向发展网络关系	由徒弟和导师自己定义的存在协助发展关系的社会网络	导师和学徒的关系是双向的，不仅包含导师和学徒的一对一个体，还包含了各自的社会网络	Kram（2001）、Haggard（2011）、Shoshana R.Dobrow（2014）

3. 以导师为中心的导师辅导研究

针对以上的文献整理，我们发现不论是从概念上还是研究视角上，导师辅导研究都有从学徒向导师转移的趋势（Allen 等，2008；Haggard 等，2011），这也使得互惠特性成为导师辅导关系的特质之一。以导师为主体的研究内容主要包括：导师辅导的前因变量、导师辅导对于导师本身的影响、导师学徒互动关系（见表 3）。

表 3　以导师为中心的导师辅导研究总结

<table>
<tr><td rowspan="3">导师辅导的前因变量研究</td><td>个人</td><td>导师亲社会特性（Wang 等，2014）；变革型领导特质（Ghosh，2014）</td></tr>
<tr><td>关系</td><td>性别和种族的相似性、彼此感知到的认同（Avery 等，2008；Chun 等，2010）</td></tr>
<tr><td>组织结构</td><td>正式或非正式导师制（Parise 和 Forret，2008）、组织支持（Hu 等，2014）</td></tr>
<tr><td rowspan="3">对导师的影响</td><td rowspan="2">积极影响</td><td>客观：薪酬、晋升次数（Bozionelos，2004）</td></tr>
<tr><td>主观：职业满意度，职业认同，组织承诺，工作家庭平衡（Chun 等，2012；Pullins 和 Fine，2002）</td></tr>
<tr><td>消极影响</td><td>客观：时间和精力的损耗、工作倦怠（Lillian 和 Eby，2008）</td></tr>
<tr><td rowspan="2">导师学徒互动关系</td><td colspan="2">导师和学徒的信息交换机制（Ellen J. Mullen，1994；Tomlinson 和 Noe，2010）</td></tr>
<tr><td colspan="2">互惠的关系网络（Dobrow 等，2011）</td></tr>
</table>

（1）前因变量研究。影响导师辅导行为的研究主要聚焦在个人、导师学徒关系和组织结构三个层面。

在个人层面上，Wang、Hu、Hurst 和 Yang（2014）的一项针对导师辅导前因变量的研究验证了亲社会个性得分比较低的更容易通过导师辅导来进行职业生涯“高原”的过渡。Ghosh（2014）的元分析说明，那些具有变革型领导特质的导师，需要通过一些支持和指导行为获得尊重，从而建立自己的领导魅力，因此更容易产生导师辅导行为。

在关系层面上，基于相似相吸理论和社会认同理论，有相同性别和种族的导师和学徒更加对彼此产生一致的见解，从而更有利于导师辅导（Avery、Tonidandel 和 Philips，2008）。此外，当这种彼此认同达到了更深层次如价值观认同等时，这种深层次的相似程度越高，导师和徒弟之间越有可能建立舒适的导师辅导关系，导师就会赋予徒弟更多的信任（Chun、Litzky、Sosik、Bechtold 和 Godshalk，2010）。

在组织结构层面上，有研究表明，正式或者非正式的导师制度（Parise 和 Forret，2008）以及导师感知到的组织支持都一定程度上影响了导师辅导行为的强弱（Hu、Sheng 和 Yang，2014）。

（2）导师辅导对导师的影响研究。导师辅导经历对导师的影响研究分为积极影响和消极影响两个方面。从积极的角度上看，导师辅导行为对于导师来说是一种人力资本的存储过程，这个过程可以帮助导师克服职业生涯瓶颈，修复流失资源，促进导师的终生职业发展（Wang 等，2014）。这种影响的客观表达就是使导师获得职位的晋升和薪酬的增加（Bozionelos，2004），主观表达即为提升了导师的职业满意度，职业认同、组织承诺，甚至一定程度上改善了导师个人的工作家庭平衡关系（Chun、Sosik 和 Yun，2012；Pullins 和 Fine，2002）。从消极的角度上看，一些研究表明，辅导他人对导师来说是一种时间和精力上的损耗，容易导致工作倦怠的产生（Lillian 和 Eby，2008）。

（3）导师学徒互动关系研究。导师与学徒的互惠特性包含了相互作用的含义。这种互惠性在空间上是指导师和学徒的双向影响，即相互学习，共同发展。双方都能够因为辅导关系获得收益，并能够明晰双方的关系界限和意愿（Dobrow、Chandler、Murphy 和 Kram，2011）。在多个导师存在的发展性辅导关系中，这种相互影响表现得更加明显。在时间上，这种关系代表一种动态的过程，即导师辅导过程中，导师随着学徒的反馈开始不断地调整自己的行为，满足了导师组织中信息反馈的需求（Mullen，1994；Sheng、Tomlinson 和 Noe，2010）。

（二）导师辅导与导师职业成功的关系研究

1. 职业成功

职业成功（Career Success）被定义为由个体工作经历产生的，工作和心理两方面的累计积极成果（Seibert 和 Kraimer，2001）。职业成功不仅是个人也是组织的重点关注对象，因为个人的职业成功也会有利于组织成功（Judge、Higgins、Thoresen 和 Barrick，1999）。

在职业成功的研究中，得到最多关注的就是职业成功的评价问题，即什么样职业生涯才算是成功的。其中最广泛的研究框架是 Everett 和 Hugher（1958）的主观职业成功和客观职业成功的划分。Hugher 定义客观职业成功是那些可观察和验证的职业成就，如薪酬和组织中职业等级的上升。主观职业成功指的是个人对于其职业成就的内在评价（Gattiker 和 Larwood，1986；Poole、Langan-Fox 和 Omodei，1993）。近年来，对于这种内在评价的研究呈现出了递增的趋势，成为组织研究中重要的结果变量。这主要是由于相对于职场中的客观“线性”的职业生涯，组织成员更迫切地想要追求那些对他们个人更加有意义的工作（Feldman，1989）。除了主观和客观的划分标准外，职业成功的评价领域还尝试划分为以自我为参照系的成就和以他人为参照系的成就（Heslin，2005）。基于此，学者们开发了利用组织内外个人竞争力的方式来对个人职业成功进行评价（Eby，2003）。

除了职业成功的标准外，相关研究还包括关注职业成功的积极影响以及影响职业成功的前因变量。已有研究验证了职业成功能够带来有利于个人的积极结果，如幸福感、心理健康和长寿等（Tu、Forret 和 Sullivan，2006）。基于职业成功的积极成果显而易见，职业成功的来源得到了更多的研究。依据职场流动性是来自成员的公平竞争或是其他的资源支持，Thomas（2005）将职业成功的前因变量分为四类：人力资本、社会背景、稳定的个人差异、组织赞助。其中，人力资本通常指的是个人的教育背景和工作经历；比较常见的社会背景因子是性别和种族；稳定的个人差异则指的是大五人格、亲社会性等个性特质；组织赞助指的是周围环境给予的特殊的协助。本研究讨论的导师辅导就是组织赞助的一种。特别地，在跨文化的研究中，导师辅导（Bozionelos 和 Wang，2006）、社会网络以及社会资本成为了中国文化背景内引导组织成员获得职业成功的途径（Tu 等，2006）。此外，也有研究强调除了自我实现、外部评价等与工作相关的影响因素外，工作家庭平衡也能够促进人们获得职业成功。

2. 导师辅导对导师职业成功的影响

在导师辅导对导师的影响研究中，对导师职业生涯的研究最为广泛。其中，解释导师辅导经历对导师职业生涯积极影响的模型主要为社会交换理论模型和资源保护理论模型。

（1）社会交换理论模型。大部分研究用社会交换模型来解释导师辅导对导师的影响。社会交换（Social Exchange）理论认为，人与社会其他个体之间存在一种交换来平衡自己的付出和报酬。这种交换关系适用且尤其适用于导师和徒弟这样的适度亲密关系类型（Eby、Durley、Evans 和 Rose，2008）。依据社会交换理论，在导师客观职业生涯方面，学徒的“回馈”行为可以为导师的职业发展提供信息和其他行动支持（Nykodym、Freedman、Simonetti 和 Nielsen，1995）。此外，基于学徒对新知识的快速掌握能力，辅导关系可以增强导师的专业技术能力，拓展其新知识的获取（Eby 和 Lockwood，2005；Noe，1988；Kram，1985）。在主观职业生涯方面，辅导关系对于导师的主观影响主要包括工作满意度、组织归属感和组织承诺，其中工作满意度的提升来自徒弟获得满意辅导后的积极反馈带给导师的成就感和满足（Kram，1983；Levinson 等，1978；Ragins 和 Scandura，1999）。

（2）资源保护理论模型（Conservation of Resources，COR）。也有部分研究将资源保护理论作为对导师影响的理论基础。资源保护理论指的是个体在组织中有保护自我资源的目标，当资源受到威胁的时候就会感受到压力，而当有了获取资源的机会时压力感就会减轻（Hobfoll，1989）。从资源节约理论出发，导师提供辅导是一种对人力资本外资源的存储，这种存储带来的结果是，导师避免了在职业“高原”期间感受到的资源的流失，在修复资源流失的同时也修复了对自身的认同（Wang 等，2014）。此外，导师的职业生涯适应力的提升也能够通过资源保护理论模型获得解释。职业生涯适应力受很多人际间交往因素和环境客观因素的影响，更重要的是环境因素的影响（Tusaie 和 Dyer，2004），而环境因素就包括社会资源和感知到的生活事件的影响等，作为社会资源的一种，导师辅导关系能够帮助导师更好地应对环境压力，从而提升职业生涯适应力（Kao、Rogers、Spitzmueller、Lin 和 Lin，2014）。

依据文献综述中的社会交换理论，导师的辅导行为能够得到学徒回馈，使得学徒为导师提供信息和行动支持。此外，基于学徒对新知识的快速掌握能力，辅导关系可以增强导师的专业技术能力，拓展其新知识的获取。依据资源保护理论，导师辅导行为可以修复导师在指导他人过程中可能流失的显性和隐性的资源，帮助导师从主观和客观两方面克服职业生涯发展瓶颈。此外，在以导师为主体的研究中，很多研究已经论证了导师辅导对导师职业成功的正向关系。综上，本研究得出以下假设：

H1a：导师的职业辅导行为对导师的职业成功有正向影响。

H1b：导师的社会心理辅导行为对导师的职业成功有正向影响。

（三）导师辅导与导师工作意义的关系研究

1. 工作意义

在人们对于意义的追求中，工作占据着重要的地位。工作意义被定义为以个体理想或者标准为依据的，有关工作目标和目的的价值观（May，2004；Renn 和 Vandenberg，1995）。工作意义感作为一种重要的心理状态或者心理情境得到了学者们的广泛研究。

首先得到关注的是工作意义的来源，即人们因为什么感知到了工作的意义。Rosso 等（2010）将工作意义的来源做了四种分类，分别是：自我价值、信仰驱动的，同事、领导、家庭驱动的，工作环境驱动的，以及精神性、召唤驱动的工作意义。研究者发现，工作场所中的一些特定的行为可以导致工作意义的增加，例如，工作形塑（Wrzesniewski 和 Dutton，2001；Wellman 和 Spreitzer，2011）、志愿工作，以及工作中的组织公民行为（Rodell，2013）。从积极心理学的角度看，有意义的工作是提升生活意义的手段之一，也自然是主观幸福感的重要组成部分。虽然每一份职业都有其意义性存在，但如何从组织层面发现以及提升员工对自我角色的意义感知也是学者和管理者共同关注的话题。因此，除了被动地地研究工作意义的前因变量，一些学者也开始发掘如何从工作意义的来源研究过渡到工作意义的管理或者培养研究，即从发现工作意义到提升工作意义的过程。

其次工作产生意义的机制也是众多学术研究的焦点之一。第一个得到关注的便是真实性（Authenticity），这种真实性对于工作意义的解释路径在于，个体感觉到他们所从事的事情与自己的兴趣和价值观是一致的（Sheldon 和 Elliott，1998），因此个体会感知到工作的意义。第二个被用来解释工作意义产生的重要机制是自我效能（Wrzesniewski 和 Dutton，2001）。自我效能解释工作意义提升的路径分别是：从自我决定理论的视角看，拥有自我效能感的人会产生对工作更多的自我掌控，这种自我掌控让个体觉得自己是有能力的执行者，从而产生工作的意义。从胜任力的视角看，拥有自我效能感的个体意识到自己能够克服职业中的困难，让他们觉得自己对工作的胜任力增强，从而感受到工作的意义（Gecas，1991）。从他人的作用机制的角度看，归属感和人际互动也是工作意义的重要形成路径（Rosso、Dekas 和 Wrzesniewski，2010 ）。其中，归属感的一个重要机制便是社会认同，即当自己和周围人群分享共同的价值、特性的时候，会觉得自己属于非常特别的群体（Hogg 和 Terry，2000）。在人际互动方面，不同的是以上研究都将意义的构建根植于满足个体自我的需求，而有学者认为，意义的建立实质上是由个人所在的社会文化环境来定义的（Weick，1995），意义建立并非是个人视角解读的结果，而是依赖于集体阐释并和文化紧密相连（Maitlis 和 Lawrence，2007）。以上有关工作意义起作用的机制分析，启发了我们从个人价值观与工作的匹配、自我效能的增加，以及和社会的关系连接来思考工作意义的提升。

2. 辅导经历对导师工作意义的影响研究

除了使用社会交换理论或者资源保护理论来解释导师辅导行为外，也有研究关注自我知觉理论（Self-perception）下的导师辅导行为。

自我知觉理论的出现源自学者们关于行为和态度之间影响关系的研究。Ajzen 与 Fishbein（1977）的计划行为理论最早提出了有关态度、目的、行为之间的链条关系，揭示了个体经过思考而采取行动的过程。后来大部分的研究开始探讨行为是如何不受态度控制，而是逆向的行为改变态度的过程。自我知觉理论认为，个体通过对特定事物的外显行为进而形成个体对这个事物的固定态度（Bem，1972）。这种从行动到主观意义上的感知过程也在组织研究中得到了应用。比如，很多研究表明，那些在工作场所主动向他人提供帮助的人自身会体验到更高的自我价值（Hanson、Larson 和 Dworkin，2003）。因此，我们有理由认为，工作场所的导师辅导行为也能对导师个体的内在感受产生一定程度的影响。

（1）基于自我胜任力感知的导师辅导对工作意义的影响。导师辅导行为可以给导师带来诸多主观感受，不论是主动还是被动组织下的导师辅导行为都能够给导师带来自我胜任力的满足（Bozionelos，2004）。一方面，导师对学徒的针对工作的指导行为本身就能够让导师产生关于自身工作能力的感知。因为导师这种角色赋予导师的认可，导师能够感受到一种自我认同（Michaelson、Pratt、Grant 和 Dunn，2014）。从自我知觉的角度解释，正是导师辅导的行为影响了导师对于自身的认同和评价，从而提升了导师对自己胜任力的感知。另一方面，当导师的辅导行为帮助徒弟完成组织社会化以后，徒弟有关职业发展的积极结果也能够给导师一种积极的心理暗示，因为徒弟的提升是在导师的指导和帮助下完成的。基于导师辅导行为产生的这种自我胜任力的感知，导师感受到对工作能够更加自如地应对。而在工作意义的来源路径中，有一个重要来源即为“自我认同”（Pratt 和 Ashforth，2003），即从符号互动论中推演出的个人对于工作意义的解释来源于对于自我概念的知觉。因此，导师辅导行为产生的自我胜任力的感知能够协助导师完善组织中的自我概念，并为工作意义的建立起到促进作用。

（2）基于关系需要的导师辅导对工作意义的影响。在自我决定理论的框架中，个体自我实现的满足除了需要满足自我胜任感和自我决定之外，还要满足社会关系的需要，这样才能够获得一种意义感（Antonovsky，1999）。而导师辅导的建立不仅帮助徒弟也帮助导师完善了组织中的连接网络。导师辅导关系的建立，让导师在组织中的关系网络密度加大，导师和组织之间的连接性增强，从而提升了导师的组织承诺（Chun 等，2010）。更重要的是，这种关系需要的满足连接提升了对组织的归属感，使得导师认识到自己属于一个特别的组织群体，从而获得个体工作意义感的增强。

通过文献综述我们发现，导师辅导可以在自我知觉的理论框架下对导师工作意义的感知产生影响。这是因为：一方面，导师能够通过辅导行为感知到角色认同，这种认同和徒弟的一些正向回馈增强了导师的对自我胜任力的感知，是完善导师在组织中自我认同的一个重要过程，也是导师工作意义构建的路径之一。另一方面，导师辅导行为满足了导师在组织中的关系需求，这种需求提升了导师对于工作目的的感知，从而增强了导师的工作意义。综上，我们提出以下假设：

H2a：导师的职业辅导行为对导师的工作意义有正向影响。

H2b：导师的社会心理辅导行为对导师的工作意义有正向影响。

3. 导师工作意义对导师辅导行为与职业成功之间的中介作用

工作意义和职业成功素来有着紧密的连接。职业背景中的成功在主观上很大程度是一种对过去经历的反复意义建立过程（Nicholson 和 Waal-Andrews，2005）。大量实证研究表明，工作意义的建立能够使得员工产生很多有价值的积极结果，包括工作满意度的提升（Fried 和 Ferris，1987；Wrzesniewski 和 Dutton，2001）、工作卷入（May 等，2004）、幸福感（Grant，2008）。工作意义的增强建立在目的性和重要性的增加上（Wiersma 和 Morris，2009）。那些有很强工作意义的员工了解他们正在做什么以及什么对他们来说是重要的。当这种目的性和重要性出现的时候，会使得他们在工作中投入更多的努力来促进自己的职业生涯发展。此外，工作价值导向的文献表明，当一个人感知到了工作中的意义感和使命感的时候，会明显感觉到工作满意度的增加（Wrzesniewski 和 Dutton，2001）。当导师表现出辅导行为时，辅导行动产生的自我胜任力的提升以及关系需求的满足，提升了导师的工作意义，这种意义的提升在对导师个人工作意义上的表现即为增强工作的目的性，增强了工作投入，并由意义感和使命感催生出工作的满意度。这些后果都会促进导师的职业生涯成功。综上，我们得出以下假设：

H3a：工作意义在导师职业辅导行为和导师职业成功之间有中介作用。

H3b：工作意义在导师社会心理辅导行为和导师职业成功之间有中介作用。

（四）导师感知到的组织支持

1. 组织支持感

组织支持感（Perceived Organizational Support，POS）是源自个人和其所在组织之间的一种社会交换关系（Eisenberger、Huntington、Hutchison 和 Sowa，1986）。基于和组织代理人的一些行为互动，员工们倾向于将组织人性化，并发展形成了组织如何评价他们的感受。已有研究表明，员工的组织支持感可以增加他们想要回馈组织的义务和责任感，并将这种组织身份内化到他们个人的社会认同中去（Rhoades 和 Eisenberger，2002），从而影响了组织中社会关系的建立和发展。例如，已有研究证实了组织支持感可以调节领导下属交换（Graen 和 Scandura，1987）与其他工作态度和工作行为之间的关系（Eisenberger、Vandenberghe、Sucharski 和 Rhoades，2002；Wayne、Shore、Bommer 和 Tetrick，2002）。因此，我们有理由推断，组织支持感也会对导师辅导这种组织间的人际关系互动行为产生一定的影响。

2. 组织支持感在导师辅导行为中的调节作用

导师辅导对于导师个人的影响与组织之间的互动也得到了研究关注。导师辅导的本质是一种人际互动关系，这种人际互动关系与组织反馈之间也有一定联系，这个过程可以通过人与环境的交换作用来解释。如图 2 所示。在社会交换过程中，通常存在两种对应的社会心理机制（Wang 等，2014）：一种是互惠机制，即参与交换的双方能够使双方获益；另一种是这种交换机制能够帮助个体建立“绩效—奖励”这种良性的激励期望，其实是一种社会强化的过程。组织支持理论表明，员工的组织支持感在以上的社会交换过程中扮演着重要的作用（Eisenberger 等，1986；Rhoades 和 Eisenberger，2002）。当员工感知到了组织支持的时候，往往会通过惠及组织内第三方的形式来回报这种支持，这种形式往往包括一些角色外行为，如导师辅导（Wang 等，2014）。我们也可以设想其中反向的社会交换过程，即组织成员已经参与了辅导行为，并且通过它建立了内在的积极态度。如果一机制能够获得组织的积极反馈，形成了社会交换过程中的“绩效—奖励”良性期望，那么这种行为和内在意义之间的联系就会得到强化，而变得更加紧密。

导师和学徒的互动并不仅发生在真空中，也会受到组织环境的影响，并产生和组织互动的需求。在辅导的过程中，当导师感知到了组织的支持时，一方面会让员工感受到组织对于自身工作的积极反馈，这种反馈会增强员工对自我胜任力的感知；另一方面，基于和组织的良性互动，导师会产生更多的组织归属感，这时，导师辅导行为和其内在意义之间的联系就会得到强化，而变得更加紧密。当导师感知到较低的组织支持的时候，相反地，导师在组织环境中对意义的感知就缺乏了一定的激励因素，因此这种行为所产生的工作意义感也会减弱。

H4a：导师感知到的组织支持调节了导师职业辅导行为对导师工作意义的影响，导师感知到的组织支持越强，导师职业辅导行为和工作意义之间的正向关系就越强。

H4b：导师感知到的组织支持调节了导师社会心理辅导行为对导师工作意义的影响，导师感知到的组织支持越强，导师社会心理辅导行为和工作意义之间的正向关系就越强。

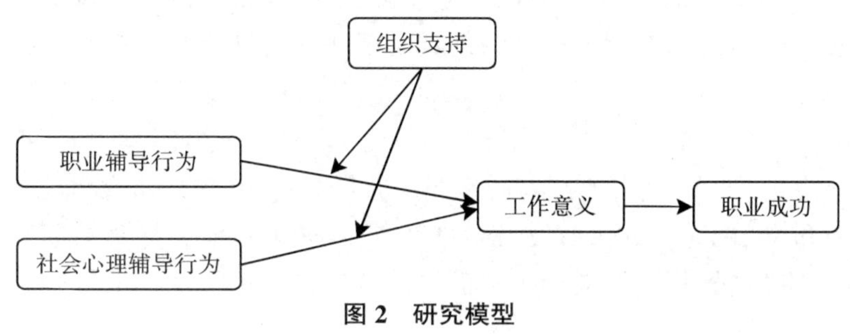

图 2 研究模型

三、研究方法

本研究是针对企业组织现象的实证研究，采用的研究方法是问卷调查。本研究关注的概念均是个体的心理变量，很难通过外部观察获得，更难对研究对象进行控制。最后选择了问卷调查的方法是因为问卷调查研究具有快速、高效、经济的特点，相对比较容易得到企业和员工的支持。

（一）调查样本与调查程序

问卷调查的样本来自北京的金融服务企业与信息传输、软件和信息技术服务业。被调查者为企业内有过一定时间指导他人经历的导师，主要通过联系企业内人力资源管理者的形式，获得研究样本。本研究通过电子问卷的形式，共回收了 173 份问卷，在经过问卷筛查后，剔除了问卷填写明显不合格的问卷，最后获得有效问卷 142 份。

有效问卷的人口统计频率为：①性别方面：男性员工占比 54.2%，女性员工占比 45.8%。②年龄段方面：30 岁以下员工占比 1.4%，30~40 岁员工占比 45.8%，40~50 岁员工占比 50.7%，50 岁以上员工占比 2.1%。③行业方面：信息传输、软件和信息技术服务业占比 46.5%，金融行业占比 52.1%，其他行业占比 1.4%。④学历方面：高中、中专及以下占 5.6%，大专占 7.7%，本科占 39.4%，研究生及以上占 47.2%。⑤职位层级方面：普通员工占比 31.7%，初级管理者占比 33.8%，中级管理者占比 27.5%，高级管理者占比 7.0%。⑥在指导经历方面：19%的被试有 6 个月以下的辅导经历，16.9%的被试有 6~12 个月的辅导经历，13.4%的被试有 1~2 年的辅导经历，21.8%的被试有 2~5 年的辅导经历，28.9%的被试有 5 年以上的辅导经历。

（二）变量测量

1. 导师辅导

在导师辅导研究中，大多数被广泛使用的导师辅导量表都是以徒弟为研究主体，其中相对认可度高的包括：Noe（1988）开发的 21 个项目的问卷。该量表在多项研究中表现出了良好的信度和效度。但是该问卷是以职业生涯指导功能和社会心理指导功能两个维度为分类的测量工具。后期 Scandura（1992）将榜样效应维度独立出来，形成了现有研究广泛接受的职业生涯指导、社会心理指导、榜样效应的三维度模型，并在此基础上开发了 15 个项目的导师辅导问卷，该问卷已被多处研究引用并验证了信效度（Scandura 和 Williams，2001）。榜样效应的不同之处在于，导师的职业生涯辅导和社会心理辅导都强调导师的主动行为，而榜样效应是一种被学徒的认同和对导师的主动靠近。

基于以导师为主体研究测量工具相对缺乏的现状，现有学者主要采用以下两种方式完成测量工具的获取：一种为自行设计问卷，其中比较突出的是由 Bozionelos（2004）自行设计开发的 5 个题项的单一维度量表。虽然这一量表在该学者的研究中表现出了很好的信度和效度，但是问卷的引用率不高且单一维度的使用不能够较为完整地度量导师行为。另一种方式为修改问卷，这种方式主要通过转换以学徒为主体的导师辅导测量问卷的口吻，形成以导师为主体的测量工具。如 Chun、Sosik 和 Yun（2012）已将 Scandura 和 Ragins（1992）测量徒弟导师辅导的问卷进行了修改，验证了修改后问卷的可行性，国内学者陈诚（2013）将上述量表进行了翻译。

依据文献综述，本研究关注的是导师辅导行为，所以更加关注导师的主动行为特性，因此选用了 Scandura 和 Ragins（1992）的英文版导师辅导问卷中的职业生涯辅导和社会心理辅导两个维度，并结合 Chun、Sosik 和 Yun（2012）完成的从导师口吻到徒弟口吻的问卷转换，以及陈诚的问卷翻译，形成了 11 个题项的导师辅导行为调查问卷，采用李克特五级量表的形式来测量导师辅导的行为频次。

2. 工作意义

工作意义的测量的研究最早比较突出的是 Hackman 和 Oldham（1976）编制的工作诊断调查，该测量工具主要通过提问被试有关自己和同事的有关工作意义的两个题项——“你的工作任务是否是无用或者琐碎的？你的工作是否有意义？”，来测量个人对于自己和他人有关工作意义的感知。虽然多年来该测量工具得到了较多应用，但是此问卷中的问题包括了询问个体认为大部分人对于工作意义的感受，而不是特殊的聚焦在某个个体上的感受。此后，Spreitzer（1995）在进行心理授权研究的时候将工作意义作为其中一个维度进行测量，该维度共包含 3 个题项，题目大致为“你做的工作是否有意义？”虽然后来有部分学者在进行工作意义研究时用到了这一测量工具，但是仅仅将工作意义作为心理授权的一个维度而开发的量表很难完全表达工作意义的全部内涵。

Steger、Dik 和 Duffy（2012）通过对工作意义含义的综述，获得了“积极意义、工作创造意义、更良好的动机”共三个工作意义的构面。并通过对 370 个大学样本的检验，获得了因子负荷较高的工作意义测量问卷。该问卷共包含 10 个题项，测量内容不仅包含工作意义的主观感受，也包含了工作意义创造过程和动机的测量。

综上，本研究在 Steger、Dik 和 Duffy（2012）研究的基础上，采用了双向翻译的方法获得了中文版的测量问卷。基于反向题项测量的不精确性，删除了问卷中的反向题项。

3. 职业成功

职业成功的测量包含主观测量和客观测量两种方法。早期学者主要关注客观职业成功的测量，例如通过调查被试的薪资水平、晋升速度来衡量被试的客观职业成功。这种测度的问题在于忽略了不同地域、人群对于职业成功的个性化定义。随着非线性职业生涯的普遍存在，更多的学者开始关注主观职业生涯的测度（Ng 和 Feldman，2014）。其中，大部分研究选择采用 Greenhaus（1990）构建的五个项目的满意度量表来进行主观职业成功的测量。虽然该问卷的应用广泛且经验证据取得了较好的信效度，但后来学者认为满意度并不能完全替代主观职业成功，即使一个人可能对于现在所取得的职业进步高度满意，也不意味着其对于自身已经达到的职业成就满意（Heslin，2005）。Gattiker 和 Larwood（1988）将主观职业成功拓展到了较宽的范畴，包括了职业成功、人际交往成功、财务成功、家庭成功等五个维度，但其对职业成功的内涵扩充过度广泛。

本研究最终采用了 Eby（2003）开发的职业生涯的测量工具。该测量工具包含了“个人职业满意度、所感知的在组织内部的竞争力、所感知的在组织外部的竞争力”共三个维度。这一测量工具不仅包含了职业应用广泛的职业满意度，还包含了有关内外部竞争力的测量。这种竞争力感知测度的方式使得个人在评价职业成功的时候有了他评的参考，是一种将主观职业成功和客观职业成功进行结合的有效方法。本研究在原文的基础上，参考国内学者邹小玲（2013）的翻译进行修改，获得了最终的测量问卷，共包含 11 个题项。基于反向题项测量的不精确性，删除了问卷中的反向题项。

4. 组织支持

对于感知到的组织支持，本研究采用了应用最为广泛的 Eisenberger（1997）的组织支持问卷，结合已采用该问卷发表的中文翻译，获得了最终的 6 个题项的问卷。基于反向题项测量的不精确性，删除了问卷中的反向题项。

5. 控制变量

通过文献综述，本研究将导师的性别、指导经历、所在单位的职位层级作为控制变量进行测量。

（三）问卷的信效度检验

1. 问卷信度

经过信度分析，以下结果表明本研究的测量工具都具有良好的信度（见表 4）。

表 4　问卷信度统计

类别	导师辅导	工作意义	组织支持	职业成功
α 系数	0.852	0.908	0.822	0.899

2. 问卷的结构效度

利用 SPSS 22.0 软件，我们进行了探索性因子分析。分析方法为首先进行 KMO 和 Bartlett 球形度检验以判断是否适合进行因子分析，如果 KMO 值较大，Barlett 值显著，则适合进行因子分析。其次通过最大方差法进行正交旋转，保留因子载荷大于 0.40 的项目，每个问卷经过因子降维后得到如下结果：

（1）导师辅导行为问卷。

表 5　导师辅导行为量表 KMO 和 Bartlett 球形度检验

Kaiser–Meyer–Olkin 检验值		0.86
Bartlett 球形度检验	近似卡方	559.64
	df.	55.00
	Sig.	0.00

表 6　导师辅导行为量表旋转成分矩阵

题项	成分	
	1	2
职业辅导 1	0.779	
职业辅导 2	0.717	
职业辅导 3	0.701	
职业辅导 4	0.755	
职业辅导 5	0.755	
职业辅导 6	0.708	
社会心理辅导 1		0.493
社会心理辅导 2		0.822
社会心理辅导 3	0.401	0.636
社会心理辅导 4		0.672
社会心理辅导 5		0.578

表 7　导师辅导行为量表解释总方差

成分	初始特征值			旋转平方和载入		
	合计	方差百分数	累计百分数	合计	方差百分数	累计百分数
1	4.600	41.818	41.818	3.699	33.630	33.630
2	1.434	13.039	54.857	2.335	21.227	54.857

由表 5、表 6 和表 7 我们可以得到，导师辅导行为二维量表的 KMO 值在 0.8 以上，因此较适合进行因素分析。经过正交旋转之后，我们可以看到问卷题项较好地落在两个维度中，虽然社会心理辅导题项 3 存在交叉负荷，但是载荷差值较大，因此予以保留。此两维度的因子可以解释总变异约 54.86%。综上，我们可以判断出已用问卷具有良好的结构效度。

（2）工作意义问卷。

表 8　工作意义量表 KMO 和 Bartlett 球形度检验

Kaiser-Meyer-Olkin 检验值		0.90
Bartlett 球形度检验	近似卡方	1001.08
	df.	36.00
	Sig.	0.00

表 9　工作意义量表旋转成分矩阵

题项	成分		
	1	2	3
职业意义 1	0.848		
职业意义 2	0.670	0.515	
职业意义 3	0.723		0.460
职业意义 4	0.823		
创造意义 1		0.829	
创造意义 2	0.500	0.626	
创造意义 3		0.830	
更好动机 1			0.858
更好动机 2			0.791

表 10　工作意义量表解释总方差

成分	初始特征值			旋转平方和载入		
	合计	方差百分数	累计百分数	合计	方差百分数	累计百分数
1	6.001	66.682	66.682	2.944	32.707	32.707
2	0.866	9.621	76.302	2.464	27.375	60.082
3	0.581	6.458	82.761	2.041	22.679	82.761

由表 8、表 9 和表 10 的结果我们可以得到，工作意义量表的 KMO 值在 0.9，是极佳的因子分析数据。经过正交旋转之后，我们可以看到问卷题项较好地落在三个维度中，虽然职业意义 2、3 题项以及创造意义的第 2 题项存在交叉负荷，但是载荷差值较大，因此予以保留。此三个维度的因子可以解释总变异约 82.76%。综上，我们可以判断出已用问卷具有良好的结构效度。

（3）组织支持问卷。

表 11　组织支持量表 KMO 和 Bartlett 球形度检验

Kaiser–Meyer–Olkin 检验值		0.88
Bartlett 球形度检验	近似卡方	424.12
	df.	15.00
	Sig.	0.00

表 12　组织支持量表的旋转成分矩阵

题项	成分
	1
组织支持 1	0.779
组织支持 2	0.717
组织支持 3	0.701
组织支持 4	0.755
组织支持 5	0.755
组织支持 6	0.708

表 13　组织支持量表解释总方差

成分	初始特征值			旋转平方和载入		
	合计	方差百分数	累计百分数	合计	方差百分数	累计百分数
1	3.801	63.353	63.353	3.801	63.353	63.353

由表 11、表 12 和表 13 的结果我们可以得到，工作意义量表的 KMO 值在 0.88，非常适合进行因子分析数据。经过正交旋转之后，我们可以看到问卷题项较好地落入单个维度，此单维度的因子可以解释总变异约 63.35%。因此，我们可以判断出已用问卷具有良好的结构效度。

（4）职业成功问卷。

表 14　职业成功量表 KMO 和 Bartlett 球形度检验

Kaiser–Meyer–Olkin 检验值		0.82
Bartlett 球形度检验	近似卡方	494.63
	df.	36.00
	Sig.	0.00

表 15　职业成功量表旋转成分矩阵

题项	成分		
	1	2	3
职业满意 1	0.505		0.635
职业满意 2		0.536	0.693
职业满意 3			0.799
职业满意 4			0.816
职业满意 5	0.438		0.645
内部竞争力 1		0.876	
内部竞争力 2		0.759	
内部竞争力 3		0.623	
外部竞争力 1	0.880		
外部竞争力 2	0.826		
外部竞争力 3	0.765		

表 16　职业成功量表解释总方差

成分	初始特征值			旋转平方和载入		
	合计	方差百分数	累计百分数	合计	方差百分数	累计百分数
1	4.107	45.635	45.635	2.428	26.976	26.976
2	1.248	13.871	59.506	1.966	21.841	48.817
3	0.997	11.079	70.585	1.959	21.768	70.585

由表 14、表 15 和表 16 的结果我们可以得到，工作意义量表的 KMO 值在 0.82，较适合进行因子分析数据。经过正交旋转之后，我们可以看到问卷题项落入三个维度。但是在表 15 中我们可以看到，职业满意的第 1、2 题项具有交叉符合，而且交叉负载差值很小。因此，在后期的分析中去掉这两个题项。此三因子维度的量表可以解释总变异约 70.59%。这一结果分析表明修正后的量表具有较好的结构效度。

（四）共同方法偏差检验

由于本调查中所有的变量都是通过导师报告所得，所以可能存在共同方法偏差。因此，特采用了 Harman 单因素检验的方法，建立起几个比较模型，以比较模型之间的拟合程度。本研究使用 Lisrel8.7 进行验证性因子分析，获得了如下的检验结果（见表 17）：

表 17　共同方法偏差检验

项目	模型说明	NFI	TLI	CFI	GFI	RMSR	RMSEA
六因子模型	加入 CMV	0.900	0.940	0.950	0.720	0.065	0.077
五因子模型	基本模型	0.880	0.930	0.940	0.690	0.075	0.083
四因子模型	MC 与 MS 合	0.880	0.930	0.930	0.680	0.078	0.087
三因子模型	MC，MS，P 合	0.850	0.890	0.900	0.590	0.095	0.123

续表

项目	模型说明	NFI	TLI	CFI	GFI	RMSR	RMSEA
双因子模型	MC，MS，P，MW 合	0.820	0.860	0.870	0.510	0.120	0.150
单因子模型	所有变量合并	0.810	0.850	0.860	0.510	0.120	0.153

注：CMW 表示共同方法因子，MC 表示职业辅导，MS 表示社会心理辅导，P 表示组织支持，MW 表示工作意义。

由以上的模型拟合结果我们可以看到，单因子模型的拟合度最差（TLI = 0.85，CFI = 0.86，RMSEA = 0.153）。本研究的基本模型即五因子模型与其他较少因子的模型相比，拟合程度最佳。虽然加入了共同方法因子的检验之后，六因子模型的拟合程度变得较好（TLI = 0.94，CFI = 0.95，RMSEA = 0.077），但是与本研究的基本模型（五因子模型：TLI = 0.93，CFI = 0.94，RMSEA = 0.083）比起来，改善程度很小，TLI 值和 CFI 值均只改善了 0.01。依据 Bagozzi 和 Yi（1990）的建议，模型改善程度小于 0.05 的数值标准，因此本研究不存在严重的共方法偏差。

四、调查结果

（一）描述性统计和相关分析

经过问卷测量之后，本研究进行了变量合成的工作，即将观测变量求平均数作为潜变量的值，从而获得了以下的均值、标准差和各变量的相关性矩阵，如表 18 所示。

表 18　描述性统计结果和相关性矩阵

类别	M	SD	1	2	3	4	5	6	7
1. 性别	1.46	0.50							
2. 指导经历	3.25	1.50	0.03						
3. 职位层级	2.10	0.93	−0.11	0.49**					
4. 职业辅导	3.58	0.66	−0.06	0.25**	0.23**				
5. 社会心理辅导	3.04	0.64	−0.05	−0.01	0.03	0.39**			
6. 组织支持	4.59	0.87	0.04	0.03	0.18*	0.39**	0.19*		
7. 工作意义	5.25	0.91	0.00	0.11	0.26**	0.40**	0.14	0.48**	
8. 职业成功	3.58	0.54	−0.04	0.05	0.24**	0.39**	0.26**	0.50**	0.67**

注：** 表示在 $p < 0.01$ 的显著性水平上显著，* 表示在 $p < 0.05$ 的显著性水平上显著。

从表中我们可以看到，导师的职业辅导行为与导师的工作意义（$r = 0.40$，$p < 0.01$）、组织支持（$r = 0.39$，$p < 0.01$）和职业成功（$r = 0.39$，$p < 0.01$）均有非常显著的正相关关系。导师的社会心理辅导行为出现了较有差异的结果：社会心理辅导和组织

支持（r=0.19，p<0.05）、职业成功（r=0.26，p<0.01）有较为显著的正向关系，但是却没有和工作意义表现出显著的相关关系。作为模型因变量的职业成功表现出了与导师职业辅导（r=0.39，p<0.01）、社会心理辅导（r=0.26，p<0.01）、组织支持（r=0.50，p<0.01）、工作意义（r=0.67，p<0.01）等变量较好的相关水平。我们后续的假设检验即在这一相关分析的结果上展开。

（二）假设检验

基于导师辅导行为对导师职业成功的显著相关性，我们得到了如下的回归分析结果，如表 19 所示。

表 19　控制变量、导师辅导、工作意义、组织中支持对职业成功的回归模型及控制变量、导师辅导、组织支持、交互项对工作意义的回归模型

变量	职业成功					工作意义		
	模型 1	模型 2	模型 3	模型 4	模型 5	模型 6	模型 7	模型 8
性别	–0.006	0.013	0.007	–0.032	–0.021	0.066	0.041	0.056
指导经历	–0.033	–0.058	–0.030	–0.028	–0.038	–0.014	–0.022	–0.011
职位层级	0.165**	0.137**	0.160**	0.063	0.060	0.267**	0.159	0.143
职业辅导		0.309***			0.127*		0.285**	0.302**
社会心理辅导			0.208**					
工作意义				0.384***	0.349***			
组织支持							0.406***	0.390***
职业辅导 × 组织支持								0.210*
R^2	0.066	0.199	0.127	0.462	0.481	0.069	0.303	0.323
F	3.244**	8.529***	4.979***	29.395***	25.220***	3.387**	11.817***	10.741***

注：*** 表示在 P<0.001 的显著性水平上显著，** 表示在 P<0.01 的显著性水平上显著，* 表示在 P<0.05 的显著性水平上显著。

1. 导师辅导行为对导师职业成功的主效应检验和工作意义的中介作用检验

由表 19 我们可以得出，在控制了导师的性别、辅导经历和职位层级后，模型 2 中，导师的职业辅导行为与导师的职业成功呈正相关（β=0.309，p<0.001）；且模型 3 表明，导师的社会心理辅导行为与导师的职业成功呈正相关（β=0.208，p<0.01）。因此假设 1 得到支持。

由表 19 中的模型 7 我们可以得到，在控制了导师的性别、辅导经历和职位层级后导师的职业辅导行为可以显著影响导师的工作意义（β=0.285，p<0.01），因此假设 2a 得到了支持，且满足了中介效应成立的条件之一。在模型 5 中，我们可以看到将导师职业辅导行为、工作意义这两个变量代入方程之后，工作意义对导师的职业成功有显著的正向作用（β=0.349，p<0.001），并且此时导师职业辅导对职业成功的影响相比模型 2 有所减弱（β=0.127，p<0.05）。依据 Baron 和 Kenny（1986）的中介效应检验方法，我们此时认为工作意义在导师职业辅导行为和导师职业成功之间起到了中介作用，

因此，假设3a得到支持。

在相关分析中，我们得出导师的社会心理辅导行为和导师的工作意义之间并不存在相关关系，因此无法对其进行回归分析，故而假设2b与假设3b没有得到支持。

2. 组织支持感的调节作用检验

对于组织支持的调节作用检验主要运用了依次检验的方式。首先，将自变量和调节变量进行标准化处理，并得到标准化后的自变量和中介变量之间的交互项。其次，将控制变量、自变量、调节变量和交互项放入回归模型中进行处理。由表19中的模型8可以得到，当以导师职业辅导为自变量、导师感知到的组织支持为调节变量时，所得的交互项显著（$\beta=0.210$，$p<0.05$），可以证明调节作用存在。最后，我们进行简单斜率检验，以验证调节作用的具体作用机制，检验后获得调节效应见图3。

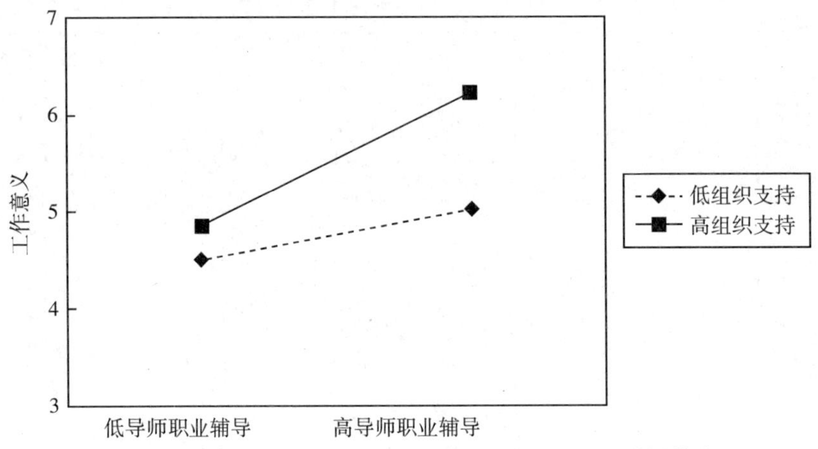

图3　组织支持对导师职业辅导行为和工作意义之间的调节作用

在简单斜率检验中，我们选择了高于以及低于调节变量一个标准差的两个值来进行斜率检验。当组织支持为高于其一个标准差时，即导师感知到的组织支持较高时，导师职业辅导对导师工作意义有显著影响，且在回归模型中的非标准化系数为$\beta=0.468$，$p<0.01$。当组织支持为低于其一个标准差时，即当导师感知到的组织支持较低时，导师辅导对导师的工作意义影响不显著，$\beta=0.136$，$p>0.05$。从图3我们可以明显看出，当导师的组织支持增加的时候，导师的职业辅导行为对导师工作意义的影响会增强，因此假设4a得到支持，而基于导师社会心理辅导与导师工作意义的不相关性，假设4b无法得到支持。

五、访谈研究

（一）访谈目的

基于以上的问卷调查分析结果，我们可以得知与导师职业辅导相关的假设均得到了支持。但针对导师的社会心理辅导行为，问卷调查只验证了其对导师职业成功的正向影响作用。导师社会心理辅导行为对导师工作意义的影响没有得到证实。基于以上问卷调查结果和理论假设的差异，特进行了后期的访谈，以期能够解释以上现象的差异，并对导师辅导行为对导师的影响有更加丰富的描述。

（二）访谈对象和流程

访谈对象是两家国内中等规模的金融类企业，这两家企业一家存在正式的导师辅导，另外一家存在非正式的导师辅导。本研究在高层管理者的推荐下获得了 10 名导师的联系方式，访谈采用一对一的形式，每次访谈持续时间约为 30 分钟，最后实际完成了 8 位导师的访谈，其中 5 名男性，3 名女性。他们均有 1 年以上的辅导经历。被采访人平均每人有 2 个正在辅导的徒弟，其中约有 4 名被访谈人员的徒弟是自己的直接下属。访谈提纲如下：

- 您在对徒弟的指导和与徒弟的相处过程中，有过一些什么样的职业方面的指导？比如关注徒弟的职业生涯发展。
- 您在对徒弟的指导和与徒弟的相处过程中，有过一些什么样的职业方面的指导？比如和徒弟分享一些私人话题。
- 您觉得指导辅导对您的职业会有一些什么样的影响？
- 您觉得职业辅导行为和社会心理辅导行为对您产生的影响有没有差异？如果有请详细说明一下。
- 您觉得自己所在的团队或者企业对您各方面的支持是怎样的？
- 您感知到的组织对您的支持会影响您指导他人行为的多少吗？如果可以会不会也影响您对自己工作的看法？这些影响会因为您辅导行为是职业的或是心理上的不同而产生不同吗？

（三）访谈研究结果

经过对访谈资料的整理，本研究以问卷研究的结果，以及假设与研究结果的差异为分析思路，整理获得了以下研究结果：

1. 企业内的导师辅导行为

企业内的导师主要给徒弟提供的是职业生涯方面的辅导。这些行为包括具体的工作岗位上的职责指导、对徒弟职业生涯的咨询、对徒弟的激励等。职业生涯的指导占据导师指导行为的绝大部分。相比起来，导师的社会心理指导行为较少，导师和学徒的非正式场合交流也主要在公司组织的聚会上有所表现。

2. 导师辅导行为对导师的影响

被采访的绝大多数导师表示，导师辅导行为对他们有显著的积极影响。这里主要表现在：①导师和徒弟之间的互动是一个互相学习的过程。徒弟对于事物的反馈很多时候能够启发导师对工作有更深入的思考，并且从一些表现优秀的学徒身上导师有时候也能够观察到自己可以学习的地方。②对徒弟的指导有利于导师整合导师的知识系统，提高导师的工作胜任力。被采访的导师表示，为了能将自己掌握的知识或者“心得”系统性地传授给徒弟，就必须对工作有更加有逻辑和系统性的了解。这种“传道授业”的需求催生了导师提高自我胜任力的需求和行动，同时也提升了导师对自己胜任力的感知。③正式的导师制合理化了导师丰富组织关系网络的需求。一些导师认为，在组织内除了上下级之外，个人还需要建立更多的资源获取通道，来丰富自己在组织内的关系网络。有了导师辅导这一正式制度，导师拓展关系网络的行为就成为制度规定的需要，这种合理化也使得导师拓展组织内关系网络的方式更加多元，也更加便利。

3. 组织支持感对导师辅导的影响

在谈及现有的导师制度时，较多导师表达了组织反馈的必要性。他们认为，组织对于导师制度的落实应该更加从实际出发，避免流于形式。尤其是对于徒弟并非导师下属的导师来说，应该在徒弟的绩效考核中加入导师意见的参考因素，这样导师和学徒之间的联系可能会更加稳固。另外，在组织对导师个人的支持方面，较少有导师会认为这种个人支持能够促使他们将导师辅导行为与对自己工作的感受和态度之间建立更强的连接，认为导师辅导行为的强弱或者对自己工作的影响是非常具有个人特殊性的，很难受到组织支持感知的影响。

4. 导师职业辅导行为、社会心理行为的结果差异解释

经过访谈，导师职业辅导行为和社会心理辅导行为对导师影响的差异主要表现在以下几个方面：①上级和下属的权力距离因素：一些被访谈者的徒弟正好是其下属，因此为了维持领导权威，导师较少会和徒弟有一些非正式场合的社会心理方面的交流。②工作场所关系的局限性：一些导师虽然和徒弟之间没有上下级关系，也与徒弟在非工作场合有个人间交流，但这种交流很难达到亦师亦友的程度。他们认为，对于这种工作场合建立起来的关系，导师不太愿意将其和非工作场合的关系进行趋同，除非能够遇到特别“性情相投”的被辅导的徒弟。③中国文化下的师道尊严：基于导师对自己“师道尊严”的维护，导师也并不愿意和徒弟建立过分密切的私人关系。

六、研究结论与讨论

（一）研究结论

1. 导师辅导行为对导师职业成功的影响

经过问卷调查研究，我们得到导师的职业辅导行为和社会心理辅导行为都会对导师的职业成功产生正向影响。从社会交换的角度解释，徒弟的“回馈”行为可以为导师的职业发展提供信息和其他行动支持（Nykodym、Freedman、Simonetti 和 Nielsen，1995），并且当徒弟产生有关导师辅导的积极反馈时，导师也会产生主观上的成就感和满足（Kram，1983；Levinson 等，1978；Ragins 和 Scandura，1999）。从资源保护理论的视角，导师通过辅导行为完成显性和隐性知识的传递，将自己的资源得到了储存，在修复资源流失的同时也修复了对自身的认同（Wang 等，2014）。导师和徒弟之间的社会交换在扁平化组织内体现得尤为突出，正如一位访谈者描述的：

“这对我个人的影响很大，是一个沟通的过程，也不完全是一种指导，我们(导师和徒弟）之间是一种经验上的差距，而不是深度上的。三人行必有我师，这是一个互相促进的过程，年轻人总能带来一些问题的新思维、思考的新方式。”

2. 导师辅导行为对导师工作意义的影响

问卷研究的结果表明，导师辅导对导师工作意义有显著的正向影响，数据分析的结果也支持了工作意义在导师职业辅导行为和导师职业成功之间的中介作用。这一结果部分验证了我们的推理。

从胜任力的角度分析，导师对学徒的针对工作的指导行为本身就够让导师产生关于自身工作能力的感知，因为导师这种角色赋予导师的认可，导师能够感受到一种自我认同（Michaelson、Pratt、Grant 和 Dunn，2014）。从自我知觉的角度解释，正是导师辅导的行为影响了导师对于自身的认同和评价，从而提升了导师对自己胜任力的感知。而在工作意义的来源路径中，有一个重要来源即为“自我认同”（Pratt 和 Ashforth，2003），即从符号互动论中推演出的个人对于工作意义的解释来源于对于自我概念的知觉。从关系需要的满足来讲，导师辅导行为让关系需求的满足更加合理化，让个体导师辅导关系建立，让导师在组织中的关系网络密度加大，让导师和组织之间的连接性增强，从而提升了导师的组织承诺（Chun 等，2010）。更重要的是，这种关系需要的满足连接提升了对组织的归属感，使得导师认识到自己属于一个特别的组织群体，从而获得个体工作意义感的增强。这一推理过程也在后期访谈中得到了一定的验证：

“因为要教给他们（徒弟），所以教之前我得自己在脑子里过一遍，整理一遍。哪里有不对的地方好好想明白，免得自己被徒弟问住了。这么一整理的话，就可能会觉得原来碎片化的知识变成整体了。”

“虽然总的来说与上级沟通资源的需求更多，但和这种新员工沟通的这种需求也是有的，这就是一种集体的融入感，因为我们都是在一个团队，沟通是免不了的，指导他们的话好像也把这种沟通合理化了。”

3. 组织支持的调节作用

实证研究表明，组织支持调节了导师职业辅导和导师工作意义之间的关系，当导师感知到更强的组织支持时，导师辅导行为对导师工作意义的正向影响会增强。这是因为在辅导的过程中，当导师感知到了组织的支持时，一方面会让员工感受到组织对于自身工作的积极反馈，这种反馈会增强员工对自我胜任力的感知；另一方面，基于和组织的良性互动，导师会产生更多的组织归属感，这时，导师辅导行为和其内在意义之间的联系就会得到强化，而变得更加紧密。当导师感知到较低的组织支持的过程时，相反地，导师在组织环境中对意义的感知就缺乏了一定的激励因素，因此这种行为所产生的工作意义感也会减弱。

4. 导师职业辅导行为和导师社会心理辅导行为的作用差异

研究结果表明，导师的社会心理辅导行为虽然与导师的职业成功也有显著的正向关系，但是与导师的工作意义没有相关关系，因此无法探知导师社会心理辅导现有调查背景下对导师职业成功的影响机制。针对这一实证结果与研究假设不符的现象，本研究通过后期的深度访谈获得了一定的解释。研究前期的假设提出是基于国内外的文献梳理，但在后期的实证研究部分取样均来自中国情境组织下的导师辅导。一方面在现代的商业组织中，基于中国人的差序格局的关系网络（罗家德，2012），导师对于徒弟的关系定位与自己的朋友定位是有一定差异的，这种差异决定了大部分导师不太可能和徒弟之间建立深入的私人关系，因此导师可能会较少有对徒弟的社会心理辅导行为，即使这种行为存在其对导师个人的工作感知的影响也不会太明显。另一方面，中国文化情境下的“老师”总是包含“师道尊严”的成分，即使抛开关系圈子的限制，导师对徒弟的社会心理辅导也是不明显的。正是导师的深入访谈启发了我们对于导师辅导作用机制的跨文化解释：

“虽然在社会生活中有一些交流，但是很少，在工作上交流得比较多，纯私人问题很少，也会给建议。但是我个人觉得不需要有太多的这样的关系。熟了之后会熟不拘礼，这个不利于你去知道，可以去关心，可以谈心。但是最好不要真的发展为朋友。”

（二）本研究的理论和实践含义

1. 理论含义

首先，本研究结论丰富了以导师为主体的导师辅导研究内涵。以自我知觉为理论基础，研究结论表明了导师辅导行为对于导师的职业成功有正向的积极影响，并且特别地探寻了导师职业辅导行为对导师职业生涯的影响机制。在过去的研究中，即使有研究能够以导师为中心，也只是从社会交换的角度关注导师辅导对于导师的积极或者消极影响（Eby、Durley、Evans 和 Rose，2008）。而本研究从自我知觉理论出发，探讨导师从行为付出到对其个人职业感受的影响，从而建立了导师从行为到工作意义知觉，再到个人职业成功的影响机制链条。此外，基于导师辅导行为的助人特性，本研究结论也能够侧面地为积极组织学派（Positive Organizational Scholarship）（Cameron、Dutton 和 Quinn，2003）有关组织内积极行为的研究提供一些可类比的启示。

其次，本研究延伸了在导师辅导背景下的组织成员与组织的互动关系，研究结论支持了组织支持作为导师职业辅导与工作意义之间关系的调节作用。在以往的研究中，组织成员和组织个体的互动更多的是通过领导—下属这一关系渠道完成（Shanock 和 Eisenberger，2006；Tepper 和 Taylor，2003）。个体感知到的组织支持来源单一并且这种支持能够带来的影响效果也是比较有限的。但是当导师与组织之间的互动关系得到验证时，组织支持在组织中对个人的作用路径就会得到更大程度的丰富。

最后，本研究有关导师职业辅导和社会心理辅导对导师影响机制的结果差异启发了导师辅导在跨文化背景下的研究。研究结论支持了导师职业辅导行为对导师个人职业成功的影响机制和边界调节，却没有能够验证导师社会心理辅导行为对导师的结果。这一研究结论与 Wang 等（2014）在以台湾被试作为调查对象的研究结论相似，该研究表明导师通过向他人提供事业支持而非心理支持，可以缓解职业生涯的瓶颈现象。因此，我们有理由推断导师的职业辅导行为和社会心理辅导行为的差异性可以用文化因素来解释，从而启发学者们在跨文化组织背景下进行导师辅导对导师影响机制差异研究。

2. 实践含义

首先，研究结论启示了我们将导师辅导作为导师职业生涯管理工具。通过文献分析和访谈研究我们了解到，组织内的导师大多是有一定工作经验的中层管理者。在步入职场一定时间后，中层管理者很容易出现“职业天花板”现象，而产生工作倦怠，降低了对工作的满意度。当组织中有了导师辅导的关系后，导师可以系统性地将自己所获得的显性或者隐性知识找到传递的出口，从而增强对自我工作胜任力的感知，进而提升工作的目的性和感知到的重要性。一旦导师的工作意义得到提升，就有可能会转变成工作场合积极行动的落实，例如有更多的工作卷入度，产生更多的组织公民行为，最终达到提升工作满意度、促进职业成功的目的。

其次，组织可以通过增加组织支持感的举措来增强导师辅导对导师的作用。在访谈中我们发现，很多组织在探索导师辅导关系作用强弱的时候，总是使用对导师制的支持来影响组织成员对导师辅导的态度。虽然有研究验证了导师制的项目设计对导师成本和收益感知的影响（Parise 和 Forret，2008），但是仅仅有对导师制项目的重视是不够的。正如本研究结论表明，当导师感知到组织对其个人的支持感增加的时候，导师辅导行为对其的正向影响也得到增强。从这个角度出发，组织能够通过制度环境和领导方式的渠道来增强导师感知到的组织支持，从而最大程度地发挥导师辅导对导师个人的“溢出效益”。

七、本研究的不足和展望

（一）研究的不足

首先，在研究内容方面，基于自我知觉理论，本研究关注的导师辅导作用机制是以工作意义为中介变量，组织支持为边界条件。然而，影响导师职业成功的因素是多方面的，自我知觉可能只是其中的一个路径，也只能部分解释导师辅导行为对导师职业成功的影响，后期的研究还可以注重更多途径，关注导师和徒弟之间的动态互动过程，从而丰富导师和徒弟的双向关系研究。其次，在研究方法方面，本研究采用了横向研究的方式探讨导师辅导行为对导师职业成功的影响机制。虽然在统计上验证了导师辅导行为对导师工作意义和导师职业成功的解释度，但这种研究方法不足以验证导师辅导行为和导师工作意义、职业成功之间的因果关系。此外，在数据收集方面，本研究的变量测量都选择了导师自我汇报的方式，这种方式很容易出现共方法偏差，虽然在后期的统计处理方面已经检验没有严重的共方法偏差，但是后期的研究也应该注意在研究的程序设计中避免这种可能，比如通过从不同被试收集数据或者分阶段收集数据的方法来规避产生共方法误差的可能。

（二）未来研究方向展望

虽然存在以上问题，但是研究确实解决了导师辅导对导师职业生涯影响的一条中介路径和对应的边界条件，同时启发了后续的导师辅导研究。

1. 跨文化的导师辅导对导师的作用研究

本研究的结论显示出了导师职业辅导行为和社会心理辅导行为对导师影响的差异表现。未来的研究应该更多地关注和检验在不同文化背景下的适用性。和西方的文化相比，以中国为代表的东方文化有着更高的权力距离（House、Hanges、Javidan、Dorfman 和 Gupta，2004）。虽然导师和徒弟之间与上下级关系不同，但这种低资历员工和高资历员工之间的距离感也很难跨越。这就导致了在不同文化背景下，导师辅导行为，尤其是社会心理辅导行为作用的差异。现有以导师为中心的导师辅导研究中，鲜有进行这种跨文化对比的研究。后期的研究可以着重从两种文化的差异入手，对不同文化背景下的导师辅导对导师的作用机制进行比较、梳理，并能够用综合的框架整合这种文化差异。

2. 导师和徒弟二元互动研究

导师研究和领导研究存在一定的共通之处，二者研究的都是二元主体之间的交换关系。因此，借鉴领导—下属交换关系的研究，导师辅导可以尝试从导师、徒弟为主体的研究拓展到导师、徒弟动态交换关系的研究。本研究以导师为关注重点，以自我知觉理论为基础，建立了从导师辅导行为到导师工作意义和职业成功的关系回路。导师辅导关系特性决定了导师也会受到徒弟互动和导师辅导关系质量的影响（Allen 和 Eby，2008）。因此，后期的研究一方面可以从导师—徒弟互动影响方面来研究导师辅导关系对导师的影响，这一研究方向的最大特点在于将原本静态的二元关系动态化；另一方面，导师和学徒之间的关系质量即这种关系连接强度对导师和徒弟的影响也应该得到进一步的关注。

3. 导师和学徒的社会网络研究

从社会网络的视角来探讨导师辅导对导师和学徒的影响。导师辅导的概念经历了从徒弟和导师的个人视角，到导师徒弟发展型网络关系视角的演进。社会网络中，两个互不连接的主体之间的空隙被称为结构洞（Structural Holes）（Burt，1992）。导师和学徒的二元关系并不是真空地存在于组织中，现今组织中的多徒弟和多导师现象比比皆是（周小虎、刘冰洁、吴雪娜和贾苗苗，2009）。从社会网络的视角看，在导师辅导中，导师和徒弟分别占据了彼此社会网络的结构洞位置。导师辅导关系建立后，原本没有交集的导师和学徒各自的社会网络发生了交叉嵌入，徒弟可以嵌入导师的社会网络中，获得更多知识分享和创造的机会（Kram，2011）。这种现象超出了简单的师徒两人的关系，导师和徒弟之间不仅产生了彼此显性和隐性知识的交换，也产生了社会网络的嵌入。因此，本研究也可以启发后期学者从社会网络的视角关注导师和徒弟的双向作用。

参考文献

[1] 陈诚. 企业导师指导行为的影响因素及作用机制研究［D］. 武汉：华中科技大学博士学位论文，2013.

[2] 陈诚，文鹏，舒晓兵. 多水平导师指导行为对员工结果的影响机制［J］. 心理科学进展，2015（4）：554-561.

[3] 郭慧，李南，徐颖. 企业导师制过程中知识创造效果研究［J］. 情报理论与实践，2011，34（8）：65-68.

[4] 罗家德. 关系与圈子——中国人工作场域中的圈子现象［J］. 管理学报，2012.

[5] 孟春梅. 建立全员导师制［J］. 人力资源管理，2012（7）：104.

[6] 魏钧，李淼淼. 导师网络研究综述［J］. 外国经济与管理，2013，35（2）：63-70.

[7] 周小虎，刘冰洁，吴雪娜等. 员工导师网络对员工职业生涯成功的影响研究［J］. 管理学报，2009，6（11）：1486-1491.

[8] 邹小玲. 雇员可雇佣能力与职业成功及其关系研究［D］. 北京：北京交通大学博士学位论文，2013.

[9] 张正堂. 企业导师制研究探析［J］. 外国经济与管理，2008，30（5）：35-41.

[10] Allen T. D.，Eby L. T. Mentor commitment in formal mentoring relationships［J］. Journal of Vocational Behavior，2008，72（3）：309-316.

[11] Allen T. D.，Eby L. T.，Poteet M. L.，et al. Career benefits associated with mentoring for pro-

teges: A meta-analysis [J]. Journal of Applied Psychology, 2004, 89 (1): 127.

[12] Anja B., Maarten V., Hans W., et al. Capturing autonomy, competence, and relatedness at work: Construction and initial validation of the Work-Related Basic Need Satisfaction Scale [J]. Journal of Occupational & Organizational Psychology, 2010, 83 (4): 1-22.

[13] Avery D. R., Tonidandel S., Phillips M. K. G. Similarity on sports sidelines: How mentor-protégé sex similarity affects mentoring [J]. Sex Roles, 2007, 58 (1): 72-80.

[14] Bagozzi R. P., Yi Y. Assessing method variance in multitrait-multimethod matrices: The case of self-reported affect and perceptions at work [J]. Journal of Applied Psychology, 1990, 75 (5): 547-560.

[15] Bem D. J. Self-perception theory [J]. Advances in Experimental Social Psychology, 1972 (6): 1-62.

[16] Bozionelos N., Bozionelos G., Polychroniou P., et al. Mentoring receipt and personality: Evidence for non-linear relationships [J]. Journal of Business Research, 2014, 67 (2): 171-181.

[17] Bozionelos N. Mentoring provided: Relation to mentor's career success, personality, and mentoring received [J]. Journal of Vocational Behavior, 2004, 64 (1): 24-46.

[18] Burk H. G., Eby L. T. What keeps people in mentoring relationships when bad things happen? A field study from the protégé's perspective [J]. Journal of Vocational Behavior, 2010, 77 (3): 437-446.

[19] Burt, R. Structural holes: The social structure of competition [M]. Cambridge, MA: Harvard University Press, 1992.

[20] Cameron K. S., Dutton J. E., Quinn R. E. Positive organizational scholarship: Foundations of a new discipline [J]. Administrative Science Quarterly, 2004, 57 (4): 1059-1062.

[21] Chun J. U., Litzky B. E., Sosik J. J., et al. Emotional intelligence and trust in formal mentoring programs [J]. Group & Organization Management, 2010, 35 (35): 421-455.

[22] Chun J. U., Sosik J. J., Yun N. Y. A longitudinal study of mentor and protégé outcomes in formal mentoring relationships [J]. Journal of Organizational Behavior, 2012, 33 (33): 1071-1094.

[23] Cotton R. D., Shen Y., Livne-Tarandach R. On becoming extraordinary: The content and structure of the developmental networks of Major League Baseball Hall of Famers [J]. Academy of Management Journal, 2011, 54 (1): 15-46.

[24] Dobrow S. R., Murphy W. M., Kram K. E. A Review of developmental networks: Incorporating a mutuality perspective [J]. Journal of Management, 2011, 38 (1): 210-242.

[25] Eby L. T., Allen T. D., Evans S. C., et al. Does mentoring matter? A multidisciplinary meta-analysis comparing mentored and non-mentored individuals [J]. Journal of Vocational Behavior, 2008, 72 (2): 254-267.

[26] Eby L. T., Butts M., Lockwood A. Predictors of success in the era of boundaryless careers [J]. Journal of Organizational Behavior, 2003, 24 (6): 689-708.

[27] Eisenberger R., Fasolo P., Davislamastro V. Perceived organizational support and employee diligence, commitment, and innovation [J]. Journal of Applied Psychology, 1990, 75 (1): 51-59.

[28] Erikson E. H. Identity: Youth and crisis [J]. Clinical Pediatrics, 1968, 8 (3): 559-562.

[29] Fagenson, E. A. The mentor advantage: Perceived career/job experiences of protégés versus non-protégés [J]. Journal of Organizational Behavior, 1989 (10): 309-320.

[30] Feldman, D. C. Careers in organizations: Recent trends and future directions [J]. Journal of

Management, 1989 (15): 135-156.

[31] Gattiker U. E., Larwood L. Predictors for managers' career mobility, success, and satisfaction [J]. Human Relations, 1988, 41 (8): 569-591.

[32] Gattiker U. E. Subjective career success: A study of managers and support personnel [J]. Journal of Business & Psychology, 1986, 1 (2): 78-94.

[33] Ghosh R., Reio T. G. Career benefits associated with mentoring for mentors: A meta-analysis [J]. Journal of Vocational Behavior, 2013, 83 (1): 106-116.

[34] Greenhaus J. H., Wormley W. M. Greenhaus, J. H., Wormley, W. M. Effects of race on organizational experience, job performance evaluations, and career outcomes [J]. Academy of Management Journal, 1990, 33 (1): 64-86.

[35] Hackman J. R., Oldham G. R. Motivation through the design of work: Test of a theory [J]. Organizational Behavior & Human Performance, 1976, 16 (2): 250-279.

[36] Haggard D. L., Dougherty T. W., Turban D. B., et al. Who is a mentor? A review of evolving definitions and implications for research [J]. Journal of management, 2011, 37 (1): 280-304.

[37] Hansen D. M., Larson R. W., Dworkin J. B. What adolescents learn in organized youth activities: A survey of self-reported developmental experiences [J]. Journal of Research on Adolescence, 1997, 13 (1): 103-104.

[38] Heslin P. A. Conceptualizing and evaluating career success [J]. Journal of Organizational Behavior, 2005, 26 (2): 113-136.

[39] Higgins M. C., Kram K. E. Reconceptualizing mentoring at work: A developmental network perspective [J]. Academy of Management Review, 2001, 26 (2): 264-288.

[40] Hobfoll S. E. Conservation of resources: A new attempt at conceptualizing stress [J]. American Psychologist, 1989, 44 (3): 513-524.

[41] Hu C., Pellegrini E. K., Scandura T. A. Measurement invariance in mentoring research: A cross-cultural examination across Taiwan and the US [J]. Journal of Vocational Behavior, 2011, 78 (2): 274-282.

[42] Hu C., Sheng W., Yang C., et al. When mentors feel supported: Relationships with mentoring functions and protégés' perceived organizational support [J]. Journal of Organizational Behavior, 2014, 35 (1): 22-37.

[43] Hwang K. K. Face and favor: The chinese power game [J]. American Journal of Sociology, 1987, 92 (4): 944-974.

[44] Janssen S., van Vuuren M., de Jong M. D. T. Motives to mentor: Self-focused, protégé-focused, relationship-focused, organization-focused, and unfocused motives[J]. Journal of vocational behavior, 2014, 85 (3): 266-275.

[45] Judge, T. A., Higgins, C. A., Thoresen, C. J., Barrick, M. R. The big five personality traits, general mental ability, and career success across the life span [J]. Personnel Psychology, 2006, 52(3): 621-652.

[46] Jun Liu, Ho Kwong Kwan, Yina Mao. Mentorship quality and protégés' work-to-family positive spillover, career satisfaction and voice behavior in China [J]. International Journal of Human Resource Management, 2012, 23 (19): 1-19.

[47] Kao K. Y., Rogers A., Spitzmueller C., et al. Who should serve as my mentor? The effects of mentor's gender and supervisory status in mentoring relationships [J]. Journal of Vocational Behavior, 2014, 85 (2): 191-203.

[48] Kram K. E. Phases of the mentor relationship [J]. Academy of Management Journal, 1983, 26 (4): 608-625.

[49] Levinson, D. J., Darrow, C. N., Klein, E. B., Levinson, M. H., McKee, B. The seasons of a man's life [M]. New York: Knopf, 1978.

[50] Linda R., Robert E. Perceived organizational support: A review of the literature [J]. Journal of Applied Psychology, 2015, 87 (4): 698-714.

[51] Ng T. W. H., Feldman D. C. Subjective career success: A meta-analytic review [J]. Journal of Vocational Behavior, 2014, 85 (2): 169-179.

[52] Noe R. A. An Investigation of the determinants of successful assigned mentoring relationships [J]. Personnel Psychology, 2006, 41 (3): 457-479.

[53] Noe, R. A. Women and mentoring: A review and research agenda [J]. Academy of Management Review, 1988, 13 (1): 65-78.

[54] Parise M. R., Forret M. L. Formal mentoring programs: The relationship of program design and support to mentors' perceptions of benefits and costs [J]. Journal of Vocational Behavior, 2008, 72 (2): 225-240.

[55] Poole M. E., Langan-Fox J., Omodei M. Contrasting subjective and objective criteria as determinants of perceived career success: A longitudinal study [J]. Journal of Occupational & Organizational Psychology, 1993, 66 (1): 39-54.

[56] Pratt, M. G., Ashforth, B. E. Fostering meaningfulness in work and at work [M]. K. S. Cameron, J. 2003: 109-110.

[57] Pullins E. B., Fine L. M. How the performance of mentoring activities affects the mentor's job outcomes [J]. Journal of Personal Selling & Sales Management, 2002, 22 (22): 259-271.

[58] Renn R. W., Vandenberg R. J. The critical psychological states: An underrepresented component in job characteristics model research [J]. Journal of Management, 1995, 21 (2): 279-303.

[59] Rodell, J. B. Finding meaning through volunteering: Why do employees volunteer and what does it mean for their jobs? [J]. Academy of Management Journal, 2013, 56 (5): 1274-1294.

[60] Scandura T. A., Williams E. A. An investigation of the moderating effects of gender on the relationships between mentorship initiation and protégé perceptions of mentoring functions [J]. Journal of Vocational Behavior, 2001, 59 (3): 342-363.

[61] Scandura T. A. Mentorship and career mobility: An empirical investigation [J]. Journal of Organizational Behavior, 1992, 13 (2): 169-174.

[62] Seibert S. E., Kraimer M. L. The Five-Factor Model of Personality and Career Success [J]. Journal of Vocational Behavior, 2001, 58 (1): 1-21.

[63] Seibert S. The effectiveness of facilitated mentoring: A longitudinal quasi-experiment [J]. Journal of Vocational Behavior, 1999, 54 (3): 483-502.

[64] Sheng W., Tomlinson E. C., Noe R. A. The role of mentor trust and protégé internal locus of control in formal mentoring relationships [J]. Journal of Applied Psychology, 2010, 95 (2): 358-367.

[65] Spreitzer G. M. Psychological, empowerment in the workplace: Dimensions, measurement and validation [J]. Academy of Management Journal, 1995, 38 (5): 1442-1465.

[66] Teagarden M. B. Culture, leadership, and organizations: The GLOBE study of 62 societies [J]. Administrative Science Quarterly, 2004, 49 (3): 641-647.

[67] Tepper B. J., Taylor E. C. Relationships among Supervisors and Subordinates' Procedural Justice Perceptions and Organizational Citizenship Behaviors [J]. Academy of Management Journal, 2002, 46 (1): 97-105.

[68] Tusaie K., Dyer J. Resilience: A historical review of the construct[J]. Holistic Nursing Practice, 2004, 18 (1): 3-8, 9-10.

[69] Wang Y. H., Hu C., Hurst C. S., et al. Antecedents and outcomes of career plateaus: The roles of mentoring others and proactive personality [J]. Journal of Vocational Behavior, 2014, 85 (3): 319-328.

[70] Wayne, S. J., Shore, L. M., Bommer, W. H., Tetrick, L. E. The role of fair treatment and rewards in perceptions of organizational support and leader-member exchange [J]. Journal of Applied Psychology, 2002 (87): 590-598.

[71] Wellman N., Spreitzer G. Crafting scholarly life: Strategies for creating meaning in academic careers [J]. Journal of Organizational Behavior, 2011, 32 (6): 927-931.

[72] Whitely W., Dougherty T. W., Dreher G. F. Relationship of career mentoring and socioeconomic origin to managers' and professionals' early career progress[J]. Academy of management journal, 1991, 34 (2): 331-350.

[73] Wrzesniewski, A., Dutton, J. E. Crafting a job: Revisioning employees as active crafters of their work [J]. Academy of Management Review, 2001, 26 (2), 179-201.

[74] Zhuang W. L., Wu M., Wen S. L. Relationship of mentoring functions to expatriate adjustments: Comparing home country mentorship and host country mentorship [J]. The International Journal of Human Resource Management, 2013, 24 (1): 35-49.

附　录

（一）导师辅导行为调查问卷

尊敬的女士/先生：

您好，欢迎参与本次调查。这是一份纯学术的问卷，不涉及商业机密或者个人隐私，无须署名，除了研究者本人外无人可以了解到您的问卷内容。您的参与对本研究至关重要，请认真作答，答案无对错之分，只要是您的真实感觉即可，非常感谢。

——中央财经大学导师辅导课题组

导师，或师傅、教练，是指在组织内拥有较多知识和经验的个体，他们能够对组织中的一个或多个成员（徒弟）进行职业内和职业外等多个方面的指导或辅导，并与被指导者形成一段相对可持续的发展型关系。

本研究并不局限于正式的导师辅导关系，如果您有过上述的指导他人的经历，请从第一部分开始依次完成本问卷的所有问题。

(共 11 个题项，因版权问题故特列第一个题项进行示例。)

1. 我关注徒弟的职业发展：几乎没有　很少　偶尔　经常　总是

（二）导师感知到的组织支持调查问卷

尊敬的女士/先生：

您好，欢迎参与本次调查。这是一份纯学术的问卷，不涉及商业机密或者个人隐私，无须署名，除了研究者本人外无人可以了解到您的问卷内容。您的参与对本研究至关重要，请认真作答，答案无对错之分，只要是您的真实感觉即可，非常感谢。

——中央财经大学导师辅导课题组

请依照您对以下有关组织情况的看法真实作答：

(共 6 个题项，因版权问题故特列第一个题项进行示例。)

1. 我所在的公司会考虑我的意见：

很不同意　不同意　较不同意　不确定　较同意　同意　很同意

（三）导师工作意义调查问卷

尊敬的女士/先生：

您好，欢迎参与本次调查。这是一份纯学术的问卷，不涉及商业机密或者个人隐私，无须署名，除了研究者本人外无人可以了解到您的问卷内容。您的参与对本研究至关重要，请认真作答，答案无对错之分，只要是您的真实感觉即可，非常感谢。

——中央财经大学导师辅导课题组

请依据您对于自身工作状况的认识真实作答：

(共 10 个题项，因版权问题故特列第一个题项进行示例。)

1. 我找到了一份有意义的职业：

很不同意　不同意　较不同意　不确定　较同意　同意　很同意

（四）导师职业成功调查问卷

尊敬的女士/先生：

您好，欢迎参与本次调查。这是一份纯学术的问卷，不涉及商业机密或者个人隐私，无须署名，除了研究者本人外无人可以了解到您的问卷内容。您的参与对本研究至关重要，请认真作答，答案无对错之分，只要是您的真实感觉即可，非常感谢。

——中央财经大学导师辅导课题组

请依据您对于自身工作成果的情况真实作答：

(共 11 个题项，因版权问题故特列第一个题项进行示例。)

1. 我对我职业所取得的成功感到满意：

非常不同意　　比较不同意　　既不同意也不反对　　比较同意　　非常同意

（五）信息统计

1. 您的性别：男　　女

2. 您的年龄段：

30 岁以下　　30~35 岁　　36~40 岁　　41~45 岁　　46~50 岁　　51~55 岁　　55 岁以上

3. 您从毕业开始工作了多少年：

0~2 年　　2~5 年　　5~10 年　　10~20 年　　20 年以上

4. 您有指导他人的经历已经有多长时间了：

1~6 个月　　6~12 个月　　1~2 年　　2~5 年　　5 年以上

5. 您的学历

高中、中专及以下　　大专　　本科　　研究生及以上

6. 您所在单位的职位层级是：

普通员工　　初级管理者　　中级管理者　　高级管理者

7. 您目前所在单位的行业类型：

金融业　　房地产业　　信息传输、软件和信息技术服务业　　其他

工作形塑：概念、影响因素及干预培训的研究综述

作者：张帆；指导老师：林琳

内容摘要： 工作形塑是指在进行工作时，员工在其工作任务和关系中产生的身体或认知上的改变。不同于传统的工作设计，工作形塑是一种主动的自下而上的对包括任务、关系和认知等方面的工作再设计。本文通过阅读相关论文，总结归纳了有关工作形塑的定义、分类、测量、影响因素和练习，发现个人、团队、组织和工作特点四个方面的因素都和工作形塑有密切关系。同时，本文还介绍了促进工作形塑的培训活动。最后，本文提出了未来可以进一步扩展的研究方向，包括对测量工具的加强、影响因素的深入探索、文化影响的探究和工作形塑的干预等。

关键词： 工作形塑；影响因素；干预；主动性人格

一、研究背景

随着全球信息化的发展，信息越来越容易获得，而求职者也可以通过越来越多的途径获取自己想要的工作信息，从而找到最适合的工作。对于招聘企业来说，这意味着可能变高的人员流动性，于是，如何吸引并留住人才，成为了现代企业管理者们需要思考的问题。企业从多方面入手，而其中比较重要的就是如何使员工对自己的工作更感兴趣。企业有两条途径来实现这一目标：①组织通过对员工平时表现的观察和理解，通过管理者对员工的工作进行设计，使得工作和员工更匹配，从而使员工对自己的工作更感兴趣。这是一种传统的自上而下的工作设计，与 Hackman 和 Oldman（1974）提出的"工作设计"概念匹配。他们认为，工作设计是他人对员工的工作进行的包括调整工作本身、工作任务和工作相关信息等方面的设计。②企业还可以鼓励员工根据自身的特点，再结合工作的特色，主动地对工作进行再设计，探寻更好的工作方式和方法，从而对自己的工作更加认同，这是一种自下而上的工作设计方法。这与 Wrzesniewski 和 Dutton（2001）提出的工作形塑（Job Crafting）概念匹配，他们打破了传统工作设计的局限，提出了一种新型的工作设计，即身体和认知上对工作的主动改变，强调积极主动性。比如，一位中学教师，如果学校交给他一个任务，让其拓宽对

学生的教学内容，而不只局限于课本，那么这就是一种自上而下的工作设计，是组织对个人的工作要求。但如果这名教师想要自己主动设计工作的话，那么不用学校要求，他就会主动去找一些课外的知识，认真备课然后传授给学生，这是一种从自身出发，自下而上的工作设计。而随着现代工作环境的复杂化，传统的自上而下的工作设计显然已经不能满足工作的要求，这就意味着员工自己主动的工作设计将起到越来越重要的作用。因此，认识和理解员工的工作设计是有意义的。而这种主动地自下而上地对工作进行的设计也就是本文要讨论的工作形塑。那么工作形塑的准确定义是什么以及它是如何发展的呢？我们将在下文进行详细的论述。

二、相关概念解析

与工作形塑相关的描述可以追溯到1971年，Schein（1971）在其论文中提出了专业人员可能承担其工作三方面的任务：当前规范的职业相关的练习、职业需要的知识和维护这些规范的工作。他最后提出了“角色创新”（Role Innovation）这一概念，认为其拒绝了那些管理职业练习的基础规范，而是关注于社会中职业的基础角色——试图重新定义专业界限。而之后的研究中Graen（1976）也认为个人在三个阶段承担组织的角色——角色承担、角色形成和角色程序化，这些个人都通过尽力为自己建立一个角色来影响角色传递者，从而让角色传递者和自己都满意。这之后，Miner（1987）提出了与工作形塑相关的另一观点：“特异性工作”（Idiosyncratic Job）。他通过对特异性工作的探索，认为工作实际上是被个人而不是一些组织（包括官僚组织）创造的，这些特殊的工作由两个主要的特征定义：工作在目前形式上的创造是由其任职者提出的，而任务混合的设计则是为了匹配这个工作之所以被创造的个人的认知能力、兴趣和优先顺序。之后又有Organ（1988）提出的组织公民行为（Organizational Citizenship Behavior），具体指员工自发做出的一种行为，而这种行为因为没有被正常的报酬体系所明确规定而不能获得直接的报酬，但却能帮助提高组织功能的有效性。OCB具有前瞻性和反应性的行为导向，然而，却仅限于行为层面，没能改变个人的工作认知身份，并且主要的目标还是为他人服务。而Staw和Boettger（1990）提出的“任务修正”（Task Revision），是指员工修正有缺陷的程序、不正确的工作描述或失调的角色期望。它同OCB一样，也没能导致认知的改变，仅限于行为层面，并且只区分了任务界限。这之后，Worline、Wrzesniewski和Rafaeli（2002）又提出了“勇敢行为”（Courageous Behavior）的概念，它是说员工在危险情景中，对危险和行为进行评估和衡量后，自主采取的一种打破工作准则、惯性和角色的行为。这个概念与工作形塑最为接近，它们都包括了行为和认知上的内容，并且具有前瞻性，唯一的差别是，勇敢行为是为了实现更大的目标，如工作团队、组织、社会的目标，而工作形塑则是注重自己工作的界限，不太考虑对别人和组织的影响。

三、工作形塑定义

通过对相关论文的阅读可得知，目前最被大家普遍认同的定义由 Wrzesniewski 和 Dutton（2001）提出。他们把工作形塑定义为“在进行工作时，员工通过身体和认知上的改变从而改变工作任务和工作中的关系”，认为员工可以打破传统意义上组织对自己工作的安排，通过自己的主动性行为来重新构建工作的任务和其中的人际关系。这之后，又有许多学者针对工作形塑的不同方面给出了不同的定义，本文把这些定义收集整理，归纳出了表 1：

表 1　工作形塑的定义

概念	提出者	定义	提出年份
工作形塑	Kulik、Oldham 和 Hackman	员工可自发地重新设计自己的工作，而无论上司是否参与	1987
工作形塑	Button 和 Wrzesniewski	在进行工作时，员工通过身体和认知上的改变从而改变工作任务和工作中的关系	2001
工作形塑	Wrzesniewski、Berg 和 Dutton	员工为了使自己的兴趣动机与工作相一致而采取的自我激发式的改变性行为	2001
工作形塑	Grant 和 Ashford	员工自发改变工作设计，是一种主动性行为的表现形式	2008
工作形塑	Leana、Appelbaum 和 Shevchuk	是一种由非正式员工发起的集体行为，员工加入这样的群体的目的是确定如何修正自己的工作以迎接群体的共同目标	2009
工作形塑	Tims 和 Bakker	员工改变个人能力和需求以平衡自己的工作需要和资源	2009
工作形塑	Hornung、Rousseau 和 Glaser J.等	是一种员工自发地、自下而上地参与改变自身工作的行为	2010
工作形塑	Justin M. B.、Wrzesniewski 和 Dutton	是衡量员工在组织中行为的重要变量，也是员工为适应不断变化的工作环境所采取的一种手段	2010
工作形塑	Wrzesniewski、Berg 和 Dutton	是员工在现代工作背景下获得意义感的重要途径	2010
工作形塑	Tims 和 Bakker	是一种员工为达到组织或自己的目标而自发地对工作资源和要求做出的改变	2012

由这些定义可以看出，大多数学者都赞同工作形塑是一种自下而上的对工作进行再设计的行为，而这些行为来自员工对自己工作和自身的认知。

四、工作形塑的类型

根据以前学者的划分类型，本文将其划分归纳为两个方面：按工作内容和工作方向分类。

（一）按内容划分

Wrzesniewski 和 Dutton（2001）在定义工作形塑这一新型概念的同时，也按照其包含的内容划分了三个维度：任务形塑（Task Crafting）、关系形塑（Relational Crafting）和认知形塑（Cognitive Crafting）。其中，任务形塑是指员工通过改变工作任务本身、数量或完成方式来对工作进行形塑；关系形塑是指员工通过重新审视自己在工作中与他人的交往方式来形塑工作；认知形塑则是指员工通过改变自己在工作中的认知和态度，从而完成对工作的形塑。Wrzesniewski 和 Dutton（2001）的这种划分也为以后的学者提供了一定的参考。国内学者郑昉（2009）在以高校教师为研究对象的研究报告中，将工作形塑分为类似的三类：认知形塑、环境形塑和任务形塑。这之后，Berg、Grant 和 Johnson（2010）也提出了三种类型的分类：任务强调（Task Emphasizing）、工作扩充（Job Expanding）和角色再造（Role Reframing）。其中，任务强调关注重要的任务，在与之相关的任务上分配更多的时间、资源和精力；工作扩充则是在原有工作基础上再增加新的任务或计划；角色再造即对自己的角色进行再定义，这是一种认知层面的改变。观察这三种分类，我们可以发现，前两种类型，即任务强调和工作扩充，可以认为是任务形塑，而角色再造则是一种认知形塑，因此 Berg、Grant 和 Johnson（2010）的这三类分类，集中于任务和认知形塑两方面。而 Lyons（2008）以销售员为研究对象所做的分类——任务功能、增进关系、个人能力发展、维持关系和战术选择，则主要集中于任务和关系形塑上。

（二）按方向划分

Laurence（2010）根据工作形塑的方向划分了两种类型：扩充型工作形塑（Expansion Oriented）和收缩型工作形塑（Contraction Oriented）。顾名思义，扩充型工作形塑主要包括一些增加工作的行为，如增加任务数量、拓展人际关系、多样化形成认知等，而收缩型工作形塑则旨在减少任务或简化关系。对于这两种类型，Laurence（2010）又进一步说明了扩充型工作形塑对组织和个人都具有积极作用，而收缩型工作形塑则主要是对个人有积极影响，对于组织可能存在负面效应。这之后，基于工作需求—资源（JD-R）模型，Tims 和 Bakker（2009）在研究中将工作形塑划分为三类：增加工作资源水平，应对工作要求；减少工作要求水平，保持健康；提高工作要求水平，创造更多工作挑战。更为具体地，Tims 和 Bakker（2012）在探索性因素分析的研究中又将工作形塑分为四个维度：增加结构性工作资源（Increasing Structural Job Resources）、增加社会性工作资源（Increasing Social Job Resources）、增加挑战性工作要求（Increasing Challenging Job Demands）、减少阻碍性工作要求（Decreasing Hindering Job Demands）。增加结构性工作资源即为资源的多样化运用；增加社会性工作资源即通过获取社会支持提高自己的社会地位；增加挑战性工作要求即在工作中自发增加富有挑战性的部分；而减少阻碍性工作要求即减少有碍于自己优势发挥的不利因素。这四种类型的分类进一步细化了 Laurence（2010）的扩充和收缩型分类，有助于我们对工作增加和减少的理解。

以上的这些分类从不同的理论和依据出发，从内容和方向两个方面对工作形塑做了一个较为全面的分析整理，有助于对工作形塑的类别形成一个大致的了解，加深对工作形塑这个概念的理解，同时也为后人对工作形塑的研究提供了一些便利。

五、工作形塑的测量

（一）国外量表

作为一个目前发展还不太成熟的领域，有关工作形塑的量表也在不断完善中。其中，Ghitulescu（2006）使用的量表被学者广泛接受。他共提出了两个量表，分别用于对情境中的工作形塑和学校中的专业工作的测量。量表 1 包括对自由裁量权（Discretion）（Jehn，1995）、任务复杂性（Task Complexity）（Hackman 和 Oldham，1975）、任务依赖性（Work Group Task Interdependence）（Campion，Medsker 和 Higgs，1993）等 15 个维度的测量，而量表 2 在量表 1 的 15 个维度上，又增加了职业社区的实践（Occupational Community of Practice）（Ross 等，2003）、训练（Training）、辅助者的存在（Presence of Paraprofessional）三个维度，共构成 18 个维度。但 Ghitulescu（2006）提出的量表虽然全面，却不是对工作形塑本身的测量，而是对其影响因素的测量。而对于工作形塑，Ghitulescu（2006）则用范围标准化值和强度标准化值的加总来衡量其指数。因此，比起直接得出工作形塑的结果，Ghitulescu（2006）使用的量表更适合较为全面地测量工作形塑的相关影响因素。此后，Tims、Bakker 和 Derks（2012）在探索性因素分析的研究中，以工作需求—资源（JD-R）模型为理论基础，将所分的四个类型——增加结构性工作资源、增加挑战性工作要求、增加社会性工作资源和减少阻碍性工作要求作为量表的四个维度，编制出了测量员工由于所处职位不同而有所差异的工作形塑行为的量表。Petrou 和 Demerouti（2012）在 Tims 等的基础上，又对此量表做了一些改变，将原来的增加结构性工作资源和增加社会性工作资源进行合并，由原来的四维变为三维。同时，Petrou 等还开发性地提出了一个新的三维评分法，即寻找资源（Seeking Resources）、寻找挑战（Seeking Challenges）和降低要求（Reducing Demands）。而后，Nielsen 和 Abildgaard（2012）又通过对 Tims（2012）等所做量表的修订，将其在蓝领被试上进行验证后，提出了一个五维度的工作形塑量表，分别从增加的挑战性需求（4 个条目）、降低的社会需求（3 个条目）、增加的社会工作资源（3 个条目）、增加的数量需求（3 个条目）和减少的阻碍性需求（2 个条目）五方面对员工的工作形塑进行测量，并采用 Likert 5 点量表，得出适用于普通员工的五维度量表。

（二）国内量表

对于我国学者来说，对工作形塑的研究测量多借用国外学者的量表，较少有自己开发的测量方式。其中，郑昉（2009）自行设计了一套工作形塑的量表，但鉴于其测量被试的特殊性，该量表也未能被广泛应用。而廖秋菊（2013）等也对国外 Tims（2012）的量表进行过修订，通过由应用心理学教授、硕士和英语专业硕士等成员组成的专家小组对 Tims（2012）的量表进行翻译和修正，并检验其信效度，以求得符合我国员工实际情况的工作形塑量表。

但到目前为止，工作形塑的测量量表均由于存在某些方面的缺陷，不能被广泛认同和应用。而缺乏对工作形塑进行统一量化测量的量表，也是目前该领域所面临的阻碍和挑战。

六、工作形塑的影响因素

虽然有关工作形塑的研究近十几年才开始发展起来，但到目前为止，学者们已经找出了有关工作形塑各方面的部分影响因素，根据对这些因素的理解和归纳，本文将它们整理为个人层面、团队层面、组织层面和工作特点层面四个方面。

（一）个人层面

工作形塑作为一种员工在其工作任务和工作关系中产生的身体或认知上的改变，表明员工个人因素将对其工作形塑行为产生较大影响，而为了探究这一点，国内外很多学者都对影响工作形塑的个人层面因素做了研究，根据对相关资料的整理归纳，本文发现这些影响因素可以具体分为个性特征、知觉与动机三个方面，而以下内容将对这些方面进行更为详细的阐述。

1. 个性特征对工作形塑的影响

个性特征包括一些个人内在存在的区别于他人的特有的特征。对于个性特征对工作形塑作用的研究，Tims 和 Bakker（2009）在论文中提到了主动性人格的影响。之后不久，Tims、Bakker 和 Derks（2012）又在另一篇论文里阐述了个人主动性和主动性人格可能会对工作形塑产生影响，他们认为具有这种人格的人更可能通过自发地改变工作界限从而达到工作的目标。同时，这些具有主动性人格的人也会主动地完善目前工作的环境，识别出改变的时机，采取行动并坚持不懈，直至发生有意义的改变（Grant 和 Ashford，2008）。而国内学者廖秋菊（2013）也在研究中论证了这一点，她按照 Tims 和 Bakker（2012）的四个分类维度进行研究，发现主动性人格对工作形塑的四个维度均有直接显著的正面影响。并且，她还进一步证明了在主动性人格对工作形塑的影响中，心理授权起到了部分中介的作用。

之后，又有研究证明大五人格中的某些条目对于工作形塑也有一定的作用，Laurence（2010）在对中国和日本两国员工的研究中发现，具有高宜人性（Agreeableness）和责任心（Conscientiousness）的员工更愿意对自己的工作进行形塑。而员工的职业抱负也会对其工作形塑行为产生一定的影响（李漪，2015）。该研究表明，具有职业抱负的员工比那些碌碌无为的员工更愿意进行工作形塑，而不同类别的职业抱负也对应着不同的工作形塑，如作者在论文中验证的创业抱负对工作形塑的四个维度都存在正向作用，而专业和管理抱负对工作形塑不同维度的影响则有正有负。

Petrou（2016）等认为，因为促进定向（Promotion Focus）的员工愿意基于自己的想法接受一定的风险和自我提升，比如，自我实现的身份和获得想要的目标（Neubert、Kacmar、Carlson、Chonko 和 Roberts，2008），而工作形塑可能成为他们实现这些想法的方法策略（Tims 和 Bakker，2009），组织变革又象征着他们学习的机会，因此，当组织变革清晰地传达给他们时，这些人就会愿意进行工作形塑。所以，Petrou、Demerouti 和 Schaufeli（2016）通过对 368 名警察的实证研究证明了当员工促进定向高时，组织变革沟通的质量与员工的工作形塑正相关。相反地，因为避免定向（Pevention Focus）的个人是安全导向的、警惕的和非自我效能的（Higgins，1997），因此，Petrou 等（2016）也证明了当员工的避免定向高时，组织变革沟通的质量与员工的工作形塑负相关。

2. 员工知觉对工作形塑的影响

在对知觉方面的前因变量研究中，较早提到个人影响因素的是 Fine（1996）对餐厅厨师所做的研究，他通过定性研究证明当公众地位和工作意义模糊不清或是消极时，员工会更可能通过参与认知形塑来矫正自己工作角色的形象（Fine，1996；Ashforth 和 Kreiner，1999），从而实现工作合法化和积极的一致化。

此外，Lyons（2008）在对工作形塑和个人差异的研究中对 107 名户外销售人员进行了研究，研究共分为两个测量：通过被试自我报告测量员工工作形塑的存在与否、频率、类型和其他特征；通过对员工工作形塑活动和认知能力、自我形象、知觉控制和改变的意愿四个变量的测量检测他们之间的关系。最后，Lyons（2008）的研究证实，那些具有高自我意象质量、能很好地感知控制、提前为改变做好充足准备的员工，会更倾向于进行工作形塑。而 Akoto（2015）的研究也验证了自我控制对工作形塑有积极作用。同时，Tims、Bakker 和 Derks（2013）的研究也发现自我效能感越高的员工会越有可能调动更多的工作资源。Niessen、Weseler 和 Kostova（2016）更是认为自我效能感是预测工作形塑的重要因素。

另外，对时间的感知也会在一定程度上影响工作形塑。Kooij、Tims 和 Akkermans（2016）发现，具有开放性未来时间洞察力（Open-ended FTP）的员工会更加关注长期的目标，并积攒信息和知识来增加人—职匹配，所以会形塑更多的结构性和社会性工作资源，挑战工作需求，而具有约束性未来时间洞察力的员工则会减少阻碍性的工作需求。

3. 个人动机对工作形塑的影响

个人在组织中所做出的行为可能会存在许多动机，但对于工作形塑动机的研究目前还较少，且学界普遍认为个人差异会使得工作形塑动机存在很大变量（Fried 等，2007；Jacobs，2011；Van den Oetelaar，2011）。这其中，Snyder 和 Fromkin（1980）提出了个性化需求（Need for Uniqueness）的观点，认为人们之所以会进行工作设计是出于个性化需求的需要。Wrzesniewski 和 Dutton（2001）在论文中也提到了类似的影响因素，他们认为影响工作形塑的动机可以分为三类——工作控制的需求（Need for Vontrol over Job）、自我形象的需求（Self-image）、人际关系的需求（Need for Human Vonnection with Others），同时还提到工作取向（Work Orientation）也会影响员工工作形塑的程度和性质。而 Niessen、Weseler T. Kostova（2016）在对工作形塑个人动机的研究中发现，有更大正面自我形象的需求和更多工作经验的员工更愿意进行工作形塑，同时，对于人际连接（Human Connection）的需求也可以促进工作形塑，但只在自我效能高时才成立。Niessen（2016）在对自我形象需求对工作形塑的影响进行解释时认为，那些想要最大化他们自我观念（Self-view）积极性的人会确定他们自我观念和有价值的目标或工作身份之间的差异，从而激励自己根据自身价值和优势形塑工作中的认知、任务和社会边界。

又因为工作形塑没有职位和时间上的限制，即无论处于何种职位、何种年龄阶层的人都可以进行工作形塑，因此，有研究发现当员工处于不同的职业阶段时，其对工作形塑的选择也不同（Fried 等，2007），特别是其工作形塑的动机不同（Jacobs，2011），比如年轻员工为了自己以后的职业发展，往往会选择进行工作形塑，而老员工则更倾向于进行认知和关系形塑来避免被淘汰（Van den Oetelaar，2011）。

（二）团队层面

人是一种群居性生物，个人不可能脱离了群体而生活，因此，群体中他人在个人工作和生活中的影响是不可忽视的，而对于在组织中工作的员工来说，影响其日常工作形塑行为的人际层面变量主要与人际关系和心理安全等因素有关。

1. 人际关系对工作形塑的影响

Ghitulescu（2006）、Leana（2009）等多位学者都通过实验证明了任务独立性能够促进工作形塑，而任务独立性又是工作关系的一种，因此，工作关系也会对工作形塑产生某些影响。事实上，前人已经就这方面进行了一些研究，他们认为工作关系可能会帮助塑造工作形塑行为的形式，因为社会环境（Social Context）对于个人如何在工作场所认知自己的工作和行为具有很强的预测性（Pfeffer 和 Salancik，1981）。同时，又因为个人对工作过程的感知影响了其对工作意义的理解（Wrzesniewski、Dutton 和 Debebe，2003），因此，工作关系和结构都对个人通过工作形塑而主动塑造工作边界的程度有很大的影响。但该处的工作关系却并没有指明属于员工之间还是员工与领导之间的关系。而学者们近几年对于领导与员工之间的关系对员工工作形塑的影响研究也有所发现。Kim 和 Sim（2012）认为，卓越和可靠的领导会增强其下属员工的工作使命感和组织认同感，从而使员工为了组织的目标而发生工作形塑行为，而那些增加的要求（Additional Callings）也会对员工的工作形塑具有一定程度的作用（Berg、Grant 和 Johnson，2010）。紧接着，Karen 等（2013）选取了 260 名不同组织中的员工，对其进行了问卷调查，利用结构方程式模型（Structural Equation Modelling）分析得出结果，也发现了当员工和他们的上司有一个高质量的领导成员交换（LMX）时，会表现出更多的工作形塑，而这其中，学习感知和绩效目标起中介的作用。

2. 团队心理安全对工作形塑的影响

除了员工与他人之间的关系外，工作不安全感也会对工作形塑产生一定的影响。Lu Changqin 等（2014）在对工作投入和人—职匹配（Person-Job Fit）的关系进行研究时发现，工作形塑在工作投入和人—职匹配间充当中介的作用，而进一步地，在研究工作投入对工作形塑的影响时，他们发现，当工作不安全感高时，更多的工作投入将会引起更多的物理工作形塑（Physical Job Crafting）和关系形塑（Relational Job Crafting）。工作不安全感指个人感觉到的自己工作连续性中存在的不确定性的数量（Greenhalgh 和 Rosenblatt，1984），而又有研究证实，当遇到不确定的情形时员工更可能展示一系列主动的行为，如谈判工作变动、寻求反馈等（Grant 和 Ashford，2008；Griffin、Neal 和 Parker，2007）。基于此，Lu 等（2014）提出了将工作不安全感作为调节变量的假设，并成功证明了在高工作不安全感的环境下，投入的员工为了减少这些不确定性，将会有更强的需要去更新和改变他们工作的任务和关系边界，也就是工作形塑。

但就目前对于工作形塑影响因素的研究来看，大多数都是正面影响，而 Ghitulescu 等（2006）发现，团队心理安全（Team Psychological Safety）会对工作形塑产生消极作用。他们通过实验发现，团队心理安全对工作形塑的负面影响作用于认知和关系形塑两方面，具体表现为更高水平的心理安全将会导致更低水平的认知和关系形塑。

因此，通过前人的研究我们可以发现，当员工享受一种更好的人际关系，包括与同事、与领导时，那么他将表现出更多的工作形塑，而如果员工在组织中感受到心理不安全，他也倾向于采取更多的工作形塑行为，因为当他们遇到不确定的环境或情形时，更愿意主动对其进行改变。

（三）组织层面

关于组织层面的影响因素的研究，主要围绕组织结构和组织承诺等观点展开。

1. 组织结构对工作形塑的影响

Staw 和 Boettger（1990）认为，组织中的层级位置（Hierarchical Position）会对任务形塑的程度产生积极的影响。他们通过要求学生对所发小册子上语法等错误进行修改的实验发现，处在层级位置中能够培养个人的任务修正。而 Berg、Wrzesniewski 和 Dutton（2010）的研究也谈到了这一点。

2. 组织承诺对工作形塑的影响

Qi、Li 和 Zhang（2014）在对中国某制造公司的 220 名员工进行调查研究后发现，组织嵌入度（Organizational Embeddedness）和情感承诺（Affective Commitment）均与工作形塑正相关，而内部社会资本（Internal Social Capital）在其中起调节作用。他们认为，对组织目标和价值更有认同感的员工将会更愿意努力工作。而个人之所以形塑工作是因为他们认为这些行为与他们在组织中的抱负、目标和责任更匹配（Wrzesniewski 和 Dutton，2001）。因此，那些对组织有更强情感依恋的员工将更可能形塑自己的工作，而 Qi 等（2014）选择情感承诺和组织嵌入度也是因为这两个概念都是对组织情感依恋的重要方面。

通过对以上研究的整理归纳，可以发现，那些处在组织层级中、对组织更有感情、和组织环境或工作越不匹配的人越容易进行工作形塑，这是可以理解的，因为处在组织层级中的人会更有想要往上晋升的想法，因此更愿意采取行为改变自己的工作，而对组织更有感情的员工也会更愿意努力工作（Qi、Li 和 Zhang，2014）。

（四）工作特点层面

本文在对工作形塑影响因素中属于工作特点的变量进行整理时发现，前人的研究主要关注任务独立性、互依性、复杂性和人岗匹配相关的方面。

1. 任务独立性对工作形塑的影响

一些研究证明，在组织中拥有工作自主权（Job Autonomy）能够帮助员工进行主动的角色定位（Parker、Wall 和 Jackson，1997），从而实现工作形塑。而 Ghitulescu（2006）也在研究中提到了自由裁量权（Discretion）能够预测工作形塑的行为。他按照 Wrzesniewski 和 Dutton（2001）的划分维度，研究了自由裁量权对工作形塑三方面的影响，发现自由裁量权对任务和关系的形塑具有显著正面的影响，但认知维度的形塑与其无关。同时，对于自由裁量权对工作形塑的影响，他提出了技能作为调节变量，证明了自由裁量权对任务形塑的积极影响在更宽泛的个人技能下比在有限的技能下更强烈。这一观点强调了技能的重要性，也就是说，即使自由裁量权可以为员工的任务形塑提供机会，但技能决定了这种影响的强度和结果。而除了员工对个人工作的自主性外，工作形塑也可能受到任务独立性的影响。有研究证明，任务的独立性减少了员工对工作进行改变时所受的限制，从而使员工更愿意主动地进行工作改变，增加了工作形塑的概率（Ghitulescu，2006；Tims 和 Bakker，2009；Leana 等，2009）。

2. 任务互依性对工作形塑的影响

而与任务独立性相对，任务的相互关联性则会对工作形塑产生相反的影响。研究证明，任务关联性不仅会对个人工作形塑产生影响，对于群体工作形塑也有一定的作用，具体表现为关联性高时，员工个人的工作形塑较难，而团队的工作形塑水平会上升（Leana 等，2009）。

3. 任务复杂性对工作形塑的影响

在论文中，Ghitulescu（2006）还提出了另一个影响因素，即任务复杂性（Task Complexity），他发现工作形塑的三个方面都受到其显著的正向影响。可以这样理解：任务复杂程度的提高，将会更加需要员工通过灵活的方式来完成工作，这在一定程度上能促进工作形塑（Ghitulescu，2006）。

4. 人岗匹配对工作形塑的影响

本文通过对工作形塑组织层面影响因素的整理发现，有少部分研究涉及了人岗匹配等因素对员工工作形塑的影响。一些研究发现，员工—组织不匹配（Person-Organization Misfit）和员工—工作不匹配（Person-Job Misfit）（Tims 和 Bakker，2009；Ko，2011）会对个人工作形塑产生一定的作用。Ko（2011）在对 258 名工程师的一系列在线调查中发现，那些认知到员工—组织或员工—工作越不匹配的个人越容易进行更多的工作形塑，且该关系在个人主动性越高时越容易实现。而国内研究人员谢文心等（2015）也通过问卷调查法发现，资质过剩与员工的工作形塑明显负相关，这其中，工作疏离感充当完全中介的角色。此外，国内学者廖秋菊（2013）也论证了相比于其他维度对工作形塑不明显的作用，员工—组织价值观匹配的绩效取向维度与工作形塑显著正相关。

在对工作特点层面的前因变量进行归纳总结后发现，因为工作自主性意味着员工能够按照自己的意愿对工作进行安排，且人岗匹配也关系着员工能够自主地开展工作，而任务独立性也能够减少员工对工作进行改变时所受的限制，从而更加灵活地进行工作，任务复杂性更是要求员工灵活应变。因此，我们可以这样理解，个人如果能够更加灵活地设计和完成工作，那么他的工作形塑也会更积极。

七、促进工作形塑的培训项目

Wrzesniewski（2010）等曾在《哈佛商业评论》上发表过一篇文章，该文章对员工工作倦怠等问题做出了解答，并设计了一种帮助员工进行工作形塑的练习，通过该练习，员工能够重新找回工作的兴趣与热情，并对工作重新充满干劲，从而达到不错的绩效。该练习共包括两个步骤。第一步：图解工作，具体又包含了两个小步骤，分别为：审视目前工作组成，用方块大小表示自己对任务投入的时间，此步骤又称为“塑造前图”；专注于将工作改变成自己能更加投入的组成，重新改变方块的大小使其更适应自己的精力、时间与注意力分配，该步骤又称为“塑造后图”。第二步：打造全新观点，包括新任务、新关系和新认知。目前该练习已被用于少数中高级管理人员，而就练习成果来看，该方法确实能够在某种程度上帮助员工促进自身的工作形塑，从而在工作中取得更大的进展。

八、研究不足与展望

工作形塑不同于上文所讨论的特异性工作、任务修正、OCB 等概念的地方是工作形塑包括了认知和行为两方面的内容，同时它也涵盖了多种工作边界（任务、关系、认知）(Ghitulescu，2006)。因此，有关工作形塑的研究对个人和组织都是具有重要意义的，它不仅能对行为层面有所影响，对认知层面也能起一定作用。但就目前国内外所做研究来看，主要还存在以下几点有待提高。

（一）影响面有待完善

因为本文只对工作形塑的影响因素做了整理分析，对于其结果变量没有做过多的讨论，所以，就工作形塑影响因素的个人层面来看，目前研究大都强调了主动性人格在员工进行工作形塑时的作用（Tims 等，2012)，但是否还存在影响员工工作形塑的其他个人因素呢？比如性格特点、工作导向等，而这也可以算是工作形塑有待拓宽的影响因素。同时，从个人的性格特点进行研究时，还可以进一步探究某些人格特征是否与工作形塑是稳定挂钩的，即具有某些人格特征的个人通常更容易进行工作形塑，从而为组织管理开拓一个新领域，帮助组织招聘、选拔和考核员工，为组织的利益服务。

此外，通过整理工作形塑有关人际层面的前因变量的研究，本文发现现有研究较少从他人的角度进行探究，Kim 和 Sim（2012）在论文中提到了领导者的作用。其实，就生活中的事例来看，人们很容易受到来自他人的影响，因此未来研究或许可以从组织中同事、领导、下属及组织周边关系入手，探讨这些因素对员工工作形塑的作用机制，从而有利于管理者适当地引导和调节员工的工作形塑。

（二）实证研究有待加强

就目前来看，对于工作形塑的研究，大都以定性研究为主（Tims 和 Bakker，2009)，而缺乏更具说服力的实证研究。一部分原因是工作形塑的量表不完善。正如前文所说，目前虽有一些量表，但都是由研究者个人编写，进行信效度检验后就投入使用，太具针对性，没有统一的量化标准。而已有的被学者较为普遍认同的测量方法又都存在某些方面的缺陷，因此造成了目前实证研究缺乏的现象。以后的研究可以从设计工作形塑的量表入手，制定出一套全面统一的测量标度，从而促进工作形塑的实证研究，完善工作形塑理论。

（三）探究工作形塑的文化差异

文化虽不以具体的形态存在，但其对人们行为的影响却是潜移默化的，不同文化下成长的个人对于同一事情的处理方式也存在差异。很多研究都表明，中西方文化在很多方面都影响了个人的处事行为，比如西方推崇的个人主义和中国崇尚的集体主义文化在影响员工的工作形塑时就产生了不同的机制（Laurence，2010）。因此，探究不同文化下员工工作形塑的行为和影响是有意义的，特别是对于目前的中国来说，工作形塑的概念才刚开始被提起，国内只有较少学者在进行这方面的研究（廖秋菊，2013；韩帅瑛，2013；郑昉，2009；李漪，2015）。并且，我们传统的观念认为，中国人是讲究“和气”的，我们通常不愿意主动进行改变来对自己和他人造成影响。但工作形塑在组织运行中又是必要的，因为它可以提高组织绩效、降低离职率等（Ghitulescu，2006），为组织谋利。因此，基于中国组织目前的情况，如何在中国的文化环境中激励、帮助员工进行工作形塑是一个管理的难题，需要学者进行进一步的探讨，从而帮助个人和组织更好地实现目标，提高员工自身绩效的同时也满足了组织的利益。

（四）加强干预的研究

目前对于工作形塑的研究，集中于探讨其前因变量及结果变量方面。而工作形塑这一对员工和组织均产生较大影响的行为，不仅要在理论层面进行研究，还应将其积极应用到实践层面，因为工作形塑对组织和个人都有较大影响，如增强个人产出和满意度、减少倦怠（Nicholson，1984；Ghitulescu，2006；Tims、Bakker 和 Derks，2013）、提升组织绩效和工作产出等（Demerouti、Bakker 和 Halbesleben，2015；Ghitulescu，2006）。因此，如何适度促进员工工作形塑对于员工个人和组织都十分重要，而目前对于如何干预工作形塑的研究却零星可数。以后的研究可以从如何干预工作形塑入手，从而有效引导和控制这一行为，使其与组织的目标相一致，向着组织希望的方向行进和发展。

参考文献

［1］韩帅瑛. 工作形塑、工作投入与员工工作绩效关系的研究［D］. 东北财经大学硕士学位论文，2013.

［2］李漪. 职业抱负对工作形塑的影响研究［D］. 浙江大学硕士学位论文，2015.

［3］廖秋菊. 工作形塑量表中文修订版的信效度检验［J］. 知识经济，2013（3）：28.

［4］廖秋菊. 主动性人格、员工—组织价值观匹配、心理授权与工作形塑关系研究［D］. 苏州大学硕士学位论文，2013.

［5］谢文心，杨纯，周帆. 资质过剩对员工工作形塑行为关系的研究——工作疏离感与心理弹性的作用［J］. 科学学与科学技术管理，2015（2）：149-160.

［6］郑昉. 高校教师工作形塑的实证研究［D］. 河南大学硕士学位论文，2009.

［7］Akoto L. M. Self-monitoring，job crafting and contextual performance among customer service personnel［D］. University of Ghana，2015.

［8］Ashforth B. E.，Kreiner G. E. How Can You Do It?：Dirty work and the challenge of constructing a positive identity［J］. Academy of Management Review，1999，24（3）：413-434.

[9] Berg J. M., Dutton J. E., Wrzesniewski A. Job crafting and meaningful work [J]. American Psychological Association, 2013: 81-104.

[10] Berg J. M., Grant A. M., Johnson V. When callings are calling: Crafting work and leisure in pursuit of unanswered occupational callings [J]. Organization Science, 2010, 21 (5): 973-994.

[11] Berg, J.M., Wrzesniewski, A., Dutton, J.E. Perceiving and responding to challenges in job crafting at different ranks: When proactivity requires adaptivity [J]. Journal of Organizational Behavior, 2010 (31): 158-186.

[12] Campion M. A., Medsker G. J., Higgs A. C. Relations between work group characteristics and effectiveness: Implications for designing effective work groups [J]. Personnel Psychology, 1993, 46 (4): 823-847.

[13] Dam K. V., Nikolova I., Ruysseveldt J. V. The importance of LMX and situational goal orientation as predictors of job crafting [J]. Gedrag En Organisatie, 2013, 26 (1): 66-84.

[14] Demerouti E., Bakker A. B., Halbesleben J. R. Productive and counterproductive job crafting: A daily diary study [J]. Journal of Occupational Health Psychology, 2015, 20 (4).

[15] Fine G. A. Justifying Work: Occupational rhetorics as resources in restaurant kitchens[J]. Administrative Science Quarterly, 1996, 41 (1): 90-115.

[16] Fried Y., Grant A. M., Levi A. S., et al. Job design in temporal context: A career dynamics perspective [J]. Journal of Organizational Behavior, 2007, 28 (7): 911-927.

[17] Ghitulescu, B.E. Shaping tasks and relationships at work: Examining the antecedents and consequences of employee job crafting [D]. University Pittsburgh, the Degree of Doctor of Thesis, 2006.

[18] Graen, G. Role making processes within complex organizations [A]. In M. D. Dunnette (Ed.), Handbook of industrial and organizational psychology [M]. Chicago, IL: Rand McNally, 1976: 1201-1245.

[19] Grant A. M., Ashford S. J. The dynamics of proactivity at work [J]. Research in Organizational Behavior, 2008, 28 (28): 3-34.

[20] Greenhalgh L., Rosenblatt Z. Job insecurity: Toward conceptual clarity [J]. Academy of Management Review, 1984, 9 (3): 438-448.

[21] Griffin M. A., Parker S. K. A new model of work role performance: Positive behavior in uncertain and interdependent contexts [J]. Academy of Management Journal, 2007, 50 (2): 327-347.

[22] Hackman J. R., Oldham G. R. Motivation through the design of work: Test of a theory[J]. Organizational Behavior & Human Performance, 1974, 16 (2): 250-279.

[23] Hackman, R. J. Oldham, G. R. Development of the job diagnostic survey [J]. Journal of Applied Psychology, 1975, 60 (2): 159-170.

[24] Higgins E. T. Beyond pleasure and pain [J]. American Psychologist, 1997, 52 (12): 1280-1300.

[25] Hornung S., Rousseau D. M., Glaser J. et al. Beyond top-down and bottom-up work redesign: Customizing job content through idiosyncratic deal [J]. Journal of Organizational Behavior, 2010, 31 (2-3): 187-215.

[26] Jacobs J. Job crafting motives: Aqualitatiue study on how job demands, job resources and work orientation are different motives of job crafting for younger and older workers [J]. Arno.uvt.nl.

[27] Jehn K. A. A multi-method examination of the benefits and detriments of intra-group conflict [J]. Administrative Science Quarterly, 1995, 40 (2): 256-285.

[28] Kim, Sim. A study on the impact of leader's authenticity on the job crafting of employees and it's process [J]. Journal of Organization and Management, 2012 (36): 131-162.

[29] Ko, I. Crafting a job: Creating optimal experiences at work [J]. Dissertations & Theses-Gradworks, 2011.

[30] Kooij D. T. A. M., Tims M., Akkermans J. The influence of future time perspective on work engagement and job performance: The role of job crafting [J]. European Journal of Work & Organizational Psychology, 2016.

[31] Kulik C. T., Oldham G. R., Hackman J. R. Work design as an approach to person-environment fit [J]. Journal of Vocational Behavior, 1987, 31(3): 278-296.

[32] Laurence G. A. Workaholism and expansion and contraction oriented job crafting: The moderating effects of individual and contextual factors [J]. Dissertations & Theses-Gradworks, 2010.

[33] Leana C., Appelbaum E., Shevchuk I. Work process and quality of care in early childhood education: The role of job crafting [J]. Academy of Management Journal, 2009, 52 (6): 1169-1192.

[34] Lu C. Q., Wang H. J., Lu J. J., et al. Does work engagement increase person-job fit? The role of job crafting and job insecurity [J]. Journal of Vocational Behavior, 2014, 84 (2): 142-152.

[35] Lyons P. The crafting of jobs and individual differences [J]. Journal of Business and Psychology, 2008, 23 (1): 25-36.

[36] Miner A. S. Idiosyncratic jobs in formalized organizations [J]. Administrative Science Quarterly, 1987, 32 (3): 327-351.

[37] Neubert M. J., Kacmar K. M., Carlson D. S., et al. Regulatory focus as a mediator of the influence of initiating structure and servant leadership on employee behavior [J]. Journal of Applied Psychology, 2008, 93 (6): 1220-1233.

[38] Nicholson N. A theory of work role transitions [J]. Administrative Science Quarterly, 1984, 29 (2): 172-191.

[39] Nielsen K., Abildgaard J. S. The development and validation of a job crafting measure for use with blue-collar workers [J]. Work & Stress, 2012, 26 (4): 365-384.

[40] Niessen C., Weseler D., Kostova P. When and why do individuals craft their jobs? The role of individual motivation and work characteristics for job crafting[J]. Human Relations, 2016, 69 (1): 1287-1313.

[41] Organ D. W. Organizational citizenship behavior: The good soldier syndrome [J]. Administrative Science Quarterly, 1988, 41 (6): 692-703.

[42] Parker S. K., Sprigg C. A. Minimizing strain and maximizing learning: The role of job demands, job control, and proactive personality [J]. Journal of Applied Psychology, 2000, 84 (6): 925-939.

[43] Parker S.K., Wall T. D., Jackson P. R. "That's not my job": Developing flexible employee work ortentations [J]. Academy of Management Journal, 1997, 40 (4): 899-929.

[44] Petrou, P., Demerouti, E., Peeters, M.C.W., Schaufeli, W.B., Hetland, J. Crafting a job on a daily basis: Contextual correlates and the link to work engagement [J]. Journal of Organizational Behavior, 2012.

[45] Petrou P., Demerouti E., Schaufeli W. B. Crafting the change: The role of employee job crafting behaviors for successful organizational change [J]. Journal of Management, 2016, In press.

[46] Pfeffer J., Salancik G. R. The external control of organizations: A resource dependence perspective [J]. American Journal of Sociology, 1981, 23 (3).

[47] Qi J., Li J., Zhang Q. How organizational embeddedness and affective commitment influence job crafting [J]. Social Behavior & Personality An International Journal, 2014, 42 (10): 1629-1638.

[48] Ross J. A., Lesage A. A survey measuring elementary teachers' implementation of standards-based mathematics teaching author (s)[J]. Journal for Research in Mathematics Education, 2003, 34 (4): 344-363.

[49] Schein E. H. Occupational socialization in the professions: The case of role innovation [J]. Journal of Psychiatric Research, 1971, 8 (3): 521-530.

[50] Snyder C. R., Fromkin H. L. Uniqueness, the human pursuit of difference [M]. Plenum Press, 1980.

[51] Staw B. M., Boettger R. D. Task revision: A neglected form of work performance [J]. Academy of Management Journal, 1990, 33 (3): 534-559.

[52] Tims M., Bakker A. B. Job crafting: Towards a new model of individual job redesign [J]. Sajip South African Journal of Industrial Psychology, 2009, 36 (2): 1-9.

[53] Tims M., Bakker A. B., Derks D. Development and validation of the job crafting scale [J]. Journal of Vocational Behavior, 2012, 80 (1): 173-186.

[54] Tims M., Bakker A. B., Derks D. The impact of job crafting on job demands, job resources, and well-being [J]. Journal of Occupational Health Psychology, 2013, 18(2): 230-240.

[55] Van den Oetelaar. Job crafting and age: A qualitatiue research study on how the job crafting motives of older and younger workers differ for the types of job crafting practices they use [J]. Unpublished master's thesis, Tilburg University, 2011.

[56] Weigl M., Hornung S., Parker S. K., et al. Work engagement accumulation of task, social, personal resources: A three-wave structural equation model [J]. Journal of Vocational Behavior, 2010, 77 (1): 140-153.

[57] Worline, M. C., Wrzesniewski, A., Rafaeli, A. Courage and work. Breaking routines to improve performance [A]. In R. G. Lord, R. J. Klimoski, R. Kanfer (Eds.), Emotions in the workplace [Z]. 2002.

[58] Wrzesniewski, A., Dutton, J. E. Crafting a job: Revisioning employees as active crafters of their work [J]. Academy of Management Review, 2001 (26): 179-201.

[59] Wrzesniewski A., Dutton J. E., Debebe G. Interpersonal sensemaking and the meaning of work [J]. Research in Organizational Behavior, 2003, 25(3): 93-135.

[60] Wrzesniewski A., Berg J. M., Dutton J. E. Turn the job you have into the job you want [J]. Harvard Business Review, 2010: 36.

工作形塑影响后效的研究述评

作者：朱盈璋；指导老师：林琳

内容摘要：传统工作设计理论的关注点在于管理者为员工设计工作的过程，而工作形塑则为员工自发地做出改变，使得员工主动性的行为获得关注。本文从个体和组织层面回顾了工作形塑的积极与消极影响，并指出未来研究要加强工作形塑的纵向研究，深入探讨工作形塑的影响机制，开展其消极后果的研究，同时国内研究还要注意考虑文化因素的影响。

关键词：工作形塑；工作设计；工作满意度；工作绩效

一个工厂里的工人可以将每天的任务看作是固定繁杂、无聊的机械式工作，也可以看作是在为世界做出一份产品，为其贡献了一份力量，重新塑造自己的工作角色不仅能更加认真地完成自己的工作，还会帮助同事提高他们的生产率。这就反映出了一个概念——工作形塑（Job Crafting）。

传统工作设计理论的关注点在于管理者为员工自上而下设计工作的过程，即员工所做的工作是由组织设定的，其本身不能对工作的内容产生影响（张春雨，2012）。在企业中进行工作设计似乎是提高工作绩效的高效方法。然而，随着环境的不确定因素和工作内容的复杂性增强，新生代员工要求表达自我个性的意识增强，传统的由管理者为员工自上而下设计工作的形式不再能满足组织发展和员工能力提升的要求，为了使组织和员工发展更适应当今这个不断变化的社会环境，员工自身对工作的影响也渐渐受到人们的重视。

一、工作形塑的概念

工作形塑萌芽于 Kulik、Oldham 和 Hackman（1987）提出的思想，不管上司是否参与，员工都可以自发或主动地对工作进行重新的设计。Wrzesniewski 和 Dutton（2001）正式将其界定为员工自发地进行工作重新设计以使工作更契合自己的动机或兴趣，并提出了工作形塑三维观，即工作形塑是员工在工作或者人际关系中做出的行为或认知的改变，包括任务、认知、关系。由此看来，工作形塑是基于工作设计基础上的，它们都是为了提高工作认同感、工作满意度和人—职匹配，最终都是为了提高工作绩效，最大的不同之处在于工作形塑是员工自发做出的改变，表现出更多的主动性行为，而不是管理者事先为员工设定的角色或行为，所以工作形塑所实现的更多的是个人福祉的提升，有可能不同于组织目标，比如说，员工有时会重新定义组织给予的目标，调整为一个更具有挑战性的目标（Hacker，1985）。

随后，Tims 和 Bakker（2009）提出了工作需求—资源模型，这是一种从需求和资源两个角度进行权衡的引导性模型（Heuristic Model），即员工为平衡自身的工作资源以及工作需要，而做出的个体能力和需要的改变。工作需求是指工作上如果出现过多就会引起约束的特征，如工作量、时间压力、人际关系要求等，而工作资源则指可能与达成工作目标有关的，减少工作需求、激发个人发展的资源，如组织公正、反馈、报酬等。另外，工作形塑似乎并非个人行为，Leana、Appelbaum 和 Shevchuk（2009）发现，合作工作形塑（Collaborative Job Crafting），即员工可以通过与他人合作来改变工作内容和形式，说明工作形塑可以以群体的形式发起。另一个与工作形塑相似的概念是主动性行为，Parker 等（2006）提出前瞻行为的定义：个体自发、意在改变情景或自我提升的带有未来导向的行为。而工作形塑着重的是员工可以根据自己的选择，按照自己的偏好对当前工作进行自发的改变。由此看来，工作形塑包括的范围比主动性行为要小。工作形塑可能只是主动性行为的一种（胡青等，2011）。如表 1 所示。

表 1 工作形塑的概念

作者	年份	观点
Kulik、Oldham 和 Hackman	1987	不管上司是否参与，员工都可以自发或主动地对工作进行重新的设计
Wrzesniewski 和 Dutton	2001	工作形塑是一个关注员工自身进行工作重新设计的概念，并提出了工作形塑三维观，即工作形塑是个体在工作或者人际关系中做出的生理或认知方面的改变，包括任务、认知、关系这三个维度
Grant 和 Ashford	2008	工作形塑是一种主动性行为的表现方式，表现为工作设计中的主动改变
Leana、Appelbaum 和 Shevchuk	2009	提出了合作工作形塑（Collaborative Job Crafting）的概念，它是指员工通过共同合作来改变工作过程
Tims 和 Bakker	2009	工作需求—资源模型，是一种从需求和资源两个角度进行权衡的引导性模型（Heuristic Model），即员工为均衡自身的工作资源以及工作需要，而做出的个体能力和需要的改变

二、工作形塑的方法

Wrzesniewski 和 Dutton（2001）提出了工作形塑三维观，即任务、认知、关系。①员工通过改变工作数量、范围或形式来改变工作任务从而进行工作形塑。②员工通过改变认知来进行工作形塑，这种改变基于员工怎么样看待自己的工作。这种改变会导致不一样的工作行为（Benner、Tanner 和 Chesla，1996）。③员工通过改变与同事交流的次数和质量来进行工作形塑。

一些学者的研究也证实了这一分类，Berg 等（2013）认为，在任务形塑方面可以：①增加任务，员工可以做更多自己觉得有意义的工作。②重视任务，员工会将更多的精力放在他们着重关注的任务上，并以这项任务为优先。③重新设计任务，员工可以重新设计、重新安排任务来使它更有意义。在认知形塑方面：①扩大认知，员工可以通过给予工作更大的影响与目的认知来丰富工作的意义。②关注认知，员工可以通过只关注工作中有意义的部分并忽略没有意义的部分来进行工作形塑。③关联认知，员工可以通过将工作与自己认为有兴趣的事情联系起来。在关系形塑方面：①建立关系，员工可以通过与可以让他们自身感到骄傲、有尊严、有价值或者能给自己带来意义的人建立关系来进行工作形塑。②重建关系，员工通过改变关系的内在本质来重新构建工作关系，从而达到一个新的、有意义的目标。③适应关系，员工可以通过支持、给予他人有价值的帮助来相互鼓励，以培养工作价值与意义。

同时，这三个方面也可能会相互影响，Ghitulescu（2006）认为，那些增加工作任务的员工也会跟特定的人打好交道；那些接受了更多工作任务的员工会认为他们的工作更有意义，更负责任感。

另外，Tims 和 Bakker（2009）以工作需求—资源模型为基础，区分了三种工作形塑方法：①提高工作资源水平，主要是指员工通过提高工作资源水平的行为来改善自己的工作需求。②降低工作需求水平，当工作需求超出员工自己的能力时，员工会主动地降低工作需求来提高自己的主观幸福感。③提高工作需求水平，在员工有足够多的工作资源时，如果工作需求水平较低，员工会主动提高工作需求水平。也就是说，员工在感知到工作难度远低于自己的能力时，会主动提高工作难度来使自己获得满足感。

三、工作形塑的后果变量

（一）积极影响

1. 个人层面

对于个体而言，工作形塑是一种重要的改变工作意义的方法。基于自我决定理论，工作形塑会影响员工的内在需求满意（自主、胜任力、关系需求），从而影响员工的主观幸福感，即精神上的幸福感（Slemp 和 Vella-Brodrick，2014）。

在高度工作不安全感下，工作承诺与关系形塑间的正相关关系会被加强，同时表明，进行了工作形塑的员工创造了更好的人—职匹配，因为在进行工作形塑时员工会改变工作的任务或者关系的边界，这些行为可以帮助员工影响工作环境从而更适合他们的工作（Lu C. Q.、Wang、Lu J. J.、Du 和 Bakker，2014）。

工作形塑可以缓解工作厌倦及其厌倦所带来的消极影响。根据工作需求—资源模型，增加挑战性的工作需求意味着工作需求激励着员工学习知识和技能来完成更高难度的目标，减少阻碍性的工作需求意味着员工在感到需求巨大时降低了工作需求，增加结构性工作资源意味着员工会获取更多的知识、职责，而增加社会性资源意味着员工会寻求更多的反馈、指导。因此即使工作的自主性很低，员工也可以通过工作形塑来掌控他们工作的各方面，形成新的视角。这种行为越多，就越不容易在工作中产生沮丧的抱怨、痛苦和反生产工作行为（van Hooff M. L. M.和 van Hooft E. A. J.，2014）。Tims 等（2013）也通过结构方程建模表明，那些进行工作资源形塑的员工会增加结构性的和社会性的资源并减少阻碍性的工作需求，从而提高员工福祉（提升投入度和工作满意度，减少倦怠）。重新塑造工作需求没有导致工作需求的变化，但结果显示增加创造性、挑战性的工作需求会直接提高员工福祉。

另一位学者 Nicholson（1984）也同样证明了工作形塑能增强个人产出和满意度。而更细化的研究表明，工作形塑的其中一个方面（认知形塑）与工作满意显著正相关，但工作形塑的另外两个方面（关系和任务形塑）则不具有。相似地，对于组织承诺的影响，任务和认知形塑都具有显著的正向作用，而关系形塑则不存在。任务形塑越高，员工旷工率越高（Ghitulescu，2006）。

2. 组织层面

工作形塑对于组织而言也有很多积极的影响。Leana、Appelbaum 和 Shevchuk（2009）通过对 232 名儿童看护中心教师的研究发现，那些有个人工作形塑的老师（Individual Job Crafting）能够更好地提高课堂质量，工作谨慎度（Work Discretion）也更高，而能够进行合作工作形塑（Collaborative Job Crafting）的老师，除了上述个人形塑能够提高的方面外，往往还表现出更高的绩效，更强的满意、承诺和工作依恋（Job Attachment），因为他们能通过合作的方式来分享和拓展相关的知识，从而提高护理质量。有实证研究发现，工作需求、资源，如工作压力和自主性，与工作投入和倦怠相关，最终也会与工作绩效相关。寻求资源对关系绩效和创造力有积极影响（Demerouti、Bakker 和 Gevers，2015）。在寻求资源时，自主性和工作投入增加导致任务绩效提高；而减少需求不利于任务绩效，因为员工降低了工作负荷从而减少了工作投入和倦怠（Demerouti、Bakker 和 Halbesleben，2015）。Tims、Bakker 和 Derks（2014）也认为，工作形塑会影响工作投入而间接与绩效相关。

当职业角色意识高时，工作形塑对工作投入与意义构建有积极影响；当工作形塑的机会低时，休闲形塑与意义构建有积极影响（Petrou、Bakker 和 Machteld，2016）。Vogel 等（2015）也提出，工作形塑和休闲行为可以减少员工价值观与组织不一致所带来的消极影响。

Shusha（2014）发现，进行工作形塑的员工通过对工作资源、工作需求的改变会进行更多的组织公民行为，如利他、更有责任心等。研究表明，利他、礼貌、公民道德只受任务和关系形塑的影响；责任心只受任务形塑的影响；公正只受关系绩效的影响。所以，具有高任务形塑的员工会增加尽责行为，如遵守组织的条例、保护组织的资源等，具有高关系形塑的人热衷于关注积极面而避免对烦琐小事的抱怨。

团队工作形塑通过团队工作投入度来影响其绩效。此外，基于社会心理学理论中有关群体规范、建模和情感的感染，团队工作形塑涉及个人的表现：①个体工作形塑和个体工作投入；②团队工作投入与个人的工作投入度。在这项研究中，研究者发现工作形塑可以同时在团队和个人水平被运用来提高他们的工作绩效（Tims、Bakker、Derks 和 van ，2013）。Bakker 等（2016）也提出，员工工作形塑会通过同事的工作形塑来影响同事的工作投入度。工作形塑对员工的激励作用也会引发更高的绩效从而促进组织变革的成功（Petrou、Demerouti 和 Breevaart，2013）。

（二）消极影响

关于工作形塑消极面的影响的实证研究较少，但 Wrzesniewski 和 Dutton（2001）在 2001 年就已经提出，工作形塑通过对工作内容的定义为个体创造了一个不同的工作，并为员工提供了一种多样化的选择——在工作中做什么任务、在工作中扮演什么角色。但是这种形塑对组织来说是好事还是坏事决定于它发生的情境。工作形塑根本上来说是一个个体行为，它取决于员工决定如何或何时来对工作任务等进行塑造。这种积极行为为员工个体提供服务，但是并不直接与组织相关，对组织的影响好坏兼具。工作形塑在对员工有利的情况下可能对组织有害。例如，工作形塑选择联系他人或改变任务但是与组织的目标相违背，这时工作形塑就会有损组织利益。即使工作形塑对个人有利，如果工作形塑过程与组织目标相违背或产生消极面也会导致不利影响（Berg 和 Dutton，2008）。张春雨和张进辅（2010）也提出，我国古谚语有云“树大招风”，员工的主动性改变为其他员工提供了社会比较的机会，容易引起员工间的妒忌，影响组织凝聚力甚至整体绩效。

在实证层面，Laurence（2010）认为，两类工作形塑也会产生不同的结果。相比扩充型工作形塑来说，收缩型对员工个人存在积极作用，而对组织则可能存在消极作用。随后 Petrou、Demerouti 和 Schaufeli（2015）证明，工作形塑中减少工作需求虽然在短期可以帮助员工减少工作压力，但在长期中会导致工作负荷堆积，并且阻碍员工有效地处理组织变革的核心需求以致减少任务绩效。而 Demerouti、Bakker 和 Halbesleben（2015）的研究也证实了员工会通过减少需求来减轻工作负荷，但同时也会导致工作投入度和自主性的降低，这对组织会产生消极影响。同时，他们发现寻求挑战性会导致反生产行为（八卦、隐瞒错误），因为基于道德许可理论，个体希望寻求好行为和坏行为的平衡，寻求挑战性是一种好的行为，因为员工做了额外的工作，而反生产行为是一种坏的行为。当道德自我关注低于道德平衡时，个体会做一些好事。而道德自我关注高于道德平衡时，个体会允许自己做一些坏事重新回到道德平衡。所以，员工寻求更多的挑战性会让员工默许自己做出一些反生产行为来达到道德平衡。减少阻碍性的工作需求也会减少同事的工作投入度（Bakker 等，2016）。Tims 等（2012）还发现，减少阻碍性的工作需求对玩世不恭有积极影响。同时它还会降低活力（Bakker、Derks 和 Van，2013）。减少需求也通过工作投入度对关系绩效和创造力呈消极影响（Demerouti、Bakker 和 Gevers，2015）

工作形塑在生活层面也会展现一些消极影响，有研究表明，工作形塑会增加工作—家庭冲突。增加结构性和社会性的工作资源，增加挑战性的工作需求会侵占员工投身于家庭的时间从而导致负面影响（Akkermans 和 Tims，2016）。

四、小结与展望

工作形塑改变了以往组织中自上而下的工作设计，使员工自身根据环境以及自身需要对工作进行再设计，从而使工作更加得心应手。很多因素会影响这一过程，从员工自身来说，主动性人格、控制感、自我效能感，从组织层面来说，领导成员交换理论、工作性质和社会支持等，都会直接或间接地影响工作形塑。反过来，工作形塑也会导致很多影响，如提高员工绩效、人—职匹配、情感承诺等。

但是工作形塑也有可能带来其他方面的消极反应，例如工作形塑目标与组织不符时可能带来负面影响。工作形塑的消极影响还有待后来学者系统地研究。总之，在大环境改变的情况下，员工不再是死板地根据组织要求来进行工作，而是主动地进行改变，这一行为迎合了目前组织的需求，进行下一步的研究变得更有价值，未来可以继续研究。

（一）纵向研究有待继续拓展

横截面的研究不能很好地得出因果分析的结果。反向因果分析也很有可能存在，比如说工作投入度与工作形塑的关系，二者很可能相互影响。Sonnentag（2003）确实发现了这种反向关系：员工发现他们的参与度越高，他们在工作中也会做出越多的主动性行为。此外，测量之间的时间间隔长将会显现出与在一天内测量完毕的结果不同的现象。例如，主动的作业工人可能想要在长时间过度的工作量后减少他们的需求。从长远来说，工作形塑者在工作环境中对需求和资源施加了一定的影响（Petrou、Demerouti、Peeters、Schaufeli 和 Hetland，2012）。但目前研究多是横向研究，并未显示出工作形塑的纵向动力特征，也没有探讨工作形塑的长期后果变量（Berg 等，2013）。工作形塑作为一个不断向前的动力过程，未来研究需要补充可行的纵向研究结论，以增强横向研究的可靠性。

（二）工作形塑的阴暗面有待探讨

很多研究者强调工作形塑可能有其阴暗面（Wrzesniewski 等，2001；Berg 和 Dutton，2008），但实证研究却很少关注或发现这方面的影响。员工的工作重塑可能会有消极的影响，如员工之间的妒忌（Employee Envy），另外，工作倦怠、工作压力和低工作绩效等也可能是不良工作形塑的消极后果。员工的工作形塑应该有“度”，否则过犹不及，势必会损害组织的利益，因此未来的研究应该讨论工作形塑消极的一面以及如何预防。已有研究表明，高绩效的员工会导致妒忌而受到迫害（Eugene 和 Glomb，2014），且收缩性工作形塑带来消极影响也已证实。未来的研究应更好地研究工作形塑的消极面使其能有效预防。

（三）国内关于工作形塑的影响后效研究较少

目前国内对于工作形塑的影响后效研究较少，只有陆婧晶（2012）提出了敬业的员工会进行更多的工作形塑，从而获得更高的人—环境匹配，但只有在组织公平的情境下，工作形塑才会带来绩效的提升。关于前因变量的研究也不充足。中国有句谚语：“枪打出头鸟。”可能在国内做出工作形塑行为更容易导致消极影响，以致关于工作形塑的行为较少，所以研究较少。未来的研究应从其他角度来研究工作形塑。

（四）工作形塑量表还待进一步验证

Tims 等（2012）在对荷兰员工的实证研究中开发并验证了工作形塑量表，但是该量表的信效度有待进一步改善。目前中国对工作形塑的研究还处于起步阶段，没有开发有效量表的实证性研究。采用国外量表，其文化与本土有一定差异，而且翻译的语言有待考究。量表本身对中国文化背景和社会环境的适用性还有待探讨，在未来的研究中，应依据我国文化特点和社会环境对工作形塑量表进行进一步修正和完善。

参考文献

[1] 胡青，王胜男，张兴伟等. 工作中的主动性行为的回顾与展望 [J]. 心理科学进展，2011，19 (10)：1534-1543.

[2] 陆婧晶. 敬业度与人—环境匹配和绩效的关系：工作形塑的作用 [D]. 北京大学硕士学位论文，2012.

[3] 张春雨，韦嘉，陈谢平等. 工作设计的新视角：员工的工作重塑 [J]. 心理科学进展，2012，20 (8)：1305-1313.

[4] Akkermans J.，Tims M. Crafting your Career：How career competencies relate to career success via job crafting [J]. Applied Psychology，2016.

[5] Bakker A. B. Modelling job crafting behaviours：Implications for work engagement [J]. Human Relations，2016.

[6] Berg J. M.，Dutton J. E.，Wrzesniewski A. What is job crafting and why does It matter? [J]. 2008.

[7] Demerouti E., Bakker A. B., Gevers J. M. P. Job crafting and extra-role behavior: The role of work engagement and flourishing [J]. Journal of Vocational Behavior, 2015 (91): 87-96.

[8] Demerouti E., Bakker A. B., Halbesleben J. R. Productive and counterproductive job crafting: A daily diary study [J]. Journal of Occupational Health Psychology, 2015, 20 (4).

[9] Ghitulescu B. E., Ghitulescu B. E. Shaping tasks and relationships at work: Ex amining the antecednts and consequences of employee job crafting [J]. 2006.

[10] Grant A. M., Ashford S. J. The dynamics of proactivity at work [J]. Research in Organizational Behavior, 2008, 28 (28): 3-34.

[11] Hacker W. Activity: A fruitful concept in industrial psychology [J]. Behavior & Philosophy, 1985.

[12] Kim E., Glomb T. M. Victimization of high performers: The roles of envy and work group identification [J]. Journal of Applied Psychology, 2014, 99 (4): 619-634.

[13] Kulik C. T., Oldham G. R., Hackman J. R. Work design as an approach to person-environment fit [J]. Journal of Vocational Behavior, 1987, 31 (3): 278-296.

[14] Laurence G. A. Workaholism and expansion and contraction oriented job crafting: The moderating effects of individual and contextual factors [J]. Dissertations & Theses-Gradworks, 2010.

[15] Leana C., Appelbaum E., Shevchuk I. Work process and quality of care in early childhood education: The role of job crafting [J]. Academy of Management Journal, 2009, 52 (6): 1169-1192.

[16] Lu C. Q., Wang H. J., Lu J. J., et al. Does work engagement increase person-job fit? The role of job crafting and job insecurity [J]. Journal of Vocational Behavior, 2014, 84 (2): 142-152.

[17] Nicholson N. A Theory of work role transitions [J]. Administrative Science Quarterly, 1984, 29 (2): 172-191.

[18] Parker S. K., Williams H. M., Turner N. Modeling the antecedents of proactive behavior at work [J]. Journal of Applied Psychology, 2006, 91 (3): 636-652.

[19] Petrou P., Bakker A. B., Machteld V. D. H. Weekly job crafting and leisure crafting: Implications for meaning making and work engagement [J]. Journal of Occupational & Organizational Psychology, 2016.

[20] Petrou P., Breevaart K., Demerouti E. Job crafting als sleutel tot succesvolle organisatieverandering [J]. Gedrag En Organisatie, 2013, 26 (1): 13.

[21] Petrou P., Demerouti E., Schaufeli W. B. Job crafting in changing organizations: Antecedents and implications for exhaustion and performance [J]. Journal of Occupational Health Psychology, 2015, 20 (4): 470-480.

[22] Petrou P., Hetland J. Crafting a job on a daily basis: Contextual correlates and the link to work engagement [J]. Journal of Organizational Behavior, 2012, 33 (8): 1120-1141.

[23] Shusha A. The Effects of job crafting on organizational citizenship behavior: Evidence from egyptian medical centers [J]. International Business Research, 2014, 7 (6).

[24] Slemp G. R., Vella-Brodrick D. A. Optimising employee mental health: The relationship between intrinsic need satisfaction, job crafting, and employee well-Being [J]. Journal of Happiness Studies, 2014, 15 (4): 957-977.

[25] Sonnentag S. Recovery, work engagement, and proactive behavior: A new look at the interface

between nonwork and work [J]. Journal of Applied Psychology, 2003, 88 (3): 518-528.

[26] Tims M., Bakker A. B. Job crafting: Towards a new model of individual job redesign [J]. Sajip South African Journal of Industrial Psychology, 2009, 36 (2): 1-9.

[27] Tims M., Bakker A. B., Derks D. The impact of job crafting on job demands, job resources, and well-being [J]. Journal of Occupational Health Psychology, 2013, 18 (2): 230-240.

[28] Tims M., Bakker A. B., Derks D. Daily job crafting and the self-efficacy-performance relationship [J]. Journal of Managerial Psychology, 2014, 29 (5): 490-507.

[29] Tims M., Bakker A. B., Derks D., et al. Job crafting at the team and individual level implications for work engagement and performance [J]. Group & Organization Management, 2013, 38 (4): 427-454.

[30] Van Hooff M. L. M., Van Hooft E. A. J. Boredom at work: Proximal and distal consequences of affective work-related boredom [J]. Journal of Occupational Health Psychology, 2014, 19 (3): 348-359.

[31] Vogel R. M., Rodell J. B., Lynch J. W. Engaged and productive misfits: How job crafting and leisure activity mitigate the negative effects of value incongruence [J]. Academy of Management Journal, 2015 (59): 1561-1584.

[32] Wrzesniewski A., Dutton J. E. Crafting a job: Revisioning employees as active crafters of their work [J]. Academy of Management Review, 2001, 26 (26): 179-201.

越主动，越适应
——中国外派员工跨文化适应的影响因素及作用机制

作者：韩雅倩；指导老师：于广涛

内容摘要：近几年，随着国际流动不断加强，人员外派现象也在增多。在外派过程中，由于不同国家之间的文化冲击，外派人员不可避免地要经历跨文化调整。但是外派焦虑往往会阻碍这一调整，这其中的作用机制尚不可知。因此，挖掘跨文化调整与外派焦虑之间的影响机制具有现实意义。本研究拟从生涯建构视角出发，探讨生涯适应力与主动性在外派焦虑与跨文化调整间的调节作用，并详细分析外派焦虑对于跨文化调整的影响。本研究拟通过对主营业务为海外承包工程等公司的外派人员进行研究，通过情境测量法、文献研究、问卷等方法，采用相关分析等统计方法，检验假设中主效应以及调节效应，并结合实际给出中国外派人员跨文化调整的管理对策。

关键词：外派；外派焦虑；主动性；跨文化调整；跨文化适应力

一、立项依据

（一）问题研究的意义

近年来，随着低成本沟通（Low-cost Communication）速度的提高、相关技术的发展，以及商品流通的加快，再加上地区性经济组织的兴起，例如欧盟（European Union，EU）、中国“一带一路”等，经济一体化趋势越发明显。这无疑扩大了新兴市场的支配地位，进而导致人力资本的国际流动（Yehuda Baruch、Yochanan Altman 和 Rosalie L. Tung，2016），据统计，大概有 2.32 亿人员工作或生活在非母国（OECD，2013）。本文研究国际流动中的企业外派（Organizational Expatriates）以及自发型外派（SIEs Self-initiated Expatriates）（Andresen、Al Ariss 和 Walther，2012；Dickmann 和 Baruch，2011；Dickmann 和 Harris，2005；Doherty、Richardson 和 Thorn，2013；Tharenou 和 Caulfield，2010）两种情况。这种外派以欧美人员居多，流动也大多局限在欧美国家之间。但是 2008 年金融危机使得全球经济中心正在转向亚洲，尤其是中国，2010 年，中国超过日本成为世界 GDP 第二大国。这些因素使得中国的外派现象在逐步增多，但是自发型外派的研究主要集中在西方国家（Myers 和 Pringle，2005；Peltokorpi，2008；Tharenou 和 Caulfield，2010），国内很少有学者研究这个话题。因此，有必要开展对中国外派人员的研究。

目前，学者根据是否以员工个人意志为中心（张翔，2016）将外派分为企业外派以及自发型外派。企业外派是由公司发起（Company Initiated），并且有相关的工作对接（Relocation Package）以及事前安排的时间（Pre-determined Time Scope）（Yehuda Baruch、Yochanan Altman 和 Rosalie L. Tung，2016）。而对于自发型外派人员而言，他们是自己主动申请到东道国，不会得到企业的补贴，而且在东道国没有对接的工作，也没有确定的时间（Vesa Peltokorpi 和 Fabian Jintae Froese，2009）。无论是哪种外派，员工在外派过程中都将面临全新的文化环境。因此要想获得职业成功，这些员工必须进行工作与非工作方面的跨文化调整以适应东道国的环境（Farh、Bartol、Shapiro 和 Shin，2010）。目前许多研究已经证实跨文化调整可以有效地预测工作绩效以及工作满意度（Shaffer 和 Harrison，1998；Bhaskar-Shrinivas 等，2005）。这些变量都是对企业及员工非常重要的结果，因此，研究跨文化调整的影响因素就显得尤为重要。

对日本的研究发现，日本是一个集集体主义、男性倾向、不确定规避于一体的文化体系（Hofstede，1980；Trompenaars 和 Hampden-Turner，1998；Gudykunst 和 Nishida，2001）。日本人为了融入群体会倾向于表现出与之相匹配的态度、行为模式以及价值观（Nakane，1972）。这种情况下，群体内成员会受到优待，而群体外成员则会被区别对待甚至被歧视（Napier 和 Taylor，1995），因而日本外派人员在东道国则会出现焦虑情绪。因此，这些文化因素已经被列为造成外派人员焦虑的主要原因（Skuja 和 Norton，1982）。特别地，本文将外派焦虑根据其产生原因分为两种。一个是分离焦虑，这来源于与过去熟知环境的脱离而带来的不安全感，是一个情境变量，是指在特有的文化情境下，对父母、朋友圈等的依恋在分离时对于外派人员的焦虑有很大影响。上述研究则属于这一类别。另一个是焦虑，这来源于对将来的未知环境的不确定性。外派人员需要面临新的文化环境，以及陌生的工作环境、工作角色以及工作规范等，这都会对他们产生压力，进而导致焦虑（Harvey，1985；Van der Zee 等，2005）。除此之外，对于携带家属前往东道国的外派人员而言，他们需要学习新的语言，孩子需要转学（Munton，1990），这都可能会带来压力（Harvey，1985；Tung，1988）；未携带家属的外派人员则难以得到配偶的支持，进而导致沮丧、孤独、低自尊等表现（Copeland 和 Nurell，2002）。Gao 和 Gudykunst（1990）以及 Sobre-Denton 和 Hart（2008）发现，焦虑也是影响跨文化调整的关键障碍之一。但是该研究中的焦虑主要是指不确定性带来的焦虑，尚未提及本研究中的分离焦虑的影响效果。而中国的文化与日本有一定的相似性，具有集体主义倾向，中国的外派员工很有可能也面临类似的分离焦虑。以往的研究对象主要集中于西方国家（Tharenou 和 Caulfield，2010），本研究将以中国外派人员为例，分别探讨外派人员的焦虑以及分离焦虑两种现象对于跨文化调整的影响。

对自发型外派人员的研究发现，他们拥有易变性生涯态度（Briscoe 等，2006）。研究表明，该态度越高，外派人员越倾向于自我指导（Self-directed），即在自我职业发展中扮演主动性角色。对来自日本的179名外派人员的研究表明，自发型外派人员比企业外派人员在跨文化调整上表现更好（Vesa Peltokorpi和Fabian Jintae Froese，2009）。而自发型外派与企业外派的差别主要体现在自主权上，企业外派人员对于是否外派、外派东道国以及具体目的地、外派时限以及具体回国时间都由企业规定，个人没有选择权，而自发型外派要显得自由得多（张翔，2016）。因此，主动性行为是否是影响外派人员的跨文化调整的一个影响因素，这一问题值得研究。

除了主动性的差异，外派员工个人的生涯适应力的强弱也有可能影响跨文化调整。这个假定是源于生涯建构理论：生涯建构理论所衍生的生涯建构咨询以适应为主题，描绘的适应性结果是生涯适应意愿（Adaptivity）、生涯适应力（Adaptability）、生涯适应行为（Adapting）三者连续作用的结果（Savickas和Profeli，2012）。其中的影响机制为：生涯适应力是一种有助于进行自我调整的社会资源，通过激发特定职业行为发挥实现生涯适应性结果（关翩翩等，2015）。在特定的外派情境下，生涯适应性结果以跨文化调整来衡量。但是，跨文化适应力对于跨文化调整的影响机制研究还较为匮乏。

鉴于以上相关研究，本文拟采用生涯建构的视角来探讨外派焦虑对于外派人员的跨文化调整的作用以及影响机制，其中生涯建构的核心要素是跨文化适应力。跨文化适应力以及主动性的调节效应也值得探讨。理论上，一方面为外派人员的跨文化调整研究搭建整合性理论框架，另一方面为这个领域的研究提供了新的视角，因为之前的理论，例如人与环境匹配理论（People-Environment Fit Theory），无法进一步满足处于多边性组织和流动性社会中流动的工作者的需要。实践上，则为企业外派人员提高跨文化调整提供了理论基础，这有利于提高外派人员的个人智力资本（Morley和Cerdin，2010）、改善企业战略（Angelmar和Pras，1984）。

（二）国内外研究现状

1. 企业外派

关于企业外派的研究比较普遍。企业外派是指被组织派出国去完成某个具体的任务，通常时间比较短（Dowling和Welch，2004；Richardson和Mallon，2005）。企业外派的目的多为商业，但也有政府组织、军事部门、NGO等（Yehuda Baruch、Yochanan Altman和Rosalie L. Tung，2016）。企业外派人员角色多为控制者和协调者，企业希望他们为组织服务（Harzing，2001）。

随着全球业务的拓展，企业开始外派人员到成本较低的第三世界国家（Third Country Nationals，TCNs），并且外派人员不再局限于中高层管理人员。因此，企业外派的范围以及人员都有了提高。

随着企业外派的普及，企业外派计划（Expatriates Package），一种详细安排外派人员在东道国所需的一揽子计划，变得越来越完善。其中，企业在负责外派人员的薪酬计划（Remuneration Packages）之外，还要负责交通费用、住宿费用、子女在国际学校的安置费用等（Konopaske 和 Werner，2005；Parker 和 Janush，2001）。为了提高外派成功率，企业还会对这些人进行跨文化和语言培训（张翔，2016）。因为组织培训或者生涯介入训练能够减少跨文化冲突的影响（Ahad、Osman-Gani 和 Hyder，2008；Paik 等，2002）。

但是，外派人员在东道国的时候，面临的是身体上和心理上双重的与母国分离的状况（Stahl、Miller 和 Tung，2002；Sullivan 和 Arthur，2006）。企业外派计划保证了身体上的物质需要，一些研究发现了这些人员面临的心理上的风险，包括个人层面（Individual Level），外派人员和家人对于东道国文化的不适应，短时间内失去原有的支持机制以及职位是否适合的不确定性可能造成的令人不满的绩效；在家庭和人际层面（Personal and Family Level），外派经历会导致孤立（Isolation）、分离（Detachment）、失去原有的关系网络以及东道国的不确定因素（地区冲突、经济落后）等（Eisenberger、Fasolo 和 Davis-LaMastro，1990；Stahl、Chua、Caligiuri、Cerdin 和 Taniguchi，2009）。

2. 自发型外派

自发型外派的概念经历了"海外经历"（Inkson，1997）到"自发型国际工作经历"（Suutar，2000）的过渡。2008 年，自发型外派这个概念才被 Dickman 第一次提出，并将自发型外派人员定义为从母国（Home Country）自发地进行国际迁移，在东道国（Host Country）有就业和逗留倾向的专业人员。但是这个概念还没有得到具体界定。目前，较为统一的认识有两层：第一，自发型外派人员的职业流动必须是跨越国界的，即由母国流动到东道国；第二，这种国际流动是以个人的意志为中心的（张翔，2016）。

自发型外派与国际移民不同。这主要体现在目的方面，国际移民的目的是为了永久定居国外，而自发型外派的动机有多种，学者对于自发型外派人员的动机进行了讨论。对于不同地区的自发型外派人员外派动机大不相同，在人口统计学角度进行分析发现，性别（Selmer，2011；Myers，2005）和婚姻及子女状况（Richardson，2005；Tharenou，2010）会影响外派动机的影响效力。具体的动机如表 1 所示：

表 1　外派动机

提出者	被试母国	自主型外派动机
Inkson（1997）	新西兰	冒险和探索
Bhuian（2002）	沙特阿拉伯	东道国的经济状况具有吸引力
Richardson（2005）	英国	探索世界、逃避当前不如意的工作或家庭环境、增加经济收入以及获取更多的职业发展机会
Fabian 等（2012）	韩国	获取国际经验，吸引人的工作环境，低迷的国内就业市场

3. 外派焦虑

（1）分离焦虑。DSM-IV 对于分离焦虑的定义是，个体与其依恋对象分离或与其家庭分离有关的过度焦虑和发展性不适。这个定义主要针对于婴儿、青少年（王力娟，2008）以及母亲分离焦虑（Hock E.等，1989）。但最近研究发现，成年人身上也存在分离焦虑，并且越来越普遍（Katherine Shear 等，2006）。而针对于外派人员，由于典型的中国组织行为是建立在长期导向的关系文化之上的（Leung，2012），当到达东道国后，脱离了原本固有的关系圈子，例如朋友、家人、同事等，中国的外派人员会感知到更少的社会以及专业支持（Varma、Budhwar 和 Pichler，2011），因此需要更多的策略管理职业生涯。

除了关系文化会影响分离焦虑之外，学者的研究多集中于传统的遗传视角（Feigon，2001），但近些年来，有研究发现，当控制了神经质、依恋焦虑后，文化层面的对于不确定性的不耐受（IU）会显著影响分离焦虑（Paul A. Boelen 等，2014）。Hofstede（1990）的五维国家文化差异理论分别是不确定性规避、个人主义、长期取向、权力距离、男性化。中国在不确定规避这个维度上得分较高，不确定性不耐受与不确定规避有直接的关系。而之前的外派研究对象主要集中在欧美国家人员，相比于他们，中国外派人员在经受跨文化冲突之外，还很有可能经受分离焦虑。但是分离焦虑是否会影响外派人员的跨文化调整以及如果有影响，影响机制是怎样？这两个话题还没有相关的研究。

（2）焦虑。焦虑是指个体不能达到既定目标而产生的一种紧张不安的情绪状态（王银泉和万玉书，2001）。1977 年，Spielberger 编制了焦虑状态—特质问卷（STAI），后经修订又出现了 Y 版本（1983）。该问卷区分了两种焦虑。状态焦虑是指短暂性、临时的不愉悦的情绪体验，例如紧张。而特质焦虑则是长期的、稳定的焦虑。Gudykunst（1990）以跨文化交往的视角，认为认知不确定性以及焦虑的减少能够影响适应性结果，甚至是不可或缺的条件。

4. 跨文化适应力

Savickas 将 Parsons（1909）的人—职匹配理论、Super（1957）的生涯发展理论、Holland（1997）的职业兴趣理论汇聚进一个框架，这个框架最终演变成生涯建构理论，关注人格特质、发展任务以及生命主题（Savickas，2002）。

生涯建构理论是指个体利用有意义的经历和职业行为适应外在世界，并建构出自己的职业生涯的人生主题的动态过程。生涯建构理论面向动态、碎片化的工作环境，让员工在工作变动的情况下仍能保持自我。它从三个视角理解生涯：利用职业人格的差异化形成人们的就业偏好，这解释了人们选什么职业；利用生涯适应力来推动个人生涯发展，这解释了人们如何通过调用内在资源表现出职业行为，进而实现职业发展；将生涯动态看作人生主题，这个视角通过赋予人们的既往经历和未来期许以意义来解释人们为什么做出职业行为（关翩翩等，2015）。

生涯建构理论所衍生的生涯建构咨询以适应为主题，提出并区分了生涯适应意愿（Adaptivity）、生涯适应力（Adaptability）、生涯适应行为或倾向（Adapting）、生涯适应结果（Adaptation）四个概念，这些词分别对应主观上的生涯准备状态、生涯适应力资源、职业行为的激发（Savikas，2013）。

其中，生涯适应力是关键要素，它是指个体在应对各种工作任务及角色转变中进行自我调整的准备状态或社会心理资源（关翩翩等，2015）。2012 年，Savickas 和 Porfeli 构建生涯适应力模型，即生涯适应力由关注（Concern）、控制（Control）、好奇（Curiosity）以及自信（Confidence）四个维度组成。关注是指为未来做准备的意向；控制则是指个体如何看待建构自身生涯的责任；好奇是对于人与工作环境相匹配的探索；自信是对于能否成功做出职业决策的一种感知。而在外派工作中，这是一种跨越国界的流动。为了获得生涯成功，个体必须根据东道国进行工作以及非工作的调整（Farh、Bartol、Shapiro 和 Shin，2010）。针对于外派这个特定情境，外派人员需要拥有跨文化适应力，因此在这个模型中，采用更为具体的跨文化适应力这个变量。

5. 主动性行为

目前大多数研究认为，主动性由自发性、前瞻性以及变革性三个因素构成，其中自发性是指员工自愿进行组织的职位说明书规定的职责以外的活动；前瞻性是指对未来情境中可能出现的问题提前响应；变革性是指改变原有状态或资源，例如更新工作方式、改善工作行为或者提高自身技能水平等（胡青和王胜男等，2011）。

主动性行为（Proactive Work Behavior）与组织公民行为或者角色外行为在概念上有一定的交叉，这主要是由于个体对于自身职责的理解不同。在类别上，相关研究因分类标准不同而有所差别，主要可分为主动性工作行为、主动性战略行为以及主动性人与环境相匹配行为。主动的职业生涯管理（Grant 和 Parker，2009）是人与环境匹配视角下的高阶项之一，是指员工主动管理自我职业生涯，而非听从组织安排，这与自发型外派人员的特质不谋而合。

关于影响主动性行为的前因变量的研究较为丰富：人口统计学变量中的年龄、性别的研究结果目前尚未统一。其他的个体因素，如知识技能水平、人格被认为能够很好地正向预测主动性行为，特别是主动性人格的效力较为明显。对情境变量而言，工作设计被认为对主动性行为的影响较为明显（Latham 和 Pinder，2005）。也有学者研究工作自由度、工作复杂性等具体的维度与主动性行为之间的关系（Frese、Garst 和 Fay，2007；Morrison，2006）。

6. 跨文化调整

1989 年，Black 和 Stephens 将跨文化调整定义为外派人员对于不同方面的国外环境的心理上的舒适感与熟悉感。跨文化调整可分为多个维度，包括一般的调整、人际交往调整以及工作相关的调整（Haslberger 2005；Haslberger 和 Brewster，2009）。一般的调整（General Adjustment）是指外派人员适应东道国的基本生活条件，人际交往调整（Interpersonal Adjustment）是指外派人员习惯于与东道国人民（Host Country Nationals，HCNs）相处，工作调整（Work-related Adjustment）则是指外派人员工作场所的整体的舒适感（Black 和 Stephens，1989）。

一系列研究发现，跨文化调整对于外派人员的工作满意度、工作绩效有显著影响（Hechanova 等，2003；Bhaskar-Shrinivas 等，2005）。并且，元分析发现，三个维度的跨文化调整均会影响企业外派人员的跨文化调整（Hechanova 等，2003；Bhaskar-Shrinivas 等，2005）。

（三）问题提出

现有的对于外派人员跨文化调整的研究对象大多集中在欧美国家人员，这使得在特有中国文化下的中国外派人员的特点被忽略，本文结合以往研究，提出外派焦虑对于跨文化调整的影响。

比较了不同国家的外派人员差异后，发现我国的外派焦虑含义更为丰富。再比较外派人员自身，即自发型外派人员以及企业外派人员的差异，发现两者的主动性存在差异。另外，我们还发现外派人员的跨文化适应力不同，这两个特质都会影响跨文化调整水平。因此，本研究拟探讨外派焦虑对跨文化调整的直接效应以及跨文化适应力、主动性对于两者的调节效应，这也是目前研究中没有涉及的。

二、研究内容

（一）研究模型

本研究拟从外派人员普遍存在的焦虑着手，探讨其对跨文化调整的作用机制。另外，考虑了外派人员的主动性以及跨文化适应力差异对于上述作用的调节效应。

1. 外派人员经历的外派焦虑对于其跨文化调整的影响

外派焦虑根据其形成原因可被分为焦虑以及分离焦虑。根据生涯建构理论（Savickas，2002），建构是指人们如何看待他们与社会角色相关的自我，即同一性。当面临职业变动时，工作角色改变，即同一性发生变化，个体就会体验到生涯悬置（不确定性），此时他们就会选择修订、补充同一性。这些变动通常是可预料的，并且个体一般会得到同一性的保护，例如社会支持。但是当不确定因素太多，个体无法按照计划修订同一性，同一性图式会面临瓦解和破碎，即个体无法调节和指导自己对社会现实做出反应，因而面对跨文化的不确定性时，跨文化调整程度会比较低。而 Gudykunst（2005）的焦虑/不确定性理论（AUM）表明，当我们面对陌生人时（Georg Simmel，1950），会产生不确定性和焦虑。尤其在跨文化情境中，焦虑的出现是由于存在文化差异。不确定性则是由于无法准确地预测、判断陌生人的价值观、行为等（徐迪，2016）。而外派人员在东道国必须要与陌生人进行沟通，从而产生焦虑。从这个角度看，与不确定性相关联的焦虑会降低外派人员的跨文化调整水平。

社会支持在外派人员的跨文化调整中有着重要的作用。而传统的外派人员只能通过面对面建立联系，进而从原有的亲戚朋友那里获得社会支持。但外派人员在陌生的东道国必将与他们分离，他们会感知到更少的社会以及专业支持（Varma、Budhwar 和 Pichler，2011），进而跨文化调整水平可能会变低。

因此，这两种外派焦虑都会阻碍员工的跨文化调整。从而本研究做出以下两个假设：

H1a：焦虑会负向预测外派人员的跨文化调整水平。

H1b：分离焦虑会负向预测外派人员的跨文化调整水平。

2. 外派人员不同的主动性水平会调节外派员工的跨文化调整水平

不同外派人员的主动性具有一定的差异。一方面，就自发型员工以及企业外派员工而言，这表现在其外派内在动机不同，具体而言，是主动性不同。而研究表明，自发型外派人员比企业外派人员的跨文化调整更高。这说明主动性可能会对跨文化调整有一定的影响。另一方面，就两种外派人员的群体内部而言，外派人员自身主动性特质也存在差异。主动性高的员工，会主动采取行动，例如通过与东道国建立联系（Contacts）获取社会支持，进而减少焦虑的来源——不确定性（Albrecht 和 Adelman，2006；Albrecht、Goldsmith 和 Thompson，2003），最后提高跨文化调整水平（Farh 等，2010）。因此，对于主动性高的外派员工而言，外派焦虑对于跨文化调整的作用会减弱。

从而，本研究假设：

H2：主动性会调节外派焦虑对跨文化调整之间的负向作用，并且，主动性越高，外派焦虑对于跨文化调整的作用越弱。

3. 外派人员不同的生涯适应力会调节外派员工的跨文化调整水平

跨文化适应力作为一种元能力（Metacompetencies），是生涯建构理论的基础（Savickas，2012）。不同的外派员工由于其自身建构水平不同，相应的跨文化适应力也不同。具有较高跨文化适应力的个体，一方面，能够调动更多的资源获得社会支持，减少分离焦虑。另一方面，该个体的建构水平也较高，能够对变动的环境赋予意义，并将其纳入具有人生主题的宏观叙事中，减少焦虑。即高跨文化适应力的条件下，外派焦虑对于跨文化调整的作用也会减弱。

由此，本研究假设：

H3：跨文化适应力会调节外派焦虑对跨文化调整的负向作用，并且，适应力越高，外派焦虑对于跨文化调整的作用越弱。

（二）研究目标

本项目的总目标是探讨在中国特有的文化情境下，外派人员的外派焦虑水平对跨文化调整程度的作用机制，为理清外派人员跨文化调整影响因素，提高跨文化调整水平提供理论基础。具体研究目标有两个：

（1）揭示外派焦虑是否反向预测跨文化调整水平。

（2）揭示主动性和跨文化适应力对于外派焦虑与跨文化调整的调节作用。

三、拟采取的研究方案及可行性分析

（一）研究方法

本研究将以中国北方国际经济技术开发集团等公司作为研究对象，调查对象是企业内部的自发型外派以及企业外派人员。研究主要采用文献研究法、情境测量法、问卷调查和高级统计相结合的实证研究法等手段。在数据分析中，将主要应用相关分析、验证性因素分析等手段。

（1）文献研究法。主要目的是通过对前人研究的检索分析提出对外派焦虑、主动性行为、跨文化适应力、跨文化调整等概念的工作定义，并根据这些研究的内在联系建立基本的理论模型，分析前人研究所使用的测量工具，为进一步研究做参考。

（2）情境测量法。研究将引用 SJT-PI，即个体主动性的情境判断测试（Bledow 和 Frese，2009）。具体而言，则是为企业中的外派人员设置一定的情境，这些情境多在外派工作中出现，要求员工回答他们最经常做出的行为。

（3）量表工具开发与修订。以往研究中没有不确定性的具体操作性定义，开发该概念量表时需参考以往研究类似概念，并结合以上各种技术路线来进行界定。量表开发将严格遵照一般量表开发的规范模式，以保证量表的信度和效度。本研究将借鉴这些工具，如表 2 所示。

表 2　概念量表

测量概念	来源	项目数
焦虑	Spielberger（1970）	40
跨文化调整	Black（1989）	14
跨文化适应力	Savickas 和 Porfeli（2012）	24

（二）被试选择与样本管理

样本选取的合理性直接关乎到研究收集的数据，并直接影响结论。因此，样本选取很关键。为尽量降低同源偏差，并且外派人员的跨文化调整也是一个过程变量，需要一定的时间观测，因此本研究将采取分段调查的形式。到目前为止，我们已和部分企业建立了联系，以保证样本可以获取。

参考文献

[1] 关翩翩，李敏. 生涯建构理论：内涵、框架与应用 [J]. 心理科学进展，2015（12）：2177-2186.

［2］胡青，王胜男，张兴伟等. 工作中的主动性行为的回顾与展望 ［J］. 心理科学进展，2011，19（10）：1534-1543.

［3］王力娟，杨文彪，杨炳钧. 分离焦虑研究述评［J］. 学前教育研究，2008（4）：28-33.

［4］王银泉，万玉书. 外语学习焦虑及其对外语学习的影响——国外相关研究概述［J］. 外语教学与研究，2001（2）：122-126.

［5］徐迪. 跨文化交际能力的理论基础：Gudykunsts 焦虑/不确定性管理（AUM）理论［J］. 新闻大学，2016（1）：51-58+148.

［6］张翔. 国外自发型外派研究述评与展望［J］. 技术经济与管理研究，2016（1）：69-73.

［7］Ahad M.，Osman-Gani A.，Hyder A. S. Repatriation readjustment of international managers：An empirical analysis of HRD interventions［J］. Career Development International，2008（13）：456-475.

［8］Albrecht T. L.，Goldsmith D. J. Social support，social networks，and health［J］. Handbook of Health Communication，2003.

［9］Andresen M.，Ariss A. A.，Walther M. Self-initiated expatriation［M］. 2012.

［10］Angelmar R.，Pras B. Product acceptance by middleman in export channels［J］. Journal of Business Research，1984，12（2）：227-240.

［11］Bhaskar-Shrinivas P.，Harrison D. A.，Shaffer M. A.，et al. Input-Based and Time-Based Models of international adjustment：Meta-analytic evidence and theoretical extensions［J］. Academy of Management Journal，2005，48（2）：257-281.

［12］Bhuian S. N.，Menguc B. An extension and evaluation of job characteristics，organizational commitment and job satisfaction in an expatriate，guest worker，sales setting［J］. Journal of Personal Selling & Sales Management，2002，22（1）：1-11.

［13］Black J.S.，Stephens G.K. The Influence of the Spouse on Expatriate Adjustment and Intention to Stay in Assignments［J］. Journal of Management，1989（15）：529-544.

［14］Bledow R.，Frese M. A situational judgment test of personal initiative and its relationship to performance［J］. Personnel Psychology，2009，62（2）：229-258.

［15］Briscoe J. P.，Hall D. T.，Frautschy DeMuth R.L. Protean and boundaryless careers：An empirical exploration［J］. Journal of Vocational Behavior，2006，69（1）：30-47.

［16］Copeland A. P.，Nurell S.K. Spousal adjustment on international assignments：The role of social support［J］. International Journal of Intercultural Relations，2002（26）：255-272.

［17］Dickmann M.，Baruch Y. Global careers［J］. Careers Without Borders，2011.

［18］Dickmann M.，Harris H. Developing career capital for global careers：The role of international assignments［J］. Journal of World Business，2005（40）：399-408.

［19］Doherty N.，Richardson J.，Thorn K. Self-initiated expatriation and selfinitiated expatriates：Clarification of the research stream［J］. Career Development International，2013（18）：97-112.

［20］Dowling P. J.，Welch D. E. International human resource management：Managing people in a multinational context［J］. Glass & Ceramics，2004，19（4）：419-459.

［21］Eisenberger R.，Fasolo P.，Davislamastro V. Perceived organizational support and employee diligence，commitment，and innovation［J］. Journal of Applied Psychology，1990，75（1）：51-59.

［22］Fabian Jintae Froese. Motivation and adjustment of self-initiated expatriates：The case of expatriate academics in South Korea［J］. The International Journal of Human Resource Management，2012，23

（6）：1095–1112.

［23］ Farh C. I. C.，Bartol K. M.，Shapiro D. L.，Shin J. Networking abroad：A process model of how expatriates form support ties to facilitate adjustment ［J］. Academy of Management Review，2010，35（3）：434–454.

［24］ Feigon S. A.，et al. Genetic and environmental influences on separation anxiety disorder symptoms and their moderation by age and sex ［J］. Behavior Genetics，2001，31（5）：403–411.

［25］ Frese M.，Garst H.，Fay D. Making things happen：Reciprocal relationships between work characteristics and personal initiative in a four–wave longitudinal structural equation model［J］. Journal of Applied Psychology，2007，92（4）：1084–1102.

［26］ Gao G.，Gudykunst W. B. Uncertainty，anxiety，and adaptation ［J］. International Journal of Intercultural Relations，1990，14（3）：301–317.

［27］ Grant A. M.，Parker S. K.，Collins C. G. Getting credit for proactive behavior：Supervisor reactions depend on what you value and how you feel ［J］. Personnel Psychology，2009，62（1）：31–55.

［28］ Gudykunst W. B.，Nishida T. Anxiety，uncertainty，and perceived effectiveness of communication across relationships and cultures ［J］. International Journal of Intercultural Relations，2001，25（1）：55–71.

［29］ Harvey M. The executive family：An overlooked variable in international assignments ［J］.Columbia Journal of World Business，1985（20）：84–92.

［30］ Harzing A. An analysis of the functions of international transfer of managers in MNCs ［J］. Employee Relations，2001，23（6）：581–598.

［31］ Haslberger A. Facets and dimensions of cross–cultural adaptation：Refining the tools ［J］. Personnel Review，2005，34（1）：85–109.

［32］ Haslberger A.，Brewster C. Capital gains，expatriate adjustment and the psychological contract in international careers ［J］. Human Resource Management，2009（48）：379–397.

［33］ Hechanova R.，Beehr T.A.，Christiansen N. D. Antecedents and consequences of employees' adjustment to overseas assignments：A meta–analytic review ［J］. Applied Psychology：An International Review，2003，52（2）：213–236.

［34］ Hock E. et al. Maternal separation anxiety：Mother infant separation from the maternal perspective ［J］. Child Development，1989，60（4）：793–802.

［35］ Hofstede G. Introduction：Geert hofstede's "culture's consequences：International differences in work–related values" ［J］. The Academy of Management Executive（1993–2005），2004，18（1）：73–74.

［36］ Hofstede G.，Neuijen B.，Ohayv D. D.，Sanders G. Measuring organizational cultures：A quali tative and quantitative study across twenty cases ［J］. Administrative Science Quarterly，1990，35（2）：286–316.

［37］ Inkson K.，Arthur M. B.，Pringle J.，Barry S. Expatriate assignment versus overseas experience：Contrasting models of international human resource development ［J］. Journal of World Business，1997，32（4）：351–368.

［38］ Konopaske R.，Werner S. US managers' willingness to accept a global assignment：Do expatriate benefits and assignment length make a difference? ［J］. The International Journal of Human Resource Management，2005（16）：1159–1175.

［39］ Latham G. P.， Pinder C. C. Work motivation theory and research at the dawn of the twenty-first century［J］. Annual Review of Psychology，2005（56）：495-516.

［40］ Leung K. Theorizing about Chinese organisational behaviour：The role of cultural and social forces. In X. Huang & M. H. Bong（Eds.），Handbook of chinese organizational behavior：Integrating theory，research and practice［M］. Cheltenham：Edward Elgar Publishing Limited，2012：13-28.

［41］ Morley M. J.， Cerdin J. Intercultural competence in the international business arena［J］. Journal of Managerial Psychology，2010，25（8）：805-809.

［42］ Morrison E. W. Doing the job well：An investigation of pro-social rule breaking［J］. Journal of Management，2006（32）：5-28.

［43］ Munton A. G. Job relocation，stress and the family［J］. Journal of Organizational Behavior，1990，11（5）：401-406.

［44］ Myers B.， Pringle J. K. Self-initiated foreign experience as accelerated development：Influences of gender［J］. Journal of World Business，2005，40（4）：421-431.

［45］ Nakane C. Japanese society［J］. Current Anthropology，1972，13（5）.

［46］ Napier N. K.， Taylor S. Western women working in Japan［M］. New York：Quorum Books，1995.

［47］ Paik Y.， Segaud B.， Malinowski C. How to improve repatriation management：Are motivations and expectations congruent between the company and expatriates?［J］. International Journal of Manpower，2002（23）：635-648.

［48］ Parker G.， Janush E. S. Developing expatriate remuneration packages［J］. Employee Benefits Journal，2001（26）：3-5.

［49］ Paul A. Boelen，Albert Reijntjes，R. Nicholas Carleton. Intolerance of uncertainty and adult separation anxiety［J］. Cognitive Behaviour Therapy，2014，432.

［50］ Peltokorpi V.Cross-Cultural adjustment of expatriates in Japan［J］. The International Journal of Human Resource Management，2008，19（9）：1588-1606.

［51］ Richardson J.， Mallon M. Career interrupted? The case of the self-directed expatriate［J］. Journal of World Business，2005（40）：409-420.

［52］ Savickas M. L. Career construction theory and practice［A］. In S. D. Brown，R. W. Lent（Eds.），Career development and counseling：Putting theory and research to work. 2nd ed［M］. NJ，US：John Wiley & Sons，2013：144-180.

［53］ Savickas M. L. Career construction：A developmental theory of vocational Behavior［A］. In D. Brown（Ed.），Career choice and development. 4th ed［M］. San Francisco，CA，US：John Wiley & Sons，2002：149-205.

［54］ Savickas M. L.， Porfeli E. J. Career adaptabilities scale：Construction，reliability，and measurement equivalence across 13 countries［J］. Journal of Vocational Behavior，2012，80（3）：661-673.

［55］ Savickas. 生涯咨询［M］. 郑世彦，马明伟，郭本禹译. 重庆：重庆出版社，2015.

［56］ Selmer J.， Lauring J. Marital status and work outcomes of self-initiated expatriates：Is there a moderating effect of gender?［J］. Cross Cultural Management：An International Journal，2011，18（2）：198-213.

［57］ Shaffer M. A.， Harrison D. A. Expatriates' psychological withdrawal from international assignments: Work, nonwork, and family influences [J]. Personnel Psychology, 1998, 51 (1): 87-118.

[58] Simmel G. The stranger, in the sociology of georg simmel [M]. New York: Free Press, 1950.

[59] Skuja I., and Norton J. Counseling English-speaking expatriates in Tokyo [J]. International Social Work, 1982 (25): 30-42.

[60] Sobre-Denton M., Dan H. Mind the gap: Application-based analysis of cultural adjustment models [J]. International Journal of Intercultural Relations, 2008, 32 (6): 538-552.

[61] Spielberger, R. Gorsuch, R. Lushene. Manual for state-trait anxiety inventory [M]. CA: Consulting Psychologists Press, 1983.

[62] Stahl G. K., Chua C. H., Caligiuri P., et al. Predictors of turnover intentions in learning-driven and demand-driven international assignments: The role of repatriation concerns, satisfaction with company support, and perceived career advancement opportunities [J]. Human Resource Management, 2009, 48 (1): 89-109.

[63] Stahl G. K., Miller E. L., Tung R. L. Stahl, G. K. Miller, E. Tung, R.Toward the boundaryless career: A closer look at the expatriate career concept and the perceived career implications of an inter national assignment [J]. Journal of World Business, 2002, 37 (3): 216-227.

[64] Sullivan S. E., Arthur M. B. The evolution of the boundaryless career concept: Examining physical and psychological mobility [J]. Journal of Vocational Behavior, 2006, 69 (1): 19-29.

[65] Suutari V., Brewster C. Making their own way: International experience through self-initiated foreign assignments [J]. Journal of World Business, 2000, 35 (4): 417-436.

[66] Tharenou P., Caulfield N. Will I stay or will I go? Explaining repatriation by self-initiated expatriates [J]. Academy of Management Journal, 2010 (53): 1009-1028.

[67] Trompenaars F., Hampden-Turner C.Riding the waves of culture: Understanding cultural diversity in business (2nd ed.) [M]. London: Nicholas Brealey, 1998.

[68] Tung R.L. Career issues in international assignments [J]. The Academy of Management, 1988, 2 (3): 241-244.

[69] Van der Zee K. I., Ali A. J., Salome E. Role interference and subjective well-being among expatriate families [J]. European Journal of Work and Organizational Psychology, 2005, 14 (3): 239-262.

[70] Varma A., Budhwar P., Pichler S. Chinese host country nationals' willingness to help expatriates: The role of social categorization[J]. Thunderbird International Business Review, 2011, 53 (3): 353-364.

[71] Vesa Peltokorpi, Fabian Jintae Froese, Organizational expatriates and self-initiated expatriates: Who adjusts better to work and life in Japan? [J]. The International Journal of Human Resource Management, 2009, 20 (5): 1096-1112.

[72] Yehuda Baruch, Yochanan Altman, Rosalie L. Tung. Career mobility in a global era: Advances in managing expatriation and repatriation [J]. The Academy of Management Annals, 2016 (101).

| 第四部分 |

供应链管理篇

“双资金”约束下的供应链金融模式研究

作者：张宸瑞；指导老师：晏妮娜

内容摘要：本文在需求不确定环境下，设计了一个由资金约束零售商、制造商和商业银行组成的供应链金融系统，研究了有限融资下的供应链金融最优决策及最优模式选择。考虑零售商和制造商的资金约束程度、信用额度，分析了制造商为主方、零售商为从方的Stackelberg主从策略，分别求解了零售商的最优订货量、制造商的最优批发价格以及各自的利润，并探讨了在双方不同自有资金及银行提供的融资额度下的三种不同模式的优劣。最后通过数值算例分析了零售商和供应商不同资金约束程度对供应链金融系统最优策略的影响及双方融资模式的选择，并验证了理论分析的结果。结论表明，在零售商的自有资金变化的情况下，供应链会选择不同的融资模式，从而能够最大限度地增加供应链金融系统各参与主体的预期收益，并通过有效协调来提高供应链系统的渠道效率。

关键词：供应链金融；融资额度；资金约束；融资模式；Stackelberg主从对策

一、引　言

近年来，供应链的一体化管理已然成为众多企业管理的重心之一，上下游企业之间的联系也愈发密切，因此企业间的竞争已逐渐被企业所处的供应链之间的竞争所取代。在供应链中处于核心位置的企业，其市场反应能力的提高离不开所在供应链的协调发展，即通常所指的制造商的供应能力和零售商的销售能力。然而以上两种能力若想能够充分发挥，在很多情形下都需要银行等金融机构为其提供资金支持。

由此，一种新兴的融资模式，即供应链金融（Supply Chain Finance）在国内外市场上应运而生，受到各企业和银行等金融机构的极大关注。供应链金融，简而言之，就是银行将供应链中的核心企业和与其具有业务往来的上下游企业捆绑在一起，对它们提供灵活有效的金融服务。供应链金融管理涵盖了物流、资金流和信息流三大方面，银行需要以供应链中的核心企业为重心，综合管理上下游中小企业的资金流和物流，同时通过信息流有效控制供应链的风险，这样才能将风险控制在尽可能低的水平上。

与传统的供应链系统相比，供应链金融系统中存在多个性质各异的个体，不仅包括供应链上的中小企业（资金的需求主体），还包括以商业银行为代表的金融机构（资金的供给方）以及物流企业、电子平台服务提供商等辅助型机构。然而，由于各参与主体具有不同的发展目标，对其物流、资金流和信息流的管理也都不同，从整个供应链角度来看，显得尤为复杂。此外，在供应链金融中由于银行等金融机构和第三方物流的参与将导致供应链决策主体的复杂性及不确定性的增加，供应链节点之间的协调难度也将随之增加。

综上所言，我们面临的挑战是，怎样有效地协调以供应链核心企业为主体的运营决策，同时关注以银行为主体的金融决策，从而最终实现供应链整体的最优效益。因此，本文待解决的核心是融资额度约束和资金约束“双资金”约束下的供应链金融系统的最优决策与协调策略。

二、文献综述

供应链金融研究领域中，学者们对银行、核心企业和中小企业的投融资决策进行研究时，虽考虑到了零售商资金约束或生产商资金约束的问题，但很少涉及两者同时存在资金约束的情况，这导致在这一问题的研究上或多或少存在与事实不相符的情况。在近几年涌现出了大量研究供应链双方资金约束下的生产和库存决策的问题。其中，与本文密切相关的有：以报童模型为基础，Lariviere 和 Porteus（2001）利用了 Stackelberg 博弈模型来进行分析决策，但是没有考虑流动资金的限制[1]。Li（2005）讨论一个多阶段动态报童优化模型，在资本有限的情况下研究其长期利润，公司在必要时进行银行贷款来进行库存决策，银行利率就是其目标利润函数中的重要参数[2]。Buzacott 和 Zhang（2004）首次将物流和资金流的研究结合起来，基于资产融资方式研究了存在资金约束情况下的零售商库存管理问题[3]。Dada 和 Hu（2008）同样也分析了银行在争取自身利润最大化时和零售商之间的决策关系，通过分析 Stackelberg 模型的均衡解来进行有效的解释，但是在本文中，银行只作为一个资金提供者而不参与决策[4]。Zhou 和 Groenevelt（2007）分析了在信贷约束的情况下两种不同的融资方案：由供应商补贴的银行贷款（即零售商获得的银行贷款的利息由供应商支付）和开放账户融资（即贸易信贷没有提前付款折扣）。因为在这两个方案中零售商都只支付贷款本金，所以供应商的贸易信贷合同只有批发价格一个参数[5]。Xu 和 Zhang（2007）在资金约束情况下对零售商的供应链进行分析，设计出了相应的制造商融资合同来促进供应链的协调，并在此基础上给出了相关的管理建议[6]。Ren 和 Guan（2009）则解释了供应链中制造商作为资金融通对象时，供应链金融模式对零售商、制造商和供应链所产生的影响[7]。Xu 和 Birge（2005）基于对报童问题的研究，建立了模型以研究在自有资本约束和一些商业契约激励条款条件下的最优生产决策[8]。R.Caldentey 和 X.F.Chen

(2007) 假设零售商资金存在约束，最终得出了特殊信用合同能够创造新的供应链价值的结论[9]。

通过研究综述发现，目前关于供应链融资的研究，如 Buzacott 和 Zhang (2004)、Dada 和 Hu (2008) 等，大多是探讨当零售商或制造商面临资金约束时应如何通过交易信用进行内部融资或通过银行贷款进行外部融资时的决策问题，而很少考虑在整个中小企业供应链系统中研究当上下游企业同时受资金约束且分别需要从外部金融机构进行融资时的决策问题[3,4]。另外，目前大多数研究都假设零售商和制造商的融资能力是无限的，即不将制造商和零售商向银行融资时的信用额度纳入考虑范围，假设银行能够完全满足企业的融资需求，这显然是不太现实的[10]。

因此，本文将着重从三个方面进行模型的建立、论述与分析：一是构建一个由制造商、零售商和商业银行组成的供应链金融系统，探讨当制造商和零售商均受自有资金约束时，面对需求的不确定性，买卖双方应如何做出最优的融资决策和运营决策；二是设计了三种融资模式，并通过构建以制造商为主方、零售商为从方的 Stackelberg 主从对策模型，探讨有限融资和资金约束下的供应链金融系统最优决策；三是通过对比分析三种不同的融资模式，探讨零售商和制造商在不同自有资金约束下和信贷额度下的最佳融资模式选择。

三、基于"双资金"约束的供应链金融系统框架

(一) 变量定义及前提假设

为便于模型描述，本文首先对各种变量做出说明。

p：零售商的单位零售价格；

Q：零售商的订货量，在本文中作为决策变量；

w：制造商的单位批发价格，在本文中作为决策变量；

c：制造商的单位制造成本；

K_r：零售商的自有资金；

K_m：制造商的自有资金；

L_1：银行向零售商提供的实际融资额度；

L_2：银行向制造商提供的实际融资额度；

L_r：银行向零售商提供的最大融资额度；

L_m：银行向制造商提供的最大融资额度；

R_m：银行向制造商提供的贷款利率；

R_r：银行向零售商提供的贷款利率；

R_f：资本市场的无风险利率；

D：消费者的随机需求量，密度函数和分布函数分别为 f（D）和 F（D），且$\bar{F}(D)=1-F(D)$；

$\Pi_r/\Pi_m/\Pi_s$：零售商/制造商/供应链金融系统的收益函数。

本文假设需求分布函数 F（D）是连续、可导、严格递增的，并符合递增失败率性质（IFR）的分布，从而保证模型存在最优解。此外，我们还假设 $p>w(1+R_r)$，$w\geq c(1+R_m)$，$K_r<K_m$，并且假定零售商的单位零售价格 $p=1$。

本文在分析供应链金融系统时，假定制造商和零售商都是风险中性和完全理性的，即各自在决策时都追求利润最大化。另外，假设该系统中信息是对称共享的，即制造商、零售商及商业银行之间不存在信息不一致现象，各主体之间对各自的情况都知根知底。此外，当零售商因经营困难而破产时，相较于制造商而言，银行将优先获得零售商销售所得。

（二）模型框架

本文构建了一个简单的二级供应链，即由单一制造商和单一零售商组成。零售商向制造商以一定的批发价格购买一种产品，再销售给具有不确定随机需求的顾客群。制造商收到零售商订单后采取按单生产的方式组织生产。假设零售商在采购过程中存在资金约束，即其自有资金不一定能满足采购所需资金，并且，制造商也同样存在资金约束，即其自有资金不一定能满足生产所需资金，因而，该二级供应链各主体需要采取内部或者外部融资。

本文设计了三种基于信贷的融资模式，即零售商有限外部融资模式、制造商有限外部融资和零售商有限内部融资模式，以及制造商有限外部融资和零售商有限内外部共同融资模式。

四、买卖双方均受资金约束的供应链金融决策分析

（一）零售商有限外部融资模式

该模式表示制造商资金充足，只有零售商存在资金约束，并且零售商依靠制造商的信用向银行贷款。考虑到零售商的信用风险，银行会以一定的贷款利率 R_r 提供有限融资额度 L_r，从而确保自身的收入。而当销售业务开展到末期时，零售商用其已实现的销售收入向银行偿还本息，但是，零售商仍然存在破产的可能性。同时，制造商作为核心企业，将根据零售商的订购量和自有资金决定是否需要向银行借款。该模式下的供应链金融系统框架如图 1 所示。

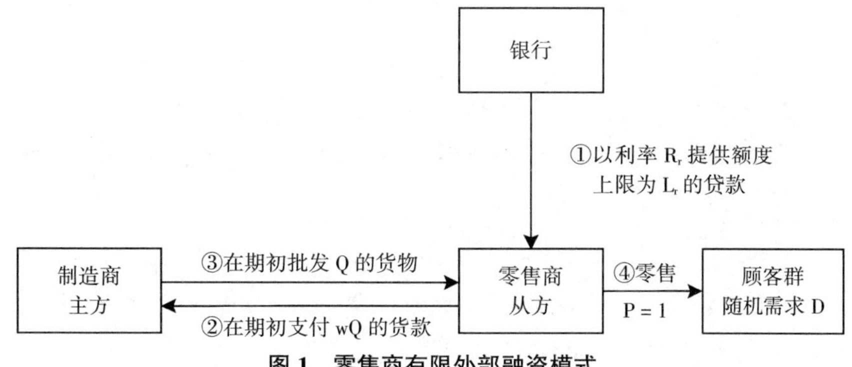

图 1 零售商有限外部融资模式

本文通过制造商为主方、零售商为从方的主从对策分析建模如下：

$$\begin{cases}(L)\max\limits_{w^{M1}} \prod_m (w^{M1}; Q^{M1}, D) = w^{M1}Q^{M1} - cQ^{M1} & (1)\\ (F)\max\limits_{Q^{M1}} \prod_r (Q^{M1}; w^{M1}, D) = E\min[D, Q^{M1}] - w^{M1}Q^{M1} - L_1(1+R_r) & (2)\\ s.t.\quad L_1 = \min(((w^{M1}Q^{M1}-K_t)^+, L_r) & (3)\end{cases}$$

1. 零售商的最优决策

对于资金约束的零售商，面临市场需求的不确定性和破产风险，其决策问题是如何通过仓单质押的方式，向银行进行短期融资用以制定合理的订货量以实现利润最大化。因此零售商的决策问题如式（4）所示。

$$\max_{Q^{M1}} \prod_r (Q^{M1}; w^{M1}, D) = E\min[D, Q^{M1}] + K_r - w^{M1}Q^{M1} - \min\ ((w^{M1}Q^{M1} - K_r)^+, L_r)\ R_r$$

$$s.t.\quad (w^{M1}Q^{M1} - K_r)^+ \leq L_r \tag{4}$$

引理 1：对于零售商而言，向银行融资但不会面临破产风险的充分条件为：市场需求量不低于临界需求量 $D \geq \hat{D} = (wQ^{M1} - K_r)(1+R_r)$（证明详见附录 1）。

由引理 1 可知，$\hat{D}$表示零售商不会遇到破产风险时的临界需求量，即当市场需求 $D \geq \hat{D}$时，零售商才有可能足额偿还贷款本息，此时银行可以据此获得利息收益；否则当 $D < \hat{D}$时，零售商的销售收入将不能足额偿还贷款。因而可知，当市场使顾客需求量过低时，零售商将面临融资后仍旧经营不利从而破产的风险。

命题 1：如果市场需求分布函数符合 IFR，对于银行给定的融资利率 R_r 及制造的批发价格 w，零售商基于信贷约束，即条件 $(w^{M1}Q^{M1} - K_r)^+ \leq L_r$ 下的最优订货量满足 $Q^{M1*} = \bar{F}^{-1}(w^{M1} + w^{M1}R_r)$，但零售商最多只能订购$\frac{K_r + L_r}{w^{M1}}$的产品（证明详见附录 2）。

引理 2：如果市场需求分布函数符合 IFR，零售商的最优订货量是其自有资本的递减函数（证明详见附录 3）。

引理 2 表明，当零售商存在资金约束时，R_r 越大，意味着融资成本越大，因此在这种情况下零售商所需实现的收益要求也越小，所以 Q^{M1*} 越小。因此，零售商应合理利用银行外部融资，做出最优决策。

2. 制造商的最优决策

对于制造商而言，其面临的主要问题是如何设定适宜的批发价格以在最大程度上激励零售商增加订货需求从而实现利润最大化。因此，制造商的决策问题如式（5）所示。

$$\max_{w^{M1}} \prod_m (w^{M1};\ Q^{M1},\ D) = w^{M1}Q^{M1*} - cQ^{M1*} \tag{5}$$

引理 3：如果市场需求分布函数符合 IFR，零售商的最优订货量是制造商批发价格的递减函数，即 $dQ^{M1*}/dw^{M1}<0$（证明详见附录 4）。

由引理 3 可以发现，Q^{M1*} 随着 w^{M1} 的增大而减小。w^{M1} 与 Q^{M1*} 往相反方向变动的原因是，批发价格越低，零售商愿意购买的量自然越多，因此在供应链金融系统中，理智的制造商为了吸引零售商下单订购更多的产品，应选择制订一个合理的批发价格。如果制造商为了增加自身预期收益将批发价格设置过高，反而有可能破坏供应链各成员间的伙伴关系，导致零售商减少订货量。特别地，考虑到零售商面临资金约束，制造商更应该通过给予零售商相对较低的批发价格从而最大程度吸引零售商向银行寻求融资支持，以增加订货量，最终实现整个供应链系统收益的增加。

命题 2：如果市场需求分布函数符合 IFR，对于银行设定的信贷约束 L_m 及零售商的最优订货量 Q^{M1*}，制造商的最优批发价格为：$w^{M1*}=\frac{Q^{M1*}f(Q^{M1*})}{1+R_r}+c$（证明详见附录 5）。

（二）制造商有限外部融资和零售商有限内部融资模式

零售商基于内部融资，即制造商（核心企业）给予其延迟支付，零售商只需在期初把自有资金（K_r）支付给制造商即可获得所需订购量的货物。销售季节末，零售商通过实现的销售收入向制造商偿还所欠款项。制造商可基于自身信用向银行贷款，考虑到制造商的信用风险，银行会以一定的贷款利率 R_m 提供有限融资额度 L_m。制造商获得贷款得以保证产品生产后，向零售商以延期支付的形式提供内部融资。该模式下的供应链金融系统框架如图 2 所示。

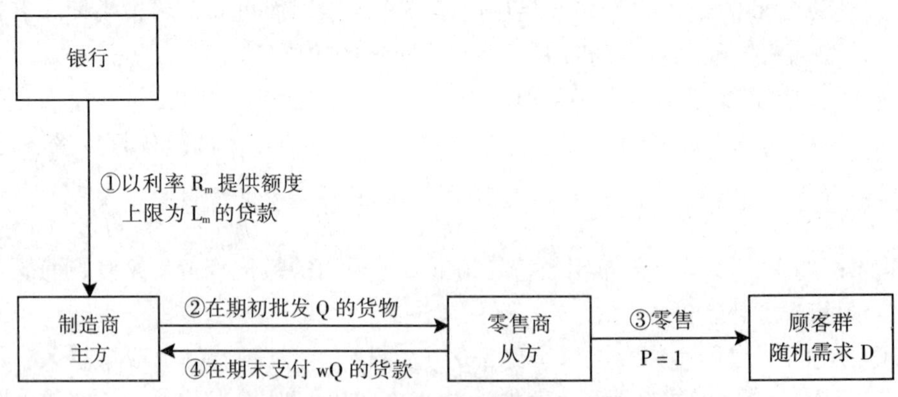

图 2　制造商有限外部融资和零售商有限内部融资模式

在由资金约束制造商、资金约束零售商及风险中立商业银行组成的供应链金融系统中，理性的决策者都会追求自身利益的最大化。在图 2 所示的供应链金融系统中，一方面，零售商应考虑如何通过内部融资以缓解其资金约束并使其运营决策达到最优；另一方面，制造商也要结合自身的资金规模和零售商的订购量确定最优的批发价格以激励零售商增加订货从而实现利润最大化。并且，制造商还要考虑是否需要外部融资，即向商业银行借款。因此可构建以制造商为主方（Leader）、零售商均为从方（Follower）的主从 Stackelberg 对策模型，具体如式(6)~式（10）所示。

$$\begin{cases}(L)\ \prod_m(w^{M2};\ Q^{M2},\ D)=\min(w^{M2}Q_r^{M2*},\ \min(D,\ Q_r^{M2*})+K_r)-(cQ_r^{M2*}-K_m)-L_2(1+R_m) & (6)\\ \text{s.t.}\quad Q_r^{M2*}=\min\left(\dfrac{K_m+L_m}{c},\ Q^{M2*}\right) & (7)\\ L_2=\begin{cases}0 & Q^{M2*}<\dfrac{K_m}{c}\\ cQ^{M2*}-K_m, & \dfrac{K_m}{c}<Q^{M2*}<\dfrac{K_m+L_m}{c}\\ L_m, & Q^{M2*}>\dfrac{K_m+L_m}{c}\end{cases} & (8)\\ (F)\ \max\limits_{Q^{M2}}\prod_r(Q^{M2};\ w,\ D)=E[\min[D,\ Q^{M2}]-(w^{M2}Q^{M2}-K_r)]^+ & (9)\\ \text{s.t.}\quad w^{M2}Q^{M2}\geqslant K_r & (10)\end{cases}$$

1. 零售商的最优决策

对于资金约束和有限责任条件下的零售商，因为其自有资金不足以满足其最优订购量，因而需要向制造商寻求内部融资，融资额度为$(w^{M2}Q^{M2}-K_r)^+$，而这部分资金零售商会在销售期末获得足够收入后归还给制造商。此外，如果$\min[D,\ Q^{M2}]<(w^{M2}Q^{M2}-K_r)^+$，则零售商宣布破产，但此时制造商最多能收回$\min[D,\ Q^{M2}]$，这就是所谓的零售商承担有限责任。因此零售商的决策问题如式（11）、式（12）所示。

$$\max_{Q^{M2}}\prod_r(Q^{M2};\ w^{M2},\ D)=E[\min[D,\ Q^{M2}]-(w^{M2}Q^{M2}-K_r)]^+ \tag{11}$$

$$\text{s.t.}\quad w^{M2}Q^{M2}\geqslant K_r \tag{12}$$

式（11）是零售商的期望利润函数；式（12）表示零售商在运营决策中受资金约束（$K_r\leqslant w^{M2}Q^{M2}$）。

引理 4：对于零售商而言，向制造商融资而且在销售期末支付货款但不破产的充分条件为：市场需求量不低于临界需求量，即$D\geqslant\hat{D}=(w^{M2}Q^{M2}-K_r)$（证明详见附录 6）。

由引理 4 可知，表示零售商不破产时的临界需求量为$\hat{D}$，即当市场需求$D\geqslant\hat{D}$时，零售商能够清偿内部融资额度，此时制造商可以通过融资服务获得预期收益；否则当$D<\hat{D}$时，零售商的销售收入无法足额清偿贷款。由此可见，当最终顾客的需求量过低时，零售商将面临融资后经营不利而破产的风险。

命题 3：如果市场需求分布函数符合 IFR，对于制造商给定的批发价格w^{M2}，零售商基于有限融资的最优订货量满足$\bar{F}(Q^{M2*})=w^{M2}\bar{F}(w^{M2}Q^{M2*}-K_r)$（证明详见附录 7）。

引理 5： 当零售商基于有限融资的最优订货量满足 $\bar{F}(Q^{M2*})=w^{M2}\bar{F}(w^{M2}Q^{M2*}-K_r)$ 时，最优订购量 Q^{M2*} 随着 w^{M2}、K_r 的增加而减少（证明详见附录 8）。

由引理 5 可知，最优订购量 Q^{M2*} 随 w^{M2} 增加而减少，即批发价格越高，零售商的成本就越大，这必然会导致其订购量的减少。而对于 K_r，因为零售商是有限责任，其最大的损失就以 K_r 为界，则零售商就会为了自身利润的最大化而冒险去订购，并且随着零售商最大损失 K_r 的减少，其冒险的订购量就会增加。

2. 制造商的最优决策

本文中制造商也同样存在资金约束，制造商的主要决策问题是如何制定合适的批发价格以实现预期利润最大化并根据可知的零售商的最优订购量和其自有资金来决定是否需要向银行寻求外部融资。因此制造商的利润函数决策模型如式（13）所示。

$$\prod_m(w^{M2},Q^{M2},D)=\min(w^{M2}Q_r^{M2*},\min(D,Q_r^{M2*})+K_r)-(cQ_r^{M2*}-K_m)-L_2(1+R_m) \tag{13}$$

$$\text{s.t. } Q_r^{M2*}=\min\left(\frac{K_m+L_m}{c},Q^{M2*}\right) \tag{14}$$

$$L_2=\begin{cases}0 & Q^{M2*}<\dfrac{K_m}{c}\\ cQ^{M2*}-K_m, & \dfrac{K_m}{c}<Q^{M2*}<\dfrac{K_m+L_m}{c}\\ L_m, & Q^{M2*}>\dfrac{K_m+L_m}{c}\end{cases} \tag{15}$$

引理 6： 如果市场需求分布函数符合 IFR，零售商的最优订货量是制造商批发价格的递减函数，即 $\frac{dQ^{M2*}}{dw^{M2*}}<0$（证明详见附录 9）。

由引理 6 可知，在供应链金融系统中，理智的制造商为了吸引零售商较多的订货量，应选择制订一个合理的批发价格。如果制造商为了增加自身预期收益将批发价格设置过高，反而有可能破坏供应链上的合作关系，导致零售商减少订货量。特别地，考虑到零售商面临资金约束，制造商应该通过设置相对较低的批发价格来吸引零售商向银行寻求外部融资，从而增加订货量，最终实现整个供应链系统收益的增加。此外，由于制造商也可能存在资金约束，因而 w 制定得合适与否，也会影响其是否需要向商业银行借款。

命题 4： 如果市场需求分布函数符合 IFR，根据银行不同条件下的贷款情况以及零售商的最优订货量 Q^{M2*}，可得最优批发价格为（证明详见附录 10）：

（1）当 $Q^{M2*}<\frac{K_m}{c}$ 时，满足：

$$\frac{1-w^{M2}Q^{M2*}h(w^{M2}Q^{M2*}-K_r)}{w^{M2^2}f(w^{M2}Q^{M2*}-K_r)-f(Q^{M2*})}=\frac{Q^{M2*}}{-w^{M2}+w^{M2}F(w^{M2}Q^{M2}-K_r)+c} \tag{16}$$

（2）当 $\frac{K_m}{c}<Q^{M2*}<\frac{K_m+L_m}{c}$ 时，满足：

$$\frac{1-w^{M2}Q^{M2*}h(w^{M2}Q^{M2*}-K_r)}{w^{M2^2}f(w^{M2}Q^{M2*}-K_r)-f(Q^{M2*})}=\frac{Q^{M2*}}{2c+cR_m+w^{M2}F(w^{M2}Q^{M2*}-K_r)-w^{M2}} \tag{17}$$

（三）制造商有限外部融资和零售商有限内外部共同融资模式

同时考虑供应链内外部融资的情况下，制造商与零售商均可通过自身信用向银行贷款，银行则会以一定的贷款利率 R_m 与 R_r 分别提供有限融资额度 L_m 与 L_r。制造商获得贷款得以保证产品生产，零售商将其自有资本 K_r 以及贷款量 L_r 之和的资金向制造商及时支付，剩余部分以延期支付的形式获得内部融资。

销售季节末，零售商通过实现的销售收入 Emin [D, Q^{M3}] 向制造商支付货款 $(w^{M3}\times Q^{M3}-K_r-L_r)$。制造商在销售期末向银行偿还贷款 L_m $(1+R_m)$。该模式下的供应链金融系统框架如图 3 所示。

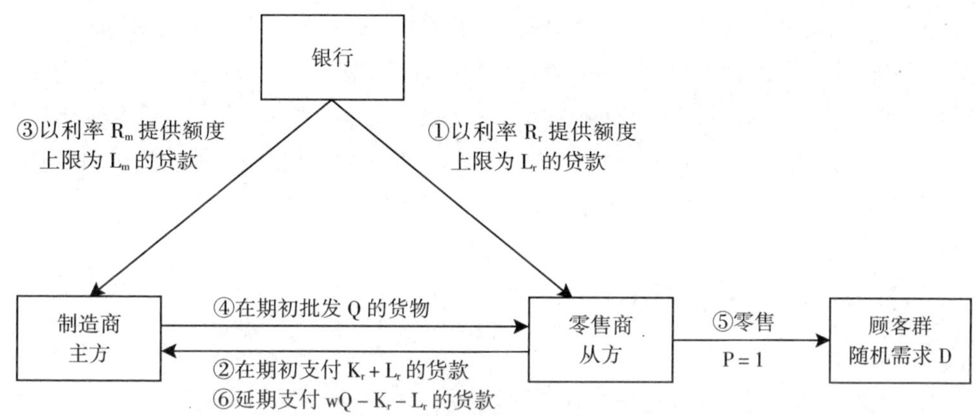

图 3　制造商有限外部融资和零售商有限内外部融资模式

在图 3 所示的供应链金融系统中，一方面，零售商需考虑如何通过内部融资或者外部融资以缓解其资金约束并使其运营决策达到最优；另一方面，制造商也要结合自身的资金规模和零售商的订购量确定最优的批发价格以激励零售商增加订货从而实现利润最大化。在银行信贷约束为 L_m 的条件下，制造商根据自有资本 K_m 与产品制造成本 cQ^{M3*} 的关系而发生变化；而零售商首先采用向银行贷款的外部融资方式，结果依然无法满足采购所需要的成本，因此将贷款后的所有资金直接支付后，剩余部分向制造商寻求延期支付的内部融资形式，此时零售商利润函数会根据自有资本 K_r 与产品订购成本 $w^{M3}Q^{M3*}$ 的关系而得出。因此，可构建以制造商为主方（Leader）、零售商均为从方（Follower）的主从 Stackelberg 对策模型：

$$\begin{cases}(L)\max\limits_{w}\prod_m(w^{M3};Q^{M3},D)=\min[wQ_r^{M3*},\min(D,Q_r^{M3*})+K_r-L_r(1+R_r)]-(cQ_r^{M3*}-K_m)-L_2(1+R_m) & (18)\\ s.t.\quad Q_r^{M3*}=\min\left(\dfrac{K_m+L_m+K_r+L_r}{c},Q^{M3*}\right) & (19)\\ L_2=\begin{cases}0 & Q^{M3*}<\dfrac{K_m+K_r+L_r}{c}\\ cQ^{M3*}-K_m, & \dfrac{K_m+K_r+L_r}{c}<Q^{M3*}<\dfrac{K_m+L_m+K_r+L_r}{c}\\ L_m, & Q^{M3*}>\dfrac{K_m+L_m+K_r+L_r}{c}\end{cases} & (20)\\ (F)\max\limits_{Q}\prod_r(Q^{M3};w^{M3},D)=E[\min[D,Q^{M3}]-L_r(1+R_r)]^+-(w^{M3}Q^{M3}-K_r-L_r)^+ & (21)\\ s.t.\quad (w^{M3}Q^{M3}-K_r)^+>L_r & (22)\end{cases}$$

1. 零售商的最优决策

对于资金约束和有限责任下的零售商，因为其自有资金不足以满足其最优订购量，因而需要向制造商寻求内部融资，融资额度为$(w^{M3}Q^{M3}-K_r-L_r)^+$，这部分资金零售商会在销售期末归还给制造商。此外，如果$\min[D,Q^{M3}]<L_r(1+R_r)$，则零售商宣布破产，但此时银行最多能收回$\min[D,Q^{M3}]$，如果$0\leqslant\min[D,Q^{M3}]-L_r(1+R_r)\leqslant(w^{M3}Q^{M3}-K_r-L_r)^+$，则零售商在清偿银行欠款后，制造商还能收回$\min[D,Q^{M3}]-L_r(1+R_r)$。因此零售商的决策问题如式（23）、式（24）所示。

$$\max_{Q^{M3}}\prod_r(Q^{M3};w^{M3},D)=E[\min[D,Q^{M3}]-L_r(1+R_r)]^+-(w^{M3}Q^{M3}-K_r-L_r) \tag{23}$$

$$s.t.\quad (w^{M3}Q^{M3}-K_r)>L_r \tag{24}$$

其中，式（23）是零售商的期望利润函数；式（24）表示零售商在运营决策中受资金约束。

引理 7：对于零售商而言，向制造商融资而且在销售期末支付货款但不破产的充分条件为：市场需求量不低于临界需求量，即$D\geqslant\hat{D}=L_r(1+R_r)+(w^{M3}Q^{M3}-K_r-L_r)$（证明详见附录 11）。

由引理 7 可知，表示零售商不破产时的临界需求量为$\hat{D}$，即当市场需求$D\geqslant\hat{D}$时，零售商才有可能清偿内部融资和外部融资额度；否则当$D<\hat{D}$时，零售商的期末利润将不足以偿还债务。由此可见，当最终顾客的需求量过低时，零售商将面临融资后经营不善破产的风险。

命题 5：如果市场需求分布函数符合 IFR，对于制造商给定的批发价格w^{M3}，零售商基于有限融资的最优订货量满足$\bar{F}(Q^{M3*})=w^{M3}-F(L_r(1+R_r))$（证明详见附录 12）。

引理 8：当零售商基于有限融资的最优订货量满足$\bar{F}(Q^{M3*})=w^{M3}-F(L_r(1+R_r))$时，最优订购量$Q^{M3*}$随着$w^{M3}$、$R_r$的增加而减少（证明详见附录 13）。

由引理 8 可知，最优订购量Q^{M3*}随w^{M3}增加而减少，即批发价格越高，零售商的成本就越大，这必然会导致其订购量的减少。而对于 R_r，因为零售商期初必定会借入 L_r 额度的贷款，因此在银行确定较高利率的情况下，零售商会尽量订购较高额度的 Q^{M3} 以满足 D 从而获得尽可能大的利润，即使期末面临破产风险，多余的产品也可变价出售获得部分资金。

2. 制造商的最优决策

本文中制造商并非是一个资金无限的实体，同样存在资金约束，则制造商的决策问题是如何制定合适的批发价格以实现预期利润最大化及根据零售商的最优订购量和自有资金来决定是否需要向银行寻求外部融资。因此制造商的利润函数决策模型如式（18）所示。

引理 9： 如果市场需求分布函数符合 IFR，零售商的最优订货量是制造商批发价格的递减函数，即 $\frac{dQ^{M3*}}{dw^{M3}}<0$（证明详见附录 14）。

命题 6： 如果市场需求分布函数符合 IFR，对于银行不同的借款情况及零售商的最优订货量 Q^{M3*}，最优批发价格为：当 $Q^{M3*}<\frac{K_m+K_r+L_r}{c}$ 时，满足 $\frac{Q^{M3*}\times\bar{F}\left[w^{M3}Q^{M3*}-K_r+L_rR_r\right]}{c-w^{M3}\bar{F}\left[w^{M3}Q^{M3*}-K_r+L_rR_r\right]}=\frac{1}{-f(Q^{M3*})}$，$\frac{K_m+K_r+L_r}{c}<Q^{M3*}<\frac{K_m+L_m+K_r+L_r}{c}$ 时，满足 $\frac{Q^{M3*}\bar{F}\left[w^{M3}Q^{M3*}-K_r+L_rR_r\right]}{2c+cR_m-w^{M3}\bar{F}\left[w^{M3}Q^{M3*}-K_r+L_rR_r\right]}=\frac{1}{-f(Q^{M3*})}$（证明详见附录 15）。

五、算例分析

针对以上三种融资模式，本文进行了结合供应链融资运作实例的数值算例分析。借鉴钟远光、周永务、李柏勋、王圣东（2011）的算例参数[11]，假设随机需求量服从 0–1 的均匀分布，银行向制造商和零售商提供的融资利率为 $R_m=0.05$，$R_r=0.07$ 单位零售价格为 1，单位生产成本为 0.3，零售商自有资金区间为［0，2］。

（1）根据模式 1，即零售商有限外部融资模式，计算了不同自有资金下零售商的最优订货量 Q^* 以及制造商的最优批发价格 w^*，同时计算出了零售商和制造商相应的利润，如表 1、图 4 所示。

表 1 零售商有限外部融资模式各方利润

K_r	零售商利润	制造商利润	供应链总利润
0	0.172375	0.1225	0.294875
0.2	0.182375	0.1225	0.304875
0.4	0.192375	0.1225	0.314875

续表

K_r	零售商利润	制造商利润	供应链总利润
0.6	0.202375	0.1225	0.324875
0.8	0.212375	0.1225	0.334875
1.0	0.222375	0.1225	0.344875
1.2	0.232375	0.1225	0.354875
1.4	0.242375	0.1225	0.364875
1.6	0.252375	0.1225	0.374875

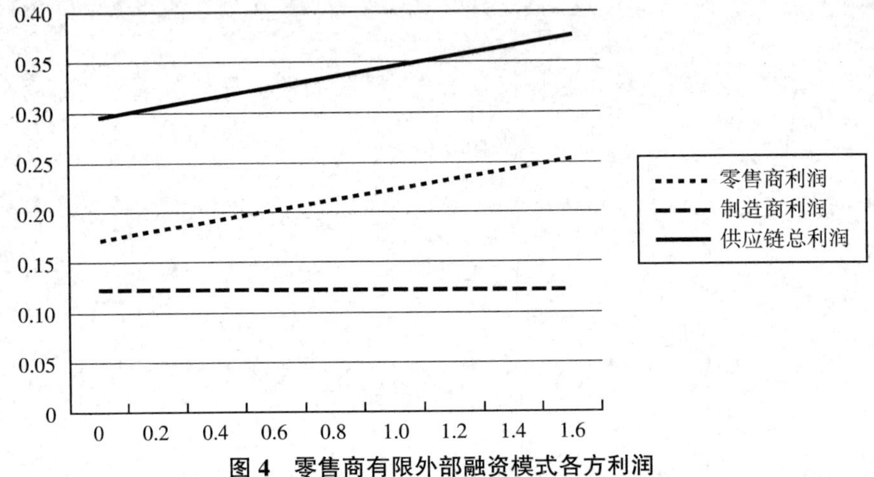

图 4　零售商有限外部融资模式各方利润

根据模式 1 的算例，在该模式下，零售商最优订购批量 Q^{M1*} 以及制造商的最优批发价格 w^{M1} 会根据银行给予零售商的利率 R_r 以及制造商的制造成本 c 而变化，因此，当利率 R_r 和制造成本 c 外生给定时，最优订购批量 Q^{M1*} 和最优批发价格 w^{M1} 都会确定，因此制造商的利润也确定，而零售商的利率则会根据自有资本 K_r 的变化而变化。由算例数据可得，自有资本 K_r 越大，零售商最优利润越大，结论显然与实际相符。

（2）根据制造商有限外部融资和零售商有限内部融资模式，分别计算了两种条件下不同自有资金下零售商最优订货量 Q^{M2*} 以及制造商最优批发价格 w^{M2}，最终得出了零售商和制造商两者各自的利润，如表 2、表 3、图 5、图 6 所示。

表 2　制造商有限外部融资和零售商有限内部融资模式情况 1

K_r	零售商利润	制造商利润	供应链总利润
0	0.000125	0.224815	0.22494
0.2	−0.03563	0.270157	0.234531
0.4	−0.02368	0.266483	0.242802
0.6	−0.12938	0.372725	0.243342
0.8	0.112612	0.129965	0.242577
1.0	0.296224	−0.05323	0.242996
1.2	0.551086	−0.30841	0.242674
1.4	0.87995	−0.63884	0.24111
1.6	1.283727	−1.04693	0.236795

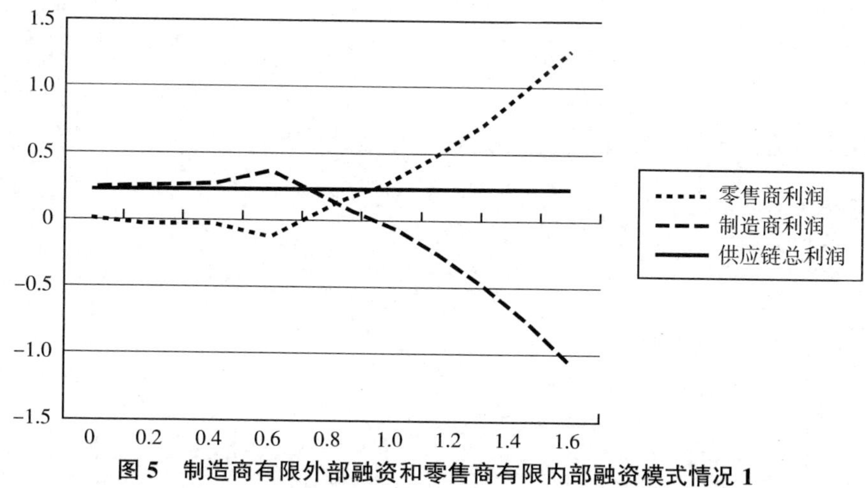

图 5 制造商有限外部融资和零售商有限内部融资模式情况 1

根据制造商有限外部融资和零售商有限内部融资模式的算例 1，即在第一个条件 $Q^{M2*}<\frac{K_m}{c}$ 下，研究当零售商的自有资本 K_r 以步长 0.2 变动时，不同自有资本下其最优订购量以及供应商的最优批发价格，并分析了两者能获得的最优利润。

从算例中发现，当 $K_r \geqslant 1$ 时，零售商可以获得自己的最优利润，且比较可观，然而此时制造商利润为负，因此在该区间内，制造商不会选择模式 2。

当 $K_r \leqslant 0.6$ 时，制造商可以根据零售商的最优订购量确定自己最优的批发价格，并且获得了可观的利润，然而此时，零售商利润为负，因此在这种情况下，零售商不会选择该模式。

当 $0.6<K_r<1$ 时，零售商和制造商两者均可以获得利润，因此当自有资本落在该区间时，零售商和制造商可以通过模式 2 获得最优的结果。

将 $Q^{M2*}<\frac{K_m}{c}$ 条件下的制造商有限外部融资和零售商有限内部融资模式与零售商有限外部融资模式进行比较，可知，当 $0.6<K_r<1$ 时，零售商选择有限外部融资模式获得的利润高于制造商有限外部融资和其有限内部融资的模式，因此，零售商此时不会愿意进行内部融资。

表 3 制造商有限外部融资和零售商有限内部融资模式情况 2

K_r	零售商利润	制造商利润	供应链总利润
0	0.00	−0.30411	−0.30411
0.2	−0.12572	0.606691	0.480974
0.4	−0.04817	0.531995	0.483824
0.6	0.015758	0.665961	0.681719
0.8	0.131713	0.762106	0.893819
1.0	0.308449	0.803701	1.112149
1.2	0.552932	0.780568	1.3335

续表

K_r	零售商利润	制造商利润	供应链总利润
1.4	0.868537	0.690532	1.559069
1.6	1.255176	0.766509	2.021684

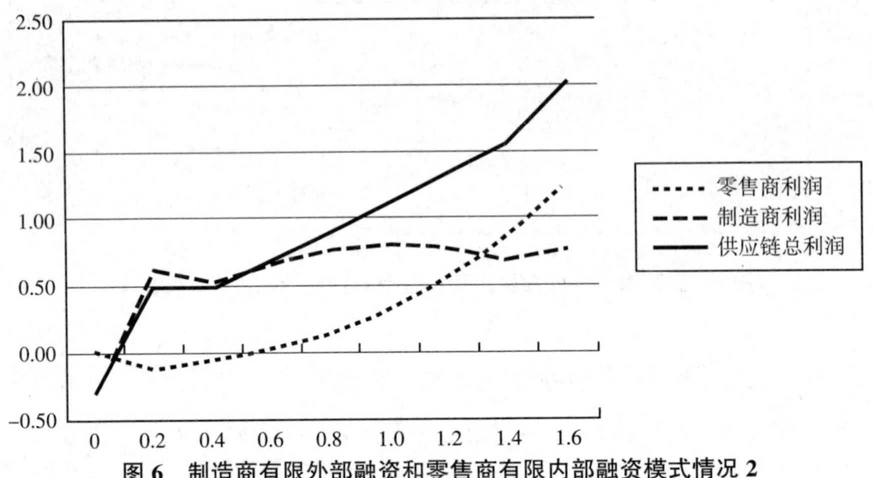

图 6　制造商有限外部融资和零售商有限内部融资模式情况 2

根据模式 2 的算例 2，即在第二个条件 $\frac{K_m}{c} < Q^{M2*} < \frac{K_m + L_m}{c}$ 下，同样以步长为 0.2 变动零售商的自有资本 K_r，分析在零售商不同自有资本下其最优的订购量以及制造商的最优的批发价格，并探究了各自最优利润的变化情况。

从算例中发现，当 $K_r > 0.4$ 时，零售商可以获得自己的最优利润，且比较可观。零售商的最优订购量与其自有资本 K_r 之间的关系带有明显的抛物线的趋势，在自有资本 $K_r = 1.2$ 时，其最优订购量大于其他情况下的最优订购量；同时，本文也发现零售商的最优利润与其自有资本 K_r 之间为正比例关系，即自有资本 K_r 越大，零售商可以取得的利润也就越大。

站在制造商的角度来看，制造商可以依据零售商提交的订单的最优订购量来及时调整对其最有利的最优的批发价格，从而获得可观的利润。从算例中可以看出，制造商的最优利润和零售商的自有资本 K_r 呈现一种抛物线的关系，当 $K_r = 1$ 时，制造商获得利润大于其他情况下的利润。

将 $\frac{K_m}{c} < Q^* < \frac{K_m + L_m}{c}$ 条件下的模式 2 与模式 1 进行比较，可以发现此情况下制造商和零售商选择模式 2 获得的利润总是优于模式 1，整个供应链获得的利润也比模式 1 中的总利润更优，因而可知，零售商此时会更倾向于选择进行内部融资。

（3）根据制造商有限外部融资和零售商有限内外部共同融资模式，分别计算了两种融资模式下不同自有资金条件下零售商的最优订购量 Q^{M3*} 和制造商最优批发价格 w^{M3}，最终计算出了零售商和制造商在不同自有资金下相应的利润，如表 4、表 5、图 7、图 8 所示。

表 4 制造商有限外部融资和零售商有限内外部共同融资模式情况 1

K_r	零售商利润	制造商利润	供应链总利润
0	0.000186	0.14362	0.143806
0.2	0.009388	0.200971	0.210359
0.4	0.015525	0.207582	0.223107
0.6	0.015525	0.160209	0.175734
0.8	0.015525	0.058437	0.073962
1.0	0.015524	−0.09774	−0.08222
1.2	0.015524	−0.30831	−0.29279
1.4	0.015524	−0.57328	−0.55776
1.6	0.015524	−0.89265	−0.87713
1.8	0.015524	−1.26642	−1.2509

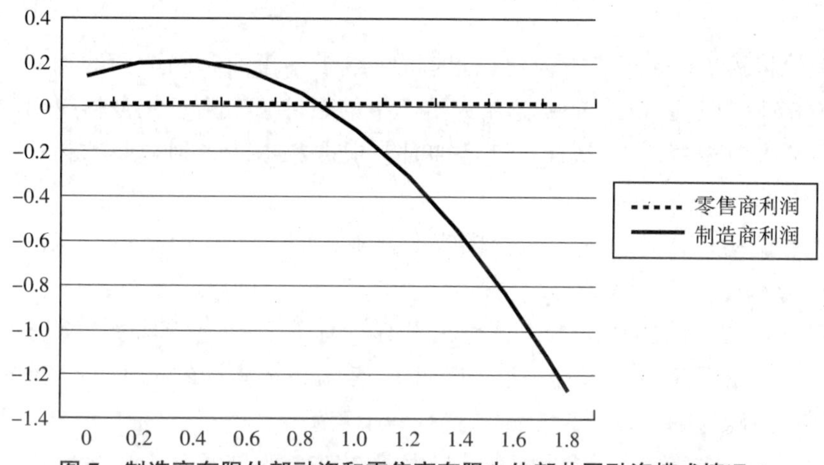

图 7 制造商有限外部融资和零售商有限内外部共同融资模式情况 1

表 5 制造商有限外部融资和零售商有限内外部共同融资模式情况 2

K_r	零售商利润	制造商利润	供应链总利润
0	−0.01399	1.775721	1.761731
0.2	−0.01219	1.791447	1.779257
0.4	−0.01047	1.773628	1.763158
0.6	−0.01047	1.70874	1.69827
0.8	−0.01047	1.589452	1.578982
1.0	−0.01047	1.415765	1.405295
1.2	−0.01047	1.187677	1.177207
1.4	−0.01047	0.905189	0.894719
1.6	−0.01047	0.568302	0.557832
1.8	−0.01047	0.177014	0.166544

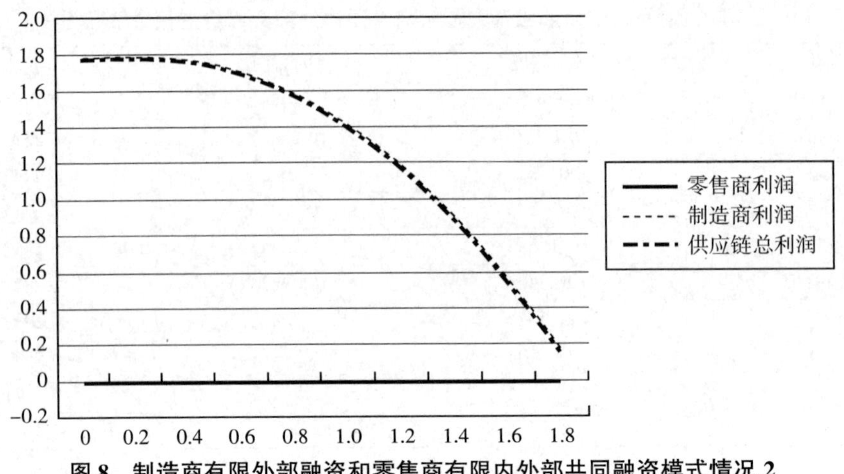

图 8　制造商有限外部融资和零售商有限内外部共同融资模式情况 2

当零售价格为 p，生产成本为 c，同时银行给予零售商和制造商的利率分别为 $R_m=0.05$，$R_r=0.07$ 以及零售商信贷额度 L_r 为给定量的条件下，由算例分析得出的表 5 可以得出，当零售商自由资金 K_r 从 0 逐渐增加时，根据零售商和制造商的利润函数确定的最优的 Q 和 w 趋于一个固定的值。

以上结果说明，在模式 3 的融资模式下，零售商的自有资金不再是一个对确定其最优的订购量有影响的变量，因为模式 3 下，零售商可以通过供应链内部进行融资，自有资金对其订购量的影响不大，就算其没有自有资金，仍可通过内部融资解决所需订购量。最优的批发价格 w 趋于一个固定值，是因为零售商的最优的订购量 Q 已经给定，此时制造商确定的批发价格自然也就是一个定值。

在零售商和制造商各自的利润上，与模式 2 零售商只通过内部融资相比，零售商的利润变得微乎其微，并且制造商的利润也变得微乎其微，甚至出现了亏损。说明外部融资的引入损害了供应链上各主体的利润，因而纯粹的内部融资要优于“外部融资+内部融资”的组合。

六、结　语

本文系统地阐述了在信贷资金和自有资金同时存在约束，即双约束条件下的供应链金融的博弈分析，分析了主方为制造商、从方为零售商的 Stackelberg 主从对策模型，深入探究了制造商和零售商的自有资金和信贷资金约束的存在对供应链金融系统融资决策与管理决策的影响。结论表明，当零售商信贷额度受约束时，零售商内部融资的效果比单纯外部融资以及内外部融资结合以寻求最优订货量的结果要更好；当制造商信贷额度受约束时，制造商倾向于让零售商通过内外部融资结合的方式，从而达到一个对制造商而言较优的订购量，因为此时制造商可以通过调整批发价格从而使得自身获取的利益尽可能大；从供应链整体角度考虑，在双约束条件下，单单通过内部融资的方式，整个供应链获得的总利润最大。

但是，本文仍有不足之处，只考虑了制造商和零售商双方都受双资金约束时各自的融资决策问题。在此基础上，可以考虑两者合作共同制定对策使整个供应链利润最大，研究该合作形式下的供应链利润与博弈下的供应链利润孰大孰小，是一个富有研究价值和实际管理意义的研究问题之一。

参考文献

［1］钟远光，周永务，李柏勋等. 供应链融资模式下零售商的订货与定价研究［J］. 管理科学学报，2011，14（6）：57-67.

［2］Lariviere M. A.，E. L. Porteus. Selling to the newsvendor：An analysis of price-only contracts［J］. Manufacturing Service Oper. Management，2001，3（4）：293-305.

［3］Li L.，M. Shubik，M. J. Sobel. Control of dividends，capitalsubscriptions，and physical inventories. Workingpaper［EB/OL］. http：//ssrn.com/abstract=690864 or http：//dx.doi.org/10.2139/ssrn.690864.

［4］Buzacott J. A.，Zhang R. Q. Inventory management with asset-based financing［J］. Management Science，2004，50（9）：1274-1292.

［5］Dada M.，Q. J. Hu. Financing newsvendor inventory［J］. Oper. Res. Lett，2008，36（5）：569-573.

［6］Zhou J.，H. Groenevelt. Impacts of financial collaboration in a three-party supply chain［R］. Working Paper，The Simon School，University of Rochester，Rochester，NY，2007.

［7］Xu Y.，Zhang J. On the selection of supply chain coordinating contract：The role of capital constraints［R］. Working Paper，University of Miami，2007.

［8］Ren J. B.，Guan Z. Z. Supply chain coordination based on retailer trade credit with assets［J］. Journal of Shanghai Jiaotong University，2009，43（4）：578-552.

［9］Xu X. D.，Birse J. R. Operational decisions，capital structure，and managerial compensation：A news vendor perspective［R］. Working Paper，the University of Chicago Graduate School of Business，2005.

［10］Cadentey R.，Chen X. F. Financing service and supply chain contracting［R］. Working Paper，Stern School of Business inNew York University，2007.

［11］Kouvelis P.，Zhao W. Financing the newsvendor：Supplier vs. bank，and the structure of optimal trade credit contracts［J］. Operations Research，2012，60（3）：566-580.

附　录

附录 1：引理 1 证明

当零售商能得到的预期收入足够偿还之前向银行融资产生的本息时，零售商不会遭受破产，即 $E\min[D, Q^{M1}] + K_r - w^{M1}Q^{M1} - \min((w^{M1}Q^{M1} - K_r)^+, L_r)R_r \geqslant 0$；当 $D \leqslant Q$ 时，上式等价于 $D - (w^{M1}Q^{M1} - K_r)(1 + R_r) \geqslant 0$，即当 $D \geqslant \hat{D} = (w^{M1}Q^{M1} - K_r)(1 + R_r)$ 时，零售商不会遭受破产。

附录 2：命题 1 证明

由式（16）简化可得：$\pi_r = E[\min[D, Q^{M1}] - w^{M1}Q^{M1} - (w^{M1}Q^{M1} - K_r) \times R_r]$。对 Q 分别进行一阶导数求解和二阶导数求解，经整理后，最终可得

$$\frac{d\pi_r}{dQ^{M1}} = -F(Q^{M1}) + 1 - w^{M1} - w^{M1}R_r$$

$$\frac{d^2\pi_r}{dQ^{M1^2}} = -f(Q^{M1})$$

因为市场需求分布函数符合 IFR，所以 $-f(Q^{M1}) < 0$ 即 $\frac{d^2\pi_r}{dQ^{M1^2}} < 0$。因此，令 $\frac{d\pi_r}{dQ^{M1}} = 0$，可得 $Q^{M1*} = \bar{F}^{-1}(w^{M1} + w^{M1}R_r)$。

附录 3：引理 2 证明

由命题 1 推导结论可得，$Q^{M1*} = \bar{F}^{-1}(w^{M1} + w^{M1}R_r)$。所以，$Q^{M1}$ 是关于 w^{M1}、R_r 的函数，即 $Q^{M1*}(w^{M1}, R_r)$。将式 $\bar{F}(Q^{M1*}) = w^{M1} + w^{M1}R_r$ 两端对 R_r 进行一阶求导，经整理后，最终可得 $\frac{dQ^{M1*}}{dR_r} = \frac{-w^{M1}}{f(Q^{M1*})} < 0$。

附录 4：引理 3 证明

由命题 1 推导结论可得，$Q^{M1*} = \bar{F}^{-1}$（$w^{M1} + w^{M1}R_r$）且 Q^{M1} 是关于 w^{M1}、R_r 的函数，即 $Q^{M1*}(w^{M1}, R_r)$。将式 $\bar{F}(Q^{M1*}) = w^{M1} + w^{M1}R_r$ 两端对 w^{M1} 进行一阶求导，整理后，最终可得 $\frac{dQ^{M1*}}{dw^{M1}} = \frac{(1 + R_r)}{f(Q^{M1*})} < 0$。

附录5：命题2证明

由式（1）对 w^{M1} 分别进行一阶求导和二阶求导。

由于 $\pi_m = w^{M1}Q^{M1*} - cQ^{M1*}$，所以 $\frac{d\pi_m}{dw^{M1}} = Q^{M1*} + w^{M1} \times \frac{dQ^{M1*}}{dw^{M1}} - c \times \frac{dQ^{M1*}}{dw^{M1}}$，又因为由引理3得，$\frac{dQ^{M1*}}{dw^{M1}} = -\frac{(1+R_r)}{f(Q^{M1*})} < 0$，所以最终 $\frac{d\pi_m}{dw^{M1}} = Q^{M1*} - \frac{(w^{M1}-c)(1+R_r)}{f(Q^{M1*})}$，令 $\frac{d\pi_m}{dw^{M1}} = 0$，则 $w^{M1*} = \frac{Q^{M1*}f(Q^{M1*})}{1+R_r} + c$。

附录6：引理4证明

当零售商的预期收入能够偿还内部融资额度时零售商不会面临破产，即 $\min[D, Q^{M2}] - (w^{M2}Q^{M2} - K_r)^+ \geqslant 0$，即当 $D \geqslant \hat{D} = (w^{M2}Q^{M2} - K_r)$ 时，零售商不破产。

附录7：命题3证明

$$\pi_r = E[\min[D, Q^{M2}] - (w^{M2}Q^{M2} - K_r)]^+$$
$$= \int_{wQ^{M2}-K_r}^{Q^{M2}} [D - (w^{M2}Q^{M2} - K_r)]dF(D) + \int_{Q^{M2}}^{\infty} [Q^{M2} - (w^{M2}Q^{M2} - K_r)]dF(D)$$

对 Q^{M2} 求一阶导可得：$\frac{d\pi_r}{dQ^{M2}} = \bar{F}(Q^{M2}) - w^{M2} \times \bar{F}(w^{M2}Q^{M2} - K_r)$，

所以 Q^{M2*} 满足：$\bar{F}(Q^{M2*}) = w^{M2}\bar{F}(w^{M2}Q^{M2*} - K_r)$。

对 Q^{M2} 进行二阶求导后，可得：

$$\frac{d^2\pi_r}{dQ^{M2*2}} = -f(Q^{M2*}) + w^{M2^2} \times f(w^{M2}Q^{M2*} - K_r)$$

$$= -\bar{F}(Q^{M2*})\ h(Q^{M2*}) + w^{M2^2} \times \bar{F}(w^{M2}Q^{M2*} - K_r)\ h(w^{M2}Q^{M2*} - K_r)$$

$$= -\bar{F}(Q^{M2*})\ [h(Q^{M2*}) - w^{M2}h(w^{M2}Q^{M2*} - K_r)]$$

因为市场需求分布函数符合 IFR，所以 $h(Q^{M2*}) > h(w^{M2}Q^{M2*} - K_r)$。

所以，$\frac{d^2\pi_r}{dQ^{M2*2}} < 0$，且

$$\frac{dQ^{M2*}}{dw^{M2}} = \frac{\bar{F}(w^{M2}Q^{M2*} - K_r) - w^{M2}Q^{M2*}f(w^{M2}Q^{M2*} - K_r)}{w^{M2^2}f(w^{M2}Q^{M2} - K_r) - f(Q^{M2*})}$$

附录8：引理5证明

引用于 Trade credit contract with limited liability in the supply chain with budget constraints。

附录 9：引理 6 证明

$$\prod_m (w^{M2};\ Q^{M2},\ D) = \min(w^{M2} Q_r^{M2*},\ \min(D,\ Q_r^{M2*}) + K_r) - (cQ_r^{M2*} - K_m) - L(1+R_m)$$

$$\text{s.t.}\quad Q_r^{M2*} = \min\left(\frac{K_m + L_m}{c},\ Q^{M2*}\right)$$

$$L_m = \begin{cases} 0 & Q^{M2*} < \dfrac{K_m}{c} \\ cQ^{M2*} - K_m, & \dfrac{K_m}{c} < Q^{M2*} < \dfrac{K_m + L_m}{c} \\ L_m, & Q^{M2*} > \dfrac{K_m + L_m}{c} \end{cases}$$

$$\begin{cases} \pi_m = \min\left[D,\ w^{M2}Q^{M2*} - K_r,\ w^{M2} \times \dfrac{K_m + L_m}{c} - K_r\right] + K_r - cQ^{M2*},\ Q^{M2*} < \dfrac{K_m}{c} & ① \\ \pi_m = \min\left[D,\ w^{M2}Q^{M2*} - K_r,\ w^{M2} \times \dfrac{K_m + L_m}{c} - K_r\right] + K_r - cQ^{M2*} - (cQ^{M2*} - K_m)(1+R_m),\ \dfrac{K_m}{c} < Q^{M2*} < \dfrac{K_m + L_m}{c} & ② \\ \pi_m = \min\left[D,\ w^{M2}Q^{M2*} - K_r,\ w^{M2} \times \dfrac{K_m + L_m}{c} - K_r\right] + K_r - (K_m + L_m) - L_m(1+R_m),\ Q^{M2*} > \dfrac{K_m + L_m}{c} & ③ \end{cases}$$

（1）将式①的目标函数对 w^{M2} 进行一阶求导：

即对 $\pi_m = \int_0^{w^{M2}Q^{M2*} - K_r} Df(D)dD + \int_{w^{M2}Q^{M2*} - K_r}^{+\infty} (w^{M2}Q^{M2*} - K_r)f(D)dD + K_r - cQ^{M2*}$ 求导。

注：Q^{M2*} 是一个与 w^{M2} 相关的值。

对 w 求一阶导得：

$$\frac{d\pi_m}{dw^{M2}} = -F(w^{M2}Q^{M2*} - K_r) \times \left(Q^{M2*} + w^{M2} \times \frac{dQ^{M2*}}{dw^{M2}}\right) + \left(Q^{M2*} + w^{M2} \times \frac{dQ^{M2*}}{dw^{M2}}\right) - c \times \frac{dQ^{M2*}}{dw^{M2}}$$

使一阶导为 0，则可以求出使 π_s 最大的 w^{M2} 值，最终得到 w^{M2} 必然满足以下关系：

$$\frac{dQ^{M2*}}{dw^{M2}} = \frac{Q^* \times [1 - F(w^{M2}Q^{M2*} - K_r)]}{c + w^{M2}F(w^{M2}Q^{M2*} - K_r) - w^{M2}}$$

$$\frac{dQ^{M2*}}{dw^{M2}} = \frac{Q^{M2*} \times [1 - F(w^{M2}Q^{M2*} - K_r)]}{c + w^{M2}F(w^{M2}Q^{M2*} - K_r) - w^{M2}} < 0$$

（2）将式②的目标函数对 w^{M2} 进行一阶求导，即对下式求一阶导：

$$\pi_m = \int_0^{w^{M2}Q^{M2*} - K_r} Df(D)dD + \int_{w^{M2}Q^{M2*} - K_r}^{+\infty} (w^{M2}Q^{M2*} - K_r)f(D)dD + K_r - c(2+R_m)Q^{M2*} + (1+R_m)K_r$$

对 w^{M2} 求一阶导得：

$$\frac{d\pi_m}{dw^{M2}} = -F(w^{M2}Q^{M2*} - K_r) \times \left(Q^{M2*} + w^{M2} \times \frac{dQ^{M2*}}{dw^{M2}}\right) + \left(Q^{M2*} + w^{M2} \times \frac{dQ^{M2*}}{dw^{M2}}\right) - c(2+R_S) \times \frac{dQ^{M2*}}{dw^{M2}}$$

使一阶导为 0，则可以求出使 π_s 最大的 w^{M2} 值，最终得到 w^{M2} 必然满足以下关系：

$$\frac{dQ^{M2*}}{dw^{M2}} = \frac{Q^{M2*}\bar{F}(w^{M2}Q^{M2*} - K_r)}{2c + cR_m - w^{M2}\bar{F}(w^{M2}Q^{M2*} - Kr)}$$

$$\frac{dQ^{M2*}}{dw^{M2}}=\frac{Q^{M2*}[1-F(w^{M2}Q^{M2*}-K_r)]}{2c+cR_m+w^{M2}F(w^{M2}Q^{M2*}-K_r)-w^{M2}}<0$$

（3）将式③的目标函数对 w^{M2} 进行求导，同时令求一阶导后的式子为 0，则可知 w^{M2} 最后满足如下关系：

$$\frac{d\pi_m}{dw^{M2}}=\frac{K_m+L_m}{c}\times\left[1-F\left(w^{M2}\times\frac{K_m+L_m}{c}-K_r\right)\right]>0$$

即当 $Q^{M2*}>\frac{K_m+L_m}{c}$ 时，w^{M2} 没有最优值，对供应商而言定价越高越好（自然不可能超过零售商出售产品的价格 1）。

当 $Q^{M2*}>\frac{K_m+L_m}{c}$ 时，$\frac{dQ^{M2*}}{dw^{M2}}$ 明显小于 0。

附录 10：命题 4 证明

（1）由附录 9 中引理 6 可得：

$$\frac{dQ^{M2*}}{dw^{M2}}=\frac{Q^{M2*}\times[1-F(w^{M2}Q^{M2*}-K_r)]}{c+w^{M2}F(w^{M2}Q^{M2*}-K_r)-w^{M2}}$$

又因为零售商可知，

$$\frac{dQ^{M2*}}{dw^{M2}}=\frac{\bar{F}(w^{M2}Q^{M2*}-K_r)-w^{M2}Q^{M2*}f(w^{M2}Q^{M2*}-K_r)}{w^{M2^2}f(w^{M2}Q^{M2}-K_r)-f(Q^{M2*})}$$

所以上述两个式子可以合并为：

$$\frac{1-w^{M2}Q^{M2*}h(w^{M2}Q^{M2*}-K_r)}{w^{M2^2}f(w^{M2}Q^{M2*}-K_r)-f(Q^{M2*})}=\frac{Q^{M2*}}{-w^{M2}+w^{M2}F(w^{M2}Q^{M2}-K_r)+c}$$

（2）由附录 9 中引理 6 同样可得：

$$\frac{dQ^{M2*}}{dw^{M2}}=\frac{Q^{M2*}\bar{F}(w^{M2}Q^{M2*}-K_r)}{2c+cR_m-w^{M2}\bar{F}(w^{M2}Q^{M2*}-K_r)}$$

由零售商可知，$\frac{dQ^{M2*}}{dw^{M2}}=\frac{\bar{F}(w^{M2}Q^{M2*}-K_r)-w^{M2}Q^{M2*}f(w^{M2}Q^{M2*}-K_r)}{w^{M2^2}f(w^{M2}Q^{M2}-K_r)-f(Q^{M2*})}$，

合并可得，$\frac{1-w^{M2}Q^{M2*}h(w^{M2}Q^{M2*}-K_r)}{w^{M2^2}f(w^{M2}Q^{M2*}-K_r)-f(Q^{M2*})}=\frac{Q^{M2*}}{2c+cR_m+w^{M2}F(w^{M2}Q^{M2*}-K_r)-w^{M2}}$。

附录 11：引理 7 证明

当零售商能取得的预期收入足以用于偿还之前向银行的融资和向上游制造商进行的内部融资额度时，则零售商不会破产，即 $\min[D, Q^{M3}]-(w^{M3}Q^{M3}-K_r-L_r)^+-L_r(1+R_r)\geqslant 0$，即当 $D\geqslant\hat{D}=L_r(1+R_r)+(w^{M3}Q^{M3}-K_r-L_r)$ 时，零售商不破产。

附录 12：命题 5 证明

由式（23）转化可得：

$$\pi_r=\int_{L_r(1+R_r)}^{Q^{M3}}[D-L_r(1+R_r)]\,dF(D)+\int_{Q^{M3}}^{\infty}[Q^{M3}-L_r(1+R_r)]\,dF(D)-(w^{M3}Q^{M3}-K_r-L_r)$$

对 Q 分别进行一阶求导和二阶求导，化简后最终得出如下结果：

$$\frac{d\pi_r}{dQ^{M3}}=\bar{F}(Q^{M3*})-w+F[L_r(1+R_r)]$$

$$\frac{d^2\pi_r}{dQ^{M3^2}}=-f(Q^{M3*})<0$$

令 $\frac{d\pi_r}{dQ^{M3}}=0$，可得 $\bar{F}(Q^{M3*})=w^{M3}-F(L_r(1+R_r))$。

附录 13：引理 8 证明

引用于 Trade credit contract with limited liability in the supply chain with budget constraints。

附录 14：引理 9 证明

（1）当 $Q^{M3*}<\frac{K_m+K_r+L_r}{c}$ 时，对原制造商的目标函数形式可以做出如下化简，得：

$$\pi_m=\min\left[D-L_r(1+R_r),\ w^{M3}Q^{M3*}-K_r-L_r,\ w^{M3}\times\frac{K_m+L_m+K_r+L_r}{c}-K_r-L_r\right]+K_r+L_r-cQ^{M3*}$$

因此对下式求导：

$$\pi_m=\int_0^{wQ^{M3*}-K_r+L_rR_r}[D-L_r(1+R_r)]f(D)d(D)+\int_{wQ^{M3*}-K_r+L_rR_r}^{+\infty}(wQ^{M3*}-K_r-L_r)f(D)d(D)+K_r+L_r-cQ^{M3*}$$

对 w^{M3} 进行一阶求导后，可以得出如下所示的结果：

$$\frac{d\pi_m}{dw^{M3}}=-F(w^{M3}Q^{M3*}-K_r+L_rR_r)\left(Q^{M3*}+w^{M3}\times\frac{dQ^{M3*}}{dw^{M3}}\right)+\left(Q^{M3*}+w^{M3}\times\frac{dQ^{M3*}}{dw^{M3}}\right)-c\times\frac{dQ^{M3*}}{dw^{M3}}$$

令一阶导为 0，最终得到：

$$\frac{dQ^{M3*}}{dw^{M3}}=\frac{Q^{M3*}\times\bar{F}(w^{M3}Q^{M3*}-K_r+L_rR_r)}{c-w^{M3}\bar{F}(w^{M3}Q^{M3*}-K_r+L_rR_r)}$$

（2）当 $\frac{K_m+K_r+L_r}{c}<Q^{M3*}<\frac{K_m+L_m+K_r+L_r}{c}$ 时，

$$\frac{d\pi_m}{dw^{M3}}=-F(w^{M3}Q^{M3*}-K_r+L_rR_r)\times\left(Q^{M3*}+w^{M3}\times\frac{dQ^{M3*}}{dw^{M3}}\right)+\left(Q^{M3*}+w\times\frac{dQ^{M3*}}{dw^{M3}}\right)-c(2+R_m)\times\frac{dQ^{M3*}}{dw^{M3}}$$

使一阶导为 0，则可以求出使 π_s 最大的 w^{M3} 值，最终得到 w^{M3} 必然满足以下关系：

$$\frac{dQ^{M3*}}{dw^{M3}}=\frac{Q^{M3*}\bar{F}(w^{M3}Q^{M3*}-K_r+L_rR_r)}{2c+cR_m-w^{M3}\bar{F}(w^{M3}Q^{M3*}-K_r+L_rR_r)}$$

（3）当 $Q^{M3*}>\frac{K_m+L_m+K_r+L_r}{c}$ 时，原制造商利润函数形式可化简为：

$$\pi_m=\min\left[D-L_r(1+R_r),\ w^{M3}Q^{M3*}-K_r-L_r,\ w^{M3}\times\frac{K_m+L_m+K_r+L_r}{c}-K_r-L_r\right]-(K_m+L_m)-L_m(1+R_m)$$

对 w^{M3} 进行一阶求导，可以得出如下结果：

$$\frac{dQ^{M3*}}{dw^{M3}}=\frac{K_m+L_m+K_r+L_r}{c}\times\left[1-F\left(w^{M3}\times\frac{K_m+L_m+K_r+L_r}{c}-K_r\right)\right]>0$$

即当 $Q^{M3*}>\frac{K_m+L_m+K_r+L_r}{c}$ 时，w^{M3} 没有最优值，对供应商而言定价越高越好（自然不可能超过零售商出售产品的价格）。

附录 15：命题 6 证明

通过命题 5 的证明可知，能够使得零售商的利润达到最优的最佳订购量满足 $\bar{F}(Q^{M3*})=w^{M3}-F(L_r(1+R_r))$，对该等式的左右两端的 w^{M3} 进行求导，可得：$-f(Q^{M3*})\times\frac{dQ^{M3*}}{dw^{M3}}=1$，即 $\frac{dQ^{M3*}}{dw^{M3}}=\frac{1}{-f(Q^{M3*})}$。

又因为引理 9 可知：

（1）当 $Q^{M3*}<\frac{K_m+K_r+L_r}{c}$ 时，

$$\frac{dQ^{M3*}}{dw^{M3}}=\frac{Q^{M3*}\times\bar{F}[w^{M3}Q^{M3*}-K_r+L_rR_r]}{c-w^{M3}\bar{F}[w^{M3}Q^{M3*}-K_r+L_rR_r]}$$

联立可得：

$$\frac{Q^{M3*}\times\bar{F}[w^{M3}Q^{M3*}-K_r+L_rR_r]}{c-w^{M3}\times\bar{F}[w^{M3}Q^{M3*}-K_r+L_rR_r]}=\frac{1}{-f(Q^{M3*})}$$

（2）当 $\frac{K_m+K_r+L_r}{c}<Q^{M3*}<\frac{K_m+L_m+K_r+L_r}{c}$ 时，

$$\frac{dQ^{M3*}}{dw^{M3}}=\frac{Q^{M3*}\bar{F}[w^{M3}Q^{M3*}-K_r+L_rR_r]}{2c+cR_m-w^{M3}\bar{F}[w^{M3}Q^{M3*}-K_r+L_rR_r]}$$

联立可得：

$$\frac{Q^{M3*}\bar{F}[w^{M3}Q^{M3*}-K_r+L_rR_r]}{2c+cR_m-w^{M3}\bar{F}[w^{M3}Q^{M3*}-K_r+L_rR_r]}=\frac{1}{-f(Q^{M3*})}$$

基于信用担保契约的供应链金融协调策略研究

作者：刘重庆，张辉；指导老师：晏妮娜

内容摘要：本文设计了一个由资金约束的零售商、生产商和商业银行组成的供应链金融系统，构建了以商业银行为主方、生产商为次主方、零售商为从方的双层次Stackelberg博弈模型。本文结合银行信用和商业信用，研究了基于信用担保的供应链金融系统最优决策及协调策略，分析了系统的运营策略和融资策略内在联系以及部分信用担保下的协调条件。对比分析了无资金约束的传统供应链、无信用担保以及完全担保下的供应链金融系统，在不同融资条件下研究担保比例对整体效益的影响。最后通过数值算例和灵敏度分析考察担保比例，验证了理论分析的结果。结论表明，基于合适的信用担保批发价格契约能够实现供应链金融系统的协调。从供应链整体收益视角看，有限担保比无信用担保或完全信用担保都更具有优势。

关键词：供应链金融；协调；Stackelberg博弈；信用担保

一、引　言

供应链金融（Supply Chain Finance，SCF）是现代经济快速发展的产物，在各种企业、金融机构的业务运作中扮演着越来越重要的角色。在供应链金融系统中，金融机构为资金受约束企业提供贷款，能够有效提高整个供应链金融系统的融资效率。供应链金融突破了传统的供应链系统，不仅能够解决企业（尤其是中小企业）的融资问题，还能将供应链中的采购业务和融资业务相结合，实现整个供应链系统的效益改善。

然而，随着金融业务融入供应链系统中，各个企业之间信息流、物流和资金流的管理变得更为复杂，供应链金融系统中的决策主体的复杂性也会增加。供应链金融系统中的博弈涉及多方参与主体，商业银行参与下的供应链金融系统中，大量实例分析表明，在无资金约束下银行信贷比贸易融资更具有优越性。在信用担保下，资金充裕的生产商为零售商提供担保，零售商以低成本获得银行融资，进而增大订购量，以增加整个供应链金融系统的预期收益。这也就解释了为什么贸易融资占据70%~80%比例下，银行融资仍然具有相当大的竞争力[1]。

在供应链金融系统中，零售商从生产商采购商品并销售给下游的消费者。但是在更多情况下，零售商的资金条件是不完善的。由于条例制度、信贷条件的限制，零售商很难从商业银行及时筹措到资金，这样就会面临融资瓶颈。例如，美国佐治亚州的亚特兰大的一个小型零售商，它通过美国国内的生产商提供原材料，但是却在中国加工生产产品。因为工厂和加工程序都在国外进行，美国银行认为是高风险的就不予融资。因此，该零售商没有足够资金下达订单，生产商的库存也因而受到影响[2]。再如，1998 年初，Crown 书城销售期末库存平均增加 2500 万美元。Crown 书城制定了扩张战略，向上游订购量增多。但是在净利润低于 7000 万美元时，生产商只为其担保 2500 万美元。Crown 没有足额的资金拓宽销售渠道，因此增大了库存成本，降低了存货周转率。这种融资条款使 Crown 不得不取消企业扩张计划[3]。可见，供应链金融系统影响因素更多、风险更大、决策更加复杂，给传统供应链系统带来了巨大的冲击。

本文基于报童模型，设计了一个供应链金融系统，银行作为主方根据市场情况首先宣布贷款利率，并基于信用担保契约研究了供应链金融系统最优决策及协调策略。与现存的文献研究相比，本文的研究贡献主要为：首先，本文设计的由商业银行、生产商和无自有资金的零售商组成的供应链金融系统中，以拥有雄厚资本的银行为博弈主方，根据自有资金成本和市场状况确定最优贷款利率。生产商作为次主方制定对于零售商的批发价格。由零售商为从方确定从生产商的采购量。这种 Stackelberg 主从策略符合实际情况，而且可以推广到有关其他契约的研究。其次，本文综合信用融资和银行融资的优势，设计了基于核心企业担保的信用担保契约，探讨了信用担保比例对供应链金融决策的影响。最后，本文对比分析了三种融资条件下的供应链金融融资决策，包括有无自有资金、有无担保和担保比例，据此研究有限信用担保与无限担保下的供应链金融系统的最优决策与系统协调。结论表明，合适的批发价格契约能够实现供应链金融系统的协调，这是对传统观点的重大突破。因此，供应链中的各方主体可以通过生产商的信用担保来实现系统的协调化发展，并增大整体供应链的收益。

二、文献综述

供应链金融的产生为中小型企业的信贷提供了方便。对于中小企业而言一般有两种融资选择，一是从战略视角选择基于商业信用的供应链内部融资，二是从运营视角选择基于银行借贷的外部融资。尽管很多理论研究证明供应链内部融资具有较低的融资成本，但在实践中中小企业更青睐于银行借贷。因此，本文基于外部融资的视角研究中小企业供应链金融，丰富现代理论研究。

随着社会经济的发展，企业对于供应链金融的重视程度逐渐提升，供应链金融的研究理论也在逐渐丰富。Biais 和 Gollier（1997）分析了在不发达的金融市场中或者银行和企业关系恶劣时，有资金约束的零售商贸易融资和银行融资的情况[4]。Buzacott 和 Zhang（2004）首次建立了需求不确定条件下银行和零售商之间的主从对策，分析了在有资金约束和无资金约束下的最优订货决策[2]。这是本研究的一个重要参考。Xu 和 Birge（2004）在需求不确定的情况下，研究了受资金约束的供应链中制造商如何进行生产量和融资的联合决策[5]。在需求不确定条件下的研究，值得注意的是 Dada 和 Hu（2008）。他们建立了报童模型来分析具有资金约束的库存管理和企业融资的策略[6]。Caldentey 和 Haugh（2009）则假定存在一个完美的金融市场，研究了可通过金融市场进行套期操作策略的买卖双方之间的博弈策略，分析了套期操作策略下的供应链效率问题[7]。Lai 等（2009）也探讨了资金约束下的供应链中各方主体之间 Stackelberg 博弈的对策，对比分析了三种模式下的供应链效率问题。结论是，预定模式更受资金约束的生产商的青睐，但是却不能实现整体系统的优化。相对而言，能够提高整个供应链系统收益的模式是混合模式[8]。徐贤浩等（2011）考虑了供应链中零售商的下游消费情况对其偿还能力的影响[9]。Lee 和 Rhee（2011）基于库存融资成本理论研究了系统的协调契约，并确定了最优信贷利率和集成供应链系统下的最大利润[10]。还有一些理论成果研究了贸易融资（Trade Credit Financing）和银行融资（Bank Credit Financing）均衡的对比分析。Jing 等（2012）假设零售商无资金约束，以生产成本为外生变量研究了贸易融资和银行融资，在生产成本满足一定条件的情况下，分析了 TCF 和 BCF 的均衡性[11]。

目前大多数研究假设生产商提供完全担保，即零售商破产之后生产商有能力并有意愿替零售商偿还全部贷款，这显然是过于理想的假设。本文结合 Jing 等（2012）[11] 的研究，考虑了在竞争性金融市场中，信用担保下供应链金融系统中各参与主体的最优融资决策与运营决策。另外，本文还重点探讨了担保比例对于供应链金融系统效率的影响，研究了传统供应链系统中无法实现协调的批发价格契约在供应链金融系统中的影响。

三、供应链金融系统决策分析的基本模型

（一）变量定义及前提假设

1. 变量定义

q：零售商的订货量，零售商的决策变量；

w：单位批发价格，生产商的决策变量；

c：生产商的单位制造成本；

r：银行的贷款利率；

r_0：银行的资金成本率；

λ：生产商对零售商不能偿还贷款本息部分的担保比例，$0 \leqslant \lambda < 1$；

x：消费者的随机需求量，密度函数和分布函数分别为 $f(x)$ 和 $F(x)$；

π_r，π_m，π_s：分别为零售商、生产商、供应链系统的收益函数。

本文中参数的上标 f、p 分别表示参数在核心企业生产商全部担保和部分担保零售商贷款时的情况，下标 r、m、b 分别表示零售商、生产商、银行的变量。

2. 前提假设

（1）需求分布函数 $F(x)$ 是连续、可导、严格递增的，并符合递增失败率性质 IFR 的分布，即随机需求 x 的失败率 $h(x)=f(x)/\bar{F}(x)$ 及广义失败率 $H(x)=xh(x)$ 是 x 的递增函数。这是供应链建模中通用的需求假设，以保证模型存在最优解。

（2）假设商品零售价格固定，为简化计算，设单位零售价格为 1。为保证模型的经济一致性，假设 $1>w(1+r)>c(1+r)$。

（3）假设银行所在的资本市场是完全竞争的，银行的预期利润为零。这是供应链金融中的常用假设。

（4）假设未售产品无残值。本模型适用于生产销售时效性强，销售期结束后产品残值为零的供应链系统。

（5）假设不存在信息不对称，即银行、零售商、生产企业间信息是对称的，不存在信息隐匿现象。

（6）生产商资金充裕，零售商存在资金约束。为简化计算，假设零售商自有资金为零。

（二）模型框架

本文基于传统报童模型，探究单一上游核心企业（生产商）、单一零售商以及商业银行组成的供应链金融系统，研究了当中小企业（零售商）存在资金约束时，核心企业、中小企业以及银行之间的博弈策略。零售商从上游生产商订购货物，然后销售给下游的消费者。但是，零售商订购货物时，不能确定下游消费者的需求。而且，最值得注意的实际问题是，在采购过程中零售商是有资金约束的。为避免供应链的断裂，零售商选择从商业银行融资。由于零售商自身信贷条件较差，很难获得银行融资，而利用上游核心企业的担保，则有可能获得银行授信。在核心企业担保的供应链金融系统中，由上游核心企业（生产商）为零售商的贷款提供担保，当零售商到期不能偿还贷款本金及利息时，零售商首先以其全部销售收入清偿银行债务，然后生产商全部偿还或偿还一定比例的剩余贷款。此时，银行面临的风险就大为降低，而零售商也将很容易获得银行融资。基于信用担保契约的供应链金融系统框架如图 1 所示。

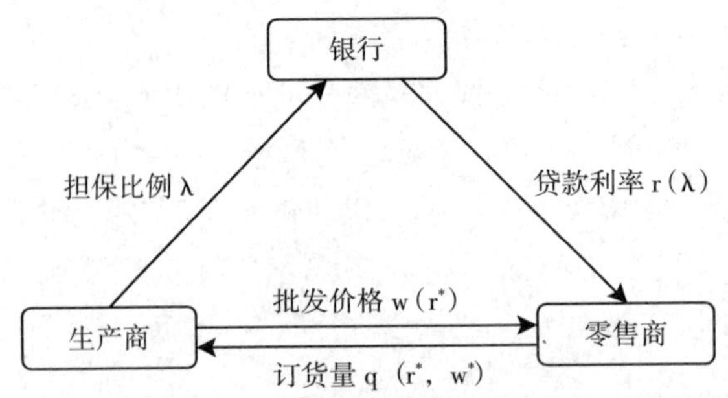

图 1 基于信用担保契约的供应链金融系统架构图

四、基于有限担保契约的供应链金融决策分析

（一）分散决策供应链

分散决策供应链下，零售商和生产商独立按照自身利益最大化的原则进行决策，商业银行预期所提供融资服务的期望收益与其资金成本相等。销售期初，零售商向生产商订购 q，批发价为 w（$c<w<1$），零售商向银行贷款 qw，利率为 r，并由生产商提供担保承担连带责任。期末，由零售商偿还贷款 qw（1+r），若零售商实现的利润不足以偿还银行贷款，生产商将偿还剩余部分一定比例。为此，本文构建了以银行为主方、生产商为次主方、零售商为从方的双层 Stackelberg 主从对策模型，模型框架如下所示。上层主方（L）银行首先给出零售商的初始贷款利率，次主方（SL）生产商在响应银行策略的同时制订下层从方（F）零售商的批发价格，零售商据此做出最优响应并分别反馈给制造商和银行以调整其相应策略。

$$\begin{cases} L: \pi_b \underset{r}{} (q^*_r, w^*, \lambda, r, x) = 0 \\ SL: \max\limits_{w} E[\pi_m(w, q^*_r, r, x)] \\ F: \max\limits_{q_r} E[\pi_r(q_r, w^*, r^*, \lambda, x)] \end{cases}$$

下面将采取逆向推导法，分别求解上述 Stackelberg 主从对策中各参与主体的最优决策。

1. 零售商的最优订购决策

对于无自有资金的零售商来说，期末实现的销售收入为 $\min\{x, q^p_r\}$，需要偿还的贷款本息和为 $q^p_r w^p(1+r)$。若需求太低以致零售商实现的收入小于应该偿还的本息和，则零售商面临破产，只能偿还其获得的收入 $\min\{x, q^p_r\}$；若需求充足，零售商实现的收入大于应该偿还的贷款本金利息和，则零售商应偿还贷款本息和 $q^p_r w^p(1+r)$，并获得一定利润。因此，零售商期末偿还的贷款本息为 $\min\{q^p_r w^p(1+r), \min\{x, q^p_r\}\}$。所以，在生产商为零售商的贷款提供有限担保的情况下，零售商的决策问题如式（1）所示。

$$\max_{q_r^p} \pi_r^p(w^p, q^p, r) = E(\min\{x, q^p\} - \min\{q_r^p w^p(1+r), \min\{x, q_r^p\}\})^+ \quad (1)$$

其中 $y^+ = \max(y, 0)$，即当销售季节末零售商实现的收入不足以偿还银行的贷款时，零售商的期望利润为零。

引理 1：对于零售商而言，在生产商提供担保情况下向银行融资，期末不破产的条件为：市场需求量不低于临界需求量，即 $x \geq x_0^p = q_r^p w^p(1+r)$。

由引理 1 可知，当下游消费者的需求很低时，零售商将会产生大量的库存成本，导致较低的收益水平。在这种情况下，零售商就不能偿还银行贷款而面临破产风险。从某种程度上来讲，在生产商信用担保下，零售商的破产风险将会转移给生产商。

命题 1：如果市场需求分布函数服从 IFR，当给定银行利率 r 以及批发价格 w^p 时，零售商在生产商为其贷款承担有限担保时的最优订购量应满足：$q_r^{p*} = \bar{F}^{-1}(\alpha\bar{F}(x_0^p))$，其中，$\alpha = w^p(1+r)$。

引理 1 及命题 1 的证明详见附录 1。

从零售商的最优决策的结果可以看出，在核心企业担保风险的供应链金融系统中，零售商订购决策不同于传统的供应链，订购决策不仅取决于批发价格，而且在很大程度上取决于银行利率。利率不仅会直接影响零售商的订购决策，还会通过影响保证零售商不破产的临界需求量的大小来间接影响零售商的订购决策。传统供应链中的融资决策仅仅取决于借方债务人的财政状况，而 SCF 的融资决策还要考虑运营状况。因此，资金约束的 SCF 中，零售商的经营决策和融资决策是不可分割的。

2. 生产商的最优定价决策

生产商对零售商的贷款只承担有限连带责任，当零售商实现的收入能够完全偿还贷款本息时，生产商可以获得稳定收益 $(w^p - c)q_r^p$；当零售商实现的收入不能偿还全部贷款本息时，生产商需要偿付剩余贷款本息的一定比例，即 $\lambda(q_r^p w(1+r) - \min\{x^p, q_r^p\})$；此时，生产商的收益为：

$(w^p - c)q_r^p - \lambda(q_r^p w(1+r) - \min\{x^p, q_r^p\})$。所以，在为零售商的贷款提供部分担保的情况下，生产商的决策问题如式（2）所示。

$$\max_{w^p} E[\pi_m(w^p, q_r^{p*}, r, \lambda)] = (w^p - c)q_r^{p*} - \lambda(q_r^{p*} w^p(1+r) - \min\{x, q_r^{p*}\})^+ \quad (2)$$

引理 2：如果市场需求分布函数服从 IFR，在给定银行利率 r 的条件下，零售商的最优订购量随着批发价格增加而降低，即 $\frac{dq_r^{p*}}{dw^p} < 0$。

引理 2 表明，在核心企业提供信用担保的供应链金融系统中，生产商可以制定一个较高的批发价格，从而使零售商的订购量降低，由此减少资金缺口，从而降低自身所承担的担保风险；另外，生产商也可以制定一个较低的批发价格以吸引零售商增加销售量，但是也会使自身面临的信用风险增加。随着零售商订购量的增加，保证零售商能偿清贷款本金利息的临界市场需求量也会增加，从而会导致零售商破产的风险增加，生产商承受损失的风险增加。特别地，考虑到零售商无自有资金，生产商应该通过制定相对较低的批发价格，吸引零售商选择银行借款，生产商为其提供担保，从而增加订货量，最终实现整个供应链系统收益的增加。

命题 2：如果市场需求分布函数服从 IFR，在给定的银行利率 r 条件下，考虑到零售商的最优订购量 q_r^{p*}，生产商的最优批发价格应满足：

$$w^{p*}=\frac{q_r^{p*}-c\Omega-\lambda q_r^{p*}(1+r)F(x_0^p)}{\lambda(1+r)F(x_0^p)\Omega-\Omega}，其中\ \Omega=\frac{dq_r^{p*}}{dw^p}=\frac{\bar{F}(x_0^p)(1+r)(1-H(x_0^p))}{w^{p2}(1+r)^2f(x_0^p)-f(q_r^{p*})}$$

引理 2 和命题 2 的证明详见附录 2。

命题 2 表明，SCF 中生产商的定价决策比传统供应链更加复杂。定价决策中不仅涉及运营参数（比如订购量和生产成本），而且取决于借款者的融资状况，尤其是银行制定的贷款利率。这反映了 SCF 中的运营决策和融资决策之间的复杂关系。

3. 银行的利率决策

若生产商只承担担保部分贷款，给定担保比例 $\lambda\in(0,1)$，银行仍然会承担一定的风险。当需求量高于零售商不破产的临界需求量时，零售商能全部偿还贷款本息，银行期末的收益为 $w^{p*}q_r^{p*}(1+r)$，当需求量低于零售商不破产的临界需求量 x_0 时，零售商只能以其所实现的收入偿还部分贷款 x，剩余部分贷款本息 (x_0^p-x) 由生产商负责偿还一定比例 λ，此时银行的收益为 $x+\lambda(x_0^p-x)$。在完全竞争的资本市场中，商业银行预期所提供融资服务的期望收益与其资金成本相等，如式(3)所示：

$$w^{p*}q_r^{p*}(1+r_0)=E\min\{w^{p*}q_r^{p*}(1+r),(1-\lambda)\min(q_r^{p*},x)+\lambda w^{p*}q_r^{p*}(1+r)\} \tag{3}$$

命题 3：银行在给定担保比例后，考虑生产商以及零售商的最优决策，满足银行预期利润为零的利率为：$r^*=r_0+(1-\lambda)\phi/w^{p*}$，其中 $\phi=\int_0^{x_0^p}F(x)dx/q_r^{p*}$。

命题 3 的详细证明见附录 3。

基于信用担保，商业银行的最优决策与自有资金成本率、担保比例密切相关。从命题 3 可知，银行的最优贷款利率随着自有资金成本率的增加而增加，随着担保比例的增加而减小。当自有资金成本率高时，银行就必须选择制定高的贷款利率来确保无损失风险。而当担保比例高时，银行承担的风险很大程度上就会转移给生产商，银行承担较低的风险就会制定较低的利率水平。

（二）集成供应链金融系统决策分析

集成供应链下，核心企业生产商统一制定决策。期末供应链预期的收益为 $\min\{q_s^p,x\}-cq_s^p$。预期对银行支付的利息为 $w^pq_s^pr_0$（银行预期利润为零，银行期望能收到的收益应该为其付出的成本），不考虑资金的时间价值，此时供应链整体的利润函数如式(4)所示。

$$\pi_s = \min\{q_s^p, x\} - cq_s^p - w^p q_s^p r_0 \tag{4}$$

命题 4：在核心企业提供有限担保的供应链金融系统中，如果市场需求满足 IFR，则在集成供应链金融系统中，供应链的最优订货决策满足以下关系：$q_s^{p*} = \bar{F}^{-1}(c + w^{p*} r_0)$。

命题 4 的证明见附录 4。

由命题 4 可以看到，在核心企业提供有限担保的集成供应链金融系统中，由核心企业统一制定决策时，决策只受银行的利率以及生产的成本影响。生产成本越大或银行资金成本越低，则供应链的最优产量越低。

相对于传统的买卖双方的供应链，SCF 系统是由更复杂的多方成员组成的。因此，双重边际效应和相关的渠道的无效性都会增大。在大多数传统供应链中，只有当批发价格等于生产成本时，批发价格契约才能实现供应链的协调。这种情况下，生产商没有利润，从系统的角度没有实现最优（Lariviere 和 Porteus，2001）。实际上，如果一个价格契约能够实现供应链协调，那么这种契约机制就必须确保系统中每个主体的收益不比集成决策下的收益水平低。也就是说，分散系统中主体的最优决策必须和集成系统中的决策一致。

（三）基于有限担保契约的协调分析

由于供应链金融系统中物流、资金流和信息流的运作涉及多个决策主体，其成员间协调与合作是供应链管理有效与否的前提。与传统供应链一样，供应链金融系统的核心目标之一也是实现供应链成员之间的协调与统一。下面从供应链契约协调的角度将供应链金融分散系统的主从对策与集成系统的联合最优决策进行比较。

所谓供应链协调，是指在分散供应链金融系统中，生产商和零售商的最优决策能够与集成系统的联合最优决策保持一致，使得分散决策系统的渠道效率，最终受益能不低于集成决策系统。若保证这个结论成立，即有 $q_s^{p*} = q_r^{p*}$。

在这个协调分析当中，担保比例起了决定性作用。在传统供应链中，因为双重边际效应，分散供应链决策时的渠道效率是低于集成供应链的最优决策的。与传统供应链相比，在核心企业担保贷款风险的供应链金融系统中，最大的区别在于银行的贷款融资、核心企业的担保以及担保的比例。当有核心企业的担保和银行的贷款融资时，此时供应链金融分散系统与集成系统有可能达到协调。

命题 5：当担保比例满足 $\lambda = 1 + (1 + r_0) \times \frac{w_p}{\phi} - \frac{c + w^p r_0}{\phi \bar{F}(x_0^p)}$，$c < w^p < \frac{c}{\bar{F}(x_0^p)(1 + r_0) - r_0}$ 时，基于核心企业有限担保贷款风险的批发价格契约能实现资金约束零售商、供应商和商业银行组成的供应链金融系统的有效协调。

命题 5 的证明详见附录 5。

在基于信用担保契约的供应链金融系统中，分散供应链的渠道效率可以与集成供应链相同。这是由于在基于信用契约的供应链金融系统中，由于有银行的参与，零售商可以向银行融资，生产商可以为其提供担保，这能有效激励零售商增加订货，而不同于传统的供应链中只能靠生产商降低批发价格才能有效激励零售商增加购买。因此，在批发价格大于生产商的生产成本时，零售商也会购买足够的量，能实现分散供应链金融系统与集成供应链金融系统的协调。另外，在基于信用担保契约的供应链金融系统中，集成条件下，此时的贷款利率，即银行的资金成本会约束供应链的订购决策，因为贷款是要付出一定成本的，因此核心企业在做决策时必须要考虑付出的资金成本。综上所述，基于信用担保条件契约的供应链金融系统与传统的供应链系统相比，由于在分散决策系统中对零售商的激励以及在集成系统中对核心企业决策的约束，能够实现分散决策系统与集成决策系统的协调。

五、不同融资条件下的供应链金融决策对比分析

不同融资条件下的供应链金融决策系统的决策有很大的不同，本部分首先将基于有限信用担保契约的供应链金融系统与传统的无资金约束供应链系统决策进行对比，然后分别对无信用担保和完全信用担保两种情形进行对比，来分析何种信用担保契约下的供应链金融系统能够实现供应链系统的协调。

（一）基于信用担保契约的供应链金融与传统供应链决策比较

不同于基于信用担保契约的供应链金融系统，在传统供应链中，零售商和生产商都不存在资金约束，都可以其自有资金按照利润最大化的原则进行决策。在其他假设不变的情况下，我们将基于信用担保契约的供应链金融系统与传统供应链系统的决策进行比较。为了与其他情况相区分，用上标 NF 表示传统的无资金约束情况下的供应链决策的相关变量。

传统的分散供应链中，零售商的利润函数为 $\pi_r^{NF}=\min\{q_r^{NF}, x\}-w^{NF}q_r^{NF}$，可以求得，零售商最优的订购量应满足关系 $\bar{F}(q_r^{NF*})=w^{NF}$，生产商的利润函数为 $\pi_m^{NF}=(w^{NF}-c)q_r^{NF}$，可以求得生产商的最优定价应该满足关系式 $w^{NF*}=c+f(q_r^{NF*})$；在传统的集成供应链中，供应链整体利润 $\pi_s^{NF}=\min\{x, q_s^{NF}\}-cq_s^{NF}$，可以求得此时供应链最优的订购量应满足关系式 $\bar{F}(q_s^{NF*})=c$。因此，在传统的供应链中，只有当 $w=c$ 时，$q_s^*=q_r^*$。即只有当生产商毫无盈利时才能实现协调，这显然是生产商不能接受的定价条件。由此表明，传统供应链系统中的批发价格契约无法实现供应链协调。

在基于信用担保的供应链金融系统中，最优的订购量满足关系式 $q_r^{P*}=\bar{F}^{-1}(\alpha\bar{F}(x^P{}_0))$，其中，$\alpha=w^P(1+r)$。在批发价 w 一定的情况下，我们可以比较两种情况下的最优订购

量的大小。当 $r^{P*}<\frac{F(x_0^{P*})}{\bar{F}(x_0^{P*})}$ 时，$q_r^{NF*}<q_r^{p*}$。因为当 $r^{p*}<\frac{F(x_0^{P*})}{\bar{F}(x_0^{P*})}$ 时，$\bar{F}\ (q_r^{P*})<w\left(1+\frac{F(x_0^{P*})}{\bar{F}(x_0^{P*})}\right)\bar{F}$ $x_0^{P*}=w=\bar{F}(q_r^{NF*})$，所以有 $q_r^{NF*}<q_r^{p*}$。

命题 6：在传统的供应链系统中，分散供应链无法通过单纯的价格契约实现协调，集成供应链的渠道效率高于分散供应链；与基于信用担保契约的供应链金融系统相比，当 $r^{P*}<\frac{F(x_0^{P*})}{\bar{F}(x_0^{P*})}$ 时，基于信用担保契约下的供应链金融系统的最优订购量大于传统分散供应链的最优订购量。

命题 6 表明，当 $r<\frac{F(x_0)}{\bar{F}(x_0)}$，即 $F(x_0)>\frac{r}{1+r}$ 时，基于信用担保下的供应链金融系统的最优订购量大于传统分散供应链的最优订购量。这也就表明，由于基于信用担保的条件下，存在一个临界的利率 r^*，当利率低于 r^* 时，资金约束的零售商会选择向银行融资以达到资金充裕时的订购水平。

（二）有限担保与无担保契约下的供应链金融决策对比分析

在无担保契约的供应链金融系统中，当零售商面临破产风险时，银行会面临由零售商破产带来的资金损失。此时，银行将提供较高的贷款利率。用上标 NG 表示无担保的供应链金融系统相关变量。

根据命题 1~命题 3，可使 $\lambda=0$ 从而得到无担保条件下各个决策主体的最优决策。银行的最优利率满足关系 $r^{NG*}=r_0+\phi^{NG}/w^{NG*}$，其中 $\phi^{NG}=\int_0^{x_0^{NG}}F\ (x)dx/q_r^{NG*}$。生产商的最优定价决策满足关系 $w^{NG*}=c\times[1-H(x_0^{NG})]/[1-H(q_r^{NG*})]$。零售商的最优定价满足关系 $q_r^{NG*}=\bar{F}^{-1}(w^{NG}(1+r^{NG})\bar{F}(x_0^{NG}))$，其中 $x_0^{NG}=w^{NG}q_r^{NG}(1+r^{NG})$。

从无担保的供应链金融系统中的最优决策可以发现，此时的银行利率 $r^{NG*}=r_0+\phi^{NG}/w^{NG*}$ 要高于有担保下的情况。这是因为在有担保契约的供应链金融系统中，在生产商的担保下，若零售商破产，银行仍能从生产商那里获得部分剩余贷款，从而会大大减少银行的损失，使得银行面临的风险大大减小。因此，在充分竞争的银行市场上，银行的利率必然会降低。因此在无担保的情况下，银行的利率要高，即 $r^{NG*}>r^{P*}$。

进一步比较两种情况下的最优定价。由命题 2 可以证明 $w^{NG*}<w^{PG*}$，这是因为在无担保的情况下生产商不承担风险，因此可以制订较低的批发价格即可实现预期的利润。

（三）有限担保与完全担保契约下的供应链金融决策对比分析

当核心企业生产商对零售商的贷款进行完全担保，即 $\lambda=1$ 时，银行的利率、生产商的定价以及零售商订购量决策都与完全担保下有一定的区别。以下分别就两种情况下从银行贷款利率、零售商的最优订购量、生产商的最优定价进行比较。

与有限担保不同，由于资金充裕的生产商对零售商的贷款做全额担保，所以银行在零售商销售季节末一定可以完全收回贷款。考虑到银行融资市场是充分竞争的，预期利润为零，所以生产商完全担保下银行的决策，就是使贷款利率等于银行的资金成本，$r=r_0$。一方面，理性的银行绝对不会把利率制定在低于资金成本的水平；另一方面，假如银行贷款利率高于资金成本率，由于融资市场是完全竞争的，零售商就不会向该银行借款而去其他银行筹资。

在完全担保的情况下，类似上述分析可知，零售商基于生产商完全担保下的最优订货量为 $q_r^{f*}=\bar{F}^{-1}(\alpha^f\bar{F}(x_0^f))$，其中 $\alpha^f=w^f(1+r_0)$。x_0^f 为零售商不破产的临界需求量，其值为 $x_0^f=q_r^{f*}w^f(1+r_0)$。考虑到银行利率降低，零售商可以以更低的成本贷到资金，从而会加大订购量，因此 $q_r^{f*}>q_r^{p*}$。

类似引理 1 的分析，我们可以计算生产商对贷款进行全额担保时，保证零售商向银行融资但不破产的临界需求量 $x_0^f=q_r^f w^f(1+r_0)$。即当市场需求 $x\geqslant x_0^f$ 时，零售商获得的销售收入才能清偿借款债务。否则，当 $x<x_0^f$ 时，零售商的销售收入不足以清偿债务。并且我们可以推断两种情况下的临界需求量关系为 $x_0^p<x_0^f$。因为，一方面，在完全担保下，零售商可以以更低的利率向银行贷到更多的资金，订购量也会增加；另一方面，生产商面临的风险增加，批发价格相应会增加，因此在零售价格一定的情况下，必须要有更大的市场需求量才能保证零售商不会破产。

与生产商部分担保零售商贷款的情形下相同，在完全担保下，如果市场需求分布函数符合 IFR，零售商的最优订货量是生产商批发价格的递减函数，即 $\frac{dq_r^{f*}}{dw^f}<0$，推导过程与引理 2 相同。但是生产商的最优定价与部分担保的情况下不同。由于担保比例 λ、利率 r 发生变化，生产商的最优定价也发生了改变。类似命题 2 的推导，得到当 $\lambda=1$ 时，生产商的最优批发价格为 $w^{f*}=\frac{q_r^{f*}-c\Omega^f-(1+r_0)q_r^{f*}F(x_0^f)}{\Omega^f((1+r_0)F(x_0^f)-1))}$，其中 $\Omega^f=\frac{dq_r^{p*}}{dw^p}$。

考虑到在生产商完全担保的情况下，生产商面临的风险增大，因而生产商会制定一个相对较高的批发价格以保证自身的利益。因此 $w^{f*}>w^{p*}$。

六、数值算例分析

本节结合信用担保的供应链金融运作实例进行数值分析。假设随机需求满足均值为 100 的指数分布，生产商单位生产成本 $c=0.3$，单位零售价格 $p=1$，批发价格 $w=0.8$，银行资金成本率 $r_0=5\%$。

我们探讨了银行贷款利率与生产商担保比例的关系，如图 2 所示。图 2 表明，银行贷款利率随着生产商担保比例的增加而呈现较为平稳的递减趋势。这与本文的结论是一致的，验证了命题 3。银行在给定生产商以及零售商的批发价格和订购量以及担保比例后，我们提供了满足银行预期利润为零的利率决定关系式，即 $r^*=r_0+(1-\lambda)\phi/w^{p^*}$，其中 $\phi=\int_0^{x_0^p}F(x)dx/q_r^{p^*}$。显然，当生产商提供不同程度的担保比例时，商业银行的最优决策利率 r^* 是生产商担保比例 λ 的递减函数。

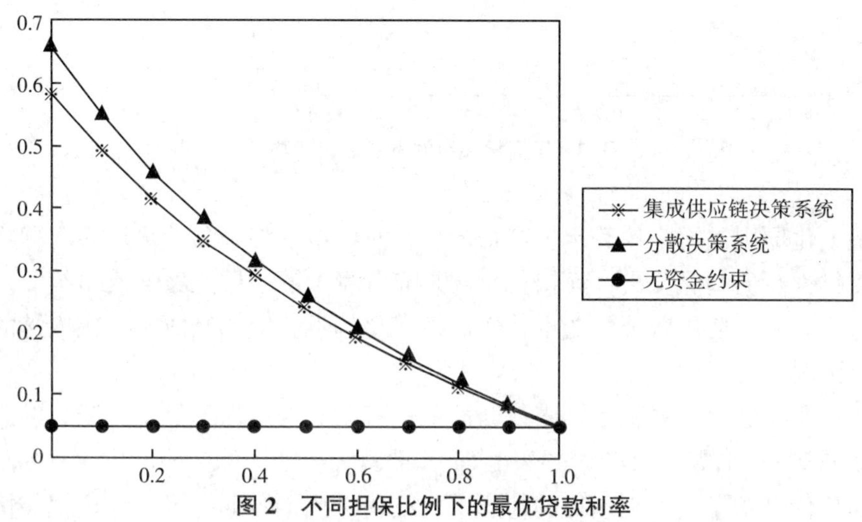

图 2 不同担保比例下的最优贷款利率

事实上，当零售商存在破产风险时，生产商为零售商提供的担保比例越大，商业银行面临的风险越小，银行制定利率时，风险溢价就越小，贷款利率就会降低。这实际上相当于零售商破产给银行带来的风险转移给了生产商，而银行按其承担的风险获取相应的报酬。另外，图 2 表明，λ 在（0，1）区间变化时，批发价 w=0.8 时的最优利率要高于 w=0.5 的情形下，并且二者都大于银行的资金成本率。随着 λ 的增大，不同批发价格下的最优利率均开始减小，且两者的差额逐渐缩小，直到 λ=1 时，两种批发价格下的最优利率都等于银行的资金成本率 r_0。这也进一步验证了命题 3，同时还说明批发价格的增大，会加大零售商的破产风险，从而会迫使银行提高利率。

根据命题 1 和命题 4，在不同的担保比例 λ 下，我们分别计算出分散的供应链金融系统和集成供应链金融系统的最优订购量 q_r^* 和 q_s^*。在给定的参数设置下，我们计算了两种决策系统下的最优订购量关于担保比例的关系，如图 3 所示。

通过图 3 可以观察到几个重要的发现。首先，集成供应链决策系统下的最优订购量和担保比例无关，这验证了命题 4。在图中可以看到，随着担保比例 λ 的变化，集成决策系统下的最优订购量基本保持不变，最优订购量曲线呈水平状。其原因在于担保比例对集成条件下决策没有构成实质性影响，因为在集成条件下核心企业在根据供应

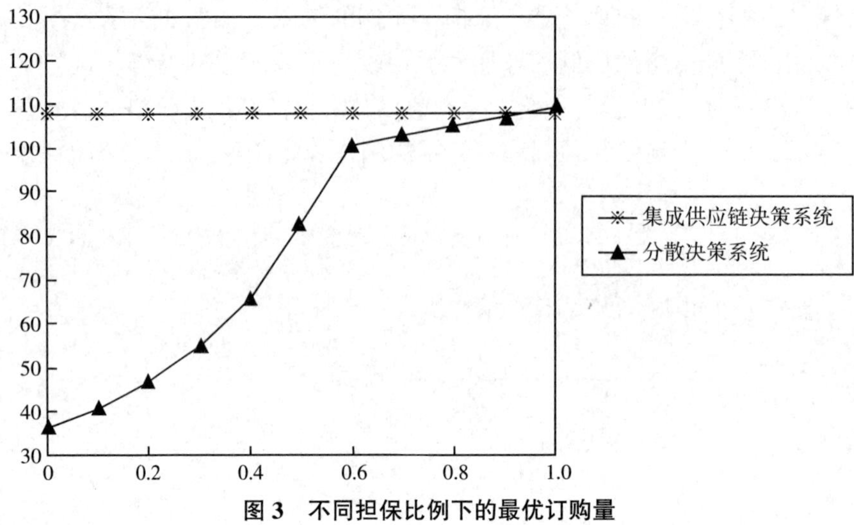

图 3　不同担保比例下的最优订购量

链收益最大化原则进行定价和定生产量的决策时，考虑将来预期可能实现的收益以及预期要支付银行的利息支出，而银行市场是充分竞争的，因此将来支付给银行的利息的期望值应为银行使用资金的成本，因而担保比例不会影响其成本，供应链的订购决策和担保比例无关。

其次，在分散决策系统下，零售商的最优订购量与担保比例呈正相关的关系，这验证了命题 7。由命题 7 可知，$q_r^{NG*}<q_r^*<q_r^{f*}$，即基于有限担保契约的供应链金融系统中零售商的最优订购量大于无担保的情形下的最优订购量，同时小于完全担保情形下的最优订购量。这是因为在分散决策的供应链金融系统中，零售商在进行融资时会考虑银行对其利率的大小，会考虑将来不能偿还贷款本息的可能性，因此利率越高，其借款成本就越高，破产风险就会相应增加，从而会限制零售商的订购决策。而生产商对零售商贷款的担保会降低银行收回贷款的风险，并且风险随着担保比例的增加而减少，因此利率也会随着担保比例的增加而降低，直到担保比例为 1 时，利率降到资金成本率 r_0。

最后，基于有限信用担保契约的供应链金融系统的决策能达到协调。这验证了命题 5。从图 3 中我们可以看到，当 $0.8<\lambda<1$ 时，分散供应链下的最优订购量与集成供应链的最优订购量曲线相交，然后基本保持一致。这说明当 $0.8<\lambda<1$ 时，分散供应链下的决策能与集成供应链下的决策保持一致，即分散供应链的各个参与主体在自身利益最大化的同时，整个供应链的渠道效率也是最高的。

进一步地，我们分析了不同担保比例下的供应链金融系统的最优利润。如图 4 所示，供应链整体利润关于担保比例的关系和供应链订购量与担保比例的关系基本类似。在集成决策系统下，供应链整体利润基本保持不变，而在分散决策系统下的供应链整体利润首先随着担保比例的增加而增加，在达到一定值后，与集成供应链下的整体利润保持一致。这更进一步验证了在有限信用担保契约下的供应链金融系统的决策能够达到协调。

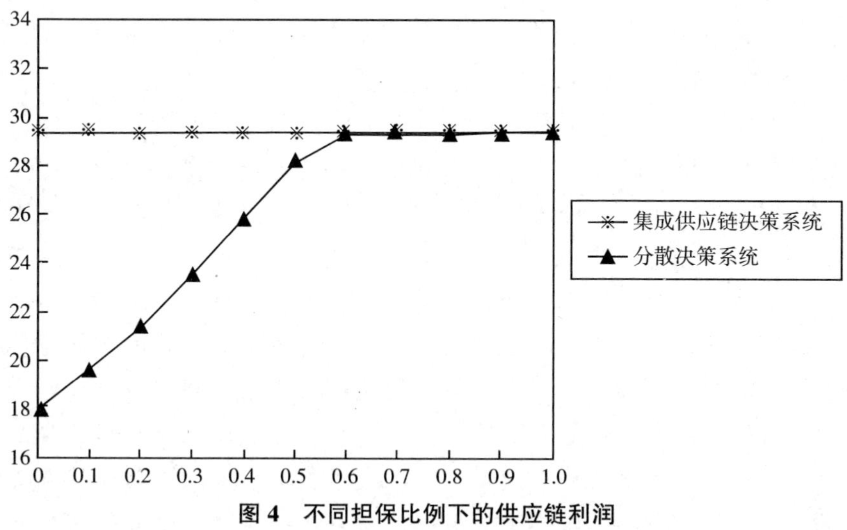

图 4　不同担保比例下的供应链利润

七、结　语

本文主要研究了存在资金约束的零售商、生产商以及商业银行组成的供应链金融系统的融资和经营决策。虽然目前已有很多关于供应链金融的研究成果，但是有关核心企业为零售商的贷款提供担保从而帮助资信较低的零售商融资的理论研究却不多见。特别地，本文还对比研究了不同的担保比例对于核心企业生产商、零售商以及银行的决策的影响。不同的担保利率对于银行的贷款利率的影响会影响零售商的融资决策，而融资决策又会影响到供应链的经营决策。

通过研究，本文得到以下几个结论：首先，基于信用担保契约的供应链金融系统各主体的运营决策和融资决策息息相关且相互影响。银行的利率会影响到零售商的融资决策和订购决策，又会影响到生产商的定价决策，同时生产商对零售商的担保又会影响到银行的利率决策。其次，基于信用担保契约的供应链金融系统能够实现供应链协调。区别于无资金约束的传统供应链，生产商只能通过价格契约来激励零售商增加订货，无法实现供应链协调，渠道效率低于集成供应链下整体最优的效率。通过银行的参与以及生产商的担保，基于信用担保的批发价格契约会有效刺激零售商增加订货，从而实现与集成供应链的有效协调。即使各决策主体在为各自利润最大化的前提下进行决策也能保证整个供应链的效益是最优的。最后，从供应链利润和风险的角度来说，基于信用担保契约的供应链金融系统中，有限担保比无担保和完全担保更有效，核心企业生产商更倾向于有限的信用担保。在无担保的供应链金融系统中，供应链无法实现协调，各决策主体按照自身利益最大化原则进行决策时，最终的均衡结果不是供应链整体最优的。给定合适的担保比例，供应链金融系统会达到协调，供应链整体的利润最大。担保比例继续增加虽然供应链整体利润不变，但是零售商的破产风险更大，因此生产商更倾向于有限担保的供应链金融系统。

本文的亮点在于综合考虑了银行贷款以及商业信用，通过研究担保比例对于供应链效率的影响，其理论贡献主要体现在以下几点。首先，本文设计的基于信用担保的融资契约可以用来研究包含多种融资方式的供应链金融问题。其次，本文为研究供应链金融系统协调条件提供了一个可行的方向，即通过信用担保契约来实现供应链金融系统的协调。最后，本文的研究也为供应链金融管理实践提供了可供参考的依据。如今市场的竞争已不再是企业与企业之间的竞争，而是供应链与供应链的竞争。归根结底，是渠道效率的竞争。核心企业应不再仅仅注重自身的利益和发展，还应从供应链整体出发，提升供应链整体的效率，这才是竞争和发展之道。特别是，当下游中小企业面临资金约束时，若无法获得有效融资，则会面临资金链的断裂，从而影响整个供应链系统的有效运作。因此，核心企业可以为其提供担保，以助其向银行融资，加速供应链中资金、产品的周转，提升渠道效率。而本文提出基于有限的信用担保契约下的供应链金融系统更易于使融资及经营决策达到协调，在满足供应链各个主体自身利益最大化的同时，供应链整体的效率也是最优的。因此，核心企业在可以选择为中小企业的贷款进行部分担保，以此在周转供应链资金和产品的同时，对中小企业的融资和经营活动形成一定的约束，避免大的破产风险，实现多方共赢的局面。

但是，本文基于信用担保的供应链金融决策问题进行了初步探索，仍存在一些值得深入的研究方向。比如考虑生产商也存在一定的资金约束时的情况，比较基于信用契约的供应链金融系统与供应链系统内部融资的效率差异等。

参考文献

[1] Zhou J. H., Groenevelt. Impacts of financial collaboration in a three-party supply chain [R]. The Simon School University of Rochester. RochesterNY. 2007.

[2] Buzacott J. A., Zhang R. Q. Inventory management with asset-based financing [J]. Management Science, 2004, 50 (9): 1274-1292.

[3] Milliot J. Crown plans $25M "eturns initiative" or new year [J]. Publishers Weekly, 1998.

[4] Biais B., C. Gollier. Trade credit and credit rationing [J]. The Review of Financial Studies, 1997 (4): 903-937.

[5] Xu X. D., Birge J. R. Joint production and financing decisions: Modeling and analysis [R]. The University of Chicago Graduate School of Business, 2004.

[6] Dada M., Hu Q. Financing newsvendor inventory [J]. Operations Research Letters, 2008, 36 (5): 569-573.

[7] Caldentey R., Haugh M. B. Supply contracts with financial hedging [J]. Operations Research, 2009, 57 (1): 47-65.

[8] Lai G., Debo L. G., Sycara K. Sharing inventory risk in supply chain: The implication of financial constraint [J]. Omega, 2009, 37 (4): 811-825.

[9] 徐贤浩，邓晨，彭红霞. 基于供应链金融的随机需求条件下的订货策略 [J]. 中国管理科学，2011，19 (2)：63-70.

[10] Lee C. H., Rhee B. D. Trade credit for supply chain coordination [J]. European Journal of Operational Research, 2011, 214 (1): 136-146.

[11] Jing B., Chen X., Cai G. Equilibrium financing in a distribution channel with capital constraint [J]. Production and Operations Management, 2012, 21 (6): 1090-1101.

附 录

附录 1：引理 1 及命题 1 的证明

引理 1 的证明：当零售商的预期收入能够偿还银行融资本息时零售商不会面临破产，即 $\min\{x, q_r^p\} - \min\{q_r^p w^p(1+r_0), \min\{x, q_r^p\}\} \geq 0$。当 $x \geq q_r^p$ 时，原式等价于 $q_r^p - q_r^p w^p(1+r_0) > 0$，零售商一定不会破产；当 $q_r^p w^p(1+r_0) \leq x < q_r^p$ 时，原式等价于 $x - q_r^p w^p(1+r_0) > 0$，零售商一定不会破产；当 $x < q_r^p w^p(1+r_0)$ 时，原不等式左端恒等于 0，零售商面临破产。综上论证，当 $x \geq x_0^p = q_r^p w^p(1+r_0)$ 时，零售商不破产。

命题 1 的证明：由式（1）可得：$\pi_r = \int_{x_0}^{q_r^p} (x - x_0^p) f(x) dx + \int_{q_r^p}^{\infty} (q_r^p - x_0^p) f(x) dx$，其中：

$x_0^p = q_r^p w^p(1+r)$。对 q_r^p 分别求一阶导和二阶导可得：

$$\frac{d\pi_r}{dq_r^p} = \bar{F}(q^p) - w^p(1+r)\bar{F}(x_0^p)$$

$$\frac{d^2\pi_R}{dq_r^{p*2}} = -f(q_r^{p*}) + (w^p(1+r))^2 f(w^p(1+r)q_r^{p*})$$

因为 $w^p(1+r) < 1$，所以 $x_0^p < q_r^{p*}$，所以 $h(q_r^{p*}) > h(x_0^p)$，即：

$$\frac{f(q_r^{p*})}{\bar{F}(q_r^{p*})} > \frac{f(x_0^p)}{\bar{F}(x_0^p)} = \frac{w^p(1+r) f(x_0^p)}{w^p(1+r)\bar{F}(x_0^p)} = \frac{w^p(1+r) f(x_0^p)}{\bar{F}(q_r^{p*})}$$

因此，$f(q_r^{p*}) > w^p(1+r) f(x_0^p) > [w^p(1+r)]^2 f(x_0^p)$，所以 $\frac{d^2\pi_p}{dq_r^{p*2}} < 0$。由一阶最优性条件，令一阶导数为零可得：$\bar{F}(q_r^{p*}) = w^p(1+r)\bar{F}(x_0^p)$。因此，零售商的最优订购量应该满足：$q_r^{p*} = \bar{F}^{-1}(\alpha\bar{F}(x_0^p))$，其中，$\alpha = w^p(1+r)$。

附录2：引理2及命题2的证明

引理2证明：由$\bar{F}(q_r^{p*})=w^p(1+r)\bar{F}(x_0^p)$，两边同时对$q_r^p$求导数可得：

$$\frac{dq_r^{p*}}{dw^p}=\frac{\bar{F}(x_0^p)(1+r)(1-H(x_0^p))}{w^{p2}(1+r)^2f(x_0^p)-f(q_r^{p*})}$$

因为市场需求函数服从IFR时$H(x_0^p)<H(q_r^{p*})\leqslant 1$，所以$\bar{F}(x_0^p)(1+r)(1-H(x_0^p))>0$，且又因为在前面已证明$(w^p(1+r))^2f(w^p(1+r)q_r^{p*})-f(q_r^{p*})>0$，所以，令$\frac{dq_r^{p*}}{dw^p}=\Omega$，$\Omega=\frac{\bar{F}(x_0^p)(1+r)(1-H(x_0^p))}{w^{p2}(1+r)^2f(x_0^p)-f(q_r^{p*})}<0$。

命题2的证明：由式(2)可得，$\pi_m^p=(w^p-c)q_r^{p*}-\lambda\int_0^{x_0^p}(q_r^{p*}w^p(1+r)-x)f(x)dx$。求一阶导得：$\frac{d\pi_m^p}{dw^p}=q_r^{p*}+(w^p-c)\frac{dq_r^{p*}}{dw^p}-\lambda(1+r)\left(\frac{dq_r^{p*}}{dw^p}w^pF(x_0^p)+q_r^{p*}F(x_0^p)+q_r^{p*}w^p\frac{dx_0^p}{dw^p}f(x_0^p)\right)+\lambda\frac{dx_0^p}{dw^p}f(x_0^p)x_0^p$，其中，$\frac{dx_0^p}{dw^p}=(q_r^{p*}+w^B\Omega)(1+r)$。所以，$\frac{d\pi_m^p}{dw^p}=q_r^{p*}+(w^p-c)\Omega-\lambda(1+r)w^pF(x_0^p)-\lambda q_r^{p*}(1+r)F(x_0^p)\Omega$。

由一阶最优条件令$\frac{d\pi_m^p}{dw^p}=0$，可得$w^{p*}=\frac{q_r^{p*}-c\Omega-\lambda q_r^{p*}(1+r)F(x_0^p)}{\lambda(1+r)F(x_0^p)\Omega-\Omega}$。

附录3：命题3的证明

由式(3)可得，$w^pq_r^p(1+r_0)=\int_0^{x_0^p}(x+\lambda(x_0^p-x))f(x)dx+\int_{x_0^p}^{\infty}x_0^pf(x)dx$，

即$w^pq_r^p(1+r_0)=x_0^p-\int_0^{x_0^p}(1-\lambda)(x_0^p-x)f(x)dx$。化简可得：

$$x_0^p-w^pq_r^p(1+r_0)=\int_0^{x_0^p}(1-\lambda)(x_0^p-x)f(x)dx=(1-\lambda)\int_0^{x_0^p}F(x)dx$$

即$w^pq^p(r-r_0)=(1-\lambda)\int_0^{x_0^p}F(x)dx$，令$\phi=\frac{\int_0^{x_0^p}F(x)dx}{q_r^p}$，则有$r^*=r_0+(1-\lambda)\frac{\phi}{w^p}$。

附录 4：命题 4 的证明

由式（4）可得，集成供应链的利润函数：$\pi_s = \int_0^{q_s^p} (x - cq_s^p) f(x) dx + \int_{q_s^p}^{\infty} (1-c) q_s^p f(x) dx - w^p q_s^p r_0$。

对上式分别求一阶导和二阶导可得：$\frac{d\pi_s}{dq_s^p} = -\int_0^{q_s^p} f(x) dx + 1 - c - w^p r_0 = \bar{F}(q_s^p) - c - w^p r_0$，$\frac{d^2\pi_s}{dq_s^2} = -f(q_s^p) \leqslant 0$。因此，由一阶最优条件，令 $d\pi_s / dq_s^p = 0$，可得 $\bar{F}(q_s^p) = c + w^p r_0$。

所以，集成供应链的最优订购决策应该满足：$q_s^{p*} = \bar{F}^{-1}(c + w^{p*} r_0)$。

附录 5：命题 5 的证明

集成供应链下，$\bar{F}(q_s^{p*}) = c + w^p r_0$；分散供应链下，$\bar{F}(q_r^{p*}) = w^p(1+r)\bar{F}(x_0^p)$，其中，$x_0^p = q_r^{p*} w^p (1+r)$。若要实现协调，则有 $q_s^{p*} = q_r^{p*}$，即 $c + w^p r_0 = w^p(1+r)\bar{F}(x_0^p)$。

又因为在分散供应链中，$r = r_0 + (1-\lambda)\frac{\phi}{w^p}$，其中 $\phi = \int_0^{x_0^p} F(x) dx / q_r^p$。

所以有 $c + w^p r_0 = w^p\left[1 + r_0 + (1-\lambda)\frac{\phi}{w^p}\right]\bar{F}(x_0^p)$，化简可得：

$$\lambda = 1 + (1 + r_0)\frac{w^p}{\phi} - \frac{c + w^p r_0}{\phi \bar{F}(x_0^p)}$$

而 $0 < \lambda < 1$，$w^p > c$，那么 $c < w^p < \frac{c}{\bar{F}(x_0^p)(1+r_0) - r_0}$，其中，$\frac{c}{\bar{F}(x_0^p)(1+r_0) - r_0} > \frac{c}{(1+r_0) - r_0} > 0$。

所以，当 $\lambda = 1 + (1+r_0)\frac{w^p}{\phi} - \frac{c + w^p r_0}{\phi \bar{F}(x_0^p)}$，$c < w^p < \frac{c}{\bar{F}(x_0^p)(1+r_0) - r_0}$ 时，分散供应链下也能达到协调，即保证在分散供应链下的决策也能与集成供应链下的决策保持一致，使供应链的整体收益不低于集成供应链条件下的收益。

碳交易机制下供应链企业之间的契约制定

作者：支帮东；指导老师：刘晓红

内容摘要：2005年，《京都议定书》为碳交易市场提供了制度框架。在碳交易市场背景下，企业如何在纵向的供应链协调中实现经济效益最大化显得至关重要。本文在原有碳交易机制基础上试探讨一种新型交易方式，即当上游供应商用尽碳排放权时，供应商不进行碳排放权的购买，而是允许下游零售商购买碳排放权并允许其以一定的优惠价格与商品进行交换，以此实现原有碳交易市场背景下供应链企业绩效的进一步提升。与此同时，本文还探讨了供应链企业是如何通过这一新型交易方式制定供应链企业契约的。

关键词：碳交易机制；供应链；新交易方式；价格折扣契约模型；回收契约模型

一、引　言

21世纪，随着经济高速发展，工业化进程加快，温室气体排放量也随之加剧，温室气体排放过量已成为攸关人类可持续发展前途的重大问题。IPCC报告显示：1880~2012年，全球海陆表面平均温度呈线性上升趋势，总体升高了0.85℃。[1] 长此以往，沿海陆地将淹没在一片汪洋大海中，气候变化和二氧化碳减排已受到全球各界的高度关注，各国加紧探寻各种有效节能减排的途径。从《联合国气候变化框架公约》到《坎昆协议》，最后发现碳排放限额与交易是一种有效地减少碳排放的机制。为顺应节能环保趋势，作为大国，中国在降低碳排放中也积极承担起了大国应有的责任，目前中国已启动了包括上海在内的7个省市的碳排放交易试点。[2] 因此，探讨受碳排放约束的供应链协调问题具有重要的现实意义。

供应链是指由相互联系、相互依靠的组织构成的网络。这些组织相互合作，共同经营，控制、管理并改进从供应商到客户的物流和信息流。[3] 本文所提出的供应链是由单个供应商和单个零售商组成的。在碳限额与交易背景下，供应链经营目标已经发生了变化，供应链在满足减排需要的同时还要实现经济效益的最大化。本文在基于前人研究的基础上试探索碳交易机制下的新型交易方式：上游企业和下游企业进行产品与碳排放权交易，并论证这种新型交易方式进一步提升供应链整体绩效的可能性。此外，本文还探讨了碳交易机制下，供应链企业是如何通过这种新型交易方式制定价格折扣契约和回收契约的。

二、文献回顾

（一）供应链企业协作优化

供应链是由通过资金流、信息流和物流相联系的合作伙伴组成的。Fugate 等（2006）认为，对“三流”进行有效管理，需要建立起供应商和零售商的协同关系。然而，并没有一种有效的控制机制能够对供应链中个体成员进行协同。[4] 而 Xu（2006）认为，根据供应链成员具体情况建立协调机制来管理供应链成员之间的相互关系可以缓解这一问题，并提出建立协调机制需要考虑三种成本：协调成本、运营风险成本、机会主义风险成本。[5] 除此以外，Singh（2011）还提出六类促成供应链企业成功协同优化的要素：高层管理团队、组织因素、相互信任、信息流、成员关系及决策制定。[6] Singh（2011）重点指出，高层管理团队是促成供应链企业协同优化成功的首要因素。在提升供应链整体绩效水平的实践过程中，对以上要素清晰理解和把握对于成功实现供应链企业协同优化具有重要意义。

供应链企业的协调机制有许多类型，其最终目的都是一致的，那就是尽可能实现供应链整体绩效水平最大化。如 Arshinder（2006）指出，各种协调机制——信息共享、信息技术、长期伙伴关系、联合决策、柔性，最终都是服务于整体绩效水平的提高。[7] 从上述文献中可以看出，以往探讨供应链企业协同优化的研究中更多的是考虑供应链本身而很少考虑供应链所处环境，如 Sarmah（2008）探讨了由单供应商、多零售商组成的供应链该如何建立协调机制以提升供应链整体绩效水平，并对供应商主导和零售商主导这两种情况分别做了讨论。[8] 与以往供应链企业协同优化的文章不同，本文将供应链企业协同优化研究嵌入碳排放权交易的制度环境，并探讨在碳排放权机制下企业应该如何制定协调契约。

（二）碳排放权交易制度

Tatiana 提到，碳排放权交易机制旨在降低各国碳排放量，《京都议定书》为这一机制提供了基本的制度框架，这种机制被认为是应对气候变化问题的有效机制。[9] Bosello（2002）提出了碳排放权交易的基本原理：各国首先获得初始碳排放权，然后通过市场机制对碳排放权进行有效的配置，最终实现均衡的帕累托最优。[10]

目前，碳排放权交易主要分为两类：以项目为基础的交易市场和以配额为基础的交易市场。[11]《京东议定书》下的国际排放贸易机制是以配额为基础的，考虑到碳交易市场的一般性和供应链企业的微观特性，这里所指的碳交易市场是指以配额为基础的交易市场。

Matschos（2006）对以配额为基础的碳交易市场进行了表述：碳排放权交易制度是指在碳排放交易机制下，首先确定总碳排放权总额度，然后按各国情况对碳排放权总额进行分解和分配。分配完以后，各国可以选择减排以符合碳排放限额，也可以通过购买碳排放权增加碳排放额。各国也可以出售多余的碳排放权。[12] Matschoss 的解释更加侧重宏观层面，从国家层面解释了以配额为基础的碳排放交易制度。

在实践中，有些国家的碳交易市场已经得到一定的发展，第一个碳交易市场是由美国气候变化框架公约（UNFCCC）创立的，如芝加哥气候交易所，紧接着是目前发展较为成熟的欧洲碳排放交易系统（EUETS）。[13] 作为负责任的大国，中国在建立碳交易市场方面也做了积极有益的尝试，如上海在 2013 年 11 月正式成立碳排放交易系统。[14] 随着碳交易市场的逐步形成，存在于碳交易市场环境中的供应链为保持甚至提升其绩效和竞争力，就必须要将碳交易机制纳入其考虑范围之内。

（三）碳交易机制下的供应链优化

随着碳交易机制的建立，基于碳排放权交易市场对于微观供应链角度的碳排放权优化配置的研究日益受到广泛关注。Cordero（2013）从微观企业层面对以配额为基础的碳排放交易制度做了进一步解释，各国首先将所获取的碳排放权总额分解，通过一定的方式将排放权额度分配给排放二氧化碳的排放源企业，并允许企业买卖碳排放权。如果一个排放源企业额度未用完，则可以出售剩余的额度，以获取经济补偿，而排放超过初始分配额度的排放源企业就可以购买这些配额，以避免政府的罚款和制裁。[15]

方健等（2012）指出，随着环境问题日益受到关注，将供应链置于碳排放交易体系下进行研究成为重要趋势，在供应链网络设计中考虑碳排放因素已成为必然。[16] 国内外不少学者意识到了这一点。Abdallah（2010）认为，碳交易机制可以提高绿色产品供应商的竞争能力，因为这些绿色产品供应商可以吸引更多关注环境的消费者，还提出供应商通过供应链减排效果更好。[11] Abdallah 为碳敏感供应链开发出 MIP 模型，考虑通过绿色供应链来降低碳排放。在这一领域比较著名的外国研究者 Benjaafar（2013）认为，通过供应链企业运营调整可以尽可能地降低碳排放的成本，他将与供应链中各种决策变量相联系的碳排放参数引入传统供应链模型中，论证了当供应链企业联合进行减排时，供应链整体碳排放量要远低于不联合的情况。[17] Jaber（2013）在欧洲碳排放交易系统背景下，建立了生产制造过程中两级供应链企业（供应商和零售商）减少碳排放的协调模型。[18] 在这一领域，中国研究者也做出了相应贡献，其研究方法更侧重于建构模型。徐琪等（2014）将碳排放和碳交易约束引入低碳供应链网络均衡设计，通过上下游企业面向低碳的竞争与合作，对整个供应链上的碳足迹进行有效的管理，以达到供应链网络整体碳排放量降低的目的。[19] 付秋芳等（2013）基于转化和物流环节测量供应链碳足迹，并以制造商为核心企业、销售商为弱势企业建立碳减排率价格敏感型需求下的二级供应链碳减排 Stackelberg 博弈模型，分析不同碳排放权与交易机制对供应链决策的影响。[20] 以上学者都认为，为应对变化的市场机制和消费者环保意识的提高，企业越来越需要通过供应链协调碳减排。

综上所述，前人更多地将碳排放权置于制度框架之内，并没有尝试将碳排放权看成是一种可以进行价值交换的“产品”。对此，本文在原有碳排放交易机制和现有研究基础上提出新型碳排放交易方式：供应商允许碳排放权与商品之间的价值交换。本文在这一构想的基础上，进一步探讨这种交易方式进一步提升供应链零售商订货水平的可能性及契约制定。

三、新交易方式提升零售商订货水平的验证

首先对“供应商允许碳排放权与商品之间的价值交换”这一新交易方式做进一步解释。供应商允许碳排放权与商品之间的价值交换是指在供应商实施这种交易方式之前，需要采用价格折扣政策。这种价格折扣政策不是原有的从量价格折扣，而是考虑碳排放权交易的价格折扣。在供应商生产的产品超过原有碳排放权的情况下，供应商自身并不购买额外碳排放权，而是假借零售商进行单位碳排放权的购买，然后供应商以一定的价格折扣进行商品、单位碳排放权的交换。

在碳排放权交易市场中，碳排放权的份额是固定的，增加零售商购买碳排放权量会激励供应商在碳减排投资方面投入更大的精力，这为加强供应链企业协同节能减排提供了制度保证。在新型碳交易制度条件下，零售商有动机订购更多的产品，相应地，供应商也有动力生产更多的产品。新型交易方式有两个优点：第一，可以实现社会财富的增加，即生产更多的物质产品；第二，更加促进环境保护，即企业加大碳排放量的减排力度。

对此，本文所要论证的是：碳交易机制下，通过商品、单位碳排放权交换的交易方式，供应链中零售商有动力订购更多产品，相应地，供应商也更有动力生产更多的产品。

证明基本思路：碳交易背景下，对不考虑新交易方式和考虑新交易方式两种情况，分别得出供应链中零售商的订货量并进行对比分析。所用变量如表 1 所示。

首先对模型进行基本假设，假设如下：

假设 1：报童模型背景下，考虑一个供应商和经销商在批发价格契约下所形成的两阶段博弈情形。

假设 2：零售商面对消费市场的随机需求，需求分布为均匀分布。零售商根据市场需求确定最优订货量，产品不能跨期销售，且具有残值。

假设 3：制造商生产产品会产生碳排放，需要一定的碳排放权。制造商能够获得初

始免费的碳排放权，并允许制造商和零售商在碳排放市场上买卖碳排放权。

假设 4：碳交易限于同一碳交易市场体系，政府对供应商发放合适的碳排放量 E_1。

假设 5：在同一碳交易市场中，λ 价格需要低于某种上限（单位碳排放权价格过高，零售商会因为现金流风险不接受这种新交易方式）。

表 1　碳交易机制下数理部分所用变量表

q	零售商的订货量	p	产品在消费市场的价格
P_E	每单位商品的碳减排成本	v	期末单位商品的库存残值
g_r	零售商每单位销售商品的费用	g_s	供应商每单位产品的批发费用
c_s	零售商每单位商品的成本	c_r	供应商生产每单位商品的成本
ρ	生产排放系数，生产每单位产品的碳排放量	E_1	供应商当期排放量，政府根据减排目标制定
λ	单位碳排放权价格	ε	碳排放权与商品交换的折扣系数
w	产品批发价格	F（x）	需求分布函数
f（x）	需求密度函数	s（q）	订货不足
I（q）	库存过剩		

（一）不考虑新交易方式的供应链零售商的最大订货量

碳交易机制下，不考虑新交易方式情况下的供应链企业交易示意图如图 1 所示。

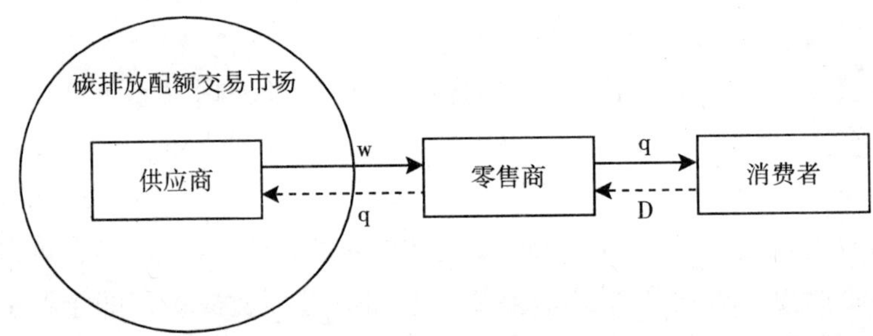

图 1　碳交易机制下，不考虑新交易方式情况下的供应链企业交易示意图

$$\pi_r(q)=pS(q)+vI(q)-g_rL(q)-c_rq-wq \tag{1}$$

$$\pi_r(q)=(p-v+g_r)S(q)-(c_r-v)q-g_ru-wq$$

$$\pi_s(q)=wq-c_sq-g_sL(q)-p_Eq+\lambda E_1 \tag{2}$$

结果：(1)+(2)

$$\pi(q)=\pi_r(q)+\pi_s(q)=(p-v+g)S(q)-(c-v+p_E)q-gu+\lambda E_1 \tag{3}$$

对 π(q) 求导：

$$\pi'(q)=(p-v+g)S'(q)-(c-v+p_E)=0 \tag{4}$$

则 q^0 满足：

$$S'(q^0)=\bar{F}(q^0)\frac{c-v+p_E}{p-v-g} \tag{5}$$

（二）考虑新交易方式的供应链零售商的最大订货量

供应商采用新交易方式时，零售商需要购进碳排放权，这样在无形之中就将自己纳入碳排放交易市场之中，此时，供应链企业订货示意图如图 2 所示。

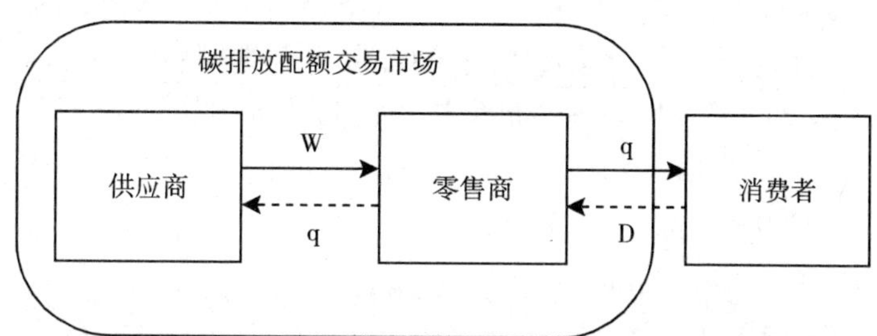

图 2 碳交易机制下，考虑新交易方式的供应链企业订货示意图

$$\pi_r(q)=pS(q)+vI(q)-g_rL(q)-c_rq-wq-\lambda(q-E_1/\rho)\rho+(w-(1-\varepsilon)w)(q-E_1/\rho)$$

$$\pi_r(q)=pS(q)+vI(q)-g_rL(q)-c_rq-wq+(w-(1-\varepsilon)w-\lambda\rho)(q-E_1/\rho) \tag{6}$$

$$\pi_s(q)=wq-c_sq-g_sL(q)-p_Eq+\lambda E_1+((1-\varepsilon)w-c_s)(q-E_1/\rho) \tag{7}$$

(8)式为(6)+(7)

$$\pi(q)=\pi_r(q)+\pi_s(q)=(p-v+g)S(q)-(c-v+p_E)q-gu+\lambda E_1+(w-p_E-c_s)(q-E_1/\rho) \tag{8}$$

对（8）式求导：

$$\pi'(q)=(p-v+g)\ S'(q)-(c-v+p_E)-\lambda\rho+(w-c_s)=0 \tag{9}$$

则 q^1 满足：

$$S'(q^1)=\bar{F}\ (q^1)\ =\frac{c-v+p_E+\lambda\rho-(w-c_s)}{p-v-g} \tag{10}$$

在比较 q^0 和 q^1 之前，假设 4 和假设 5 需分别满足条件 $E_1<\rho\bar{F}^{-1}\left(\frac{c-v+p_E}{p-v-g}\right)$ 和 $\lambda<\frac{w-c_s}{\rho}$，此时，$q^0<q^1$，即碳交易背景下，供应链中供应商采用这种交易方式零售商订货量会更多，原命题得证。

四、新交易方式下企业制定供应链两类契约

供应链契约是指通过提供合适的信息和激励措施，保证买卖双方协调、优化销售渠道绩效的有关条款，是实现供应链协调和利润分配的基本形式。对于供应链契约的研究是基于博弈论和运筹学等理论模型的研究基础上，考察供应链成员间物流和资金流的协调，从而达到各成员最优决策和供应链整体最优决策。

新型碳交易机制下，供应链企业该如何进行契约的制定来实现利润的最大化？这里，我们提出两类契约，一类是价格折扣契约模型，另一类是回收契约模型。

在提出这两类契约之前，首先提出全价格契约模型。虽然全价格契约模型并不是最优模型，但是由于操作简单，执行成本低，其适用性在某种程度上相对较广。

在全价格契约条件下，供应商在订货量少于 E_1/ρ 的这一部分，按照单位批发商品价格 w 收取费用。而对于订货量超过 E_1/ρ 的部分，则按照折扣价格 εw 收取费用，其中 $\pi_r(q, w)$ 是严格凹的。零售商唯一最优订货量满足条件：

$$\pi_r(q, w)=(p-v+gr)S'(q)-(w+c_r-v)-\lambda\rho+\varepsilon w=0$$

由于 $S'(q)$ 是单调递减的，当且仅当

$$w=\frac{(p-v+g_r)(c-v+P_E+\lambda\rho+c_s)}{(1-\varepsilon)(p-v+g)+p-v+g_r}[(p-v+g_r)(2c_s+P_E)-g_s(c_r-v+\lambda\rho)] \tag{11}$$

的时候，满足条件 $q_r^*=q^1$，其中零售商最优订货数量满足：

$$F(q_r^*)=1-\frac{w+c_r-v+\lambda\rho-\varepsilon w}{p-v+g_r} \tag{12}$$

由于 F 是严格递增且连续的，则 w 与 q_r^* 有唯一对应点，因此，将零售商订购 q_r^* 的批发价格表示为 $w(q)=\frac{1}{1-\varepsilon}[\bar{F}(q_r^*)(p-v+g_r)+(c_r-v+\lambda\rho)]$，则供应商批发价格函数可以表示为 $w(q)=\frac{1}{1-\varepsilon}[\bar{F}(q_r^*)(p-v+g_r)+(c_r-v+\lambda\rho)]$。

此时，供应商的利润函数为：

$$\pi_s(q)=wq-c_sq-g_s[u-S(q)]-P_Eq+\lambda E_1+[(1-\varepsilon)w-c_s]\left(q-\frac{E_1}{\rho}\right) \tag{13}$$

在全价格契约条件下，价格折扣系数越大，批发价格越高。

（一）价格折扣契约模型

价格折扣是一种常见的营销策略，在这种契约下，零售商订购数量越多，单价越低，即批发价格 $w_d(q)$ 是 q 的一个减函数，对于给定的折扣方案 $w_d(q)$，零售商的期望利润为：

$$\pi_r(w_d(q))=(p-v+g)S(q)-(w_d(q)+c_r-v)q-g_ru-\lambda\left(q-\frac{E_1}{\rho}\right)\rho+\varepsilon w_d(q)\left(q-\frac{E_1}{\rho}\right) \tag{14}$$

而当供应商和零售商置于一个整体联合决策时，批发价 w 等于 c_r，利润函数此时为：

$$\pi_{r+s}(q)=\pi_r(q)+\pi_s(q)=(p-v+g)S(q)-(c-v+p_E)q-gu+\lambda E_1 \tag{15}$$

此时，供应商和零售商经过协商同意，零售商按照批发价 w_d（q）订购时，其利润占整体联合利润的比例为 A^0，即

$$\pi_r(w_d(q))=A^0\pi_{r+s}(q),\ 0<A^0\leqslant 1 \tag{16}$$

这样零售商的决策就会与整体决策一致，将式（14）、式（15）代入式（16），得：

$$w_d(q)=\frac{(1-A^0)(p-v+g)S(q)+A^0[(c-v+P_E)q+gu-\lambda E_1]-(c_r-v)q-g_ru-\lambda(q\rho-E_1)}{q-\varepsilon\left(q-\frac{E_1}{\rho}\right)} \tag{17}$$

这就是可以协调整体价格的折扣方案。A^0 越大零售商的利润也就越大，供应商的利润也就越小；当 A^0 在 $0<A^0\leqslant 1$ 变化时，总利润在双方之间的任意比例都可以达到。实际上，在新型碳交易机制下，$w_d(q)$ 确实是关于 q 的减函数，但一般是非线性的。

（二）回购契约制定

在回购契约条件下，供应商收取零售商每单位商品价格 w，但是在季末，供应商以每单位商品 b 价格返还给零售商。此时零售商的利润函数为：

$$\pi_r(q)=(p-v+g_r-b)S(q)-(c_r-v+w_b-b)q-g_ru-\lambda\left(q-\frac{E_1}{\rho}\right)\rho+[w-(1-\varepsilon)w]\left(q-\frac{E_1}{\rho}\right) \tag{18}$$

考虑设定回购契约参数 $\{w_b, b\}$，$A\geqslant 0$，

$$p-v+g_r-b=A(p-v+g) \tag{19}$$

$$c_r-v+w_b-b=A(c-v+P_E) \tag{20}$$

在此类参数设定情况下，零售商企业的利润为：

$$\pi_r(q)=A(p-v+g)S(q)-A(c-v+P_E)q-g_ru-\lambda\left(q-\frac{E_1}{\rho}\right)\rho+[w-(1-\varepsilon)w]\left(q-\frac{E_1}{\rho}\right) \tag{21}$$

其中，

$$\pi(q)=(p-v+g)S(q)-(c-v+P_E)q-gu-\lambda\left(q-\frac{E_1}{\rho}\right)\rho+(w-c_s)\left(q-\frac{E_1}{\rho}\right)+\lambda E_1 \tag{22}$$

则

$$\pi_r(q, wb, b)=A\pi(q)+Agu+\lambda(A-1)(q\rho-E_1)+[(\varepsilon-A)w+Ac_s]\left(q-\frac{E_1}{\rho}\right)-\lambda AE_1-g_ru \tag{23}$$

此时，对于参数 A，零售商的利润随着参数 A 的增加而增加，而供应商的利润随着参数 A 的增加而减少，所以参数 A 用以分配供应链中两个企业的利润。此时，当零售商获取供应链中全部利润，即 $\pi_r(q^0, w_b, b)=\pi(q^0)$ 时，A 符合条件：

$$A=\frac{\pi(q^0)+(\lambda\rho-\varepsilon w)\left(q-\frac{E_1}{\rho}\right)+g_ru}{\pi(q^0)+gu+(\lambda\rho+c_s-w)\left(q-\frac{E_1}{\rho}\right)-\lambda E_1}\leqslant 1 \tag{24}$$

参数设定情况下，供应商企业的利润为：

$$\pi_s\ (q)=(1-A)\pi(q)-u(Ag_s-(1-A)g_r)-\left(q-\frac{E_1}{\rho}\right)\ [\lambda\ (A-1)\rho+(\varepsilon-A)w+Ac_s]+\lambda AE_1 \tag{25}$$

此时，A 符合条件：

$$0\leqslant A=\frac{ug_r-\left(q-\frac{E_1}{\rho}\right)(-\lambda\rho+\varepsilon w)}{\pi(q^0)+ug+[\lambda\rho-(w-c_s)]\left(q-\frac{E_1}{\rho}\right)-\lambda E_1} \tag{26}$$

在 0≤A≤1 中任意取值，最终实现供应商与零售商企业之间的任意分配。

值得一提的是，供应商批发价格与折扣系数之间存在一定关系，通过对供应商利润函数

$$\pi_s(q)=bS(q)+(w-b)q-c_s q-g_s(u-S(q))-P_E q+\lambda E_1+[(1-\varepsilon)w-c_s]\left(q-\frac{E_1}{\rho}\right) \tag{27}$$

求导，得出供应商批发价格与折扣系数 ε 之间的关系为：

$$w(\varepsilon)=\frac{1}{2-\varepsilon}\left[b+2c_s+P_E-(c-v+P_E)\frac{b+g_s}{p-v+g}\right] \tag{28}$$

其中，折扣系数 ε 越大，供应商批发价格相应越高。

五、总　结

本文在原有碳交易机制的基础上引入了新交易方式，即供应链企业中供应商和零售商进行商品与碳排放量的交换，论证了满足基本假设的情况下，通过新型交易方式可以增加供应链零售商的订货量。与此同时，本文还研究了在碳交易背景下，供应链中供应商和零售商该如何通过新型交易方式制定价格折扣契约模型和回收契约模型。在探索契约制定的过程中，本文发现，折扣系数 w 与供应商的商品批发价格决策紧密相关，其中折扣系数越大，供应商越倾向于提高商品批发价格。

参考文献

[1] IPCC（Intergovernmental Panel on Climate Change）. Climate change 2013：The fifth assessment report of the intergovernmental panel on climate change［M］. Cam bridge：Cambridge University Press，2013.

[2] 赵道致，原白云，徐春秋. 考虑产品碳排放约束的供应链协调机制研究［J］. 预测，2014，33（5）：76-80.

[3] 马丁·克里斯托弗. 物流与供应链管理［M］. 北京：电子工业出版社，2012.

[4] Brian Fugate，Sahin F.，Mentzer J. T. Supply chain management coordination mechanisms［J］.

Journal of Business Logistics，2006，27（2）：129-161.

[5] Xu L.，Beamon B. Supply chain coordination and cooperation mechanisms：An attribute-based approach [J]. Journal of Supply Chain Management，2006，42（1）：4-12.

[6] Singh R. K. Developing the framework for coordination in supply chain of SMEs [J]. Business Process Management，2011，17（4）：619-638.

[7] Arshinder，Kandar A.，Deshmukh S. G. Supply chain coordination issues：An SAP-LAP framework [J]. Asia Pacific Journal of Marketing，2006，19（3）：240-259.

[8] Sarmah S. P.，Acharya D.，Goyal S. K. Coordination of a single-manufacturer/multi-buyer supply chain with credit option [J]. International Journal of Production Economics，2008，111（2）：676-685.

[9] Ermolieva T.，Ermoliev Y.，Fischer G.，Jonas M.，Makowski M.，Wagner F. Carbon emission trading and carbon taxes under uncertainties [J]. Climatic Change，2010，103 (1/2)：277-289.

[10] Bosello F.，Roson R. Carbon emissions trading and equity in international agreements [J]. Environmental Modeling & Assessment，2002，7（1）：29-37.

[11] Abdallah T.，Diabat A.，Simchi-Levi D. A carbon sensitive supply chain network problem with green procurement [J]. Institute of Electrical and Electronics Engineers，2010（1）：1-6.

[12] Matschoss P. and Heinz W. International emissions trading and induced carbon-saving technological change：Effects of restricting the trade in carbon rights[J]. Environmental & Resource Economics，2006：169-198.

[13] Williams C. C. A burning desire [J]. Journal of Money Laundering Control，2013，16（4）：298-320.

[14] Wu L.，Qian H.，Li J. Advancing the Experiment to Reality：Perspectives on Shanghai pilot carbon emissions trading scheme [J]. Energy Policy，2014：22-30.

[15] Cordero P. Carbon footprint estimation for a sustainable improvement of supply chains：State of the art [J]. Journal of Industrial Engineering and Management，2013，6(3)：805-813.

[16] 方健，徐丽群. 考虑碳排放的绿色供应链网络设计研究 [J]. 现代管理科学，2012，32（1）：72-91.

[17] Benjaafar S.，Li Y.，Daskin M. Carbon footprint and the management of supply chains：Insights from simple models [J]. IEEE Transactions on Automation Science and Engineering，2013，10(1)：99-116.

[18] Jaber M. Y.，Glock C. H.，Saadany A. M. A. E. Supply chain coordination with emissions reduction incentives [J]. International Journal of Production Research，2013，51（1）：69-82.

[19] 徐琪，范丹丹. 基于碳足迹约束的低碳供应链网络均衡设计 [R]. 中国系统工程学会第十八届学术年会论文集——A09 系统工程方法在低碳与资源集约化方面的应用，2014.

[20] 付秋芳，忻莉燕，马健瑛. 考虑碳排放权的二级供应链碳减排 Stackelberg 模型 [J]. 工业工程，2013，16（2）.

第五部分

财务管理篇

关于淘宝信用评价体系的文献综述

作者：李泽轩；指导老师：许进

内容摘要：淘宝信用评价体系作为中国首个大型B2C平台交易信用评价体系，成为了目前各界人士关注的焦点。本文通过对国内学术界关于“淘宝信用评价体系”的研究文献进行梳理，阐述了国内学者提出的淘宝信用评价体系现存的几个问题，并分别从改进信用评价体系和拓展信用评价工具两个方面介绍了国内学者的研究成果，最后提出未来的研究趋势和展望。

关键词：淘宝网；信用；信用评价

21世纪以来，随着科学技术的发展进步和人们生活水平的提高，电子商务正在兴起。国内著名互联网分析机构艾瑞咨询调查结果显示，淘宝网占据了国内电子商务80%以上的市场份额，逐渐成为了人们生活中不可忽视的一部分。网络购物成为了人们一种较为普遍的购物方式，冲击着传统的线下交易市场。同时，目前每天全国1/3的物流快递业务都因淘宝网的交易产生。

但是，作为一个提供虚拟交易的网络平台，淘宝网存在着严重的诚信问题。虚假交易、专业刷信誉网站等侵犯消费者合法权益的各种违法、违规行为屡见不鲜。此外，淘宝给出的商家信用评价方法本身也存在很大的系统误差。因此，2010~2013年，中国许多学者在该领域进行了研究。

本文将这一时期的文献中对淘宝信用评级体系提出的改进建议做了系统性的综合阐释，并在最后提出了自己的观点。

一、淘宝信用评价体系现存的显著问题

淘宝信用评价体系存在的问题有很多，它们严重影响了淘宝用户的广度和深度，制约着淘宝商家与用户间的交易效果。这些问题主要分为以下三个方面。

（一）关于“商家刷信誉”的问题

这是淘宝信用评价体系最重要的问题。

“商家刷信誉”是指商家主动创造非实际发生的交易记录以改变自己信用等级的行为。目前主要分为两种方式：

第一，有相互炒作意向的卖家联合起来，互相给对方虚假的好评，刷高信用度。该种方式耗费的精力大，产生效果的周期长。

第二，专业的网络刷信誉操作平台把有意向炒作的卖家联合起来，由炒作方提供操作平台，注册后双方达成协议便可进行互拍交易。该种方法的“技术含量”较高，产生效果的周期短。

显然这是一种欺诈消费者的行为，它破坏了淘宝信用评价体系的可信度。根据“柠檬”市场理论，这种信息的不对称最终将会使市场上只剩下造假的劣质商家。在淘宝发展的几年间，“淘宝多假货”的说法逐渐存在于大多数消费者心中。尽管马云强调：“淘宝是一面镜子，淘宝卖的是怎样的商品反映了这个社会是怎么样的。”但是这个问题不解决，淘宝的用户规模终归不会太大。

为什么在淘宝的主动监管下，多数商家仍然愿意冒着风险去花钱刷信誉呢？因为在现有的淘宝信用评价体系下，处于起步阶段的商家不刷信用就无法生存。消费者由于无法判别一个商家的交易量小究竟是因为刚开业还是商品质量不好，因此几乎只愿意购买交易记录多的商家，哪怕这些商家的口碑并不好。

（二）关于假货、欺诈交易的问题

淘宝的信用评价体系并不能很好地遏制商家售卖假货的行为。淘宝网制定的《淘宝规则》对于假货的处理与消费者保护法条之间存在多处冲突。淘宝网在《淘宝规则》中规定“假一赔二”（名义上是假一赔三），公然违反了《消费者权益保护法》要求的“假一赔三”标准。此外，即使贩卖假货的证据齐全，只要该商家不在特色服务“假一赔三”商家的范围内，消费者也不能收到任何赔款。在一个行业内却出现了两种规则，垄断企业与政府部门不同的利益取向有可能导致这种制度裂痕一直不会消除。这些规则在一定程度上纵容了淘宝商家的假货行为。

（三）关于存在的其他问题

除了上文提及的两点主要问题，淘宝信用评价体系还有一些问题需要解决。蒋晶（2013）在整理该领域的文献后指出了 4 点弊病：

（1）信用评级系统应该由非营利组织而非淘宝网负责。

（2）淘宝的买家信用评价过于主观。

（3）只对卖家进行身份认证以及七天无条件退款，过度影响了商家利益。

（4）运费险增加了商家负担。[1]

这些问题虽然更加琐碎，但是它们也是淘宝信用评价体系不可忽视的瑕疵。同时，这些问题很可能引导淘宝评价体系进行创新，颠覆原来的评价方法。

二、对淘宝内部信用评价体系的改进

（一）对评价体系的参考因素的改进

淘宝信用评价系统要参考哪些因素？这是对于一项评价体系最基本的问题。在这类相关度分析上，许多学者做出了独特的贡献。崔香梅、黄京华（2010）通过真实数据的实证分析考察了顾客信任度对交易笔数的促进作用。他们认为，加强售后服务是改进评价体系的重点。同时，他们主张对不同行业中交易情况对信用评价的依赖程度进行测算，以便优先解决某些行业内的问题。[2] 吴海华（2007）将顾客锁定机制进行分类，考察了不同类型的锁定机制对顾客锁定度的影响。他通过具体数据分析指出，情感性锁定机制与顾客信任度最相关，最应该应用于 C2C 平台的信用评价系统。[3]

此外，研究也可以向顾客信任度的上游追溯。王碧芳（2013）建立了“商家信誉—信任—顾客购买意愿”中介变量模型。通过对实体数据相关度的检验，她认为：在线评论比累积信用和店铺动态得分更能影响信任度和顾客购买意愿；商家信誉对购买意愿有一定的促进作用；有效的信誉反馈系统是建立好的商家信誉的前提[4]。而同样针对商家信誉，钟梅（2013）聚焦于“淘宝商盟”集体信誉对顾客决策的影响。她指出：①个人信誉对购买意愿的正向影响力大于集体信誉。②集体信誉对涨价后购买意愿下降有抑制作用，个人信用对其几乎无影响。③商盟管理对集体信誉的积极影响很大。④消费者越信任商盟和网购，集体信誉和个人信誉的积极作用越显著。[5]

然而，研究的视野绝不仅限于淘宝卖家。李涛（2013）考察了顾客个人因素对顾客信任度的影响，以及三种顾客信任度之间的内在联系。通过数据分析，他认为性别与信任度几乎不相关；收入水平、登录频率与信任度呈正相关；三种信任度的权重从大到小为能力、诚信、声誉。[6]

以上聚焦于相关度检验的研究为淘宝信用评价体系的参考因素提供了数据支持和新的方向。

（二）按经验和理论对评价制度的定性改进

许多研究者虽然没有充足的交易数据，但是他们具有扎实的科学理论功底或丰富的淘宝市场交易经验。他们从更为直观的角度提出了一些对于淘宝信用评价体系在具体制度方面的改进。潘媛（2013）利用丰富的淘宝卖家经验对淘宝评价体系提出了如下建议：①买家应该强制实名认证；②用交易额而非交易次数为商家的评价设置权重；③商家不同种类的交易应该分开设置信誉积分；④对商家很久以前的信誉积分进行减权处理，以缩小新老店铺等级差距，利于后入驻商家的发展；⑤设置奖励以鼓励买家积极主动地评价，减少系统默认的“好评”；⑥将每次的退货原因写清楚并分类，以区别“商家负责任的退货”以及“卖家负责任的退货”；⑦对由于不同原因导致的“修改为好评”分类记录加以区分。[7]

李红（2013）针对淘宝鞋类市场做了问卷分析，对淘宝网鞋类商品信用评价体系进行了个性化改进。她指出：①应该由原来的“好中差”三级评价改为五级评价，并要求附有文字说明；②按交易价格而非交易次数衡量每次交易的权重；③改善鞋类商品中差评修改流程；④显示每个店铺的历史中差评时附上交易链接，并对买家的评价进行可靠度评级。[8] 潘勇（2013）则依据逆向选择理论（也称为“柠檬”理论），试图用担保机制来解决淘宝评价体系存在的问题。他指出：价格永远是买家首先注重的因素。淘宝信用机制能够大幅降低信息的不对称性，但信用越高的商家越可能进行欺诈，且该机制给了商家只顾追求表面信誉的动机；消费者保障服务和七天退换服务显著地影响着商品的销量；假一赔三和 24 小时发货对商品销量影响很小；担保机制比信用机制更能影响成交量；担保机制与信用机制呈互补关系，不可完全替代。[9] 无独有偶，陈德刚（2012）也根据市场信息对称原理指出了买卖双方公开信息的不对称使得权益不能得到有效保障、评估结果难以反映买家的真实意图的弊病。对此，他认为应该保证买卖双方个人信息可获得，并建立完善的评价标准和信用奖惩制度。[10] 杨迎曲和洪建（2013）根据博弈论的理论将改进的重点放在了买家信用评价上。他们指出，应该提高卖家发布虚假信息的技术成本，提高卖家欺诈行为的识破率。此外，还应该降低卖家的退货损失成本，包括提供更详细的信息、公开双方的退货率，以及提高退货条件。[11]

这些观点虽然没有经过数据的检验，但是由于融合了不同领域的先进理论，因此使淘宝信用评价体系的发展增添了更多可能性。这些朴素的制度改进往往更不容易通过严谨的数学方法发现。

（三）对评价算法的定量改进

给出具体改进算法的研究往往更具有价值，因为它们具备数据上的小规模可检验性，并且很容易从数学推理中发现更深层次的问题。唐伟和郑小林（2011）将信任模型引入算法中，开发出了基于交易成功率的 P2P 电子商务信任模型。他们认为，该模型推出的算法在鼓励用户进行诚实交易、遏制用户欺诈交易等方面具有较好的效果。[12] 卢莉（2011）指出，现有淘宝商家信用评分体系缺乏对交易价格和时间因素的考虑，因此她提出了针对好评率和信用值的具体算法，在一定程度上抑制了信用炒作即“刷信誉”的问题。[13] 杨晓薇（2013）认为，淘宝信用评价体系忽略了交易额大小对诚信权重的影响，商家会设法阻止不满意交易记录被录入系统，以及出现商家违规刷信用的问题。她通过数据模拟证明：应该设置权重系数，并增加商家恶意操作的机会成本，同时保证重复的相似交易在一定时间和空间内只记录一次。在此基础上，她比较了新的算法与原来算法的优劣。[14]

算法的改进是在改进考虑因素的基础上非常贴近实际的一类研究。他们为 C2C 平台提供了十分具有可操作性的建议。

三、对淘宝外部其他信用评价工具的拓展

之前的文章只介绍了改进淘宝本身的信用评价体系的研究。然而随着时代不断发展，越来越多的学者认为，信用管理不应也不能仅仅局限于电子商务平台内部。通过淘宝外部的多方工具或许能更准确地评价买家与卖家的信用。刘彦谡（2013）借鉴 ODR 模式（在线纠纷解决机制）来解决淘宝信用评价体系的问题。他主张：①建立第三方网络购物纠纷解决平台；②完善我国的网络购物法；③地方的规章部门应该先行实践。[15] 实际上，许多学者都在这三个方面进行过深入的研究。

（一）利用第三方平台评价

淘宝很多时候会囿于自己的利益或是能力而无法做出改进。跳出淘宝之后的一个思路就是创立第三方平台来作为监督者。王存昕和蒋文蓉（2011）认为，购买客户反映了商家的核心竞争力。他们想通过考察淘宝商家的购买用户数据来评价该商家。为此，他们开发出了第三方统计分析工具对淘宝商家的购买用户进行评估，成本低、效率高、易用性强。而该工具还不成熟，其开发空间在朝多元化、全面化、智能化的方向发展。[16]

何新科和衣鹈（2012）则希望利用微博动态展现商家信用。他们认为，通过微博平台发出具有影响力的图文并茂的宣传，适量发布广告和用户体验可以扩大商家影响力。而此种营销模式的透明化程度较高，可以提高用户体验评价的真实情况。[17] 因此，可以在淘宝商家页面展示商家微博的实时动态来体现商家信用。

（二）法律上和政府部门方面的改进

由于淘宝此类 C2C 商务平台属于一个新兴的行业，相关法律必定没有行业发展得快，因此许多学者从法律的角度进行了研究。叶春容、张金壕和黄于听（2013）从法学的角度分析淘宝商家对用户的侵权行为，并指出了消费者应该利用却未利用的权利。从维护消费者权利的角度，他们提出了从淘宝网角度出发的“评价不得更改”、“恐吓条款”等颇具实用性的新制度，以及从消费者角度出发的“利用法律权利”、“充分分析淘宝网提供的信息”等方法。[18]

陈德刚（2012）根据市场信息不对称原理指出，加强法律法规和行政力量对线上交易的约束是非常必要的。[10] 杨淑君（2013）从法学的角度详细地定义了“信用”和“信用评价”，她认为淘宝信用评价体系的改善有三个重点：学习 eBay 视消费者而非商

家为市场主体的经营理念；在价值取向及违法后果上更加完善的法律法规；全社会个人商业信用网络的建立。[19]

由此可见，法律和政府管理在这之中也扮演了重要的角色。

四、未来研究展望

总的来讲，目前该领域的研究者可以分为三类：第一类学者通过严谨的样本采集、建立模型和数据分析，针对淘宝商家信用评价模型在某些特定方面的不足进行了优化和创新；第二类学者通过亲身丰富的经验和经历非常具体地指出了淘宝信用机制中不够人性化或者科学的地方，并提出了具有相当操作性的建议；第三类学者通过对国外电商行业发展历史的研究，抑或是对国内电商大环境的分析，宏观地指出了淘宝网目前缺少的要素以及未来合理的发展方向。

基于以上分析，本文提出以下研究展望：

1. 未来电子商务行业相关法律法规的完善

法律制度的不健全是淘宝网以及其他电商平台发展的重要制约因素。如何通过法律来建立和维护电商平台、商家与买方的合理关系，是需要探索的下一个问题。

2. 如何对接信息网络

个人信息联网系统的形成势必有助于信用评价，但是在这过程中有许多问题需要解决。如何实行实名制？如何根据历史记录判断信用等级？这些问题都需要学者们进行进一步的研究。

3. 双方信息的对称以及权力的制衡

尽管是互联网时代，买卖双方的信息仍然存在大量的不对称，甚至有更多的不对称。此外，买卖双方的权利是由电商平台规定的，平台方应该如何分配双方的权利以达到两者互相制约的效果？能否加入担保机构，甚至是保险公司？这个研究方向有着无限的可能性。

参考文献

[1] 蒋晶. 基于 C2C 模式的信用机制的综述——以淘宝网为例 [J]. 商情，2013（27）：27.

[2] 崔香梅，黄京华. 信用评价体系以及相关因素对一口价网上交易影响的实证研究 [J]. 管理学报，2010（1）：50–56.

[3] 吴海华. 基于信任度的 C2C 网站顾客锁定机制的锁定效果研究 [D]. 浙江大学硕士学位论文，2007.

[4] 王碧芳. C2C 交易中卖家信誉对顾客购买意愿的影响机制研究 [D]. 浙江工商大学硕士学位论文，2013.

[5] 钟梅. 集体信誉对顾客决策影响实证分析及对策 [D]. 西南财经大学硕士学位论文，2013.

［6］李涛. 顾客信任对淘宝商家营销策略的影响研究［D］. 兰州大学硕士学位论文，2013.

［7］潘媛. 电子商务交易模式下的信用评价问题分析——以淘宝网为个案［J］. 经济研究导刊，2013（5）：29–30.

［8］李红. 淘宝网鞋类商品信用评价体系研究［J］. 科技信息，2013（25）：180–181.

［9］潘勇. 逆向选择视角下信用评分机制与担保机制的效用研究——基于淘宝网的案例分析［J］. 商业经济与管理，2013（6）：22–28.

［10］陈德刚. C2C 市场信用评价体系重构研究——以淘宝网为例［J］. 技术与创新管理，2012，33（3）：265–268.

［11］杨迎曲，洪建. 基于博弈论的淘宝网买卖双方信用问题研究［J］. 上海工程技术大学学报，2013：43–46.

［12］唐伟，郑小林. 基于交易成功率的 P2P 电子商务信任模型［J］. 计算机工程，2011（7）：285–287.

［13］卢莉. 基于淘宝网的 C2C 电子商务信用评价模型改进研究［J］. 现代计算机（专业版），2011（28）：30–32.

［14］杨晓薇. 一种改进的 C2C 信用评价计分算法［J］. 湖北工程学院学报，2013（3）：47–49.

［15］刘彦谡. 浅析 C2C 网络购物信用机制中存在的问题及对策——以淘宝网“刷信誉”为例［J］. 法制与社会（旬刊），2013（23）：104–106.

［16］王存昕，蒋文蓉. 针对淘宝商家客户管理系统的研究与开发［J］. 上海第二工业大学学报，2011（2）：165–170.

［17］何新科，衣鹁. 淘宝商家如何巧用微博营销［J］. 企业家天地，2012（6）：16–17.

［18］叶春容，张金壕，黄于听. 从淘宝信用评价体系看消费者权益保护——关于消费者的知情权和监督权［J］. 法制与社会，2013（19）：60–61.

［19］杨淑君. 从网购诚信走向网购信用——浅析淘宝网信用评价机制［J］. 重庆邮电大学学报（社会科学版），2013，25（5）：34–40.

地区市场化程度、股权激励模式与实施效果研究

——基于中国上市公司的实证研究

作者：于芳菲，赵晨宇；指导老师：卢阔

内容摘要：自2005年以来，随着我国制度体系的不断完善，大量上市公司开始重视并实践股权激励。本文以2009~2010年发布股权激励计划的上市公司为对象，分析样本公司2012年的业绩数据，利用线性回归模型，探究股权激励对企业长期业绩的影响。研究发现，近年来上市公司股权激励对公司业绩起到了正向促进作用，且限制性股票模式较股票期权模式激励效果更好，公司所处地区市场化程度对激励效果也存在影响，市场化水平高的地区股权激励效果更显著。本研究不仅验证了近年来我国股权激励的有效性，同时探究不同激励模式的激励效果和股权激励的地区效应，为企业实施股权激励和各地区完善政策体系提供参考。

关键词：股权激励；公司绩效；激励模式；市场化指数

一、引言

所有权和经营权相互分离已经成为现代成熟公司制企业的一个普遍特征，而由此形成的“委托代理成本”问题也成为公司治理的关注重点。经古今中外学者们的大量研究发现，股权激励作为一种对经营者的长期激励方式，可以有效解决“委托代理成本”问题。所谓股权激励，是指通过股权形式授予经营者未来一定期限内的经济权利，令其与企业所有者同担风险、共享利润，最大可能地降低代理成本的一种长期激励行为。

20世纪末，美国的大部分企业都已经实行了股票期权激励政策，但我国开始实施股权激励政策相对较晚。自2005年以来，国家先后颁布了一系列相关法规，不断推进股权激励在中国的实施。[①] 尽管如此，我国企业实施股权激励的过程中仍然受到法律机制不够健全、经理人市场不成熟、资本市场弱有效性等障碍的限制，实施效果难以确定。这引发我们如下的思考：近年来，股权激励在中国实施的效果如何？是否能够有

①《上市公司股权期权激励管理办法（试行）》，2005。

效促进企业高管不断为公司创造价值而努力，从而提升企业业绩？不同的股权授予形式是否会产生不同的激励效果？激励效果是否与企业所在地的市场化程度有关？本文将就此进行研究。

本文的研究思路是：通过整理国内外研究文献了解股权激励相关理论及研究发展方向，根据国内近年来发布股权激励方案的上市公司的数据进行计量分析，探究中国上市公司的股权激励实施效果及特点，为未来更多的公司实行股权激励提供参考。

本文的结构安排如下：第二部分对相关的文献进行回顾综述；第三部分概述国内股权激励的发展进程；第四部分提出研究假设；第五部分对上市公司的业绩数据进行实证分析，报告计量结果；第六部分为结论、对国内企业和政府政策制定提出的建议及展望。

二、文献综述

我们根据阅读的文献，将国内外学者对于股权激励与公司业绩之间关系的研究归纳如下。

（一）国外文献回顾

1. 正相关

Lensen（1986）经研究发现，公司高管持有股权可以有效地减少公司的现金流出，进而为公司降低委托代理成本，同时促进公司的价值不断增长。Kaplan（1989）和Smith（1990）认为，公司高管持股对企业业绩有推动作用，特别是当公司高管进行融资收购后，公司业绩有更显著的增长。Mehran（1995）对美国企业进行实证研究后发现，公司高管的持股比例、以股权为基础的部分高管薪酬均与企业绩效呈正相关关系。Yermack（1995）以Tobin's Q代表公司业绩，经研究发现，高管股票期权和公司业绩呈正相关关系。Kruse和Blasi（2000）发现，股权激励计划实施之后，企业的业绩得到了明显的提升。Morgan和Poulsen（2001）研究证明，股权激励计划是股东价值增长的原因，特别是授予公司高管股权时，能够更加促进股东价值的增长幅度。

2. 负相关

Campbel和Wasley（1999）对Ralston Purina公司1981~1991年间的股权激励合同进行了研究，得出股东价值并不会因为实施对高管的股权激励计划而有所改善。

Brown等（2007）发现，在2003年美国实施削减企业所得税的政策之后，公司高管持有本公司的股份可以促进发放股利的动机，进而公司的大股东和高管持有本公司股票的比例也就越高，最终导致公司的股票价格在二级市场越低。即当本公司的大股东以同行业水平的比例持有本公司股票时，高管持有的股票每增加一个标准差，公司的股票在二级市场的回报就减少 1.7%。这种现象就是公司的大股东和高管之间典型的委托代理冲突的表现。

3. 非线性关系

Morck 等（1988）、McConnell 和 Servaes（1990）、Cui 和 Mak（2002）、Davies（2005）等认为，管理层持股与公司绩效呈非线性关系，其中以 Morck 等（1988）的研究成果最为经典。他们使用 Tobin's Q 作为公司价值的衡量指标，实证结果为，Tobin's Q 随着公司管理层持股比重的增长而显著增加，但是当该比例达到一定数值之后，公司的 Tobin's Q 反而会随着该比例的增长而下降；当比值在某个数值后继续保持上升趋势，公司 Tobin's Q 会再次出现增长现象。Servaes 和 McConnell（1990）通过研究发现，Tobin's Q 和高管持股比例之间的非线性关系是显著的。Cui 和 Mak（2002）研究了 1994~1998 年间的 1147 家高科技公司之后发现，高管持股比例和公司效益的关系呈 W 型，并且其受行业因素影响较大。Davies（2005）使用五次方模型进行了分析，得出高管持股和公司业绩呈非线性关系。

4. 不存在显著的相关关系

Demsetz 和 Lehn（1985）经实证研究得出，高级管理人员持股与公司业绩之间没有相关关系。他们认为，高管持股是一个独立于企业业绩的内生变量，它的比例依赖于行业发展、营运风险、投资趋势等本公司的外部环境因素。

Agrawal 和 Knober（1996）同样认为，股权激励和企业业绩无相关关系。他们分别使用两阶段最小二乘法和普通最小二乘法对 383 家大型企业进行分析，结论都为高管持股和公司价值呈负相关，但都不显著，因此可以证明二者之间没有相关性。

（二）国内研究现状

1. 正相关

王加胜和刘国亮（2000）以公司的资产收益率和股东权益报酬率为公司绩效的衡量指标，发现管理层持股比例与公司绩效呈显著的正相关关系。周建波和孙菊生（2003）以每股收益作为公司绩效的衡量指标，发现样本中的大部分在实施股权激励计划前已出现业绩较高的情况；在激励效果的研究中，他们发现，混合模式和通过年薪购买流通股的激励效果比较好。夏银桂和程仲鸣（2008）研究得出，国有控股公司的首席执行官持股比例与公司绩效的衡量指标 Tobin's Q 之间的正向相关关系非常显著。陈笑雪（2009）经研究表明，总经理独立于董事会的上市公司，即使高管持股比例普遍偏低，股权激励的效果也很明显。

2. 负相关

在国内，得出股权激励与企业绩效呈负向相关关系的研究并不多。俞鸿琳（2006）发现，国家控股的上市公司中高管持股与公司业绩呈负相关关系。姚伟峰等（2009）证明，在股改前，二者不存在显著的相关关系，而在股改后却呈显著的负相关关系。

3. 非线性关系

韩亮亮等（2006）证明，高管持股比例和以 Tobin's Q 为衡量标准的企业绩效之间表现为显著的非线性关系。黄之骏和王华（2006）认为，高科技上市公司的高管持股比例与以 Tobin's Q 为被解释变量的公司价值存在显著的倒 U 型关系。夏纪军和张晏（2008）通过研究 864 家 2001~2005 年间的上市公司，发现大股东控制权能显著影响高管持股比例和每股收益率之间的关系。

4. 不存在显著的相关关系

魏刚（2000）研究了 816 家中国的上市公司，发现经理人持股与公司业绩没有显著的相关关系。向朝进和谢明（2003）、刘善敏和谌新民（2003）通过研究 2001 年的上市公司，认为高管持股比例和以股东权益报酬率为代表的公司绩效没有显著的相关关系。另外，周立烨和顾斌（2007）、夏宁（2008）、李斌和孙月静（2009）的研究也表明，对高管的股权激励和公司绩效之间没有显著的相关关系。

（三）文献评述

综上所述，虽然国内外学者对于高管股权激励的实施效果进行了大量的研究，但仍然没有得出统一的结论，但多数研究认为股权激励的实施有助于提升企业业绩。国外学者在衡量公司绩效时，大多以 Tobin's Q 作为标准，说明它适合于国外的资本市场环境，但由于我国的资本市场仍然不够完善，和国外成熟的资本市场尚有较大差距，Tobin's Q 还不能准确地反映我国上市公司的绩效，因此国内学者在实证研究时，一般采用每股收益率或净资产利润率作为企业业绩的衡量标准。目前国内研究的样本普遍使用的是 2006 年以前的数据，而我国 2006~2008 年间相继颁布多项法案完善股权激励的监管制度，2008 年金融危机影响恢复后，股权激励在我国企业的应用得到了更新的发展，因此我们着手对这一阶段的企业进行研究。在文献整理过程中我们发现，国内对不同激励模式的效果比较及我国股权激励地区特点的研究较少。本论文将针对前人研究的不足，更新数据，进一步探究股权激励在中国的实施效果和特点，为国内企业实施股权激励提供参考。

三、股权激励在我国的实践

股权激励在我国的实践始于 20 世纪 90 年代早期，最初探索股权激励的公司有深圳万科、格兰仕、联想集团等，但由于原《公司法》禁止公司回购本公司股票（以注销为目的的回购除外）与库存，且不允许高管转让其所持本公司股票，因此其发展速度较慢。

2005 年我国正式在法律意义上承认了股权激励制度，年末我国上市公司中有 37%

实施了股权激励。此后有关部门又于2006年出台相关办法[①]，加强规范国有控股的上市公司。由于政策颁布初期监管部门态度相对宽容，公众逐渐认可股权激励，2006年43家上市企业先后公布了股权激励方案，经过中国证监会的审批，其中近半数获得了备案无异议批复[②]。

2007年由于企业估值水平过高，监管机构强化监督，企业股权激励实施进程暂时放缓，股权激励日趋规范。2008年股权激励在我国取得阶段性成就，政策经历了三年的试行—调整—完善之后日趋成熟，股票估值也回归理性，有60家公司发布了激励方案。然而下半年的宏观经济恶化，超过20家公司因跌破计划的“行权/授予价格”而取消或停止股权激励计划。几例金融高管高价薪酬的事件引起舆论争议，监管部门再次放缓股权激励审批速度。

随着经济的回暖和政策的稳定，股权激励再度为多家上市公司所青睐，而股权激励是否能够真正起到促进企业业绩增长的作用也成为近年来学者研究的重点。根据深交所的研究《2008年深市主板公司高管薪酬及股权激励分析》，已实施股权激励计划的上市公司业绩水平明显高于深市主板平均业绩水平[③]。

四、研究设计

（一）提出假设

多数研究表明，采用股权激励的企业相对于未实行该政策的企业业绩提升效果更大。本文进一步研究我国股权激励作用的特点，探究激励方式选择对业绩的影响，以及企业上市地区发达程度不同对激励效果是否存在影响。

基于委托代理理论、人力资本理论和剩余索取权理论，本文认为，公司股东将部分剩余索取权授予高管，使股东与经理人的利益相对一致，使人力资本也能够像其他资产一样参与公司的利润分配，从而提高管理运营效率，降低代理成本，并最终提高公司业绩。因此，本文提出假设：

假设1：上市公司对高层管理者实行股权激励有利于促进公司业绩上升。

---

① 国资委和财政部分别出台《国有控股上市公司（境外）实施股权激励试行办法》和《国有控股上市公司（境内）实施股权激励试行办法》。

② 王岚等. 股权激励在我国的发展和实施［J］. 商情，2010（37）.

③ 2008年深市主板公司高管薪酬及股权激励分析［J］. 证券市场导报，2009（7）.

从国内外实践角度来看，股权激励主要有三种模式：股票期权[①]、限制性股票[②]、股票增值权。其中，股票期权激励模式是迄今国际应用最广泛的模式，但采用限制性股票激励模式的公司也在逐年增加。由于我国目前采取股票增值权模式的上市公司非常少，因此本文只针对限制性股票和股票期权进行对比，比较二者激励效果的大小。古今学者对于二者的激励效果一直存在争议，本文认为，股票期权行权自由，是一种权利；而限制性股票获取条件严格，抛售条件受到限制，使经营者更有动力提升业绩。因此，本文提出假设：

假设 2：限制性股票对高管的激励效果相对于股票期权更好。

由于中国地区之间发展不平衡，不同地区的市场化程度差别很大（夏立军，2007）。在市场化水平较高的地区，市场机制发展及相关法律也较完善，公司的经营更易倾向于遵循市场规则，高层管理者经营水平的提高也会更加合理地在公司股价中表现出来，因此股权激励对高管的激励作用更强，公司业绩实施效果更好。由此，本文提出假设：

假设 3：位于高市场化程度地区的上市公司和中低市场化程度的公司相比，股权激励的实施效果更好。

（二）变量设定

如表 1 所示，本文的变量主要包括：

1. 净资产收益率（ROE）

ROE 可以用来衡量公司的绩效。企业业绩的衡量指标一般分为两类：一类为 Tobin's Q 或 EVA 等股票市场指标；另一类是 ROE 等会计类指标。西方多采用 Tobin's Q 来衡量企业业绩，但是由于中国资本市场不完善，较大的股价波动幅度造成了股价对企业真实价值的衡量不准确，因此不适合 Tobin's Q 和 EVA[③]。由于我国证券市场发展日益规范，财务指标的可靠性提高，本文采用 ROE 作为被解释变量，衡量公司绩效。

2. 高管持股比例（S1）

国内外对股权激励的研究，几乎都是用高级管理者的持股比例作为解释变量。本文采用高管持有股权比例作为解释变量，即高管持股权数量与公司总股本的比值，它决定了人力资本对剩余索取权的分配比例。

3. 市场化指数（MI）

MI 为各公司注册所在地的市场化指数。本文以公司注册地代表公司的主要经营所

---

① 指上市公司授予激励对象在未来一定期限内以预先确定的价格和条件购买本公司一定数量股票的权利的股权激励模式，股票期权的最终价值体现在行权时的差价上。

② 指公司为了实现某一特定目标，无偿将一定数量的股票赠予或者以较低的价格授予激励对象，但抛售股票受到限制，只有当实现预定目标后，激励对象才可将限制性股票抛售并从中获利的股权激励方式，预期目标没有实现时，公司有权将股票收回或同价回购。

③ 国外文献中常用的 Tobin's Q 很难反映我国企业的绩效是由于国内股票市场的不成熟性、高度波动性和高换手率等因素（徐莉萍等，2006）。

在地，用 MI 反映各地区的市场化发展程度。由于 2007~2009 年间市场化指数变动不大，故本研究采用 2007 年的市场化指数①。

4. 公司规模（SIZE）

用公司的总资产规模水平来反映公司的规模大小。大型企业具有规模经济效益，可以形成成本优势，提升公司的经营效率。大规模的公司能够拥有更多的市场份额，进而获取更多收入，且抗风险能力强，达到稳健经营，但其监督与代理成本也相对较高。Demsetz 和 Lehn（1985）认为，规模越大的公司，留住优秀人才的需要更强烈，更有利于股权激励的发挥。陈笑雪（1009）认为，大型公司实施股权激励的成效更为明显。因此，本文引入公司规模变量，对期末总资产取自然对数进行衡量。

5. 资产负债率（DAR）

资产负债率，定义为总负债除以总资产，用来衡量公司的资本结构。公司的资产负债率过高，会增加财务风险，若过低，又会使公司缺乏合理避税的可能性。公司的资本结构会对公司的经营业绩产生重要影响，因此本文引入该控制变量。

6. 总资产周转率（TAT）

总资产周转率反映了公司的营运能力。企业 TAT 越高，说明资产流动速度越快，一般公司的业绩会越好。

7. 净利润增长率（E）

净利润增长率为本期与上期净利润之差相对于上期净利润的比例，反映公司利润较上期的增长程度，体现公司的盈利能力和成长能力，对企业的业绩产生影响。

表 1　变量定义表（Defmition of Variables）

变量			变理定义
被解释变量	净资产收益率	ROE	净利润/平均股东权益
解释变量	高管持股比例	SI	高管持股数/公司总股数
	市场化指数	MI	2007 年统计的市场化指数
控制变量	公司规模	SIZE	公司期末总资产的对数
	资产负债率	DAR	总负债/总资产
	总资产周转率	TAT	营业收入/平均资产总额
	净利润增长率	E	（本期净利润 – 上期净利润）/上期净利润

（三）模型设计

针对假设 1：$ROE=\beta_0+\beta_1 S_1+\beta_2 SIZE+\beta_3 DAR+\beta_4 TAT+\beta_5 E+\varepsilon$

针对假设 2：$ROE=\beta_0+\beta_1 S_1+\beta_2 SIZE+\beta_3 DAR+\beta_4 E+\varepsilon$

针对假设 3：$ROE=\beta_0+\beta_1 S_1\times MI+\beta_2 SIZE+\beta_3 DAR+\beta_4 TAT+\beta_5 E+\varepsilon$

其中，β_0 是常数项，S1 × MI 是高管持股比例与市场化指数的交乘项，ε 是各个方

① 樊纲等. 市场化指数——各地区市场化相对进程 2009 年报告［M］. 北京：经济科学出版社，2010.

程的随机误差项。

（四）样本选取

本文选取 2009~2010 年两年间两大交易所公布股权激励计划的上市 A 股公司作为研究对象，涉及的股权激励数据和公司年度业绩指标来自国泰安 CSMAR 数据库和中国证监会网站。在 2009 年，由于受到 2008 年经济危机影响，只有 25 家上市企业发布了股权激励计划，而 2010 年 A 股市场公布激励计划的公司有 69 家。下面对获取的样本按如下原则进行筛选：①剔除 ST、ST* 类股票，因为这类公司财务状况不良，存在退市风险，影响实证分析的准确性；②金融、保险类公司，由于其财务数据与普通公司相差较大，因此予以去除；③剔除实施股权激励后近期发生管理层变革、资产重组等重大变化或者激励方案取消的公司，剔除经济情况异常的公司；④剔除重大数据缺失的公司。经处理后共得到 73 家上市公司的数据，并运用 Excel、Access、SPSS20 等工具对这 73 家公司 2012 年的业绩数据进行横截面分析，研究股权激励对公司长期业绩水平提升的促进作用，以及激励模式、企业所在地区的市场化程度对激励效果的影响。

五、实证分析

（一）描述性统计分析

由表 2 可见，选取的 73 家企业股东权益收益率（ROE）的均值为 0.117，高于一般企业的平均水平；高管持股比例的均值为 12.7%，最大值达到 63%，说明样本企业的股权激励水平较高。样本企业资产负债率（DAR）的均值为 0.370，总资产周转率（TAT）的均值为 0.838，净利润增长率（E）均值为 2.94%。2009~2010 年发布股权激励计划的企业多集中在广东、浙江、北京、上海等发达程度较高的地区，而市场化指数较低的地区如西藏、青海、甘肃等省区则没有企业在 2009~2010 年间颁布股权激励计划。由表中统计结果可见，样本上市公司所在地的 MI 均值为 9.78，高于同年全国平均 MI 值 7.50[①]。

在选取的样本中有 19 家企业采用限制性股票作为激励标的物，52 家采用股票期权作为激励标的物，另外有两家企业采用混合标的物模式，其中一家使用股票期权与股票增值权相结合，另一家为股票期权和限制性股票相结合的模式。由此可见，目前我国股权激励的实践主要采用股票期权的激励模式。

---

① 樊纲，王小鲁，朱恒鹏. 中国市场化指数——各地区市场化相对进程报告 2009 年报告［M］. 北京：经济科学出版社，2010.

表 2 样本整体变量描述性统计（Descriptive Statistics）

	N	Minimum	Maximum	Mean	Std. Deviation
ROE	73	-0.0961	0.3804	0.117122	0.0806261
S1	73	0.0000	0.6300	0.126704	0.1741809
SIZE	73	20.0559	25.3793	21.797346	0.9746919
DAR	73	0.0270	0.7396	0.370116	0.1781577
TAT	73	0.1481	2.9816	0.837821	0.4524709
E	73	-3.4083	2.9311	0.029375	0.7999699
MI	73	6.1500	11.7100	9.783288	1.6800984

表 3 限制性股票为标的物样本的描述性统计

	N	Minimum	Maximum	Mean	Std. Deviation
ROE	19	-0.0760	0.3804	0.117300	0.0940655
S1	19	0.0000	0.5482	0.107793	0.1781517
SIZE	19	20.6310	22.9575	21.790505	0.6455160
DAR	19	0.0830	0.7152	0.379646	0.1794670
E	19	-3.4083	0.8550	-0.020840	0.9142057

表 4 股票期权为标的物样本的描述性统计

	N	Minimum	Maximum	Mean	Std. Deviation
ROE	52	-0.0961	0.3012	0.115906	0.0732997
S1	52	0.0000	0.6300	0.135240	0.1762965
SIZE	52	20.0559	25.3793	21.805098	1.0589280
DAR	52	0.0270	0.7396	0.364090	0.1820373
E	52	-3.1203	2.9311	0.052692	0.7683149

表 3、表 4 分别为按激励模式分类的企业各指标的描述性统计，将限制性股票作为激励标的物的企业的净资产收益率 ROE 均值为 0.1173，高于以股票期权为标的物的企业（ROE 均值为 0.1159）。

对 73 家样本企业按照注册地市场化指数高低进行划分[①]，描述性统计如表 5、表 6 所示。本文根据所选样本的所在地分布情况，将市场化指数高于 9.5 的地区的样本划为一类，作为高市场化水平地区的样本；将市场化指数低于 9.5 的地区的样本划为另一类，作为中低市场化水平地区样本。

① 樊纲，王小鲁，朱恒鹏. 中国市场化指数——各地区市场化相对进程报告 2009 年报告［M］. 北京：经济科学出版社，2010.

表 5 高市场化进程地区样本的描述性统计

	N	Minimum	Maximum	Mean	Std. Deviation
ROE	50	-0.0961	0.3804	0.130576	0.0859234
S1	50	0.0000	0.6300	0.167727	0.1908892
MI	50	9.5500	11.7100	10.747200	0.7397712
SIZE	50	20.0559	25.3793	21.856698	1.0631598
DAR	50	0.0270	0.7396	0.356709	0.1840493
TAT	50	0.3225	2.9816	0.888908	0.4402740
E	50	-3.4083	2.9311	0.100845	0.8982551

表 6 中低市场化进程地区样本的描述性统计

	N	Minimum	Maximum	Mean	Std. Deviation
ROE	23	0.0025	0.2038	0.087876	0.0593755
S1	23	0.0000	0.2657	0.037524	0.0774146
MI	23	6.1500	9.4500	7.687826	1.1475743
SIZE	23	20.3057	23.2915	21.668318	0.7524982
DAR	23	0.1064	0.6848	0.399262	0.1647221
TAT	23	0.1481	2.1387	0.726762	0.4684673
E	23	-0.9753	0.6276	-0.125996	0.5103327

由表 5 和表 6 可见，选取样本中市场化指数的最小值为 6.15，位于中低市场化水平地区样本的市场化指数均值为 7.69，也已高于全国各地的市场化指数均值 7.50，说明 2009~2010 年发布股权激励的样本整体处于市场相对发达地区，中低市场化水平地区的样本也集中在市场化进程中等级较高的地区。位于高市场化进程地区的样本有 50 家，ROE 均值为 0.13，高于中低市场化进程地区 23 家样本的 ROE 均值 0.088。因此可以初步得出结论：公司所在地的市场化水平越高，即相对发达程度越高，股权激励的效果越好。

另外，表 5 中统计结果也显示，位于高市场化进程地区的样本高管持股比例 S1 均值为 16.77%，远高于位于中低市场化进程地区的样本 S1 均值 3.75%。这也反映出我国股权激励的实施不仅集中在市场较为发达的地区，而且在发达地区的上市企业高管持股比例更高、股权激励水平更高，而在市场发达程度较低的地区实践较少、激励水平也较低。

（二）变量相关性检验

对回归模型中的所有变量进行相关性分析，结果如下：

由表 7 可见，ROE 与 S1 在 0.01 水平上显著正相关，与企业规模正相关，与资产负债率 DAR 不显著负相关，与企业总资产周转率 TAT 在 0.05 水平上显著正相关，与净利润增长率 E 在 0.01 水平上显著正相关，与市场化指数 MI 在 0.1 水平上显著正相关。S1、SIZE、DAR、TAT、E、MI 中资产负债率和公司规模相关性最大，相关系数为 0.580，小于 0.8，可以认为不存在多重共线性问题。

表 7　各变量相关性分析

		ROE	S1	SIZE	DAR	TAT	E	MI
ROE	Pearson Correlation	1	0.312**	0.180	−0.103	0.264*	0.610**	0.228
	Sig.（2-tailed）		0.007	0.127	0.386	0.024	0.000	0.053
S1	Pearson Correlation	0.312**	1	−0.210	−0.221	−0.055	0.232*	0.260*
	Sig.（2-tailed）	0.007		0.075	0.060	0.645	0.049	0.026
SIZE	Pearson Correlation	0.180	−0.210	1	0.580**	0.211	−0.039	0.054
	Sig.（2-tailed）	0.127	0.075		0.000	0.073	0.744	0.652
DAR	Pearson Correlation	−0.103	−0.221	0.580**	1	0.303**	−0.154	−0.052
	Sig.（2-tailed）	0.386	0.060	0.000		0.009	0.192	0.661
TAT	Pearson Correlation	0.264*	−0.055	0.211	0.303**	1	0.155	0.269*
	Sig.（2-tailed）	0.024	0.645	0.073	0.009		0.191	0.021
E	Pearson Correlation	0.610**	0.232*	−0.039	−0.154	0.155	1	0.117
	Sig.（2-tailed）	0.000	0.049	0.744	0.192	0.191		0.325
MI	Pearson Correlation	0.228	0.260*	0.054	−0.052	0.269*	0.117	1
	Sig.（2-tailed）	0.053	0.026	0.652	0.661	0.021	0.325	
	N	73	73	73	73	73	73	73

注：**，Correlation is significant at the 0.01 level（2-tailed）；*，Correlation is significant at the 0.05 level（2-tailed）.

（三）样本回归分析

1. 股权激励与业绩的正相关性

对选取的 73 家样本数据按照模型一进行多元线性回归分析，方程的拟合优度如表 8 所示：

表 8　整体样本回归的拟合优度

	R	R Square	Adjusted R Square	Std. Error of the Estimate	Durbin-Watson
Model 1	0.718[a]	0.516	0.479	0.0581750	2.205

注：①Predictors：(Constant)，E，SIZE，TAT，S1，DAR.
②Dependent Variable：ROE.

由表 8 可见，回归的复相关系数为 0.718，说明被解释变量 ROE 与解释变量之间具有较强的相关性。回归方程修正自由度的判定系数是 0.479，虽然回归的拟合程度不高，但是由于公司业绩受多种指标影响，除了本文考虑的控制变量外，宏观经济情况、国有股比例、行业、生命周期等多种因素都会对企业业绩产生影响，因此本模型的拟合程度是可以接受的。D-W 值为 2.205，较接近 2，排除序列自相关的可能。

由表 9 可见，回归的 F 检验在 1%水平上双尾显著，有较大把握认为整体线性关系显著。解释变量 S1 的回归系数为 0.104，说明高级管理层持股比例与企业净资产收益

表 9 样本整体回归结果

	ROE
(Constant)	−0.501*** (−2.672)
S1	0.104** (2.514)
SIZE	0.028*** (3.226)
DAR	−0.105** (−2.109)
TAT	0.035** (2.156)
E	0.051*** (5.589)
Adj.R^2	0.479
F	14.259***

注：①*** Correlation is significant at the 0.01 level (2-tailed), ** Correlation is significant at the 0.05 level (2-tailed), *Correlation is significant at the 0.1 level (2-tailed).

②Within the brackets is t-value of the significance of the regression coefficients.

率具有正相关关系，且 t 检验表明 S1 对 ROE 的影响在 0.05 的水平上作用显著。因此，股权激励对公司的股东权益报酬率增长具有促进作用，从而认为对公司业绩具有正向促进作用，假设 1 成立。公司规模（SIZE）、总资产周转率（TAT）、净利润增长率（E）对于公司业绩也具有显著正向作用，而公司资产负债率（DAR）与业绩显著负相关。整体样本的回归方程为 ROE = −0.501 + 0.104 S1 + 0.028 SIZE − 0.105 DAR + 0.035 TAT + 0.051 E。

2. 激励模式对激励效果的影响

分别对使用限制性股票作为激励标的物的 19 家企业和使用股票期权作为标的物的 52 家企业以 ROE 为因变量，高层管理者持股比例（S1）为自变量，资产负债率、公司规模、净利润增长率为控制变量按照模型 2 进行回归分析，拟合优度的检验情况如下：

表 10 限制性股票及股票期权模式的拟合优度评价

Model 2	限制性股票为标的物				股票期权为标的物			
	R	R Square	Adjusted R Square	Durbin-Watson	R	R Square	Adjusted R Square	Durbin-Watson
	0.836[a]	0.700	0.614	1.900	0.647[a]	0.418	0.369	1.755

注：①Predictors：(Constant)，E，DAR，S1，SIZE.

②Dependent Variable：ROE.

由表 10 可见，对限制性股票为标的物的企业进行回归时，判定系数为 0.836，说明相关性较强，修正自由度后的判定系数为 0.614，可以认为拟合程度比较好；对股票期权为激励标的物的企业进行回归时，判定系数为 0.647，说明存在相关性，修正自由度的判定系数为 0.369，虽然不高，但是由于企业绩效的决定因素较多，此模型的拟合仍然可以认为是可接受的。两种模式下 D-W 检验值分别为 1.900 和 1.755，均较为接近 2，可排除回归序列自相关性。

表 11 给出了模型 2 的多元线性回归结果，两种模式下 F 检验均在 0.01 水平下显著，有相当大的把握拒绝 H0，表明 ROE 与各个自变量之间的整体线性关系显著。两

种模式下 S1 的回归系数均为正，说明管理层持股对公司绩效提升起到了促进作用。实行限制性股票激励模式的企业 S1 的系数为 0.145，在 0.1 水平上显著，实行股票期权激励模式的企业 S1 的系数为 0.108，在 0.05 水平上显著。可见，采用限制性股票模式的样本 S1 系数更大，说明在限制性股票激励模式下高管持股比例 S1 对企业股东权益收益率 ROE 的正向影响效应更大，激励效果更好，假设 2 成立。

表 11　限制性股票及股票期权模式下对净资产收益率的影响比较

Model 2	限制性股票为标的物	股票期权为标的物
	ROE	ROE
(Constant)	−0.912（−1.636）	−0.370*（−1.799）
S1	0.145*（1.833）	0.108**（2.161）
SIZE	0.050*（1.908）	0.022**（2.220）
DAR	−0.223**（−2.429）	−0.033（−0.549）
E	0.074***（4.611）	0.046***（4.068）
Adj.R^2	61.4%	36.9%
F	8.154***	8.448***

注：①*** Correlation is significant at the 0.01 level（2–tailed），**Correlation is significant at the 0.05 level（2–tailed），*Correlation is significant at the 0.1 level（2–tailed）.

②Within the brackets is t–value of the significance of the regression coefficients.

3. 地区市场化水平对激励效果的影响

模型 3 将市场化指数交乘项纳入回归方程，方程拟合优度以及显著性检验结果如表 12 所示：

表 12　纳入市场化指数的方程回归拟合优度

Model 3	R	R Square	Adjusted R Square	Std. Error of the Estimate	Durbin–Watson
	0.718[a]	0.516	0.480	0.0581536	2.199

注：①Predictors：(Constant)，S1*MI，TAT，E，SIZE，DAR.

②Dependent Variable：ROE.

由表 12 可见，回归的复相关系数为 0.718，说明被解释变量 ROE 与解释变量之间相关性较强，修正自由度的判定系数为 0.480，虽然回归拟合程度不高，但是由于公司净资产收益率除了受到解释变量、控制变量影响外，还受其他多种指标影响，因此本模型的拟合程度是可以接受的。D–W 值为 2.199，较接近 2，排除序列自相关的可能。

表 13　地区市场化水平的交乘影响

	ROE
(Constant)	−0.503***（−2.774）
S1 × MI	0.010**（2.525）
SIZE	0.028***（3.242）
DAR	−0.105**（−2.111）
TAT	0.034**（2.090）

续表

	ROE
E	0.051*** (5.559)
Adj.R^2	48.0%
F	14.280***

注：①*** Correlation is significant at the 0.01 level (2-tailed), ** Correlation is significant at the 0.05 level (2-tailed), *Correlation is significant at the 0.1 level (2-tailed).

②Within the brackets is t-value of the significance of the regression coefficients.

表 13 给出了考虑市场化指数的回归系数及 F 检验结果。回归的 F 检验的边际概率（P 值）为 0.000，小于 0.05，有较大把握认为整体具有显著的线性关系。得出回归方程为 ROE=-0.503+0.01 S1×MI+0.028 SIZE-0.105 DAR+0.034 TAT+0.051 E，其中市场化指数与管理层持股率 S1 的交乘项 S1×MI 与被解释变量 ROE 正相关，且在 1%水平上显著。由此可以得出，公司所在地的市场化程度与股权激励的实施效果正向相关，所在地市场化的水平越高，企业实行股权激励效果越好。

接下来分别对位于高市场化程度地区的企业和位于中低市场化程度地区的企业进行回归分析，进一步探究股权激励的效果是否有所不同。

表 14 不同市场化程度地区样本的股权激励效果比较

Model 3	高市场化程度的地区	中低市场化程度的地区
	ROE	ROE
(Constant)	-0.504** (-2.112)	-0.436 (-1.690)
S1	0.122** (2.259)	0.101 (0.248)
SIZE	0.028** (2.486)	0.025* (2.051)
DAR	-0.088 (-1.282)	-0.119** (-2.159)
TAT	0.022 (0.928)	0.046** (2.891)
E	0.046*** (4.004)	0.079*** (5.192)
R	0.672	0.888
Adj.R^2	38.9%	72.7%
F	7.247***	12.730***

注：①*** Correlation is significant at the 0.01 level (2-tailed), ** Correlation is significant at the 0.05 level (2-tailed), *Correlation is significant at the 0.1 level (2-tailed).

②Within the brackets is t-value of the significance of the regression coefficients.

由表 14 可见，位于 MI 值较高地区企业的回归判定系数为 0.672，相关性较高，调整后的 R^2 为 38.9%，拟合度不高，但是由于影响业绩因素较多可以接受；中低市场化程度地区的样本回归判定系数为 0.888，说明与自变量相关性较强，修正自由度的判定系数为 0.727，拟合度可以接受。两个回归方程 F 检验 P 值均为 0.000，小于 0.05，整体具有显著的线性关系。

在 MI 值高（市场化程度较高）的地区注册上市的企业，S1 与 ROE 的相关系数为 0.122，在 0.05 水平上显著正相关；而在 MI 值相对较低的地区注册的企业，回归模型中 S1 的系数为 0.101，小于前者，并且 P 值大于 0.1，不能说明 S1 对 ROE 的影响是显著的。由此可以证明，我国发布股权激励政策的企业大多位于较为发达、市场化水平相对较高的地区，而股权激励的效果也存在着地区差异：随着地区市场化水平的提高，股权激励效果的显著性增强，位于高市场化程度地区的公司的股权激励效果比位于中低市场化程度地区的公司更好，假设 3 成立。

六、结论与建议

（一）结论

本文首先介绍股权激励的基本含义、相关理论基础以及股权激励在我国的发展情况，然后对 2009~2010 年颁布股权激励计划的上市公司进行实证研究，探究股权激励的整体实施效果、不同激励模式的效果差异以及不同市场化程度地区的上市公司激励差异，得出以下结论：

（1）股权激励可以促进对我国上市企业的长期业绩增长。股权激励的实施，对于多数上市公司的高级管理人员起到了激励和限制的作用，有助于股东和管理者的利益趋向一致。

（2）限制性股票的激励模式与股票期权模式相比，激励效果更好。目前国内大部分上市公司的股权激励仍然采用股票期权模式，这也是国际上最为经典、应用范围最广的模式，而限制性股票作为一种通过行权约束促进高层管理者提升绩效使公司业绩达到股票允许出售水平的激励模式，在实践中得到了更好的效果。

（3）位于市场化程度高的地区的企业股权激励效果相对于在市场化程度低的地区的企业更为显著。我国企业对股权激励实践大多集中在较为发达的地区，市场化程度排名后七位的地区在 2009~2010 年间没有上市公司颁布股权激励计划。位于市场化指数较高地区的企业实施股权激励对其长期业绩的促进作用强于位于市场化指数低的地区的企业，这一方面与发达地区资本市场和各项制度更为完善有关，另一方面发达地区企业较易获得各种投资和机会，在相同程度的激励下高管更有可能实现业绩大幅上升。

（二）建议

从 2005 年股权激励制度正式在我国取得法律意义上的承认起，国内企业对股权激励的探索和实践越来越多，监管部门也不断制定相关政策以保证股权激励顺利、合理地实施。通过本文的研究，近年来股权激励在我国的实施效果较为显著，对企业业绩的提升有促进作用。多数企业采用的激励模式为最经典的股票期权模式，我们建议可以更多地采用限制性股票模式，对行权进行一定限制，从而减少高管人员的自利行为，也可以对虚拟股票、股票增值权、业绩股权等新兴模式进行探索。从发布股权激励政策企业的区域分布来看，这些企业大多集中在中等发达及较发达地区，并且激励效果随地区市场化程度的提高而有提升的趋势。因此，本文建议各地区进一步完善市场化体系及相关制度的建设，为更多企业实行股权激励、有效提升业绩提供更加良好的宏观环境。只有在较为完备的市场体系和监管制度下，股权激励才能够真正发挥其作用，促进企业长期业绩提升，进而带动区域经济增长，形成良性循环。

（三）局限及展望

本文基于近期我国上市企业股权激励情况进行实证研究，在研究中存在如下局限：①样本选择方面的局限。我国上市公司股权激励还处于探索阶段，2009~2010 年间发布股权激励政策的公司不多，因此研究样本的数量有限，包含的信息不够全面。②激励模式探究的局限。由于我国上市公司股权激励的模式以经典的股票期权及限制性股权为主，对于其他新兴的股权激励模式如业绩股票、虚拟股票等没有进行充分的理论分析及实证探索，希望今后的研究可以对这些新兴激励模式进行探索。③本文纳入了地区市场化指数，但是由于我国目前的股权激励实施大多在发达地区，对中低市场化程度地区，尤其是市场化指数偏低地区的研究不足。希望未来对中低市场化地区的股权激励方式、效果进行进一步研究，对中低市场化地区股权激励制度的完善提出具体参考建议。

参考文献

[1] 陈笑雪. 管理层股权激励对公司绩效影响的实证研究 [J]. 经济管理，2009 (2)：63-69.

[2] 谌新民，刘善敏. 上市公司经营者报酬结构性差异的实证研究 [J]. 经济研究，2003 (8)：55-63+92.

[3] 程仲鸣，夏银桂. 制度变迁、国家控股与股权激励 [J]. 南开管理评论，2008 (4)：89-96.

[4] 樊纲，王小鲁，朱恒鹏. 中国市场化指数——各地区市场化相对进程报告 2009 年报告 [M]. 北京：经济科学出版社，2010.

[5] 顾斌，周立烨. 我国上市公司股权激励实施效果的研究 [J]. 会计研究，2007 (2)：79-84+92.

[6] 国有控股上市公司（境内）实施股权激励试行办法，2006.

[7] 国有控股上市公司（境外）实施股权激励试行办法，2006.

[8] 韩亮亮，李凯，宋力. 高管持股与企业价值——基于利益趋同效应与壕沟防守效应的经验研究 [J]. 南开管理评论，2006 (4)：35-41.

[9] 李斌，孙月静. 经营者股权激励、约束水平与公司业绩——基于民营上市公司的实证分析 [J]. 中国软科学，2009 (8)：119-131.

[10] 刘国亮，王加胜. 上市公司股权结构、激励制度及绩效的实证研究 [J]. 经济理论与经济管理，2000 (5)：40-45.

[11] 上市公司股票期权激励管理办法（试行），2005.

[12] 王华，黄之骏. 经营者股权激励、董事会组成与企业价值——基于内生性视角的经验分析 [J]. 管理世界，2006 (9)：101-116+172.

［13］王岚等. 股权激励在我国的发展和实施［J］. 商情，2010（37）.

［14］魏刚. 高级管理层激励与上市公司经营绩效［J］. 经济研究，2000（3）：32–39+64–80.

［15］夏纪军，张晏. 控制权与激励的冲突——兼对股权激励有效性的实证分析［J］. 经济研究，2008（3）：87–98.

［16］夏宁. 高管人员股权激励与上市公司业绩的实证研究［J］. 统计研究，2008（9）：106–109.

［17］向朝进，谢明. 我国上市公司绩效与公司治理结构关系的实证分析［J］. 管理世界，2003（5）：117–124.

［18］徐蓉. 2008 年深市主板公司高管薪酬及股权激励分析［J］. 证券市场导报，2009（7）.

［19］姚伟峰，鲁桐，何枫. 股权分置改革、管理层激励与企业效率：基于上市公司行业数据的经验分析［J］. 世界经济，2009（12）：77–86.

［20］俞鸿琳. 国有上市公司管理者股权激励效应的实证检验［J］. 经济科学，2006（1）：108–116.

［21］周建波，孙菊生. 经营者股权激励的治理效应研究——来自中国上市公司的经验证据［J］. 经济研究，2003（5）：74–82+93.

［22］Demsetz H.，Lehn K. Thestructure of corporate ownership：Causes and consequences［J］. Journal of Political Economy，1985（93）：1155–1177.

［23］John J. McConnell，Henri Servaes. Additional evidence on equity ownership and corporate value［J］. Journal of Financial Economics，1990（27）：595–612.

［24］Morck，Shleifer，Vishny. Asurvey of corporate governance［J］. Journal of Finance，1988（2）.